로르샤하
종합체계 워크북

John E. Exner, Jr. 저
김영환 · 김지혜 · 홍상황 공역

5판

A Rorschach
Workbook for the
Comprehensive System

학지사

A Rorschach Workbook for the Comprehensive System, -5th-
by John E. Exner, Jr.
Korean Translation Copyright ⓒ 2006 by Hakjisa Publisher
This Korean edition was published by arrangement with
Rorschach Workshops

역자 서문

1999년 『종합체계를 위한 로르샤하 워크북』 4판을 번역하였다. 여러 사람들이 참여하다 보니 번역의 일관성도 부족하고 일부 번역이 잘못된 부분도 있었다. 다시 고쳐야겠다는 생각을 하면서도 차일피일 미루고 있던 중에 5판이 다시 나왔다. 5판을 번역하는 것이 4판을 번역한 사람의 의무라는 생각에서 5판을 번역하기로 마음을 정했다. 그러나 이런저런 일들이 겹쳐 이제 출판하게 되었다. 변명 같지만 번역을 하다 보면 알면서도 틀리고 몰라서도 틀린다. 나름대로 노력하였으나 그래도 잘못된 부분이 있을 것이다. 잘못된 부분에 대해서는 독자들의 지적을 기대하는 바이다.

『로르샤하 종합체계 워크북』은 로르샤하를 실시하고 채점하는 핵심적인 절차에 관한 가장 기본적인 서적이다. 이런 서적이 자주 바뀌는 것은 로르샤하 종합체계가 완성된 것이 아니라 지금도 꾸준히 검증하는 과정에 있기 때문이다. 그동안 종합체계에 몇 가지 중요한 변화가 있었고 로르샤하에 관한 연구에서 많은 새로운 사실들이 발견되어 워크북의 수정이 불가피했기 때문에 『로르샤하 종합체계 워크북』 5판이 나온 것이다. 즉, 종합체계에 의한 채점체계와 해석적 가정에 중요한 변화가 있었다.

심리검사에서 표준화란 검사를 실시하고 채점하는 절차의 동일성을 의미한다. 표준화된 절차를 정확하게 지키지 않을 경우 검사결과는 상이한 방법으로 자료를 수집한 것과 같다. 이렇게 상이한 방법으로 자료를 수집하게 되면 개인 내적 또는 개인 간의 차이를 비교하기 어렵게 하거나 불가능하게 된다. 특히 로르샤하와 같은 투사법검사에서 검사를 표준절차에 따라 실시하고 채점하지 않았을 경우 어떤 변인의 해석적 가정을 적용하는 것은 무의미할 수 있다. 이렇게 되면 검사를 실시하지 않은 것보다 못하거나 풍부하고 중요한 자료를 수집해 놓고도 의미 있는 결과를 도출하지 못하게 될 수 있다.

실제로 로르샤하는 쉬운 검사가 아니다. 로르샤하를 실시하는 것도 그렇지만 채점 또는 기호화도 복잡하고 까다롭다. 이런 검사를 제대로 실시하고 정확하게 채점하기 위해서는 먼저 로르샤하 언어에 익숙해야 하고 많은 연습과 훈련이 필요하다. 『로르샤하 종합체계 워크북』은 이런 연습과 훈련에 기초가 되는 매우 중요한 서적이다. 특히 다양한 반응을 기호화하는 데 도움이 될 수 있는 많은 반응들이 제시되어 있다. 또한 기호화를 연습하고 자신이 기호화한 것을 검토하기 위한 정답이 부록에 제시되어 있다. 이 워크북을 제대로 활용하고 연습하면 로르샤하의 실시와 채점에 상당한 자신감을 가질 수 있을 것이다. 어떤 일이든 처음부터 쉬운 것은 없다. 조금 어려운 일일수록 숙달하고 나면 성취감은 더 크다.

늘 하는 말이지만 글을 쓰는 것도 어렵고 외국어를 번영하는 것도 어렵다. 어떤 사람은 어려운 것을 하려고 애쓰는 것은 일종의 자학이라 하지만, 이런 자학이 로르샤하를 익히는 사람들에게 조금이라도 도움이 될 것이라는 기대가 그래도 역자들에게는 위안이 될 것이다. 항상 뒷바라지를 잘해 주신 학지사 김진환 사장님과 세세하게 교정을 봐주신 이세희 선생님께 감사드리는 바이다.

2006년 4월

역자 씀

저자 서문

이 워크북을 활용하는 사람은 누구든 두 가지 기본적인 목적을 염두에 두어야 한다. 첫 번째 목적은 검사를 실시하는 핵심적인 절차를 익히는 것이다. 적절한 검사실시는 아무리 강조해도 지나치지 않다. 검사를 적절하게 실시하기 위해서는 기술, 민감성, 훌륭한 판단력이 필요하다. 흔히 사람들은 어떤 심리검사를 받는 것에 대해 위협을 느끼는 경향이 있고 로르샤하를 실시하는 상황도 마찬가지이다.

로르샤하가 처음 출판된 이후 80년 동안 비교적 광범위한 로르샤하 지식이 축적되었고 심리검사를 받아 본 대부분의 사람들은 아마 로르샤하에 대해 들어본 적이 있을 것이다. 로르샤하에 대해 들어본 적이 있는 사람들은 대부분 사실보다는 환상에 근거를 두고 있고 이러한 환상은 자주 검사와 검사상황에 대해 걱정을 야기하는 원인이 되고 있다. 심지어 로르샤하에 대해 들어본 적이 없는 사람들조차도 이해가 잘 되지 않아서 불편을 느낄 때가 흔히 있다.

검사에 대해 적절하게 준비시켜주지 못하는 신중하지 못하거나 민감하지 못한 검사자들은 수검자가 경험하는 우려를 더 증폭시킬 수 있다. 어떤 검사자들은 검사를 소개하거나 수검자가 말하는 의문에 대해 반응하는 과정에서 부주의하게 검사태세를 강화시키고 잘못된 태세를 유발시킬 수 있다. 이처럼 바람직하지 않은 상황은 검사에 대한 개인의 반응에 영향을 줄 수 있고 검사자료에 의해 유발된 상이나 반응이 왜곡될 수 있다. 어떤 경우에는 잘못된 실시절차를 적용한 나머지 해석적으로 타당하지 않은 프로토콜이 나타날 수도 있다. 로르샤하를 잘못 실시하는 것은 아마도 로르샤하를 전혀 실시하지 않는 것보다 더 좋지 않을 수 있다.

이 워크북의 두 번째 목적은 검사자에게 로르샤하 언어에 익숙하게 하고 비교적 쉽게 사용할 수 있도록 하는 것이다. 로르샤하 언어는 반응을 분류하는 데 사용되는 다양한 기호와 이러한 기호를 채점해서 도출한 점수들로 이루어져 있다. 이러한 언어는 검사를 사용하는 거의 모든 사람들에게 익숙한 공통적인 언어이다. 예컨대, 어떤 한 반응의 기호화(채점)가 아래와 같다고 가정해 보자:

$$W+\ FM^{a}.FCo\ 2\ A,Ls\ 4.5\ COP$$

로르샤하 언어에 익숙한 사람들은 이 반응은 전체 반점을 사용해서 하나 이상의 대상을 보고하였고(+), 동물활동(FM^{a})을 포함하고 반점의 유채색 특징을 사용하였고(FC), 다른 사람에게서도 흔히 나타나는 형태를 사용하여 반응하였고(o), 분명히 두 동물이 포함되어 있고(2) 일종의 자연적 환경에 있는 것으로 보고되었고(A,Ls), 서로 의미있는 관계를 이루고 있고(4.5), 동물들 간의 관계가 협조적(COP)이라는 것을 알 수 있다.

로르샤하 언어를 익히기 위해서는 시간과 훈련이 필요하고 이 워크북에 포함되어 있는 대부분의 자료들은 로르샤하 언어의 핵심인 다양한 기호를 부여하기 위한 기준에 초점을 두고 있다. 검사자가 여러 가지 기호화와 채점기준에 익숙하지 않으면 검사를 적절하게 실시하기 어려울 수 있다. 그리고 기호화한 것에서 도출된 자료해석의 타당성은 실시절차의 정확성에 달려 있다.

로르샤하 언어를 효율적으로 익히기 위해서는 연습이 가장 중요하다. 다양한 반응들에 관한 기호화를 연습하는 데 도움이 되도록 하기 위해 상당히 많은 반응들을 제시하였다. 다양한 반응들을 연습함으로써 초보자들은 기호화 기술을 익히고 경험이 있는 검사자들은 자신이 이미 익힌 기술을 재검토할 수 있는 기회가 될 수 있을 것이다.

기호화의 연습은 8부로 구성되어 있고 뒤로 갈수록 포함되어 있는 반응이 더 복잡해진다. 로르샤하 언어를 배우려고 노력하는 사람들—로르샤하 기호화나 채점을 정확하게 적용하려는—은 앞에서부터 하나씩 기호화를 연습하고 자신이 기호화한 결과를 부록에 제시되어 있는 정답과 비교하는 과정을 통해서 연습함으로써 매우 높은 수준으로 숙달될 수 있을 것이다.

로르샤하를 처음 접하는 학생들은 검사를 실시하고 반응을 채점하는 원칙과 절차들이 너무 복잡하고 시간이 많이 든다는 인상을 받을 수도 있다. 경험이 있는 검사자들은 그렇지 않다고 생각하겠지만 초보자들은 검사를 실시하고 채점하는 과정에서 많은 시간이 걸리고 좌절감을 경험할 수도 있다. 이 책에 소개한 자료들이 로르샤하를 처음 접하고 배우는 과정에서 경험하는 스트레스를 줄이는 데 많은 도움이 될 것이다.

이 워크북에는 많은 표가 포함되어 있다. 일부는 반응의 기호화와 관련이 있고 초보자와 경험이 많은 로르샤하 검사자들이 검사결과를 해석할 때 유용한 다양한 참고자료를 포함하고 있다.

참고표들은 Rorschach Workshops이라고 부르는 Rorschach Research Foundation을 설립하여 지난 30년 이상 축적한 자료들의 일부이다. 설립 초기부터 종합체계를 만들어 계속 발전시켰다. 지난 30년 동안 종합체계에 자주 새로운 자료를 축적하고 그 과정에서 많은 변화가 있었다.

현재의 종합체계가 어느 정도는 완벽한 것으로 생각되지만, 앞으로 연구를 통해 채점체계가 발전되고 새로운 구조적 변인이 개발됨으로써 검사의 해석적 가치가 크게 증가될 것이라고 생각한다. 즉, 현재의 종합체계가 가장 이상적인 경지에 도달했다고는 볼 수 없다.

숙달된 검사자가 검사를 적절히 실시하고 정확하게 채점하고 경험적으로 확립된 논리적 자료에 근거해서 해석한다면 수검자의 심리적 조직화와 기능에 관한 상당히 많은 정보를 얻을 수 있을 것이다. 아무쪼록 이 책이 유능한 검사자가 되기를 원하는 사람들에게 많은 도움이 되기를 바란다.

1,000명이 넘는 검사자, 연구자, 동료들이 Rorschach Workshops 작업에 참여하였다. 모든 사람들이 검사에 관한 여러 가지 문제들을 진지하고 성실하게 해결하려고 하였지만 막다른 골목에 도달하여 좌절하거나 가설을 입증하지 못하기도 하였다. 현재의 종합체계는 이 모든 사람들이 공동으로 노력한 결실이다. 너무나 많은 사람들이 참여하였기 때문에 일일이 그 이름을 밝히기는 어렵지만 이들에게 깊은 감사와 존경을 표하는 바이다.

JEE
Asheville, NC
January, 2001

차 례

RORSCHACH

RORSCHACH

RORSCHACH

제1부 실시와 채점

제 1 장
실시절차

로르샤하를 실시하는 절차는 비교적 간단하지만, 준비가 되어 있지 않거나 확신이 없거나 또는 로르샤하에 대해 신중하지 못한 태도로 접근하는 검사자는 더 어려울 수 있다. 로르샤하 실시절차에는 준비, 신중성, 어느 정도의 사무적 기술, 주의 깊은 경청이 필요하다.

준비 유능한 검사자는 수검자를 먼저 생각하고 수검자의 안녕에 관심을 기울인다. 유능한 검사자는 필요한 자료들을 잘 정리하고, 좌석을 적절하게 배치하고, 적절한 시간에 검사를 실시한다. 이런 말들은 불필요한 주의사항처럼 들릴 수도 있으나, 충분한 기록용지를 준비하지 않거나 카드 Ⅷ을 거꾸로 놓고 카드 Ⅱ와 Ⅲ 사이에 끼워 넣거나 수검자가 창문을 통해 번잡한 운동장을 계속 바라볼 수 있도록 좌석을 배치하였거나 또는 수검자가 점심을 먹기로 한 예정시간보다 15분 전에 검사를 시작하는 신중하지 못한 검사자를 흔히 만날 수 있다. 아래에 있는 것은 모든 검사자가 로르샤하를 실시하기 전에 주의 깊게 고려해야 할 사항들이다.

카드 카드는 얼굴을 숙이고 볼 때 정확한 순서에 맞도록 정리한다. 카드는 수검자의 손이 닿지 않는 편리한 곳에 두되 수검자에게 카드를 넘겨줄 때 그림이 거꾸로 되지 않도록 주의한다. 카드는 깨끗해야 하고 연필자국이나 손톱자국이나 얼룩으로 생긴 흠이 없어야 한다.

다른 자료 여러 개의 펜과 연필은 쉽게 사용할 수 있는 위치에 둔다. 수검자가 말하는 것을 모두 쉽게 기록하기 위해 충분한 기록용지를 준비한다. 이런 것들은 필요하지 않을 수도 있으나 어디에 있는지는 분명히 알고 있어야 한다. 질문하는 동안 쉽게 사용할 수 있도록 적어도 두 장의 반응영역 기록용지(location sheets)를 준비한다.

좌석배치 좌석배치는 매우 중요하고 정면으로 얼굴을 마주 보는 배치는 반드시 피해야 한다. 검사자가 부주의하게 나타낸 비언어적 단서는 잘못된 반응태세(sets)를 야기할 수도 있다는 것은 분명하다. 어떤 잘못된 반응태세로 인해 수검자가 다르게 나타낼 수도 있었던 반응이 보류되거나 억제될 수 있다. 또한 수검자로 하여금 어떤 유형의 반응을 더 선호하는 것처럼 믿도록 잘못 유도할 수도 있다. 어떤 검사자들은 테이블에서 수검자 옆자리에 앉기도 한다. 또 어떤 검사자들은 편안한 의자를 나란히 놓은 후 검사자 옆의 작은 테이블 위에 검사도구를 두고 클립보드를 사용해서 기록하는 방식을 좋아할 수도 있다. 로르샤하를 실시할 때 이러한 좌석배치 중 어떤 배치를 선택할 수 있지만 정면으로 얼굴을 마주 보는 좌석배치는 바람직하지 않고 어떤 심리검사를 실시할 때도 얼굴을 마주 보는 좌석배치를 해서는 안 된다.

수검자에 대한 준비 어떤 검사자들은 검사를 시작하기 전에 로르샤하에 대해 매우 자세하게 설명하는 것이 중요하다는 잘못된 생각을 가지고 있다. 그러나 자세한 설명은 필요하지 않고, 어느 정도 길게 설명해 줄 경우 오히려 수검자에게 불필요한 지나친 불안과 저항을 야기시킬 수 있다. 수검자가 전반적인 평가과정에 대해 정확하게 이해하고 있다면, 로르샤하의 성격에 관해 더 구체적으로 자세하게 설명할 필요는 없다. 대부분의 경우 수검자가 평가목적을 합리적으로 이해하고 있다는 것을 확인하기 위해 비교적 짧은 면담을 실시한 뒤에 로르샤하를 실시하면 될 것이다.

많은 수검자들의 경우 자신을 의뢰한 사람들이 평가과정에 대해 준비해 주지 않는다. 그리고 검사자는 수검자가 평가과정에 대해 부정적이거나 잘못된 가정을 감추고 있을 가능성이 없다는 것을 확인하기 위해 어느 정도 시간을 들여야 할 때가 자주 있다. 따라서 검사자는 로르샤하를 포함해서 사용하고자 하는 모든 평가절차에 관한 개관을 제공하는 것이 매우 중요하다.

대부분의 사람들은 로르샤하나 잉크반점검사에 관한 것을 들어서 이미 알고 있을 것이므로 이를 언급할 필요가 있다. 로르샤하를 소개하는 단계에서 검사자는 수검자에게 다음과 같이 개괄적으로 말해 주어야 한다:

> "우리가 실시할 검사 중 하나는 로르샤하라고 하는 잉크반점검사입니다. 혹시 이 검사에 대해 들어본 적이 있거나 받아본 적이 있습니까?"

만약 수검자가 검사에 대해 들어 본 적이 없다고 하면, "이것은 내가 당신에게 보여 주고 무엇처럼 보이는지 말해달라고 할 일련의 잉크반점으로 된 카드입니다."와 같이 간단하게 설명해 주어야 한다.

만약 수검자가 로르샤하에 대해 어느 정도 알고 있다고 지적되면, 검사자는 수검자가 무엇을 알고 또는 수검자가 자신이 알고 있는 것을 어떻게 생각하는지를 밝히기 위한 시간을 가져야 한다. 로르샤하 또는 로르샤하를 흉내낸 그림들은 만화, 영화나 텔레비전과 같은 다양한 매체에서 흔히 볼 수 있고 잉크반점이 사용되거나 논의되는 방법은 때때로 로르샤하에 대한 잘못된 심리적 태세를 야기시키기도 한다. 따라서 수검자가 로르샤하에 대해 알고 있는 것을 말할 때 잘못된 인상을 교정하는 것이 반드시 필요할 수 있다.

검사자는 수검자가 로르샤하가 자신에게 어떤 관련이 있는지와 같이 검사의 사용에 대해 질문할 경우 일반적으로 간단하고 정직하게 설명해 주어야 한다. 예컨대, "이 검사는 성격에 관한 정보를 얻을 수 있는 검사입니다. 성격에 관한 정보가 있으면 우리는 ~을(를) 할 수 있습니다." 하고 말할 수 있다. ~을(를)에는 "더 쉽게 치료적 계획을 수립하고, 당신의 문제를 더 잘 이해하고, 당신이 자신에 대해 가지고 있는 의문을 해결하고, 당신의 주치의가 요청한 사항에 대해 건의를 하고, 앞으로 치료프로그램을 어떻게 진행할 것인지에 대한 아이디어를 얻기 위해서"와 같은 검사를 실시하는 이유를 포함시켜 다양하게 말할 수 있다. 수검자가 로르샤하 이외의 다른 어떤 검사의 사용에 대해 질문할 경우 이와 같은 방식으로 설명할 수 있다.

완고한 수검자는 "이 검사를 통해 어떻게 알 수 있습니까?"와 같은 질문을 해서 검사자료가 어떻게 사용되는지를 알려고 할 수 있다. 이럴 경우 모든 검사를 마친 후 수검자가 가지고 있는 모든 의문에 대해 답해 주겠다고 확신시켜 주면서 검사를 마친 후로 대답을 미루는 것이 가장 좋다. 때때로 수검자들은 "내가 하는 각 반응은 어떤 의미가 있습니까?"와 같은 의문으로 압박하기도 한다. 그러한 질문에 대해서는 "아닙니다. 각 반응을 그런 식으로 보지는 않습니다." 하고 말하는 것이 적절한 반응이다.

만약 수검자가 이미 검사를 받아 본 적이 있다고 말하면, 언제, 어디서, 어떤 이유로 그 검사를 받았는지 밝히고 그 검사에 대해 기억나는 것이 무엇인지를 물어보는 것이 중요하다. 때때로 검사자들은 질문단계에서 과도한 질문을 하거나 또는 임상적으로 유용할 수 있으나 로르샤하의 일부가 아닌 사후검사절차, 즉 수검자에게 이전에 자신이 한 반응을 기억해내라고 함으로써 개인의 반응순수성(naivete)을 오염시키는 경향이 있다. 이런 요인들은 검사를 다시 받을 때 개인이 어떻게 반응할 것인가를 결정하는 데 중요한 영향을 미칠 수 있다.

또한 검사자는 수검자가 상상력을 검사받고 있다는 잘못된 생각을 갖지 않도록 하는 것도 중요하다. 이런 식으로 수검자가 잘못 받아들일 경우 자신이 보고 있는 것을 보고하는 것이 아니라 잉크반점에 대한 연상(associations)을 생성하는 경향이 있다; "로르샤하 반응은 수검자가 보고 말한 것이다." 마찬가지로 검사자는 로르샤하 잉크반점을 기술할 때 '모호하거나' 또는 '비구조화된' 과 같은 용어를 사용하지 않아야 한다. 이러한 용어는 잉크반점에서 비롯된 것이고 잉크반점 자체를 나타내는 말이다. 필요할 경우 잉크반점이 어떻게 만들어졌는지를 기술해 줄 수는 있다.

어린 수검자 앞에서 설명한 절차는 아동을 포함한 거의 모든 수검자에게 적용할 수 있다. 때때로 지나치게 활동적인 아동에 대해서는 실시절차를 일부 변경시킬 필요가 있다. 170명의 5~6세 아동을 포함한 1,390명의 비환자 아동을 대상으로 규준자료를 수집한 경험에 따르면 표준절차가 적절하다는 것이 지적되었다. 그러나 임상장면에서는 지나치게 활동적이거나 저항적이어서 표준적인 평가 동안에 쉽게 다루기 어려운 아동들을 접할 때가 자주 있다.

많은 이런 아동들에게 로르샤하는 적절한 검사가 아닐 수도 있으나 로르샤하 자료가 중요하다고 생각될 경우 검사에 대한 소개와 좌석배치를 변경시킬 필요가 있다. 흔히 매우 어린 아동은 검사를 받는 동안에 서 있거나 마룻바닥에 앉는 것을 좋아하는 경우도 있다. 흔히 이런 아동은 비교적 주의범위가 짧고 검사과제를 가능한 빨리 마치기를 원한다. 이럴 경우 검사자는 상식적 범위 내에서 표준절차를 수정해서 사용해야 하고 절차를 수정하는 것이 일반적이지는 않다는 것을 명확하게 인식해야 한다.

어떠한 수검자라고 하더라도 수검자와의 협동적인 관계형성은 매우 중요하고, 특히 아동을 검사할 경우 더 중요하다. 좋은 관계가 형성되었다고 하더라도 아동을 몇 시간 동안 검사를 계속하는 것은 어려울 수 있다. 만약 여러 가지 검사를 실시할 필요가 있다면 검사시간을 현실적으로 계획해야 한다. 경우에 따라서는 검사와 검사 사이에 검사와 무관한 활동을 삽입해야 하고 검사를 2회나 3회로 나누어 실시해야 한다. "아동에게 한꺼번에 너무 많은 검사를 실시해서는 안 된다."

원하는 모든 정보를 제공해 주는 마술적인 검사 배터리는 없다. 때로는 현명하게 선택해서 사용한 단일 검사나 낮 동안의 중요한 시간대에 이루어진 행동관찰을 통해 필요한 모든 정보나 또는 많은 정보를 수집할 수 있다.

일반 성인의 경우 하나의 완전한 반응기록을 모두 마치는 데 40~60분 정도 걸린다. 어린 아동의 경우 일반적으로 이보다 시간이 덜 걸리고 10세 미만의 아동은 보통 30~45분 정도 소요된다. 일반적으로 나이든 10세 이상의 아동은 성인과 비슷한 정도의 시간이 소요된다.

지시 수검자가 검사에 대해 적절하게 준비된 후에 하는 검사지시는 비교적 간단하다. 첫 번째 카드를 수검자에게 넘겨줄 때 검사자는 다음과 같이 말한다:

"이것은 무엇으로 보입니까?"

이 말은 매우 중요하고 다른 방식으로 말로 바꾸거나 부언해서는 안 된다. "이것은 무엇으로 보입니까?" 하는 지시는 훑어보고, 부호화하고(coding), 분류하고, 비교하고, 취사선택하는 것을 포함하는 일련의 복잡한 인지적 조작을 일으킨다. 각각의 잉크반점에 대해 반응하는 과정 동안 수많은 의사결정이 일어난다. 검사자는 반응과정을 이해하는 것이 중요하다. 반응과정을 알면 로르샤하 상황에서 수검자가 얼마나 협조적인지 또는 얼마나 편안하게 느끼는지를 매우 유용하게 평가할 수 있다. 반응과정은 〈표 1-1〉에 제시한 것과 같은 세 단계로 구분하면 가장 잘 개념화할 수 있다.

〈표 1-1〉 반응과정단계와 조작

1단계	2단계	3단계
1. 자극영역을 약호화	3. 잠정적 반응을 구체화하기 위해 자극영역을 재검색	5. 여분의 잠정적 반응에서 최종선택
2. 약호화된 이미지와 그 부분을 잠정적 반응으로 분류	4. 잠정적 반응의 순위를 상호 비교하거나 검토함으로써 유용하지 않거나 원하지 않는 반응을 배제	6. 선택된 반응을 말함

거의 모든 사람들은 각각의 잉크반점에 대해 여러 개의 잠정적 반응을 쉽게 형성할 수 있다. 실제로 반응과정의 1단계는 자극영역이 연속적이거나 비연속적(solid or broken)이냐에 따라 다르겠지만 2~4초 내에 매우 빨리 일어날 것이다. 그래서 수검자의 과제는 실제로 가능한 반응을 찾는 것이 아니라 이들 잠정적 반응 중에서 어떤 반응을 선택하여 반응하는 것이다. 로르샤하의 반응단계에서 소요되는 대부분의 시간은 반응선택에 사용된다. 검사상황을 불편하게 느끼는 사람들은 가끔 검사상황에서 보다 구체적인 질문을 함으로써 저항할 수 있고 또 어떤 사람들은 반응결정과 관련있는 의사결정을 회피하기 위해 자신의 무능력을 내세울 수 있다.

흔히 초보자들은 "이것은 무엇일 것 같습니까?" 또는 더 나쁘게 "이것을 보면 어떤 생각이 떠오릅니까?"와 같이 지시문을 변경하는 경우가 있다. 특히 후자의 경우 지각과정보다 연상과정을 함의할 위험이 있고 쉽게 상상력을 자극할 수 있다. 만약 수검자가 지시를 잘못 이해하고 "화가가 ~을(를) 전달하려는 시도로 추측됩니다." 또는 "상상해야 합니까?"와 같이 검사과제가 잉크반점에 대해 연상하는 것이냐고 묻거나 가정하는 말을 하면 검사자는 "당신이 거기에서 본 것, 무엇으로 보이는지만 말해 주면 됩니다." 하고 말해야 한다.

질문에 대한 응답 검사가 시작된 뒤에 질문을 한다면 검사자는 간결하고, 정직하고, 비지시적으로 응답해야 한다. 예컨대, "카드를 돌려도 됩니까?" 또는 "전체를 다 사용해야 합니까?"와 같은 질문들에 대해서는 "좋을 대로 하십시오." 하고 말하면 된다. 만약 검사를 시작할 때 수검자가 "몇 개나 대답해야 합니까?" 하고 묻는다면 검사자는 "대부분의 사람들은 하나 이상의 대답을 합니다." 하고 말한다. 만약 "대부분의 사람들은 여기서 무엇으로 봅니까?" 하고 묻는다면, "사람들은 다양하게 봅니다." 하고 말하는 것이 좋다. 또 어떤 수검자가 "이것은 어떻게 만들었습니까?" 하고 물을 경우 잉크반점의 제작과정에 대해 간단하게 답해 주는 것이 적절하다. "제가 한 반응에서 무엇을 어떻게 알 수 있습니까?"와 같은 질문을 할 경우 길게 대답해 줄 필요가 있을 수도 있다. 이런 질문을 할 경우 검사를 마칠 때까지 기다려 달라고 말하는 것이 좋다.

격려 어떤 수검자는 카드 I 에서 단지 한 반응만 보고하는 경우도 있을 것이다. 이럴 경우 검사자는 카드 I 에 한해서 "시간이 있으니 좀 더 보세요. 그 외에 다른 것도 볼 수 있을 것입니다." 하는 말로 격려해야 한다. 만약 수검자가 카드 I 에서 2~3개의 반응을 한 뒤에 "얼마나 많이 말해야 합니까?" 하고 묻는다면 검사자는 "좋을 대로 하세요." 하고 말하는 것이 가장 좋다.

거부 때때로 수검자는 잉크반점에서 아무것도 볼 수 없다거나 찾을 수 없다고 보고할 것이다. 카드 I 이나 II 에서 이런 식으로 거부하면 검사자가 수검자와 적절한 관계를 형성하지 못했거나 또는 수검자가 검사의 목적을 정확하게 이해하지 못했을 가능성이 높다. 어떤 경우든 검사자는 검사를 중단하고 이러한 점들에 대해 수검자와 함께 검토해야 한다. 이런 문제를 해결하고 나서 다시 카드 I 부터 시작해서 검사를 진행해야 한다.

단순히 검사받는 것을 원하지 않는 사람들도 있고 아무리 많은 설명과 격려를 하더라도 첫 번째 카드에서 어떤 것도 볼 수 없다고 주장하는 사람들도 있다. 이럴 경우 아마도 수검자가 검사를 받는 것을 분명히 원하지 않고 그런 생각을 고수하고 있다는 것을 수검자에게 지적해 주는 것이 좋을 것이다.

어떤 수검자들은 몇 장의 카드에 대해 적절하게 반응하다가 거부하는 경우도 있다. 이런 시도가 가장 자주 나타나는 카드는 카드 VI, VII 또는 IX이다. 이럴 경우 검사자는 거부를 받아들이지 않아야 한다. 전형적으로 이런 문제가 있을 경우 "시간은 충분합니다. 서두를 것 없습니다. 모든 사람이 다 반응합니다." 하고 말하면서 반응을 유도해야 한다. 이렇게 말하더라도 오랫동안 기다려야 하는 경우가 있지만 대부분의 경우 이런 새로운 지시를 접하면 1분 이내에 반응을 나타낸다.

짧은 프로토콜 표준적인 실시절차에서는 카드 Ⅰ에 대한 반응이 종료된 후 수검자가 카드 Ⅹ에 대한 마지막 반응을 완료할 때까지 어떤 부가적인 격려나 지시를 해서는 안 된다. 이러한 표준적인 절차를 사용한다고 해서 항상 해석적으로 타당한 충분한 길이의 기록(적어도 14개의 반응)이 보장되는 것은 아니다. 예컨대, 어떤 사람은 카드 Ⅰ에서 한 개의 반응을 하고 검사자가 격려한 결과 카드 Ⅰ에 대한 두 번째 반응을 하였으나 나머지 9장의 카드 각각에 대해서는 한 가지 반응만 보고할 수도 있다. 그 결과 나타난 11개의 반응 프로토콜은 아마 신뢰할 수 없을 것이고 구조적 자료를 해석해서도 안 된다.

짧은 프로토콜이 나타날 경우 검사자들은 딜레마에 빠지게 된다. 특히 짧은 기록이 불가피한 것으로 보일 때 더욱더 그렇다. 대부분의 유능한 검사자는 검사 시작 초기에 짧은 기록이 나타날 가능성이 있다는 것을 알고 비교적 정확하게 그 원인을 추측할 수 있다. 여러 가지 이유 때문에 짧은 기록이 나타나겠지만, (1) 저항 또는 방어, (2) 심각한 장애 중 하나가 그 원인일 수 있다. 대부분의 경우 저항과 방어 때문에 짧은 기록이 나타난다.

저항이나 방어가 문제일 때는 이를 의미하는 단서들이 점점 분명하게 나타난다. 검사를 시작할 때 어느 정도 방어적인 사람들은 검사를 시작하기 전이나 카드 Ⅰ이 제시된 직후에 질문을 할 것이다. 이때 수검자들이 하는 질문의 예와 그에 대한 적절한 반응은 다음과 같다: "누구나 같은 것을 봅니까?" (예, 이것이 표준세트입니다.) "이것을 당신이 만들었습니까?" (아닙니다. 누구에게나 같은 세트를 사용합니다.) "정말로 제가 무엇을 볼 수 있다고 생각하십니까?" (그렇습니다. 누구나 각 카드에서 여러 가지를 봅니다.).

검사를 시작할 때 의문을 제기하는 대부분의 사람들은 검사에 대한 준비가 부족하기 때문일 수 있다. 만약 검사자가 임상실제에서 이런 상황에 자주 부딪친다면, 검사자는 자신이 수검자와 관계를 형성하려고 시도할 때 사용하는 절차에 대해 심각하게 생각해 보아야 한다.

검사를 시작할 때 방어적인 사람들은 검사를 시작해서 진행하는 과정에서 검사자와 어느 정도 상호작용하게 되면 더 편하게 되어서 해석적으로 타당한 프로토콜을 제공하기 시작한다. 그러나 어떤 사람들은 저항적이거나 방어적인 태세를 계속 유지하기 때문에 짧은 프로토콜이 나타날 가능성이 높다. 흔히 이런 수검자들은 "내게는 단순히 잉크반점으로만 보입니다."와 같은 반응을 한다. 이럴 경우 검사자는 "맞습니다. 잉크반점이지만 그것 이외에는 무엇으로 보입니까?"와 같이 말하는 것이 적절하다.

수검자가 계속해서 저항이나 방어를 하게 되면 예외 없이 카드 I에 대해 한 가지 반응만 보고하고 카드를 되돌려주려고 할 것이다. 격려를 하더라도 상당한 시간이 경과한 뒤에 두 번째 반응을 말한다. 이때 제기되는 가장 중요한 의문은 검사 전반에 걸쳐 수검자가 계속해서 저항과 방어를 하게 되고 그 결과 짧은 프로토콜이 나타나느냐 하는 것이다. 이 경우 전형적으로 그 다음의 세 카드에 대한 반응방식을 보면 그 의문을 해결할 수 있다. 매우 저항적이거나 방어적인 사람은 검사자가 격려하면 다소 주저하면서 카드 I에 대해 두 번째 반응을 말하고 그 다음의 세 카드 각각에 대해서는 비교적 간단하게 한 가지 반응만 할 것이다.

심각한 장애를 가지고 있는 사람들은 보통 검사를 시작할 때 질문을 하지 않는다. 이들의 경우 로르샤하 과제의 복잡성에 의해 위협을 받기 때문에 자주 짧은 기록이 나타난다. 흔히 이들은 신경학적 장애가 있거나 장기간 지속된 정신증적 상태 때문에 고통을 받고 있는 입원환자일 수 있다. 이들은 검사 때문에 자신의 통제능력이 도전을 받고, 검사 초기에 검사자가 자신들이 경험하고 있는 고통을 알고 있을 것이라고 느낄 수 있다.

이런 사람들은 지시에 대해 천천히 그리고 구체적으로 따르는 경향이 있고 카드 I에 대한 반응과정에서 검사자가 격려를 해 주어도 그것을 검사를 마칠 때까지 유지하기 어렵다. 실제로 카드 I에서 격려하면 안절부절못하거나 혼란을 느끼는 것처럼 보일 것이다. 심지어 카드 I에서 격려한 결과 두 번째 반응을 했더라도, 수검자는 다음의 세 카드에 대해서는 판에 박힌 듯이 한 가지 반응만 하는 식으로 되돌아가게 된다. 일반적으로 카드를 제시하고 반응이 나타날 때까지 걸리는 시간이 상당히 길고 나타난 반응에는 몇 개의 단어만 포함되어 있는 경향이 있고, 때로는 한 단어로만 된 반응도 나타난다. 이러한 수검자들은 "모르겠습니다." 또는 "어떤 것으로도 보이지 않습니다." 하고 말하고 카드에 대해 거부할 수 있다(이때는 "시간은 충분합니다. 서두르지 마세요." 하고 말해야 한다).

수검자가 카드 II, III, IV 각각에 대해서 한 가지 반응만 했고 검사자 자신이 짧은 기록이 나타날 가능성이 매우 높다고 확신되면, 카드 I에서 격려했던 것과는 다른 방식으로 격려할 필요가 있는지를 고려해야 한다. 수검자가 카드 IV를 되돌려주려고 하면 검사자는 카드를 돌려받지 말고 다음과 같이 말해야 한다: "잠깐만, 검사를 마칠 때까지 서두르지 마십시오. 서두를 것 없습니다. 시간은 충분합니다."

이런 식의 격려는 카드 Ⅰ에 사용한 격려처럼 그렇게 직접적이지 않다. 단순히 수검자에게 시간이 더 있다는 것을 말해 줄 뿐이다. 카드 Ⅰ에 대한 반응과정에서 격려한 것처럼 구체적으로 더 많은 반응을 해달라고 요청한 것은 아니라고 하더라도 지니는 의미는 같다.

이런 식의 선택적 격려를 계속해서는 안 되고, 수검자가 처음의 네 카드에 대해 단지 5개 반응만 했기 때문에 그렇게 단순하게 격려해서도 안 된다. 수검자가 전체 검사에서 20개 이상의 반응을 했을 경우 계속해서 선택적 격려를 한 경우를 자주 찾아볼 수 있다. 이런 선택적 격려(optional prompting)는 검사자 자신이 중간에 개입하지 않으면 짧은 기록이 나타날 수밖에 없다는 확신을 가지게 해 주는 몇 가지 단서를 발견했을 때만 해야 한다. 때때로 가능한 한 빨리 검사를 끝내기를 바라는 어린 아동들에게는 선택적 격려를 하는 것이 유용하다. 왜냐하면 서두를 경우 짧은 기록이 될 가능성이 높기 때문이다.

카드 Ⅳ에서 격려를 했든 하지 않았든 간에 수검자가 반응단계에서 14개 미만의 반응을 했을 때는 질문단계로 진행해서는 안 된다. 이럴 경우 검사자는 표준절차를 중단하고 수검자에게 다음과 같이 설명해야 한다:

> "이제 어떻게 하는지 알았을 것입니다. 그런데 문제가 있습니다. 당신은 검사에서 어떤 것을 알아낼 수 있을 정도로 충분한 반응을 하지 않았습니다. 그래서 처음부터 다시 시작하려고 합니다. 이번에는 좀 더 많은 반응을 해 주셨으면 합니다. 이전에 했던 반응을 다시 말할 수도 있지만, 이번에는 더 많은 반응을 해 주십시오."

많은 사람들은 이런 새로운 지시 또는 조건이 주어지면 새로운 행동방향을 추구할 것이고 "얼마나 많이 반응해야 합니까?" 하고 물을 것이다. 이런 질문을 할 경우 검사자는 수검자가 얼마나 검사에 협조하려고 하는지를 판단해서 달리 반응해야 한다. 수검자가 협조적인 것으로 보인다면, "좋을 대로 하십시오. 당신은 단지 ~개의 반응만 했는데, 검사에서 어떤 것을 알아내려면 그보다 더 많은 반응이 필요합니다." 하고 말하면 된다. 반면에 어떤 수검자들은 확실히 더 저항적이거나 방어적이어서 심지어 카드 Ⅰ에 대해 하나 이상의 반응을 유도하려는 격려를 무시하는 경우도 가끔 있다.

만일 매우 저항적인 수검자가 14개 미만의 반응을 했다면, 검사자는 얼마나 많은 반응이 필요한가 하는 수검자의 질문에 대해 "글쎄요. 좋을 대로 하세요. 그렇지만 나는 당신이 반응한 것보다 더 많은 반응이 필요합니다."와 같이 보다 직접적으로 반응해야 한다.

많은 시간이 소요되지 않는다고 하더라도 반응단계를 다시 실시하면 검사자와 수검자 모두가 좌절감을 느낄 수 있다. 그러나 검사자가 로르샤하 기록이 평가목적에 매우 중요하다고 믿을 경우 재실시하는 것이 한 가지 방법이다. 이외의 다른 대안은 로르샤하를 중단하고 다른 평가방법을 적용하는 것이다.

긴 프로토콜 로르샤하를 실시할 때 가장 흔한 문제는 짧은 기록과 관련이 있으나, 수검자가 검사과제에 몰입하여 내버려두면 끝없이 많은 반응을 하는 경우도 있다. 긴 기록을 다룬 연구에서 수검자가 나타낸 전체 반응을 사용했을 경우와 각 잉크반점에 대해 나타난 첫 5개의 반응만 사용했을 경우를 비교한 결과 핵심적인 해석적 의미는 차이가 없었다. 이런 결과는 '어떤 경우에는' 반응수를 제한할 필요가 있다는 것을 시사한다.

따라서 수검자가 카드 I 에서 5개의 반응을 한 뒤에 부가적인 반응을 더 하기 위해 카드를 손에 쥐고 있다면 검사자는 수검자로부터 카드를 넘겨받고 "좋습니다. 이제 다음 카드를 보도록 합시다." 하고 말해야 한다. 그 수검자가 카드 II 에서도 5개의 반응을 했다면 동일한 절차를 사용해야 한다.

수검자가 이후의 카드 각각에 대해서도 5개의 반응을 한 후 계속해서 카드를 쥐고 있으면 이러한 개입방식을 동일하게 적용해야 한다. 그러나 수검자가 특정 카드에서 5개 미만의 반응을 했을 경우 "이런 개입방식을 사용하지 않아야 한다." 그리고 이후의 잉크반점에서 5개 이상의 반응을 하더라도 검사자는 남은 검사 동안에 더 이상 어떤 개입을 해서는 안 된다.

5개 반응을 한 뒤에 개입하는 절차를 처음부터 끝까지 사용하면 50개의 반응을 얻을 것이다. 반대로 검사 동안에 개입절차를 중단하면 반응기록이 더 길어질 수도 있다. 예컨대, 첫 3장의 잉크반점에서 개입했으나 카드 IV에서 3개의 반응만 했기 때문에 개입을 중단했을 수 있다. 이럴 경우 카드 IV까지의 전체 반응은 18개이다. 그러나 이 수검자가 카드 V에서 3개, VI에서 5개, VII에서 7개, VIII과 IX에서 각각 9개, X에서 14개의 반응을 했다면 65개의 반응으로 된 반응기록이 될 수 있다.

한 수검자가 첫 몇 장의 카드에서 2~3개만의 반응을 하거나 또는 첫 몇 장의 카드 중 한 카드에서 5개 미만의 반응을 하다가 이후의 카드에서 10개 이상의 많은 반응을 하는 경우는 로르샤하를 500회 실시했을 때 한 번 이하로 나타날 정도로 매우 드물다. 이처럼 반응하면 때로는 반응수가 70개 이상인 긴 반응기록이 나타날 수도 있다. 이렇게 많은 반응을 접하는 검사자는 매우 괴로울 수밖에 없다. 이런 긴 기록은 달려가는 기차와 같다. 이런 상황을 처리하기 위한 최선의 규칙은 없다. 표준절차를 따른다면 모든 반응들은 프로토콜의 최종 기록에 다 포함시켜야 하지만 논리적, 경험적으로 볼 때 극단적으로 긴 기록을 수용하기는 어려울 수 있다.

이런 어려운 상황에 처했을 때 검사자는 현명한 판단을 내려야 한다. 예컨대, 수검자가 첫 세 카드에 대해서는 각각 5개 미만의 반응을 하였으나 놀랍게도 카드 IV에서는 8개나 10개의 반응을 했다고 가정하자. 논리적으로 볼 때 이 시점에서 개입을 해서는 안 된다. 왜냐하면 카드 IV에서 예상치도 않은 많은 반응을 한 것은 "일회적인(one time)" 일 수 있고 이러한 반응 중에서 해석적 의미가 있는 매우 중요한 반응이 포함되어 있을 수 있기 때문이다. 그러나 만약 수검자가 카드 V에서 5개 이상의 반응을 했다면 여섯 번째나 일곱 번째 반응을 한 뒤에는 카드를 돌려받아야 하고 검사의 나머지 부분에서 또는 수검자가 어떤 특정 카드에서 5개 미만의 반응을 할 때까지 동일한 절차를 적용해야 한다.

이러한 개입방식은 여러 가지로 변형해서 적용할 수 있겠지만 어떻게 변형시킬 것인지는 신중하고 논리적으로 결정해야 한다. 검사자가 개입하지 않으면 지나치게 긴 기록이 될 것이라는 판단을 내렸을 경우에만 이런 식으로 개입해야 한다. 지나치게 긴 기록을 방지하기 위해 이런 개입방식을 적용하면 피치 못할 위험도 있기 마련이다. 이런 개입방식은 정서비(Affective Ratio)와 W:D:Dd 상호관계의 통합에 분명히 영향을 미칠 것이고 아마도 자아중심성 지표에도 영향을 줄 것이다. 합리적인 범위 내에서 검사 실시시간을 적절하게 유지하고 프로토콜의 길이를 적절하게 유지해서 해석할 수 있도록 한다는 두 가지 측면이 적절하게 균형을 이룰 수 있도록 개입해야 한다.

반응의 기록

각 반응은 수검자가 "말한 그대로(verbatim) 기록해야 한다." 말한 그대로 기록하는 것은 초보자에게는 불가능한 과제처럼 보일 수 있으나 경험에 따르면 불가능한 것은 아니다. 빨리 기록하려면 연습이 필요하겠지만 빨리 쓰는 것이 일차적인 문제는 아니다. 검사자 이외의 다른 사람들도 수검자의 반응을 읽을 수 있고 수검자가 무엇을 말했는지 정확하게 알 수 있도록 반응을 명료하게 기록하는 것이 더 중요하다.

검사자가 검사를 실시할 때 편안하게 느낄 수 있는 속도를 유지하는 것이 매우 중요하다. "검사를 실시할 때 지나치게 시간에 신경을 쓸 필요는 없다." 모든 자료를 정확하게 수집하여 이후에 쉽게 사용할 수 있도록 하는 데 필요한 속도를 유지하는 것이 더 중요하다.

어떤 수검자는 마치 검사자에게 도전하는 것처럼 매우 빨리 말하는 경향이 있다. 수검자를 중단시키는 것은 바람직하지 않지만 반응의 일부를 다시 말해달라고 하거나 또는 좀 더 천천히 말해달라고 요청할 수는 있다. 예컨대, 검사자는 "잠깐만, 너무 빨라서 따라가기 어렵습니다. 좀 더 천천히 말해 주세요." 하고 말할 수 있다.

만일 수검자에게 반응의 일부를 다시 말해 달라고 요청할 필요가 있다면 검사자는 "죄송합니다. 말한 것을 다 기록하지 못했습니다. 모자를 쓴 두 사람이라고 말하고 또 ~라고 말했습니까?"와 같이 수검자가 반응한 마지막 몇 개의 단어를 사용해야 한다. 이렇게 하면 수검자가 이전에 말했던 것과 동일한 반응을 반복하고 수검자 자신이 말했던 단어를 그대로 정확하게 반복할 가능성이 높아진다.

수검자가 말한 단어를 그대로 기록할 때 대부분의 사람들이 쉽게 알 수 있고 풀어 쓰기 쉬운 약어를 사용하면 큰 도움이 된다. 로르샤하를 사용하는 대부분의 사람들이 사용하는 여러 가지 공통적인 약어가 있다. 어떤 약어는 be를 b, see를 c로 표기하는 것과 같이 음운, looks like를 ll, something을 st, some sort를 ss, could be를 cb로 표기하는 것과 같이 논리, 또 어떤 약어는 human을 h, animal을 a, fire를 f로 나타내는 것과 같이 내용기호를 사용한다.

검사를 실시할 때 수검자의 반응을 받아쓰는 능력에 자신이 없는 초보자들은 다른 사람에게 책이나 신문을 불러주도록 하여 받아쓰는 연습을 하고 공통적으로 사용되

〈표 1-2〉 반응기록에 흔히 사용하는 약어

음운약어		논리약어		내용약어	
b	be	abt	about	H	human
c	see	arnd	around	A	animal
g	gee	at	anything	bl	blood
o	oh	bec	because	cg	clothing
r	are	bf	butterfly	cl	cloud
u	you	bk	back	ex	explosion
y	why	cb	could be	fd	food
		dk	don' t know	fi	fire
		et	everything	ge	geography
		frt	front	ls	landscape
		j	just	na	nature
		ko	kind of	sc	science
		lik	like	xy	x-ray
		ll	looks like		
		mayb	maybe		
		rite	right		
		scfic	science fiction		
		ss	some sort		
		st	something		
		wm	woman		
		wng	wing		
		~g	~ing		

는 다양한 약어에 익숙해지면 속도를 향상시킬 수 있다. 로르샤하 반응을 기록하는데 공통적으로 사용되는 약어는 〈표 1-2〉와 같다.

질문과 코멘트 검사를 실시하는 동안에 수검자가 묻는 질문은 검사자의 반응과 마찬가지로 기록해야 한다. 마찬가지로 "저것은 흉하게 생겼네요." 또는 "아, 이 색깔 좀 보세요."와 같은 수검자의 코멘트도 모두 기록해야 한다. 대부분의 경우 이런 질문이나 코멘트는 거의 해석에는 도움이 되지 않을 것이나 어떤 경우에는 해석적 의미를 더해 줄 수 있다.

반응기록의 배열 검사를 실시할 때 가장 중요한 것 중 하나는 반응기록을 배열하는 방법이다. 반응들은 쉽게 사용할 수 있는 방식으로 기록해야 한다. 즉, 각 반응들을 명료하게 말한 그대로 기록해야 할 뿐만 아니라 쉽게 검토할 수 있어야 한다.

예컨대, 반응단계의 반응과 이후의 질문단계에서 그 반응에 대해 질문했을 때 나타난 자료를 나란히 기록할 수 있도록 반응을 잘 배열하는 것이 중요하다. 이런 배열은 채점과 해석에 다 중요하다. 전형적으로 질문단계에서는 반응단계보다 더 많은 단어들이 포함될 수 있다. 그래서 이후의 질문단계에서 나온 자료를 나란히 배열하기 위한 공간을 확보하기 위해서 반응들 간에 상당한 간격을 남겨둘 필요가 있다. 한 페이지에 2~3개 이상의 반응을 기록하지 않고 각 카드마다 새로운 페이지에 반응을 기록하는 것이 좋다.

대부분의 검사자들은 기록용지를 세로보다는 가로로 놓고 반응을 기록하는 형식을 선호한다. 좌측에 카드번호나 반응의 수를 기록하고 약간의 여백을 두고 그 옆에 반응을 기록한다. 그 다음 우측에 여백을 크게 두어 질문단계에서 사용한다. 어떤 검사자들은 채점을 기록하기 위해 오른쪽에 어느 정도 공간을 남겨두기도 한다. 그러나 기호화에 여러 가지 특수점수가 포함되어 있을 수 있고 질문반응 옆에 채점까지 기록하려면 실제로 사용할 수 있는 지면보다 더 넓은 지면이 필요하기 때문에 이렇게 하는 것은 별로 좋지 않으나, 이런 형식을 사용할 수는 있다. 따라서 대부분의 검사자들은 반응의 오른 쪽에 질문단계에서 나타난 자료를 기록하는 것을 선호하고 일반적으로 채점은 좌측의 반응 밑에 기록한다. 반응 밑에 채점을 기록하여 배열하는 방식의 예는 [그림 1-1]에 제시되어 있다.

[그림 1-1]에 제시한 바와 같이 반응들은 전체 검사에서 순서대로 번호를 매겨야 한다. [그림 1-1]에 제시한 위치부호(∨, <, >)는 수검자가 카드를 어느 방향으로 돌렸는가에 따라 카드 윗부분의 위치를 나타낸다. 질문단계에서 사용한 기록용지와 반응영역 기록지에 수검자의 이름이나 진찰번호를 기록해 두는 것도 좋은 방법이다.

카드	반응과 채점	질문
I	1. 이것은 박쥐같이 보이지만 잘 모르겠습니다. 박쥐인 것 같고 새가 생각나지만 박쥐가 더 낫겠군요. 박쥐. Wo FM^a.FC' o A P 1.0	검: (수검자의 반응 반복) 수: 예, 날개와 몸통이 있고 아마 저것은 더듬이 일 것 같고, 박쥐가 더듬이를 가지고 있는지는 잘 모르겠지만 그렇게 생각되고. 이것들은 날개를 펴고 있는, 날고 있는 것 같아요. 검: 어디서 그것을 보았는지 지적해 보세요. 수: 전체로요. 이것은 날아가는 것처럼 펼쳐진 날개이고(지적하면서) 가운데 이것은 몸이고, 전체가 다 박쥐와 같은 색입니다. 검: 박쥐와 같은 색이라고요? 수: 예, 박쥐가 이런 색입니다.

(수검자가 카드를 되돌려 주려고 함)
검: 서두르지 말고 천천히 보세요. 그 외에 또 다른 것도 볼 수 있을 것입니다.

카드	반응과 채점	질문
	2. 중앙에 팔을 위로 들어올린 여자가 서 있는 것 같습니다. D+ M^a.FVo H,Cg 4.0 GHR	검: (수검자의 반응 반복) 수: 예, 여기를 보세요(윤곽을 가리키면서). 여자 모양같이 보이고, 옷은 투명하게 비치고, 내게는 그렇게 보여요. 검: 투명하다고요? 수: 글쎄요. 이것은 다리와 허리, 허리가 여자처럼 곡선이고, 머리는 보이지 않지요. 보세요. 여기 손을 들어올리고, 안정이 안 된 것처럼 보이고, 몸아 비치는 옷을 입은 것 같고, 투명하거나 혹은 엷게 비치는 것일 수도 있겠고.

(수: 카드를 돌려도 되나요?)
검: 좋을 대로 하세요.
<∨>

카드	반응과 채점	질문
	3. 아니군요. 이렇게 보는 게 더 낫겠군요. 축제 때 쓰는 가면 같습니다. WSo Fo (Ad) 3.5	검: (수검자의 반응 반복) 수: 일종의 가면 같고, 흰 부분은 눈과 입이고, 머리에 꽉 조이도록 가죽으로 만든 어떤 것, 일종의 고양이 가면으로 보이고. 검: 어디서 그것을 보았나요? 수: 전체 다요.

[그림 1-1] 로르샤하 반응을 기록하는 형식

질문

불행하게도 질문은 로르샤하에서 가장 잘못 이해되거나 잘못 사용되고 있는 한 부분이다. 질문을 정확하게 하면 검사자료가 풍부해진다. 그러나 질문을 부정확하게 사용하면 프로토콜은 엉망이 될 수 있고 때로는 임상적 관심을 받을 수는 있으나 실제 로르샤하 자료가 나타내는 것과는 다른 자료가 초래될 수 있다.

목적 질문의 일반적인 목적은 가능한 한 반응을 정확하게 기호화(채점) 하는 데 있다. 기호는 수검자가 반응을 전달할 때 지각한 것을 나타내기 위한 것이다. 따라서 질문의 일차적인 목적은 검사자가 수검자가 카드에서 본 것을 알거나 또는 적어도 잉크반점의 어느 부분에서 어떤 것을 보았는지 그리고 잉크반점의 어떤 특징 때문에 그렇게 보았는지를 이해하기 위한 것이다.

질문은 수검자가 검사자와 반응을 공유하는 단계이다. 질문은 새로운 검사도 아니고 새로운 정보를 얻기 위한 것도 아니다. 질문은 단순히 반응단계에서 제시된 정보를 검토하고 명료화하기 위한 것이다. 만일 수검자가 질문단계를 잘못 이해하거나 검사자가 잘못 진행하게 되면 반응의 기호화와 검사자료의 해석에 많은 문제를 일으킬 수 있는 로르샤하의 미묘한 단계이다.

속도 검사를 실시할 때 검사자 자신에 맞게 속도를 유지해야 한다는 것은 이미 언급하였다. 적절한 속도의 유지는 질문단계 동안에 훨씬 더 중요하다. 로르샤하의 반응단계에서 걸리는 평균시간은 20분 미만이지만 질문하는 데 걸리는 평균시간은 보통 30분 이상이다.

질문하는 데 걸리는 실제 시간은 수검자가 얼마나 협조적이고 자신의 반응을 얼마나 정확하게 설명할 수 있느냐에 따라 다르다. 만약 수검자가 질문에 대한 준비가 제대로 되어 있다면 보통 질문은 빠르고 쉽게 진행될 것이다. 반대로 수검자가 질문에 대한 준비가 제대로 되어 있지 않다면 검사자의 질문과 지시는 불안, 초조 및 방어를 야기시킬 수 있다.

질문단계의 도입과 지시 질문단계를 도입하고 질문을 정확하게 하는 것은 아무리 강조해도 지나치지 않을 정도로 매우 중요하다. "수검자가 검사자가 질문을 하는 이유와 무엇을 기대하는 지를 이해하는 것이 매우 중요하다." 앞에서 언급하였듯이 질문의 목적은 수검자가 보고한 것을 수검자가 본대로 검사자도 보기 위한 것이다. 만약 수검자가 보고한 것을 그대로 검사자가 볼 수 있다면 반응을 더 쉽고 정확하게 기호화할 수 있다.

질문을 시작할 때 사용하는 표준적인 지시는 다음과 같다:

> "이제 카드를 처음부터 다시 보려고 합니다. 시간은 오래 걸리지 않습니다. 당신이 보고 말한 것을 보고 나도 당신과 똑같이 볼 수 있도록 말해 주십시오. 하나씩 보도록 합시다. 당신이 말한 것을 읽겠습니다. 당신이 본 것처럼 나도 볼 수 있도록 당신이 반점의 어디에서 그것을 보았는지 가리켜주고, 어떤 점에서 그렇게 보게 되었는지 말해 주십시오. 아시겠지요?"

이때 일부 수검자들은 다양한 질문을 할 수 있는데, 그러한 질문의 예와 그에 대한 검사자의 적절한 반응은 다음과 같다: "왜 이런 것을 해야 됩니까?"(당신이 본 대로 나도 볼 수 있도록 하기 위해서입니다.) "제가 무엇을 말하기를 원합니까?"(내가 그것을 볼 수 있도록 도와달라는 것입니다. 어디에서 그것을 보았고 어떤 점에서 그렇게 보게 되었는지 말해 주십시오.) "앞에서 보지 못했던 것도 말해야 합니까?"(아닙니다. 내가 관심이 있는 것은 당신이 이미 앞에서 본 것뿐입니다.) 이와 같은 수검자의 질문에 대해 검사자는 항상 직접적이고 솔직하게 대답해야 하고 질문의 목적에 초점을 두어야 한다.

수검자가 과제를 제대로 이해하고 있다고 생각되면 질문을 시작할 수 있으나 그 전에는 질문을 시작해서는 안 된다. 만약 어떤 수검자가 질문과정에 대해 잘 모르거나 저항하는 것처럼 보이면 과제에 대해 다시 말해 주거나, "나도 당신이 본 것처럼 볼 필요가 있습니다(또는 보기를 원합니다.). 당신이 어디에서 그것을 보았고 반점의 어떤 점에서 그렇게 보게 되었는지 알고 싶습니다."와 같이 절차에 대한 부가적인 설명을 해주는 것이 좋다.

절차 검사자는 수검자가 시작할 준비가 되어 있다는 확신이 들면 "그럼 첫 번째 카드부터 시작합시다." 하는 말과 함께 첫 번째 카드를 수검자에게 준다. 한 장씩

차례로 진행하게 되는데, "이 카드에서는 ~라고 말했습니다." 또는 "조금 전에는 ~라고 말했습니다." 하고 말하면서 수검자가 했던 말을 '그대로' 읽어준다. 만약 수검자가 질문에 관한 지시를 잘 이해했다면 수검자는 자신의 반응에 포함시킨 영역을 설명하거나 지적할 것이고 보고한 대상의 중요한 특징을 말할 수 있을 것이다.

때로는 과제를 이해한 것처럼 보이는 수검자도 처음에는 실수를 범하는 경우가 있다. 예컨대, 수검자 자신이 말한 그대로를 검사자가 읽어주면 그것을 듣고 나서 "예, 그렇습니다." 하고 말할 수 있다. 이럴 경우 "우리가 이것을 하고 있는 이유를 기억해 보세요. 나도 역시 당신이 본 것처럼 보기를 원합니다. 그러니 도와주세요. 어디서 그렇게 보았는지, 어떤 점에서 그렇게 보았는지를 말해 주십시오."와 같이 질문의 목적과 절차를 반복해서 말할 필요가 있다.

특히 나이가 어린 수검자들은 자기가 본 대상을 반점의 어디에서 그렇게 보았는지는 별 어려움 없이 지적할 수 있으나 반응의 특징을 설명할 때 "왜 그렇게 보았는지 모르겠습니다. 단지 그렇게 보였습니다."와 같이 얼버무릴 수 있다. 이럴 경우 검사자는 "나도 너와 같이 볼 수 있어야 한다는 것을 기억해야지. 나도 네가 본 대로 보고 싶단다. 그러니 네가 나를 도와주어야 해. 이제 어디서 무엇을 보았고, 어떻게 해서 ~으로 보게 되었는지 말해 보렴."과 같이 단호하지만 지지적으로 반응해야 한다.

흔하지는 않지만 어린 아동을 대상으로 검사할 때는 어느 정도 연습할 필요가 있다. 연습하면 아동 자신이 윤곽을 잘 정해서 쉽게 찾아낸 대상의 핵심을 말하는 데 도움이 될 것이다(이런 연습을 하는 데는 장난감 자동차가 적절하다.). 아동에게 장난감을 제시하면서 "이게 뭘까?" 하고 묻는다. 아동이 대답하면 검사자는 "잘했어요. 그런데 소방차라는 것을 어떻게 알았죠?" 하고 묻는다. 이렇게 물으면 아동은 사다리, 바퀴, 색깔 등과 같은 소방차의 특징을 잘 말하게 될 것이다. 아동이 이러한 특징들을 찾아내면 검사자는 격려해 주고 "참 잘했어요. 이제 이것을 볼까요?" 하면서 질문단계로 되돌아갈 수 있다.

질문의 결정 수검자의 반응을 그대로 읽어준 후에 각 반응에 대해 질문해야 한다. 협조적인 수검자는 과제를 빨리 이해하고 보통 채점하는 데 필요한 정보보다 더 많은 정보를 제공해 준다. 수검자가 과제를 잘 이해하고 매우 협조적인 최상의 조건에서는 전체 질문단계에서 부가적인 질문을 할 필요가 없을 수 있다. 그러나 이런 경우는 매우 드물고 대부분의 경우 검사자는 어디서, 왜 그렇게 보았는지를 밝히기 위한 질문을 해야 할 것이다.

검사자는 기호화나 채점 방법에 대해 매우 익숙해야 한다. 기호화와 채점 방법을 잘 알고 있으면 질문을 해야 할지 말아야 할지를 쉽게 결정할 수 있다. 반응은 (1) 반응영역(어디서 보았는지), (2) 반응결정인(어떤 점에서 그렇게 보았는지), (3) 반응내용(무엇인지)의 세 가지 범주로 구분한다. 수검자가 이러한 세 가지 특징에 관한 정보를 제공했다면 반응을 정확하게 기호화하고 채점할 수 있다.

세 번째인 반응내용 범주는 대부분의 반응에서 항상 대상이 포함되어 있으므로 가장 쉽게 확인할 수 있다. 첫 번째 범주인 반응영역도 대부분의 수검자가 윤곽을 그리거나 말로 표현하기 때문에 쉽게 확인할 수 있다. 수검자가 반응영역을 말하거나 지적하면 검사자는 반응영역 기록지에 반응번호와 반응영역을 나타내는 기호를 함께 표시해야 한다. 예컨대, 반점 전체가 사용되었으면 3=W로 기록하고 반점의 일부만 사용되었다면 반응영역 기록지에 그 영역의 윤곽을 표시한 뒤에 반응번호를 기록해 둔다. 노련한 검사자들은 질문해서 반응영역을 알았을 경우 괄호를 사용해서 (W), (D4), (Dd21) 등과 같이 기록하는데, 가능하다면 이 방법도 좋은 방법이다. 반응영역을 기록하는 목적은 누구든지 프로토콜을 검토할 수 있고 반응에 사용된 영역을 쉽게 알 수 있도록 하기 위한 것이다.

누가 채점하든 간에 수검자가 어디를 보고 반응하였는지를 정확하게 알아야 한다. 반응영역을 정확하게 알지 못하면 반응의 형태질을 판단할 수 없다. 만약 다른 사람이 반응을 쉽게 확인하기 어렵다고 생각되거나 어떤 반응이 비일상적인 특징을 포함하고 있다면 수검자가 보고한 대상의 구체적인 특징들을 반응영역 기록지에 빠짐없이 기록해 두어야 한다.

만약 수검자가 반응영역을 구체적으로 지적하지 못하거나 반응영역이 분명하지 않으면 질문해서 밝혀야 한다. 이때는 다음과 같은 질문을 사용할 수 있다: "어디에서 그것을 보았습니까?" "나는 당신이 본대로 정확하게 볼 수 없습니다. 손가락으로 당신이 본 영역을 가리켜 주세요." 또는 극단적일 경우 "그것이 어디 있는지 모르겠습니다. 손가락으로 그 부위(코, 머리, 날개, 바퀴 등)을 짚어보세요." 하고 말할 수 있다. 이러한 질문은 반응영역 기록지가 아니라 카드의 잉크반점에서 해야 한다.

질문을 할 때 생기는 대부분의 문제는 두 번째 기본적 범주인 반응결정인과 관련이 있다. 전형적으로 반응 자체를 보면 쉽게 반응내용을 알 수 있고, 대부분의 수검자들은 쉽게 반응영역을 지적할 수 있으나, 왜 그렇게 보았는지를 말하는 것은 별개의 문제이다. 어떤 대상은 형태, 색채, 음영 또 어떤 대상은 분명한 움직임 때문에 그렇게 보인다. 그러나 수검자는 이러한 특징을 충분히 알지 못한다고 가정해야 하고 검사자도 수검자가 반응을 하는 데 참고할 수 있는 특징들의 목록을 제공하지도 않는다. 따라서 어떤 반응지시를 하거나 수검태도가 작용하더라도 수검자의 언어적 보고에 근거해서 기호화나 채점을 결정하게 된다. 그런데 불행하게도 어떤 수검자들의 보고는 모호하거나 반응에 들어 있는 단서들이 시사하는 특징들을 포함하고 있지 않을 수 있다.

질문단계의 기본적 질문 수검자에게 제시하는 질문은 '비지시적' 이어야 하고 반응태세를 유발할 수 있는 단서와 무관해야 한다. 질문에 대한 수검자의 반응은 가능한 한 정확해야 하지만 수검자가 처음 반응할 때 본 것보다 더 많은 것을 포함하지 않아야 한다. 대부분의 경우 기본적인 질문이나 언급(prompt)을 하면 충분하지만, 검사자는 수검자가 앞에서 한 반응이나 수검자가 질문할 때 사용한 언어적 자료에 근거해서 질문을 만들어 사용할 수 있다. 기본적인 시사적 언급은 다음과 같다:

"당신이 본 것처럼 볼 수가 없군요. 그렇게 볼 수 있도록 도와주세요."

이런 언급을 하면 수검자는 현재 자신이 하고 있는 과제를 상기하게 된다. 그러나 이런 언급을 반복해서 사용하면 지겹거나 어리석게 들릴 수 있다. 그래서 이런 언급을 수정해서 "당신이 나를 도와주어야 합니다. 아직까지도 나는 당신이 본 대로 보이지 않습니다." 와 같은 말을 사용할 수 있다.

때로는 결정인에 초점을 둔 질문이 더 적절할 것이다:

"무엇 때문에 거기서 그렇게 보았는지 잘 모르겠습니다."

이런 식의 질문은 수검자에게 자신의 반응을 보다 명확하게 말해 달라고 하는 직접적인 표현이므로 최선의 대안일 수 있다. 그래도 수검자가 계속해서 모호하게 말하면 다음과 같이 시사적 언급과 더 초점을 둔 질문을 결합시켜 말하는 것이 적절하다:

"당신에게는 그렇게 보였겠지만, 나도 당신이 본 대로 볼 수 있어야 한다는 것을 기억해주세요. 당신이 왜 그렇게 보았는지 내가 이해할 수 있도록 도와주세요."

핵심단어에 근거한 질문 수검자의 반응이 명확하지 않을 경우 이와 같은 기본적인 시사적 언급과 질문을 하면 충분히 해결할 수 있다. 그러나 수검자가 협조적이더라도 다른 종류의 질문이 필요한 반응이 있다. 즉, 수검자가 반응단계에서 핵심단어(key word)를 말했거나 질문단계에서 핵심단어를 사용한 반응이 있을 경우 이와 관련해서 적절한 질문을 해야 한다.

핵심단어란 수검자가 표현하지 않은 결정인을 내포할 가능성이 있는 단어이다. 핵심단어는 '예쁜, 아름다운, 복잡한, 울퉁불퉁한, 슬픈, 사나운, 아픈, 밝은' 등과 같은 형용사, '서커스, 파티, 슬프다, 행복, 모피, 피, 소풍' 등과 같은 명사나 동사일 수 있다. 검사자는 결정인을 시사하는 단어에 대해 민감해야 하고 그러한 단어가 발견되었을 경우 적절한 질문을 해야 한다.

반응	질문
아주 예쁜 꽃	검: (수검자의 반응 반복)
	수: 이것은 줄기일 것 같고 여기는 꽃잎.

(여기서 수검자는 반응영역을 확정짓고 형태 결정인을 말하였다. 그러나 '예쁜' 이라는 핵심단어는 색채가 사용되었을 가능성을 시사하고 있기 때문에 다음과 같은 질문을 계속해야 한다.):

검: 아주 예쁘다고 했지요?

'예쁜' 이라는 단어를 사용하지 않았다면 '잉크반점의 색채영역에 대한 반응이라고 하더라도' 질문단계에서 추가적인 질문을 할 필요는 없다.

때때로 결정인이 분명하더라도 결정인의 성격을 보다 명료화하기 위해 다음과 같이 질문해야 한다:

반응	질문
밤에 무엇을 하는 두 사람처럼 보인다.	검: (수검자의 반응 반복)

수: 여기 이것(지적)이 사람으로 보이
고 머리, 다리, 팔도 보이고.

(사람들이 무엇을 하고 있다는 반응에서 운동결정인이 분명하게 나타나 있다. 그러나 그 운동이 능동적인지, 수동적인지를 밝혀야 하고, '밤' 이라는 핵심단어가 사용되었으므로 반점의 회색과 흑색 특징을 포함시켜서 반응했을 가능성이 있다. 이처럼 두 가지 의문이 생길 경우 분리해서 밝힐 수는 있으나 다음과 같이 한 가지 질문을 사용해서 밝히는 것이 가장 좋다.):

검: 사람들이 밤에 무엇을 하고 있다
고 했지요?

(만약 수검자가 두 가지 의문 중 한 가지만 해결해 주는 반응을 했다면 두 번째 질문을 해야 한다.):

수: 이들이 무엇을 들어올리고 있는
것 같아요.
검: 밤에요?

어떤 반응의 경우 핵심단어는 질문단계에서 나타날 수 있다. 이 때문에 질문단계에서 처음 나타난 핵심단어의 특징이 반응단계에서도 있었는지를 밝히는 것이 매우 중요하다. 일반적인 경험으로 볼 때 질문단계에서 처음으로 핵심단어가 나타났다면, 핵심단어가 수검자의 첫 언어반응에서 나타났거나 또는 검사자가 한 질문에 대한 첫 번째 대답에서 자발적으로 표현되었더라도 질문을 통해 그 의미를 밝혀야 한다.

그러나 이 규칙에도 예외는 있다. 핵심단어의 의미를 추적할 것인지는 검사자가 핵심단어의 특징이 반응단계에서도 나타났었는지를 확신하는 정도에 따라 다르다.

아래 두 수검자(S1, S2)의 반응은 이러한 문제를 설명하는 데 유용할 수 있다:

반응	질문
S1: 저것은 두 마리의 곰 같이 보입니다.	검: (수검자의 반응 반복) 수: 예, 여기와 여기에 한 마리씩 있고, 머리와 다리, 싸우는 것처럼 앞발을 들고 있고, 적어도 한 마리는 상처를 입었어요. 검: 상처를 입었다고 했나요? 수: 저 빨간 것이 피일 것이고, 상처를 입은 것처럼.
S2: 한 쌍의 곰 같군요.	검: (수검자의 반응 반복) 수: 양쪽에 한 마리씩 있어요. 검: 어떤 점에서 곰처럼 보게 되었나요? 수: 생긴 모양이요, 이것은 머리와 다리로 보이고, 여기가 앞발이고, 맞대고 있는 것 같고요. 검: 맞대고 있다고요? 수: 예, 앞발을 맞대고 서있는 것처럼 보이고, 어쩌면 상처를 입은 것처럼 볼 수도 있을 것 같고요.

S1의 경우 질문단계에서 능동적 운동이 포함되었고 '상처' 라는 핵심단어가 처음 사용되었다. 색채가 사용되었을 가능성이 있기 때문에 추가 질문을 해서 확인하였다.

S2의 경우 질문단계에서 '맞대고 있다(touching)' 는 단어를 사용했기 때문에 운동반응일 가능성이 있다. 그래서 적절하게 질문하였고 수검자가 반응을 시작하는 말("앞발을 맞대고 서있는 것처럼 보이고")에서 수동적 운동임을 알 수 있다. 그러나 수검자는 뒤에 색채를 고려하기 시작했고 그래서 상처라는 단어가 사용되었다. 이 상처라는 단어는 검사자의 두 번째 질문에 의해 유발된 것("어쩌면 상처를 입은 것처럼 볼 수도 있을 것 같고요.")으로 보이기 때문에 더 추적할 필요는 없을 것이다. 만약 수검자가 "볼 수도 있을 것 같고요." 와 같이 가능태로 말하지 않고 이보다는 더 분명하게 "상처를 입은 것처럼 보인다." 하고 말했다면 검사자는 색채문제를 추적해서 더 명확하게 밝혀야 한다.

가장 어려운 문제는 수검자로부터 반응을 결정할 당시의 지각을 나타내는 대상에 관한 설명을 얻는 것이다. 때로는 핵심단어나 어구가 질문의 후기에 나타나기 때문에 그 의미를 더 추적해야 하는 반응도 있다.

다음 반응은 이런 경우의 예가 될 수 있다:

반응	질문
두 사람처럼 보입니다.	검: (수검자의 반응 반복)
	수: 예, 양쪽에 한 사람씩.
	검: 어떤 점에서 사람들로 보았나요?
	수: 머리, 다리, 팔, 몸을 구부리고 무엇을 나르는 것 같고, 마치 요리할 준비를 하고 있는 것처럼.

(무엇을 나르고 있다는 사실과 "요리할 준비를 하고 있다"는 핵심적인 어구는 분명히 더 질문을 해서 밝혀야 한다.)

	검: 요리할 준비를 하고 있다고요?
	수: 예, 주전자나 다른 어떤 것을 불이 있는 뒤쪽으로 나르는 것 같고요.
	검: 불이라고요?
	수: 예, 이 뒤에 있는 빨간 것이요.
	검: 어떤 점에서 불처럼 보이나요?
	수: 붉으니까 불같지요.

(이 반응이 처음 제시될 때는 형태가 유일한 결정인이었다. 이후에 운동이 나타났고 차원과 색채가 나타났다. 검사자가 네 번의 질문을 했지만 수검자의 반응흐름을 볼 때 이러한 반응들이 질문단계에서 새롭게 추가되었다는 인상을 주지는 않는다.)

다시 말하지만 핵심단어에 관한 질문을 할 것인지 여부는 수검자 반응의 자발성과 검사자가 질문단계의 특징이 반응단계에서도 있었다고 믿는 정도에 따라 다르다.

앞에 제시한 예는 수검자가 검사를 받는 것에 대해 조심할 경우 자주 나타나는 반응의 예이다. 이런 수검자들은 반응단계에서 방어적인 경향이 있고 이들의 반응은 짧고 정교하지 않을 것이다. 그러나 이들은 이후의 질문단계에서 보다 더 구체적인 지시를 받게 되면 검사상황을 더 편안하게 느끼고 앞에서 보았던 것을 더 정교화시키려고 할 것이다.

로르샤하 실시방법을 배우는 사람들은 일반적으로 질문할 것인지 여부를 결정하는 데 혼란스러워한다. 그러나 이런 혼란은 채점준거에 익숙해지면 훨씬 더 줄어든다. 그러나 검사자의 채점기교보다 더 중요한 기본적인 규칙은 "질문단계에서 서두르지 않아야 한다."는 것이다. 질문단계에서 새롭게 나타난 정보에 대해 신중하게 생각하고 원래의 반응을 다시 검토하는 시간을 가져야 한다. 중요한 목표는 반응을 정확하게 채점하는 것이다.

수검자의 말을 검토한 뒤에도 여전히 질문할 것인지가 고민되면 "질문하는 것이 좋다." 대부분의 로르샤하 검사자들은 질문을 하지 않아서 생기는 문제를 해결하는 것보다 추가적인 질문을 함으로써 잘못 유도된 자료들을 무시하는 것이 더 쉽다는 것을 알고 있다.

부적절한 질문 질문단계에서 해서는 안 될 종류의 질문들이 있다. 이런 질문은 직접적이거나 유도하는 질문 또는 기호화나 채점과 직접적으로 관련이 없는 자료를 이끌어 내기 위해 만든 질문이다. "색깔 때문에 그렇게 반응했습니까?" "어떤 것을 하고 있습니까?" "조망해서 본 것입니까?"와 같은 직접적인 질문은 수검자에게 불필요한 반응태세를 야기시키고 많은 프로토콜을 오염시킬 수 있다. 마찬가지로 "피부의 어느 쪽이 위인가요?" "다른 색이더라도 그렇게 볼 수 있겠습니까?" 또는 "그 밖에 더 말할 것은 없나요?"와 같은 유도성 질문도 동일한 불필요한 반응태세를 야기시켜 반응기록을 타당하지 못하게 만들 수 있다.

일반적으로 이러한 질문은 검사자가 결정인이 '거의 확실하게'(almost certain) 감추어져 있다고 느낄 때 하게 된다. 그러나 "이런 유형의 질문을 절대로 해서는 안 된다." 그리고 검사자들은 예감에 따라 질문할 수 없기 때문에 좌절감을 느낄 수는 있으나 단일 결정인의 유무가 매우 중요하지 않는 한 프로토콜의 해석적 의미가 변경되지 않으므로 위안을 받을 수 있다.

임상적으로 흥미롭기는 하지만 기호화나 채점과 관련이 없는 자료에 대해서는 질문하지 않아야 한다. 수검자가 보고한 인물이 여자인지 남자인지 또는 "슬프다"고 기술된 고양이가 왜 그렇게 느끼는지 아는 것은 흥미로울 수 있다. 이런 정보 때문에 임상적 호기심이 생길 수는 있으나 로르샤하에서는 그렇지 않다. 임상적 호기심 때문에 이런 질문을 했다면 검사에 대한 완전히 새로운 반응태세가 형성되고, 그 결과 경험에 근거한 해석의 원리는 더 이상 적용할 수 없게 된다.

질문단계 동안의 저항 특히 검사를 부담스럽게 여기는 수검자들은 질문을 하면 짜증을 내기도 한다. 검사를 시작할 때 이후에 질문단계가 있고 질문단계에서 더 많은 설명이 필요할 수도 있다는 말을 듣지 못했고 10장의 카드에 대해 반응한 후 또 다른 질문단계가 있다는 것을 알게 되면 방어적 태도를 취할 수 있다. 어떤 수검자들은 자신이 한 반응을 부인하려고 할 수 있고("그렇게 말한 적이 없습니다.") 또 어떤 수검자들은 반응을 거부하려고 할 수 있다("모르겠습니다, 이제는 그것을 볼 수 없습니다.").

대부분의 저항적인 수검자들은 질문단계 동안에 보다 더 미묘한 형태의 회피적 비협조 반응("모르겠습니다. 그냥 그렇게 보입니다.")을 나타내기도 한다. 어떤 식으로 저항하든 간에 검사자는 단호하고 재치 있게 대처해야 한다. 예컨대, 그렇게 말한 적이 없다고 주장하는 수검자에게 검사자는 "자, 잘 보세요. 내가 이렇게 기록해 두었습니다. 당신은 그것을 다시 볼 수 있습니다. 천천히 보세요." 하고 말할 수 있다. 또한 어떤 반응도 찾을 수 없다고 주장하는 수검자에게는 "천천히 보세요. 서두를 것 없습니다. 한 번 보았으니 다시 볼 수 있을 것입니다." 하고 말할 수 있다. 때로는 검사자가 질문하는 동안에 침묵하는 수검자들도 있다. 수검자가 침묵한다고 해서 질문하지 않거나 질문단계를 빨리 그만두어서는 안 된다.

어린 아동에 대한 질문 매우 어린 아동을 다루는 사람들은 아동이 하나의 과제에 주의를 유지하는 것이 어렵다는 것을 알고 있다. 이런 이유 때문에 어떤 사람들은 10장의 카드에 대한 모든 반응을 기록한 후 각 카드의 반응에 대해 질문하는 방식보다 한 카드에 대한 반응을 기록한 후 곧바로 이어서 질문을 하는 방식이 좋다고 한다. 다루기 어려운 아동들에게 이 방법을 적용하면 여러 가지 이점이 있지만 몇 가지 심각한 문제도 있다. Rorschach Research Foundation의 연구일환으로 환자와 비환자 아동을 검사한 검사자들의 경험에 따르면 전체 사례 중 95% 이상을 표준절차로 잘 검사할 수 있었다.

반대로 6~9세 아동 중 매우 과잉활동적인 아동들은 어떤 '표적' 에 오랫동안 주의를 유지할 수 없고 이 때문에 일반적으로 로르샤하를 마치는 데 걸리는 30~40분보다 더 적게 걸릴 수 있다. 이럴 경우 로르샤하를 연기하거나 실시하지 않는 것이 합리적인 결정이다. 그러나 로르샤하 자료가 반드시 필요하다고 생각되면 각 카드에 대해 반응을 기록한 후에 질문하는 절차를 사용할 수 있다.

이럴 경우 원래의 지시를 수정한다. 즉, "이것이 무엇으로 보입니까?" 하는 지시 대신 다음과 같이 말한다:

> "이것을 보고 무엇으로 보이는지 말해 주세요. 그리고 나도 네가 본 것처럼 볼 수 있도록 가리켜보세요."

이러한 절차를 사용하면 질문단계의 질문은 매우 제한된다. 보통 "나는 네가 본 것처럼 볼 수 없다. 나도 그렇게 볼 수 있도록 도와주세요." 또는 "왜 그렇게 보았는지 잘 모르겠다. 나도 역시 네가 본 것처럼 볼 수 있도록 도와주세요."와 같은 시사적 언급은 질문의 한계를 제한한다. 기본반응에서 핵심단어가 나타나면 그 의미를 밝혀야 하지만 매우 조심스럽게 추적해야 한다. 질문단계에서 검사자가 시사적 언급을 한 후에 핵심단어가 나타나면 그 의미를 밝히지 않아도 된다. 이렇게 수정된 절차는 표준절차보다 만족스럽지 못하므로 로르샤하 결과가 매우 중요하다고 생각될 경우에만 사용해야 한다.

한계음미 수검자가 대부분의 사람들이 흔히 보고하는 대상을 보기는 했지만 보고하지 않았을 수도 있다는 것을 결정하는 것이 중요할 수 있다. 수검자가 하나도 평범반응을 하지 않았거나 1~2개만 있을 때 이런 문제를 생각해 보아야 한다. 정신과적 장애가 심한 환자들은 그럴 수 있지만 수검자가 반응을 선택하는 과정에서 지나치게 창의적으로 반응하려고 시도한 나머지 평범한 반응을 거부할 때에도 그럴 수 있다. 이때 사용하는 한계음미 방법은 매우 간단하다.

질문단계를 마친 뒤에 검사자는 수검자가 평범반응을 하지 않은 2~3개의 카드(전형적으로 카드 Ⅷ, Ⅲ, Ⅴ)를 골라낸다. 검사자는 "이제 검사가 다 끝나갑니다. (카드를 주면서) 이 카드를 다시 보세요. 사람들은 때때로 이 카드에서 (평범반응)을 봅니다. 당신도 그런 것이 보입니까?" 하고 말한다. 이때 평범반응의 반응영역을 말해 주어서는 안 된다. 전형적으로 반응을 선택하는 과정에서 지나치게 독창적으로 반응하려고 시도한 수검자는 재빨리 평범반응을 나타낼 것이지만 심한 정신과적 장애가 있는 환자들은 다른 사람들이 그렇게 볼 수 있었다는 것에 대해 놀라게 될 것이다. 한계음미를 하는 데 있어서 검사자는 이런 절차를 사용하면 이후에 실시하게 될 다른 재검사에도 영향을 줄 수 있으므로 한계음미를 통해 얻은 정보가 실제로 매우 중요하다고 확신할 수 있어야 한다.

요약 로르샤하를 제대로 실시하기 위해서는 정확하게 지시하고, 수검자가 말한 그대로를 충실하게 기록하고, 철저하게 질문해야 한다. 검사자가 반응의 기호화(채점)에 대해 정확하게 알아야 제대로 질문할 수 있다. 검사자가 기호화(채점)를 빨리 쉽게 할 수 있으면 질문도 쉽게 빠른 시간 내에 할 수 있고 질문하는 것과 관련 있는 문제들을 효과적으로 처리할 수 있다.

제 2 장
반응영역과 발달질

기호화하는 데 있어서 가장 먼저 해야 할 일은 반응영역, 즉 잉크반점의 어느 부분에서 반응이 일어났는가를 결정하는 것이다. 반응을 하는 데 있어서 어떠한 제한도 하지 않기 때문에 수검자는 두 가지 접근 중 어느 하나를 사용해서 반응할 수 있다. 수검자는 반점 전체를 사용하기로 결정할 수도 있고 또는 단지 반점의 한 부분을 선택할 수도 있다.

수검자가 반점 전체를 사용했을 경우 전체반응이라 하고 간단하게 W로 기호화한다. 전체를 사용하지 않은 다른 모든 반응은 부분반응이고, 이때 사용하는 부분반응 기호는 특정 수검자가 선택해서 반응한 영역이 다른 수검자들도 공통적으로 사용하는 영역인지에 따라 다르다. 만약 선택된 영역이 다른 수검자도 공통적으로 사용하는 영역이라면 D로 기호화한다. 반대로 선택된 영역이 자주 사용되는 영역이 아니라면 Dd로 기호화한다. 수검자가 흰 공간을 포함시켜 반응하였다면 반응영역 기호에 S를 추가시킨다.

어떤 경우에는 반응영역의 기호를 결정하는 데 필요한 정보는 "전체가 ~처럼 보인다." 또는 "이 윗부분만 본다면 ~일 것 같다."와 같은 반응에 포함되어 있을 수 있다. 이럴 경우 질문단계에서 반응영역을 간단히 확인하면 된다. 그러나 수검자가 반응단계 동안에 선택해서 사용한 반점영역을 구체적으로 표현하지 않은 경우가 많은

〈표 2-1〉 반응영역 기호화에 사용하는 기호

기호	정의	준거
W	Whole Response	전체 반점이 반응에 사용되고 모든 부분들이 다 사용되어야 함
D	Common Detail Response	자주 사용되는 반점의 영역
Dd	Unusual Detail Response	드물게 사용되는 반점의 영역
S	Space Response	흰 공간 영역이 반응에 사용된 경우(WS, DS, DdS 처럼 다른 영역기호에 추가해서 사용함)

데 이 때는 질문단계에서 중요하게 다루어야 한다.

특히 수검자가 질문단계에서 적절하게 준비가 되어 있으면 반응영역에 관한 정보는 쉽게 알 수 있다. 그러나 반응영역에 대해 모호하게 대답하는 수검자들도 있다. 이런 수검자들에게 검사자는 "손가락으로 그 주변을 가리켜보세요." 또는 "저도 똑같이 볼 수 있도록 지적해 주세요."와 같은 지시를 사용해야 한다. 반응영역을 기호화하는 데 사용하는 4가지 기호와 기호화 준거는 〈표 2-1〉과 같다.

1장에서 언급한 것처럼 반응영역 기록지를 사용하면 반응영역을 표시하고 기호화하여 기록을 유지하는 데 도움이 된다. 따라서 수검자가 구체화시킨 영역을 반응영역 기록지에 분명하게 표시하는 것이 매우 중요하다. 그리고 눈, 모자, 발 등과 같은 구체적인 대상의 특징과 특히 비일상적인 특징도 기록해야 한다.

누구라도 반응영역 기록지를 알아볼 수 있도록 해야 하고 이를 토대로 반응을 쉽게 재구성할 수 있어야 한다. "1=D4"와 같이 반응순서를 의미하는 번호와 반응영역 번호를 같이 기록하는 것이 현명한 방법이다. 반응영역 번호가 매겨져 있지 않는 영역이 사용되었다면 반응영역 기록지에 자세하게 표시해야 한다. 모호하거나 엉성하게 테두리를 표시하면 반응영역을 정확하게 기호화할 수 없다.

W W 기호화 준거는 수검자가 반점의 전체를 사용했는지 아니면 일부를 사용했느냐이다. 전체를 사용했을 경우 W로 기호화한다. 따라서 수검자가 반점의 전체를 사용했는지를 확인하는 것이 매우 중요하다. 때로는 반점 전체를 사용한

반응인 것처럼 보고하지만 실제로는 반점 전체가 사용되지 않았을 수도 있다. 예컨대, "박쥐" 라는 반응은 카드 I과 V에서 가장 자주 나타나는 반응 중 하나이다. 이러한 반응을 하는 수검자의 약 97%가 전체 반점을 사용하지만 일부 수검자들은 더 엄밀하게 반응하기 위해 반점의 일부를 배제시키기도 한다. 아주 작은 부분이 제외되었다고 하더라도 이런 종류의 반응은 W로 기호화하지 않는다.

D 반응이 W가 아니라면 D나 또는 Dd 중 하나로 기호화해야 한다. 모든 D영역은 많은 수검자들이 사용한 빈도에 근거해서 결정된 것이다. 종합체계에서는 82개의 D영역을 명시하고 있다. 많은 반응들이 반점의 큰 영역을 포함하고 있지만 항상 그런 것은 아니다. 반점의 일부만을 포함하고 있는 반응들도 있다. 이 책의 〈표 A〉에 10장의 각 카드별로 반응영역과 번호가 표시되어 있다. 수검자의 어떤 반응이 W가 아닐 경우 〈표 A〉를 찾아서 D로 기호화해야 하는지를 결정해야 한다.

Dd W나 D가 아닌 반응은 자동적으로 Dd로 기호화한다. Dd로 기호화하는 데 크기는 중요한 요인이 아니다. 어떤 Dd는 영역이 매우 작고 또 어떤 Dd는 영역이 매우 크다. 일부 Dd영역은 〈표 A〉의 그림에 번호로 표시되어 있다. 이러한 반응영역들은 Rorschach Research Foundation에서 수집한 통계빈도자료에 포함되어 있는 영역이고 여기에는 적절한 형태사용에 관한 정보도 포함되어 있다. 만약 수검자가 〈표 A〉에 제시되어 있지 않은 영역을 사용했다면 항상 Dd로 기호화해야 하고 정확한 반응영역 번호는 Dd99이다.

S 수검자가 흰 공간부분을 반응에 포함시켰다면 반응영역 기호에 S를 추가시켜야 한다. 흰 공간은 두 방식 중 한 가지로 사용될 수 있다. 수검자는 흰 공간을 다른 반점영역들과 통합시키거나 단지 흰 공간영역만을 포함시켜 반응할 수 있다. 어떤 식으로 흰 공간을 사용했든 간에 S는 단독 반응영역 기호로 사용할 수 없다. S는 WS, DS, DdS처럼 항상 다른 영역 기호와 함께 사용해야 한다.

두 개 이상의 D영역이 결합되었을 때의 반응영역 기호 두 가지 또는 그 이상의 D영역을 포함시킨 반응도 있다. 이런 반응들은 D로 기호화하는 것이 적절하지만 어떤 경우에는 Dd로 기호화하는 것이 정확할 수도 있다. 실제로 어떤 D영역은 다른 D영역들을 결합한 것일 수 있다. 예컨대, 카드 III에서 D1영역은 실제로는 D9영역과 D7영역이 결합된 것이다. 마찬가지로 카드 IX에서 D1과 D3을 결합하면 D12영역이 된다. 따라서 D로 표시되어 있는 반응들은 모두 D로 기호화해야 한다.

그러나 D영역이 결합되어 수검자들이 흔히 사용하지 않는 새로운 영역이 형성될 경우도 있다. 이 경우 결합된 영역이 하나의 대상만을 포함하고 있다면 Dd로 기호화한다. 반대로 수검자가 결합시킨 각각의 D영역을 분리된 대상(separate object)으로 사용했다면 하나 이상의 D영역이 포함되어 있다고 하더라도 D로 기호화하는 것이 적절하다. 이러한 반응을 통합반응이라고 하고 발달질을 기호화할 때 기록한다.

예컨대, 수검자는 카드 III에서 어떤 도자기 공장(D7)에서 일을 하고 있는 사람(D9)이라고 반응할 수 있다. 이 반응에서 결합된 각각의 D영역은 사람과 도자기 공장이라는 분리된 대상이기 때문에 D로 기호화한다. 반면에 동일한 두 영역이 특이하게 결합되어 괴상한 손(D7)을 가지고 있는 사람(D9)이라는 반응이 나타날 수도 있다. 이 반응에서 수검자는 두 개의 D영역을 단일 영역으로 통합하여 하나의 매우 특이한 사상으로 보고했다. 따라서 Dd로 기호화해야 한다.

발달질

반응영역의 선택과 관련 있는 자료의 해석적 가치는 반응형성에 포함된 처리(processing)의 특징이나 질을 구분하기 위한 두 번째 기호를 추가시키면 상당히 증가된다. 모든 반응은 동일한 방식으로 형성되지는 않는다.

어떤 반응들은 매우 구체적(concrete)이고 잘 조직화되어 있지 않다. 이러한 반응들은 구름, 먼지, 피 등과 같은 반응처럼 특징을 구체화시킬 필요가 없는 반응이다. 또 이러한 미분화된 반응들은 수검자가 자극영역을 다소 무관심하게 사용했고 구체화시키지 않으려는 태도를 반영하는 것이다. 이런 반응은 다양한 형태를 취할 수 있고 수검자가 '어떠한 형태요구(form demand)도 포함시키지 못한 대상' 을 포함한다.

더 높은 수준이지만 여전히 어느 정도 단순하고 경제적인 수준에서는 반점영역이 박쥐, 사람, 꽃병, 의자 등과 같이 구체화시킬 필요가 있는 하나의 대상으로 표현된다. 이러한 반응을 하는 데는 자극의 어떤 특징을 유의미한 방식으로 조직화하는 인지적 활동이 포함된다.

결합반응(combinatory responses), 즉 두 가지 또는 그 이상의 대상이 의미 있는 관계를 맺고 있는 것으로 기술된 반응을 하는 데는 훨씬 더 높은 수준의 인지적 활동이 필요하다. 예컨대, 무엇을 들어올리는 두 사람, 달빛 속에 물 위로 그림자를 드리우고 있는 나무, 모자를 쓰고 있는 사람.

W, D, Dd와 같은 반응영역 기호는 반응의 질과 구체성의 차이를 구분해 주는 정보를 제공해 주지 않는다. 그래서 이런 차이를 나타내기 위해 두 번째 기호화인 발달질(DQ)을 사용한다. 발달질은 4가지 기호로 나타낸다. 사용되는 기호와 각 기호화 준거는 〈표 2-2〉와 같다.

〈표 2-2〉 발달질에 사용되는 기호와 준거

기호	정의	준거
+	Synthesized Response	두 가지 또는 그 이상의 대상이 분리되어 있지만 관련이 있는 것으로 기술된 경우. 포함된 대상 중 '적어도 하나'는 구체적인 형태요구가 있거나 또는 구체적인 형태요구를 만들어낼 수 있도록 기술되어 있어야 함(예: 수풀 사이를 걸어가는 개, 우스꽝스러운 모자를 쓰고 있는 남자, 구름 속을 날아가는 비행기, 리본을 달고 있는 작은 소녀의 머리).
o	Ordinary Response	반점의 한 영역이 자연적인 형태요구를 가지고 있는 하나의 대상으로 나타나거나 "구체적인 형태요구를 만들어 낼 수 있도록 기술된 경우"(예: 전나무, 고양이, 토템상, 단풍잎, 박쥐, 깃발, 남자의 머리).
v/+	Synthesized Response	두 가지 또는 그 이상의 대상이 분리되어 있지만 관련이 있는 것으로 기술된 경우. 포함된 어떤 대상도 구체적인 형태요구가 없고 "반응을 설명하는 데 있어서 포함시킨 어떤 대상에 대해서도 형태요구에 대해 언급이 없어야 함"(예: 한데 뭉치고 있는 구름, 해변 가에 초목이 있는 일종의 만이고 그 주위에 바위와 모래).
v	Vague	구체적인 형태요구가 없는 하나의 대상으로 보고되고 "반응을 설명하는 데 있어서 그 대상의 구체적인 형태요구에 관한 언급이 없어야 함"(예: 구름, 하늘, 저녁 노을, 얼음).

통합반응 두 가지 유형의 통합반응(synthesis response; + 와 v/+)을 기호화시키기 위한 준거는 “분리되어 있지만 관련을 맺고 있는 것(separate but related)” 이다. 하나 이상의 대상이 포함되어 있어야 하고 서로 의미 있는 관계를 맺고 있다고 보고되어야 한다. 예컨대, “담장 위에 앉아 있는 두 마리 새”라는 반응은 세 대상이 포함되어 있고 모두가 상호 관련되어 있기 때문에 + 로 기호화한다. 두 마리 새가 같은 담장 위에 앉아 있으므로 서로 분리되어 있지만 관련을 맺고 있다. 만약 반점의 대칭적인 측면을 언급하면서 단순히 “두 마리 새”라는 반응을 하였다면 두 마리의 새 간에 의미 있는 상호관계가 없으므로 DQ기호는 o(ordinary)가 될 것이다.

“한데 뭉치고 있는 두 구름(two clouds coming together)”과 같은 반응은 ‘한데 뭉친다’ 는 단어가 상호관계를 만들어 내지만 두 대상(구름)이 구체적인 형태요건(form requirement)을 포함하고 있지 않기 때문에 v/+ 로 채점한다. 반대로 “퍼지고 뭉치는 것처럼 두 구름이 피어오른다.”는 반응은 수검자가 “퍼지는 것처럼 피어오른다.”는 말로 형태요건을 부과시켰기 때문에 + 로 채점하게 될 것이다.

만약 분리된 대상이 옷을 입고 있는 사람이라면 입은 옷이 ‘형태의 자연적인 윤곽을 변화시키는’ 방식으로 구체화되었거나 반점영역 자체가 + 통합기호로 채점할 수 있을 정도로 분리되어 있어야 한다. 예컨대, 사람들은 카드 III에서 흔히 한두 명의 사람을 보고한다. 때때로 색깔이 어둡기 때문에 턱시도를 입은 사람으로 기술된다. 이 반응은 동일한 반점영역이 형태와 옷에 다 사용되었고 입은 옷이 형태의 자연적 윤곽을 변화시키지 않았기 때문에 + 보다 o로 채점한다.

반면에 D9를 재킷을 입고 있고 D9의 부분인 재킷의 깃(Dd27)이 튀어나왔다거나 벙어리장갑(Dd31)을 끼고 있는 사람(D9)으로 기술되었다면 + 가 적절하다. 첫 예에서 재킷의 깃은 그 사람의 자연적 윤곽을 변화시켰고 두 번째 예에서는 두 분리된 반점영역이 사용되었다. 마찬가지로 사람(D9)이 D9의 일부분인 신발(Dd33)을 신고 있다는 것으로 기술되었다면 + 기호가 적합하다.

형태요구의 문제 + 와 o로 기호화하기 위한 준거는 구체적인 형태요구(form demand)라는 요건을 포함하고 있는 가이다. 이 말은 일반적으로 보고된 대상이 일정한 형태, 즉 대상을 나타내기 위해 명사가 사용되었을 경우 구체적인 형태를 내포하고 있어야 한다는 것을 의미한다. 예컨대, 사람, 새, 나비, 거미, 사자, 의자,

배, 집 등과 같은 단어는 '각각의 유목 내에서 어느 정도 차이가 있지만' 어떤 구체적인 형태적 특징을 지니고 있다. 사람은 크거나 작을 수 있고 말랐거나 뚱뚱할 수 있다. 마찬가지로 의자는 모양이 매우 다양할 수 있으나 모든 의자는 공통적인 모양이나 형태요건(form requirement)을 가지고 있다.

어떤 대상이 다른 대상과 의미 있는 상호관계를 맺고 있고 '두 번째 대상이 형태요구를 가지지 않더라도' 구체적인 형태요건을 가지고 있는 모든 대상은 o(ordinary)나 또는 + (synthesis)로 기호화해야 한다.

구름, 호수, 섬, 잎, 페인트, 추상적 예술 등과 같은 대상들은 매우 다양한 형태로 나타날 수 있는 대상유목들이다. 이러한 유목의 대상들은 어떠한 것도 구체적인 형태요건 또는 형태요구가 없다. 구체적인 형태요구가 없는 대상이 보고되었고 이러한 대상이 형태요구가 없는 다른 대상과 의미 있게 결합되어 있다면 발달질은 v(vague) 또는 v/+ (synthesis)로 기호화해야 한다.

그러나 때때로 사람들은 구체적인 형태요건이 없는 대상을 보고하면서도 대상을 정교화시키면서 "형태요구를 부과시킬 수 있다." 예컨대, "구름"이라는 반응은 일반적으로 v로 기호화하는데, 수검자가 "뭉게구름처럼 쌓아올려진다(적운처럼)."고 정교화시킬 수 있다. 이럴 경우 v보다 o로 기호화할 필요가 있다. 동일하게 "잎"이나 "덤불" 또는 "피"는 일반적으로 v로 기호화하지만 이런 반응에도 어떤 종류의 형태요구가 부과될 수 있다. 예컨대, "뾰족한 세 부분으로 갈라진 잎" 또는 "잎, 여기는 줄기와 뾰족한 끝"이라는 반응은 모두 형태요구를 포함하고 있고 발달질은 o로 기호화할 것이다. 또한 '모든 가지들이 뾰족하게 튀어나온 덤불'과 마찬가지로 '떨어지는' 피는 형태적 특징을 포함하고 있다. 이 두 반응의 발달질은 o로 기호화할 수 있다.

요약 모든 반응영역은 항상 두 가지 기호를 포함한다. 하나는 반응에 사용된 영역을 나타내는 기호(W, D, Dd, 단독으로 사용할 수 없고 부가시켜 사용할 수 있는 기호인 S)이고 다른 하나는 발달질 기호(+, o, v/+, v)이다. 그리고 검사자는 v로 기호화할 수 있는 대상에 대해 수검자가 형태요구를 부과시킬 수 있으므로 주의해야 한다.

제 3 장 결정인

로르샤하 초보자들은 흔히 결정인을 기호화하는 것이 채점과정에서 가장 어렵다고 생각한다. 이러한 인상은 아마도 검사자는 수검자가 실제로 어떻게 해서 대상을 그렇게 보게 되었는지와 관련 있는 모든 가능성을 고려해서 채점해야 된다고 생각하기 때문인 것 같다. 세상은 매우 복잡하고 세상 속에 있는 여러 사물들을 알아볼 때 우리는 보통 모양, 색채, 음영, 뚜렷한 움직임 등과 같은 다양한 자극요인들의 영향을 받는다. 로르샤하 잉크반점을 보고 반응할 때도 마찬가지이다. 왜냐하면 잉크반점도 일상적인 환경에 포함되어 있는 것과 같은 여러 가지 시각적 자극들을 포함하고 있기 때문이다.

물론 자극영역(stimulus field)은 일련의 인위적인 형태와 색채에 불과하고 검사를 받는 사람이 이미 알고 있거나 상상했던 대상과 완전히 같지는 않지만 유사한 자극속성을 포함하고 있다. 자극의 속성, 형태, 색채 등이 유사하기 때문에 분류과정이 일어날 수 있다. 앞에서 언급한 바와 같이 실제로 반점을 분류하는 과정에서는 필요한 것보다 더 많은 잠정적 반응이 생겨난다. 따라서 어떤 잠정적 반응들은 폐기되어야 한다.

여러 가지 가능한 잠정적 반응들이 폐기(취사선택)된 후에도 일반적으로 과제의 요구를 해결하는 데 필요한 것보다 더 많은 반응들이 있고, 그래서 또 다른 선택과정이 일어난다. 이러한 최종 선택과정에서는 검사를 받을 당시 수검자의 심리적 상태뿐만 아니라 습관이나 성격적 특징이 크게 영향을 준다. 이외에도 욕구, 태도, 반응태세, 갈등, 반응양식(response style) 등도 최종 반응선택에 영향을 줄 수 있다.

불행하게도 카드를 제시하고 반응이 나타나기까지 걸리는 몇 초 동안에 일어나는 복잡한 정신과정을 정확하게 측정할 수 있는 방법은 없다. 그러나 이러한 과정의 결과로 나타나는 반응 자체에는 보통 그 과정에 포함된 일부 특징들을 반영하는 요소가 포함되어 있을 것이다. 그러한 요소들을 정확하게 기호화하면 그 기호를 통해 수검자의 심리적 작용을 설명할 수 있을 것이다.

단일 반응의 기호화를 통해서는 개인의 심리적 특성에 관한 유용한 정보를 많이 얻을 수 없고 여러 가지 기호, 특히 반응결정인이 포함된 빈도자료를 수집하면 개인의 심리에 관한 광범위한 정보를 만들어낼 수 있다.

수검자가 하는 말을 근거로 해서 기호화를 결정한다. 그런데 불행하게도 사람마다 사용하는 어휘와 표현방식은 매우 다양하다. 일반적으로 반응영역에 관한 정보는 쉽게 얻을 수 있지만 결정인에 관한 정보는 여러 가지 방식으로 밝힐 수 있다.

최적의 조건일 경우 사람들은 "흔히 볼 수 있는 모양입니다." "색깔이 그렇게 보입니다." 또는 "다른 음영이 그런 인상을 줍니다."와 같이 결정적인 자료를 직접적으로 제공한다. 이런 반응은 질문단계 동안의 과제를 잘 알고 이해하는 협조적인 수검자들에서 자주 나타난다. 그러나 협조적인 수검자라고 하더라도 결정적인 정보를 정확하게 표현하지 않을 때도 있다.

오히려 수검자들이 사용하는 말은 덜 직접적이고 결정인에 관한 단서만 포함하고 있을 때가 많다. 1장에서 기술한 바와 같이 이런 단서들은 핵심단어나 어구의 형태로 나타나고 검사자는 질문단계 동안에 "어떤 점에서 그렇게 보게 되었는가?"에 초점을 두고 간접적이고 신중한 방식을 통해 찾아내어야 한다.

다양한 결정인에 대해 매우 익숙한 검사자들은 이런 단서를 찾아내고, 단서를 적절하게 찾아내는 데 필요한 시사적 언급이나 질문을 하는 데 큰 어려움이 없을 것이다. 경험적으로 보면 실제 연습을 통해서만 익숙해지게 된다. 따라서 기호화 연습을 하는 데 필요한 상당한 분량의 반응들을 부록에 포함시켜 두었다.

결정인 범주 결정인은 크게 7가지 범주가 있고 각 범주는 수검자가 자극영역을 해석하는 방식을 나타낸다. 이러한 측면에서 각각의 결정인들은 반응을 형성하는 데 관여된 인지적 활동들을 반영하고 있다고 볼 수 있다. 어떤 결정인은 반응을 하는 데 사용된 요소가 상이한 하위범주를 포함하고 있다. 대부분의 반응들은 한 가지 이상의 범주를 포함하고 다른 범주와 같이 나타나지만 예외적으로 한 가지 범주만 사용되는 경우도 있다. 7가지 범주는 다음과 같다:

1. **형태**: 형태 결정인은 대부분의 반응에서 가장 흔히 사용되고, 단일 결정인으로 사용되거나 다른 결정인과 결합되어 사용될 수 있다.
2. **운동**: 세 가지 하위범주(인간운동, 동물운동, 무생물운동)가 있다. 모든 운동반응은 능동 또는 수동으로 기호화한다.
3. **유채색**: 세 가지 기호가 있고 반응에 형태가 포함된 정도에 따라 다른 기호를 사용한다.
4. **무채색**: 세 가지 기호가 있고 반응에 형태가 포함된 정도에 따라 다른 기호를 사용한다.
5. **음영**: 음영이 사용된 정도를 나타내기 위해 세 가지 하위범주(재질, 깊이 또는 차원, 확산)를 사용한다.
6. **형태차원**: 크기나 윤곽에 의해 차원인상을 가지게 되는 반응을 말하고 한 가지 기호를 사용한다.
7. **쌍과 반사**: 항상 형태를 포함하고 반점의 대칭에 근거한 반응을 의미한다.

이러한 7가지 범주는 24개의 기호를 사용하여 기호화한다. 각각의 범주와 적용기준은 〈표 3-1〉과 같다.

〈표 3-1〉 결정인 기호와 기준

범주	기호	기준
형태(Form)	*F*	**형태반응**. 전적으로 반점의 형태특징에 근거한 반응.
운동(Movement)	*M*	**인간운동반응**. 인간의 신체적 활동, 동물 또는 가공적 인물이 인간이 하는 것과 같은 활동을 포함하고 있는 반응.
	FM	**동물운동반응**. 동물의 신체적 활동을 포함하는 있는 반응. 수검자가 지각한 운동은 그 동물이 속한 종에서 나타나는 운동과 일치해야 한다. 동물이 그 종에서 공통적이지 않은 운동을 나타낸 경우 M으로 기호화해야 한다.

〈계속〉

범주	기호	기준
	m	**무생물운동반응**. 생명이 없거나, 기관이 없거나, 감각이 없는 대상의 움직임을 포함하고 있는 반응.
유채색 (Chromatic Color)	*C*	**순수색채반응**. 전적으로 반점의 유채색에 근거한 반응. 형태가 포함되지 않아야 함.
	CF	**색채-형태반응**. 일차적으로 반점의 색채 때문에 형성된 반응. 형태특징이 사용되었지만 이차적으로 중요한 결정인일 경우.
	FC	**형태-색채반응**. 주로 형태특성 때문에 형성된 반응. 유채색이 사용되었지만 이차적으로 중요한 결정인일 경우.
	Cn	**색채명명반응**. 반점의 색채에 대해 색채명(name)을 말하고 실제 반응으로 나타남.
무채색 (Achromatic Color)	*C′*	**순수무채색반응**. 전적으로 반점의 회색, 검정색 또는 흰색에 근거한 반응과 이들이 분명히 색채로 사용되었을 경우. 형태는 포함되지 않아야 함.
	C′F	**무채색-형태반응**. 주로 반점의 검정, 흰색 또는 회색 특징 때문에 반응이 형성되고 이들이 분명히 색채로 사용되었을 경우. 형태적 특징이 사용되었지만 이차적으로 중요한 경우.
	FC′	**형태-무채색반응**. 주로 반점의 형태적 특징에 근거한 반응. 무채색 특징이 분명하게 색채로 사용되었으나 이차적으로 중요한 경우.
음영-재질 (Shading-Texture)	*T*	**순수재질반응**. 반점의 형태적 특징이 개입되지 않고 음영 특징을 사용해서 촉감을 나타낸 반응.
	TF	**재질-형태반응**. 반점의 음영 특징이 촉감을 나타내기 위해 사용되고 반응을 정교화하고 명료화시키기 위해 형태가 이차적으로 사용되었을 경우.
	FT	**형태-재질반응**. 주로 형태적 특징에 근거한 반응. 반점의 음영 특징은 촉감을 나타내기 위해 사용되었으나 이차적으로 중요한 경우.
음영-차원 (Shading-Dimension)	*V*	**순수차원반응**. 음영특징을 근거로 깊이나 차원으로 반응하고 형태는 포함되지 않아야 함.
	VF	**차원-형태반응**. 음영특징을 근거로 깊이나 차원으로 반응하고 형태적 특징이 포함되었지만 이차적으로 중요한 경우.

〈계속〉

범주	기호	기준
	FV	**형태-차원반응**. 주로 반점의 형태적 특징에 근거한 반응. 음영특징이 깊이나 차원을 나타내기 위해 사용되었지만 이차적으로 중요한 경우.
음영-확산 (Shading-Diffuse)	*Y*	**순수음영반응**. 완전히 형태가 없는 반점의 음영에만 근거하고 재질이나 차원에 관한 것을 하나도 포함시키지 않은 반응.
	YF	**음영-형태반응**. 재질이나 차원을 포함시키지 않고 일차적으로 반점의 음영에 근거한 반응. 형태가 포함되지만 이차적으로 중요한 경우.
	FY	**형태-음영반응**. 주로 반점의 형태적 특징에 근거한 반응. 재질이나 차원을 설명하기 위해 음영이 사용되지 않았지만 반응을 정교화하고 명료화시키기 위해 사용되었고 이차적으로 중요한 결정인일 경우.
형태차원 (Form Dimension)	*FD*	**형태에 근거한 차원반응**. 깊이, 거리 또는 차원에 대한 인상이 윤곽의 크기와 모양에 근거해서 형성된 경우. 이런 인상을 형성하는 데 음영이 사용되지 않아야 함.
쌍과 반사반응 (Pairs & Reflections)	*(2)*	**쌍반응**. 반점의 대칭에 근거해서 두 가지 동일한 대상이 보고된 반응. 두 대상은 모든 측면에서 동일해야 하지만 반사되었거나 거울에 비친 이미지로 나타난 것은 아님.
	rF	**반사-형태반응**. 반점의 대칭성 때문에 반점이나 반점영역이 반사된 것 또는 거울에 비친 이미지로 보고된 반응. 보고된 대상이나 내용은 구름, 경치, 그림자와 같이 일정한 형태요건을 가지고 있지 않은 대상이어야 함.
	Fr	**형태-반사반응**. 반점의 대칭에 근거해서 반점이나 반점영역이 반사된 것 또는 거울에 비친 이미지로 보고된 반응. 근본적으로 반점의 형태적 특징에 근거한 반응이어야 하고 수검자가 보고한 대상이 일정한 형태가 있어야 함.

명료화

형태

F

수검자가 형태를 사용했다는 것을 나타내는 데는 여러 가지 방식이 있다. 아마 '형태' 라는 단어를 사용하는 빈도는 매우 낮을 것이다. 그보다는 '모양' 이라는 단어를 더 자주 사용하고, 단순히 대상의 여러 가지 형태적 특징을 언급하는 경우가 많을 것이다.

검사자는 수검자가 '형태' 나 '모양' 이라는 단어를 사용하지 않았다고 해서 걱정할 필요는 없다. 왜냐하면 수검자가 어떤 형태적 특징을 사용했는가는 “이것들은 날개, 몸체, 꼬리입니다.” 또는 “이것은 머리, 여기는 다리, 이것은 나무의 줄기입니다.”와 같이 분명하게 드러나기 때문이다.

어떤 대상에 대해 특정한 형태요구(form demand)가 없다고 해서 반드시 형태가 없다는 의미는 아니다. 예컨대, “비구름”이라는 반응은 “비구름처럼 온통 검습니다(C′로 기호화할 수 있다.).”와 같은 반응처럼 특정한 형태를 포함하고 있지 않을 수 있다. 이와는 반대로 수검자는 “비구름처럼 모두 불규칙적인 모양이고 위쪽은 더 좁다(F로 기호화할 수 있다.).”고 반응할 수도 있다.

한 반응에 대해서 단독으로 기호화할 수 있는 M이나 m을 제외하고, 수검자가 형태적 특징을 사용했다면 F에 다른 결정인을 같이 포함시켜 기호화할 수 있다. “형태(F)는 M과 m 기호에 내포되어 있다(m과 m으로 기호화할 때는 F기호를 포함시키지 않는다.).”

반응에 다른 결정인이 포함되어 있지 않으면 F로 기호화한다. 다른 결정인이 포함되어 있을 경우 형태가 일차적인지 아니면 이차적인지를 결정하기가 어려울 때가 있다. 특히 유채색이 또 다른 결정인으로 포함되어 있으면 어려울 때가 많다.

“매우 예쁜 꽃”이라는 반응을 예로 들어보자. 질문단계에서 수검자가 처음으로 “장미처럼 붉고, 이것은 꽃잎일 것 같고 줄기는 여기다.” 하고 설명했다고 가정해 보자. 이 반응에서 유채색이 사용되었다는 것은 의심할 여지가 없으나, 유채색이 반응을 형성하는 데 일차적 결정인인지 아니면 이차적 결정인인지를 결정하는 문제는 여전히 남아 있다. 수검자가 이 반응을 하는 데 사용한 단어와 질문단계에서 처음 설명한 것을 근거로 CF로 기호화할 것인지 아니면 FC로 기호할 것인지를 판단할 수 있다.

이런 경우 검사자는 “나는 당신이 본 것처럼 볼 수 없는데요. 나도 그렇게 볼 수 있도록 도와주세요.”와 같은 시사적 언급을 통해 이 문제를 해결하려고 해야 할 것이다. 만약 수검자가 이런 시사적 언급에 대해 “꼭 장미처럼 보입니다. 꽃잎과 줄기도 보이고요.” 하는 말로 반응했다면, 새로운 정보가 형태에 초점을 두고 있으므로 FC가 가장 적합한 기호이다. 역으로 시사적 언급에 대해 “선홍색 장미처럼 매우 예쁘고, 여기가 꽃잎” 하고 반응했다면, 수검자가 형태를 언급하지 않고 색채를 다시 강조했기 때문에 CF가 정확한 기호이다.

불행하게도 어떤 사람들은 질문단계의 시사적 언급에 대해 단순히 “이것은 장미 같고, 붉은색이고 꽃잎과 줄기도 있다." 처럼 앞에서 말한 것을 그대로 반복할 것이다. 이럴 경우 검사자는 형태사용이 일차적인지 아니면 이차적인지를 결정하기 위해 판단해야 한다.

이 예에서 어떤 검사자는 '예쁘다' 는 단어가 최초 반응에 포함되어 있고 수검자가 대상의 특징을 밝힐 때 '붉다' 는 단어를 먼저 사용했기 때문에 형태사용이 이차적이라고 가정하고 CF로 결정할 수 있다. 그러나 질문단계에서 '예쁘다' 는 단어가 다시 사용되지 않았고 색채를 특별히 강조하지도 않았기 때문에 형태사용이 일차적이라고 주장할 수도 있을 것이다. 이처럼 FC를 지지하는 입장은 더 보수적이고 아마 이 예는 FC가 더 적합한 기호화일 것이다. 그렇지만 더 엄밀하게 판단할 필요성은 여전히 남아 있다.

형태사용이 일차적인지, 이차적인지를 구별하는 문제는 이 장의 뒷부분에서 여러 번 다시 언급할 것이다.

운동

M	FM	m

운동을 나타내는 세 가지 기호는 매우 분명하고 구분하기 쉽다.

M 인간운동은 '싸우는, 뛰어내리는, 들어올리는, 톱질하는' 등과 같은 매우 능동적인 운동에서부터 '생각하는, 잠자는, 심사숙고하는, 기대는, 쳐다보는' 등과 같은 매우 수동적 활동에 이르기까지 모든 유형의 인간활동에 대해 채점한다.

M은 사람의 운동뿐만 아니라 형태가 사람과 같거나 또는 '인간과 같은 활동을 하는 동물이나 무생물' 에 대해서도 채점한다. 예컨대, "포커를 하고 있는 두 마리 곰" "논쟁하는 두 마리 곤충" "매우 행복한 나무" 는 모두 M으로 채점한다.

또한 "저것을 보니 우울이 떠올려진다" "사랑처럼 보인다" "이것을 보니 큰 소리가 들린다" 와 같이 추상적으로 제시되었다고 하더라도, 반응이 감각적 경험을 포함하고 있을 경우 M으로 채점된다.

로르샤하에 예민한 학생들은 이런 반응의 일부 또는 모두는 형태가 없을 수 있고 이런 반응은 형태질과 관련해서 기호화하지 않고 모두 M으로 기호화하는 드문 예라는 것을 잘 알 것이다.

FM 동물운동은 모든 유형의 동물활동에 대해 채점한다. 그러나 운동의 유형은 그 종에 공통적으로 나타나는 것이어야 한다. "포커를 하고 있는 곰들" "수레를 밀고 있는 두 마리 곤충" "나무 뒤에 서 있는 물고기" "날아가는 개구리"와 같이 그 종에 흔히 나타나지 않거나 자연스럽지 않은 동물의 운동반응은 M으로 채점한다.

m 무생물운동반응은 범위가 매우 넓다. 무생물운동은 무생물이 "피어오르는 구름" "폭포" "미풍에 나부끼는 깃발" "어떤 것을 뚫고 지나가는 총알" "타오르는 불길"과 같은 반응에 포함되어 있을 때 가장 쉽게 밝힐 수 있다.

어떤 경우 무생물운동은 정적(static)이다. 예컨대, "기둥에 **걸려 있는** 코트" "말리기 위해 **펼쳐둔** 가죽"과 같은 반응은 '자연스럽지 않은 긴장상태'를 나타내기 때문에 모두 m으로 채점한다. "마루 바닥에 깔려 있는 양탄자"처럼 자연스럽지 않은 긴장상태가 없다면 m으로 채점하지 않을 것이다. 예컨대, "로프에 **매달려 있는** 교수형에 처해진 남자"는 m으로 채점하지만 "죽은 사람, 저기 누워 있다"는 m으로 채점하지 않는다. 반면에 "**저기 누워 있는 죽은 사람, 머리가 위쪽으로 기울어져 있다.**"는 반응은 m으로 채점한다. 정적인 대상을 m으로 채점할 때 자연스럽지 않은 긴장상태가 포함되어 있다는 것을 결정하는 것이 가장 중요하고 수검자가 사용한 말에서 자연스럽지 않은 긴장상태가 포함되어 있다는 것을 입증할 수 없다면 m으로 채점해서는 안 된다.

능동과 수동 모든 운동반응에는 그 운동이 능동적인지 또는 수동적인지 여부를 나타내기 위해 두 번째 기호를 추가시켜 윗첨자로 나타낸다(능동적이면 a, 수동적이면 p).

종합체계가 발전됨에 따라 생겨난 복잡한 문제 중 하나는 a와 p를 판단하는 데 적용하기 위한 정확한 기준을 설정하는 것이었다. 정확한 기준은 아직 정해지지는 않았다. 그렇지만 대부분의 사람들은 운동반응이 있을 때 적용하는 능동과 수동의 의미에 대해 의견이 일치하는 것 같다.

모든 사람들이 '기준'(benchmark)이나 비교판단기준을 사용하면 일치율은 매우 높아진다. '말하다'(talking)는 동사가 가장 좋은 기준이다. 말하다는 동사가 사용되었으면 항상 수동으로 기호화해야 한다. 이 기준은 문제시되는 반응을 채점할 때 적용할 수 있는 좋은 판단기준이다. 예컨대, 속삭이다, 쳐다보다, 서 있다, 구부정하다, 숙이다, 한숨을 쉬다와 같은 동사는 기준이 되는 동사와 비교해 보면 쉽게 수동으로 채점할 수 있고 같은 맥락에서 논쟁하다, 소리지르다, 노려보다, 손을 뻗다, 물건을 들다 등과 같은 동사는 능동으로 채점한다.

어떤 운동반응은 항상 수동으로 채점한다. 보고된 운동이 정적일 경우 항상 수동으로 기호화한다. 반응의 정적인 특징은 대상이나 장면이 추상화, 만화, 그림 또는 사진이라고 보고되는 것처럼 반응의 의미를 제한하는 단어를 사용함으로써 생겨난다. 이러한 반응은 "불꽃을 그린 추상화, 두 마리의 개가 싸우고 있는 그림" "두 남자가 어떤 것을 들어올리고 있는 사진"과 같은 반응에서처럼 운동이 어떤 방식으로 보고되더라도 모두 p로 기호화한다.

따라서 수검자가 단순히 명료화시키기 위한 한 가지 방법으로 제한하는 단어를 사용했기 보다는 실제로 반응을 제한시키기 위해 그러한 단어를 사용했다는 것을 확신할 수 있어야 한다. 예컨대, 아동은 반응 자체보다 반점을 언급하기 위해 '그림'(picture or painting)과 같은 단어를 자주 사용할 것이다. 때때로 검사자들은 수검자가 반응을 제한시킨 것인지 아니면 자신의 반응을 명료화시키기 위한 방식으로 사용한 것인지를 확인할 수 없을 때가 있다. 수검자가 명료화시키기 위한 방식으로 사용했다면 여러 반응에서 "박쥐그림 같이 보인다."와 같은 반응이 반복적으로 나타날 것이다. 그러나 의심스러울 경우 질문단계에서 분명하게 밝혀야 한다.

동일한 반응에서 능동과 수동 동일한 운동결정인에 대해 a와 p를 모두 붙이는 반응도 있다. 두 가지 이상의 대상이 움직이는 것으로 기술되고 있고 그중 적어도 한 대상은 능동운동, 다른 대상은 수동적 운동을 하고 있을 때 두 기호를 같이 붙인다.

예컨대, "중간에 서 있는 사람(수동) 주위에서 춤을 추고 있는 두 사람(능동)"이라는 반응은 M^{a-p}로 채점된다. 결정인과 M의 빈도를 계산할 때에는 한 번만 포함시키지만 능동적 운동반응과 수동적 운동반응의 빈도를 계산할 때는 두 첨자를 각각 포함시켜 계산한다.

한 가지 이상의 대상이 운동을 하는 것으로 기술되었을 때만 단일 운동결정인에 두 첨자를 붙인다. "달을 보고 짖으면서(능동) 저기 앉아 있는 개(수동)"와 같이 어떤 반응은 동일한 한 대상이 능동적 운동과 수동적 운동을 나타내는 경우도 있다. 이럴 경우에는 능동적 운동만 포함시켜 FM^a로 기호화한다.

유채색 앞서 언급한 바와 같이 유채색 반응을 기호화하는 데 있어서 가장 어

FC **CF** **C** **Cn**

려운 것 중 하나는 FC와 CF 또는 C와 CF를 구분하는 것이다. 이 문제를 해결하기 위해서는 CF반응을 정확하게 확인해내는 것이 중요하다.

CF CF반응을 쉽게 확인하기 위해 적용할 수 있는 절대적인 규칙은 없다. 대부분의 CF반응은 색채를 강조하는 것이 매우 분명하고 형태특징이 이차적이기 때문에 쉽게 구별된다. 그러나 다음의 예처럼 강조하는 정도는 상당히 다르다:

반응	질문
예쁜 꽃	수: 초록색 잎이 달린 아름다운 오렌지이고 이것은 줄기.
일종의 숲이다.	수: 모두 색이 다른 식물과 나무.
매우 이색적인 나비	수: 아름다운 붉은 색이고 색이 이상하고 날개를 펴고.
버터에 구운 계란 프라이	수: 버터에 프라이한 것처럼 노랗고, 중간에 노른자도 보이고.

이런 반응들은 모두 색채가 우세하고 어느 정도의 형태만 사용되었기 때문에 CF로 채점해야 할 것이다. 그러나 모든 반응에서 질문단계에서야 색채가 언급되었다. 다음에 제시한 예처럼 실제로 모든 반응은 FC 또는 심지어는 순수 F반응으로 발전될 수 있다.

반응	질문
예쁜 꽃	수: 여기는 줄기, 이것은 잎, 이것은 꽃이고, 화분에 심어진 것. 검: 예쁘다고 했나요? 수: 예, 오렌지색 꽃이 있습니다.
일종의 숲이다.	수: 여기는 나무와 수풀의 모양으로 볼 수 있겠고, 이것은 숲 중간에 난 도로일 것 같고.

매우 이색적인 나비	수: 매우 특이한 날개를 가지고 있고, 내 생각에 드문 나비 같이 생긴 날개도 있고, 어떤 나비는 이처럼 붉다.
버터에 구운 계란 프라이	수: 글쎄요, 모양이 이상하고, 계란 같은 것이 깨진 것 같고, 이것은 노른자이다. 검: 버터에 프라이한 것이라고 했나요? 수: 예, 버터에 프라이했을 때처럼 노랗다.

여기서 세 가지 반응(꽃, 나비, 계란)에는 색이 사용되었지만 주로 형태를 강조했기 때문에 FC로 채점하게 될 것이다. 그러나 "숲"이라는 반응에는 형태만 포함되어 있고 검사자가 질문할 필요가 있는 핵심단어나 구가 포함되어 있지 않으므로 F로 채점한다.

다른 반응은 언뜻 보기에 순수색채반응(pure C)인 것처럼 보이지만 수검자가 적절한 형태요건을 부과시켰기 때문에 CF가 당연하다. 예컨대, "저 붉은 것은 **흘러내리는** 피 같이 보이고" "와, 저 색깔들 보세요, **밖으로** 폭발하는 불꽃과 같고" "핑크색을 보니 딸기 아이스크림이 생각나고, **두 숟가락**"과 같은 반응은 매우 적게 형태가 사용되었다고 하더라도 진하게 표시된 단어가 사용되었기 때문에 모두 CF반응으로 채점한다.

구체적인 형태요구가 없는 대상은 CF로 기호화하게 되지만 반드시 그런 것은 아니다. 예컨대, 수검자는 "이 푸른 것은 잎과 같은 색이고, 수풀에서 볼 수 있는 잎과 같은" 하고 반응할 수 있다. 더 이상 형태를 정교화시키지 않았다면 이 반응은 CF로 기호화해야 한다. 그러나 이 반응은 "이 푸른 것은, 풀잎과 같은 색이고, 수풀에서 나온 잎이고, 딸기 덤불 같고, 마치 뻗어 나온 길도 보이고, 저것은 뭘까, 나무딸기가 생각나고, 모양이 그런 것 같다."는 식으로 정교화될 수 있다. 형태를 더 엄밀하게 정교화시켰다면 FC로 기호화해야 할 것이다.

FC FC반응은 형태를 강조한 것이 주된 특징이다. 때때로 색채사용은 "서로 기대고 있는 두 사람, 어쩌면 속삭이고 있는, 그들은 빨간 모자를 쓰고 있다."는 반응에서처럼 그저 지나가는 말로 언급되었을 수 있다. 또 어떤 경우에는 "이것은 두 마리 분홍색 생쥐고, 생쥐는 갓 태어났을 때는 분홍색이고, 작은 다리와 머리, 꼬리도 보이고"와 같은 반응처럼 색채가 더 분명하게 사용되기는 하였지만 형태에 비하면 이차적으로 중요한 것일 수 있다.

보통 형태가 없는 대상에 대해서도 FC로 채점할 수 있다. 다음 세 반응을 고려해 보자:

반응	질문
주황색은 불같다.	수: 불을 보면 오렌지색 불길을 볼 수 있는 것처럼.
주황색은 불이 생각난다.	수: 오렌지색은 불길처럼 보이고, 위로 치솟아 오르는.
주황색은 불길처럼 보인다.	수: 위로 치솟아 오르고, 장작이 고르게 타오르는 캠프파이어에서 대칭적인 인상을 볼 수 있을 것 같고, 한쪽 타오르는 것이 다른 쪽에 타오르는 것과 거의 같다.

이들 세 반응에서 첫 번째 반응은 형태를 전혀 사용하지 않았으므로 C로 채점할 수 있다. 두 번째 반응에서 '치솟아 오른다'는 단어를 사용해서 형태요건을 부과시켰으므로 CF로 채점해야 할 것이다. 세 번째 반응은 분명히 FC이다. 왜냐하면 처음 반응할 때 색채를 언급하였지만 형태를 전반적으로 강조하였기 때문이다.

FC와 CF를 구분하기 어려운 것은 대부분 검사자가 여유를 두고 이 문제에 대해 한 번 더 질문하지 않고 너무 서두르기 때문이다. 이때 사용할 수 있는 질문은 "나는 당신이 본 것처럼 볼 수 없군요. 나도 그렇게 볼 수 있도록 도와줄 수 있겠죠?" 또는 "나에게도 그렇게 보입니다만, 어떤 점에서 그렇게 보게 되었는지 잘 모르겠군요."와 같이 모호해야 한다. 이러한 추가적 질문은 획일적으로 사용하지 말아야 하고 이런 질문이 CF로 기호화할 것인가 FC로 기호화할 것인가에 관한 문제를 모두 해결해 줄 것이라고 기대해서도 안 된다. 그러나 이런 질문을 현명하게 사용하면 기록을 재검토할 때 문제가 되는 많은 문제를 해결할 수 있다.

하향원리 C와 CF를 구분하는 것은 그다지 어렵지 않다. C반응은 "이 붉은 것은 피 같고, 붉은 것은 모두 피 같다." "이 푸른 것은 물로 볼 수도 있겠다." "마치 많은 상이한 색깔의 페인트, 모두 다" 또는 "이 푸른 것, 얼음이 가끔 파랗게 보이는 것처럼"과 같이 가끔 분명하게 드러난다. 이런 반응은 분명히 C반응이나 보통 C로 채점할 수 있는 대상이 형태가 있는 대상과 접촉하고 있을 경우 CF로 기호화해야 한다.

"이 붉은 것은 분명히 피 같고, 아마 서로 싸우고 있는 곰의 몸에 묻어 있다."와 같은 반응을 예로 들 수 있다. 붉은 피는 전형적으로 C로 기호화할 수 있으나, 형태가 우세한 대상과 바로 근접해 있기 때문에 한 단계 하향해서 CF로 채점한다(step-down principle). 만약 이 반응이 "싸우고 있고 두 마리 곰, 여기 뒤에 있는 붉은 것이 피 같기 때문에 아마 상처를 입은 것 같다."고 했다면, 피는 곰과 관련이 있다고 하더라도 피가 곰의 몸에 묻어 있지 않기 때문에 C로 기호화해야 할 것이다.

색채사용의 확인 다음과 같은 두 경우에는 색채사용 여부를 확인해야 한다. 첫째, 많은 사람들은 "이 붉은 것은 나비같이 보인다." 또는 "이 푸른 것은 거미 같다."와 같이 대상의 영역을 나타내기 위해 색채를 사용할 것이다. 이런 진술들은 모두 단순히 영역을 지적한 것이므로 색채기호를 사용할 수 없다. 이 두 반응에는 색채가 포함되어 있으나 색채결정인으로 기호화하기 위해서는 다른 말로 표현되어져 있어서 확증할 수 있어야 한다.

두 번째 경우가 검사자들에게는 더 어렵다. 수검자가 반점의 색채영역에서 대상을 보고하고 그 반응을 형성하는 데 색채가 영향을 준 것으로 보이기 때문에 더 어려워진다. 그러나 사람들은 직접적 또는 함축적으로 색채를 보고하지 않는다.

앞에서 언급한 "이것은 매우 아름다운 꽃처럼 보인다."는 반응이 좋은 예이다. 질문단계에서 검사자는 핵심단어를 근거로 "매우 아름답다고 했나요?" 하고 질문하고 이 질문에 대해 수검자는 "예, 매우 엷고 우아하게 보입니다." 하고 반응했다. 이 반응은 사용된 전체 영역이 색채를 띠고 있다고 하더라도 색채로 기호화하지 않는다. 기호화할 때는 반드시 수검자의 언어적 표현을 반영해야 한다.

직접적인 명료한 색채사용 때로는 수검자가 색채명을 말했기 때문에 색채가 결정인으로 사용되었다는 것이 분명한 반응도 있다. 색채와 내용이 직접적으로 중첩된 예도 있다. 예컨대,

"저 붉은색은 확실히 피 같이 보인다."
"저 오렌지색은 산불처럼 보인다."
"푸른 것은 물이다."
"푸른 것은 잎이다."

이러한 반응들은 색채사용이 분명한 것처럼 보이고 색채반응으로 채점해야 한다. 그러나 대부분의 색채사용은 심지어 색채와 내용이 중첩되어 나타나는 많은 반응에서도 그렇게 분명하지 않다. 예컨대,

"저 붉은 것은 피로 볼 수 있겠다."
"오렌지색은 불이나 또는 어떤 것으로 볼 수도 있겠다."
"이 푸른 부분은 물로 볼 수도 있겠다."
"이 푸른 부분은 아마도 숲이다."

이러한 반응들에서 사람들은 단정적으로 말하지 않고 "~일 수 있다" "~로 볼 수도 있겠다" "아마 ~이다"와 같이 애매모호한 표현을 사용할 수 있다. 따라서 검사자는 "어떤 점에서 ~로 보게 되었나요?" 또는 "거기서 무엇 때문에 ~로 보게 되었나요?"와 같은 질문을 통해 색채사용을 검증하기 위해 더 질문을 해야 한다.

무채색 유채색 기호를 구분할 때 생기는 문제는 무채색을 기호화할 때도 마찬가지이다. 무채색반응은 유채색반응보다 나타나는 빈도가 훨씬 낮고 대부분 FC′ 반응이다.

C′	C′F	FC′

유채색과 마찬가지로 반점의 무채색특징이 분명하고 명료하게 사용되어야 한다는 것이 기준이다. 다행스럽게도 대부분의 무채색반응은 '검정색' '흰색' 또는 '회색'과 같은 단어를 포함하고 있기 때문에 쉽게 해결될 수 있다. 예컨대, "이 박쥐는 검고, 대부분의 박쥐처럼" "이것은 눈처럼 희다." 또는 "모두 회색인 걸 보니 그림자가 틀림없다."와 같은 반응이다. 이들 반응에서 무채색이 매우 분명하게 사용되고 있다.

무채색을 사용했다는 것을 나타내주는 데 자주 사용되는 두 가지 핵심단어는 '밝은' (light)과 '어두운' (dark)이다. 이들 두 단어는 색채를 나타내기 위해 사용될 수 있으나 음영사용을 지적하기 위해 사용된 것일 수도 있다.

예컨대, "밤처럼 모두 어둡다."는 반응은 회색-검은색 특징(grey-black feature)이 색채로 사용되었다는 것을 지적해 주지만, "모두 어둡고, 여기는 더 깊은 것 같다."는 반응은 깊이라는 인상을 나타내기 위해 음영이 사용되었다는 것을 지적하므로 차원(vista)으로 기호화한다. 그리고 "여기는 구름의 위쪽 가장자리처럼 더 밝다."는 반응은 음영확산(diffuse shading)의 사용을 지적하는 것이다.

연기와 엑스레이 반응은 대부분 무채색이 사용되었거나 음영확산 특징이 포함되어 있다. 어떤 경우든 간에 이런 반응은 검사자가 질문을 했음에도 불구하고 회색-검정색 특징을 제대로 말하지 못하였다면 F로 기호화할 수 있다. 그러나 대부분의 연기와 엑스레이 반응은 C′ 또는 Y 채점요소를 포함할 것이다. 대부분의 사람들은 "~처럼 어둡다."는 말을 사용해서 연기나 엑스레이 반응을 설명한다. 이런 반응들은 무채색으로 기호화해야 한다.

때때로 수검자들은 '색깔이 그렇기 때문에'(The way the colors are)로 말할 것이다. 그런데 이 말은 무채색을 의미하는 것일 수도 있고 아닐 수도 있다. 이럴 경우 검사자는 수검자가 한 말을 반복해서 질문하거나 그 반응을 음영확산과 무채색 중 어느 것으로 채점해야 할지를 결정해서 채점함으로써 이 문제를 해결해야 한다.

만약 '밝다' 또는 '어둡다'는 단어나 '색깔이 그렇기 때문에'와 같은 단어를 포함하고 있는 반응에서 의도가 분명하지 않다면, 음영확산으로 기호화해야 한다.

검정색, 흰색, 회색, 밝다 또는 어둡다와 같이 무채색을 전달하는 핵심단어가 사용되었을 때 특별히 주의해야 한다. 왜냐하면 이런 단어는 때때로 "이 흰 부분은 ~처럼 보인다." 또는 "이 어두운 부분은 ~일 수 있다."와 같이 단순히 영역을 나타내기 위해 사용될 수도 있기 때문이다. 따라서 유채색반응과 마찬가지로 수검자의 의도가 분명하고 명확할 때 무채색 반응으로 기호화해야 한다.

음영-재질

T **TF** **FT**

초보자들은 어떤 종류의 음영이 사용되었는지를 아는 것보다 음영기호를 결정하는 것이 더 쉽다고 본다. 실제로 음영을 구분하는 것은 복잡하지 않고 제외과정(process of elimination)을 적용해서 구분할 수 있다.

음영특징이 부드러운(soft), 거친(rough), 매끈한(smooth), 털이 복슬복슬한(furry), 젖은(wet) 등과 같은 촉감인상을 나타내기 위해 사용되었다면 재질기호를 사용한다. 이때 중요한 것은 수검자가 음영특징을 사용했다는 것을 어떤 식으로든 말해야 한다는 점이다.

대부분의 사람들은 '음영' 이라는 단어를 사용하지 않는다. "여기 있는 색깔이 그렇게 보입니다." 또는 "색깔이 달라서 ~같이 보입니다."와 같이 '색깔' 이라는 단어를 더 흔히 말할 것이다. 다른 경우 사람들은 "저기 선이 지나간 방식이 그렇다."(It' s the way the lines go in there)고 지적할 수 있는데, 이 말은 윤곽을 사용한 것처럼 들릴 수 있으나 실제로는 음영수준이 다르다는 것을 언급하는 것이다. 어떤 사람들, 특히 아동들은 촉감인상을 전달하기 위해 자주 카드를 문지른다. 카드를 문지르는 행동은 사람들이 대상의 촉각적 특징을 전달하기 위한 말을 사용했을 때 자주 나타나므로 이럴 경우에는 "충분히 재질반응으로 기호화할 수 있다."

이상적인 조건일 경우 수검자는 "마치 부드럽게 느껴지는 것 같다." 또는 "만지면 뜨겁게 느껴질 것 같다."와 같이 직접적으로 촉감적 인상을 지적할 것이다. 그러나 '모피조각'처럼 반응내용에 촉감을 포함하고 있거나 거친 또는 차가운과 같은 촉감인상을 의미할 수 있는 핵심단어가 사용되었다고 해서 반드시 재질로 기호화해야 한다는 것은 아니므로 주의해야 한다.

모피조각은 '가장자리가 모두 불규칙해서' 그렇게 보이는 것으로 기술될 수 있고 이럴 경우 단순히 F로 채점한다. 마찬가지로 어떤 영역은 "이 선들은 울퉁불퉁한 톱니처럼 보인다."와 같이 거친 것(rough)으로 표현될 수 있고 이런 반응은 수검자가 차원인상을 전달하기 위해 음영을 사용했다는 것을 의미한다. 같은 맥락에서 '매우 추울 때 얼음이 어는 것처럼 여러 가지 색조의 파란색' 이 있기 때문에 차갑게 보인다고 말할 수 있다. 음영이 사용되었으나 이 경우 음영확산이고 촉감인상은 포함되지 않았다. 만약 "여러 가지 색조의 파란색이 정말로 추워서 얼음이 언 것 같다."는 반응을 하거나 또는 수검자가 "정말 추워서 얼음이 언 것 같다."고 하면서 카드를 문질렀다면 재질로 기호화할 수 있을 것이다.

재질과 음영확산 또는 재질과 차원 간에 미묘한 차이가 있기 때문에 기호화하기 어렵다. 따라서 질문단계를 잘 실시해서 이런 차이를 구분하는 것이 매우 중요하다.

음영-차원 음영특징이 "~의 아래에 있다, ~의 뒤에 있다, ~의 가장자리 주변에, ~보다 더 높다, ~를 공중에서 보는 것 같다." 등과 같이 깊이나 차원인상

V **VF** **FV** 을 나타내기 위해 사용되었다면 차원기호를 사용해야 한다.

일반적으로 깊이나 차원에 관한 인상은 분명하게 나타나므로 검사자는 '인상이 음영에 근거한 것인지 또는 인상이 반점의 크기나 윤곽 때문에 단순히 생겨난 것인지'를 결정하는 것이 중요하다. 반점의 크기나 윤곽 때문이라면 차원반응이 아니라 형태차원(FD)으로 기호화해야 한다.

차원과 관련해서 반응에 재질이 포함되어 있는지를 가장 구분하기 어렵다. 예컨대, 산맥(차원)과 거친 사포(sandpaper, 재질)를 구분하는 것은 비교적 쉽지만 때때로 '울퉁불퉁한' (bumpy), '굴곡이 있는' (indented) 또는 '거친' (rough) 등과 같은 단어는 차원뿐만 아니라 재질을 의미하기도 한다.

예컨대, "이것은 뇌처럼 보이고, 여기 선이 그려진 방식이 뇌회(convolution) 같은 인상을 주고, 매우 울퉁불퉁하게 보인다."는 반응을 들 수 있다. 이 반응은 음영이 사용되었고('선이 그려진 방식') 촉감인상이라는 의미가 없기 때문에(매우 울퉁불퉁하게 '보인다') 때문에 차원반응이다. 만약 만져 보면 매우 울퉁불퉁하게 느껴질 것 같다고 반응했다면 차원 대신 재질로 기호화해야 할 것이다.

때때로 반응의 차원특성은 매우 미묘하고 이 때문에 검사자는 질문단계에서 적절한 질문을 할 필요가 있다는 점에 주의해야 한다. 예컨대, 카드 IV에서 "다리 사이에 머리가 있는 괴물"이라고 반응할 수 있다. 이 반응은 형태에 근거했든 음영에 근거했든 간에 차원을 전달하는 것일 수 있다. 어떤 경우이든 간에 검사자는 "머리가 다리 사이에 있다고 했나요?"와 같은 질문을 사용해서 음영반응인지, 차원반응인지를 밝혀야 한다.

음영-확산 재질이나 차원이 아닌 대부분의 음영반응은 음영확산으로 기호화한다.

Y **YF** **FY** 앞에서 언급한 바와 같이 비록 수검자가 밝은(light), 어두운(dark), 검정(blackness)과 같은 단어를 매우 애매하게 사용해서 무채색뿐만 아니라 음영확산을 의미할 수도 있지만 음영확산반응은 비교적 단순하게 결정할 수 있다. 즉, 검사자가 밝거나 어두운 특징이 무채색으로 사용되었다고 확신할 수 없다면 음영확산으로 기호화한다.

때때로 사람들은 "여러 가지 핑크색이 더럽게 보인다." "폭풍우가 칠 때처럼 여러 가지 회색이 있고" "색깔이 엉켜 있는 것이 말라붙은 피 같은 인상을 준다." 또는 "손가락으로 그린 그림처럼 색깔이 여기 혼합되어 있고"와 같은 반응처럼 '색채'의 대비를 언급함으로써 음영확산을 전달한다.

형태차원 **FD** 깊이, 거리 또는 차원 인상이 음영특징에 근거를 두고 있지 않을 때 FD로 채점한다. 일반적으로 FD는 "발이 머리보다 너무 크고, 틀림없이 누워 있는 것이다." "너무 작고, 틀림없이 거리가 먼 것 같다." 또는 "멀리서 바라다본 것 같고, 내가 쳐다보는 것처럼"과 같은 반응처럼 크기의 차이가 중요한 요인이다.

때로는 "단지 다리와 팔의 일부만 볼 수 있고, 그래서 나머지는 틀림없이 이 뒤에 있다."는 반응처럼 대상의 어떤 특징이 없어서 깊이나 차원이 있는 것으로 전환되어 나타나는 경우도 있다. 이런 반응도 역시 FD로 채점한다.

어떤 FD반응은 훨씬 더 미묘할 수 있고 그래서 검사자는 차원으로 채점해야 할지를 결정할 때 더 어려울 수 있다. "두건을 걸치고 서 있는 한 사람"이라는 반응을 예로 들 수 있다. 이 경우 두건이 얼굴이나 얼굴의 일부와 같은 어떤 것을 덮고 있는지 그리고 덮고 있다면 어떤 인상을 주는지에 대해서 반드시 질문해야 한다. 두건은 이차원적 특징일 수 있으나 "얼굴 부분만 볼 수 있다."고 보고할 수도 있다. 이 경우에는 FD반응이다.

쌍과 반사 반응 **(2)** 쌍과 반사 반응은 두 가지 같은 대상을 나타내기 위해 반점의 대칭을 사용한 반응이다.

흔히 쌍은 "저기 두 ~이 있다."는 식으로 보고되지만 많은 경우 '둘'이라는 단어가 포함되지 않는다. 오히려 '곰들' '개들' '사람들' 처럼 대상의 복수가 사용되거나 둘의 동의어인 '~ 한 쌍'이라는 말이 사용될 수 있다. "이것은 개처럼 보인다."는 반응처럼 단지 한 대상만 말해 놓고 질문단계에서 "저기 양쪽에 한 마리씩 있다."고 말하는 경우도 있다. 이 경우에도 쌍반응으로 기호화한다.

흔하지는 않지만 "이것은 두 사람으로 보인다."는 반응과 같이 한 쌍이 있다는 것을 보고할 수 있으나 반응의 뒷부분이나 질문단계에서 "한 남자와 한 여자 같이 보인다."와 같이 두 사람이 구분되어 나타날 수도 있다. 이처럼 대상이 어떤 방식(이쪽이 더 크다, 이쪽이 더 뚱뚱하다, 이 쪽이 더 어둡다 등등)으로 구분되었다면 쌍으로 기호화하지 않는다.

쌍(2) 기호는 다른 결정인의 오른쪽 그리고 형태질 기호 뒤에 표시하는 것이 좋다. 이런 방식을 사용하면 빈도를 계산할 때 쉽게 찾을 수 있다.

Fr **rF**

반사반응은 대상이 대칭적이고 동일해야 한다는 측면에서 쌍반응을 기호화할 때와 같지만 수검자가 보고한 대상이 반사된 것 또는 거울에 비친 이미지라는 점에서 다르다. 예컨대, "거울을 보고 있는 어떤 사람" "호수에 비친 자신을 보고 있는 동물" "이것은 모두 물에 반사된 것이다."와 같은 반응이다.

어떤 경우든 반사반응은 대칭에 근거를 두어야 하고 표현된 말이나 말이 함축하는 대상은 동일해야 한다. 쌍반응의 기호는 결정인 기호의 오른쪽에 별도로 기록하지만 반사기호인 Fr과 rF는 결정인 기호에 포함시켜 기록한다. "반사결정인으로 채점했을 경우 쌍반응은 기록하지 않는다."

복합결정인-혼합반응

대부분의 기록에는 한 가지 이상의 결정인이 있는 반응이 적어도 하나는 포함되어 있을 것이다. 이것이 혼합반응(blend)이다. 각 결정인은 혼합반응 기호인 점(.)으로 구분하여 기록한다. 예컨대, M^p.FC.Fr은 수동적 인간운동, 형태-색채, 반사 결정인이 포함되어 있다는 것을 나타낸다.

이론적으로는 같이 결합되어 나타날 수 있는 결정인의 수는 제한이 없다. 세 가지 결정인이 포함될 수도 있지만 대부분은 두 가지 결정인이 포함되어 있을 것이다. 세 가지 이상의 결정인이 포함되는 경우는 매우 흔하지 않고, 일반적으로 세 개 이상의 결정인이 있는 반응은 기호화의 정확성을 확인하기 위해 한 번 더 검토해야 한다. 그럼에도 불구하고 어떤 반응은 매우 복잡하고 M^a.m^p.CF.FT.FD와 같은 반응처럼 여러 결정인이 혼합되어 나타날 수 있다. 이 혼합반응은 능동적 인간운동, 수동적 무생물운동, 유채색형태, 형태재질, 형태차원이 포함되어 있다는 것을 나타낸다.

혼합반응은 "반응에 결정인이 나타난 순서대로 기호화해야 한다." 예컨대, 수검자가 "불이 있고(이후에 유채색에 근거한 것으로 밝혀짐), 불 위에 날아가는 나비도 있다."

고 보고했다면, 이 반응은 $C.FM^a$가 될 것이다. 반면에 "불 위에 날아가는 나비가 있다."고 반응했다면, 이 혼합반응은 $FM^a.C$가 될 것이다.

매우 드물기는 하지만 혼합반응에 F를 따로 분리해서 포함시킬 수도 있다. 반응이 정확하게 기호화되었다고 가정하면, 이런 기호화는 반응에서 하나 이상의 대상이 보고되었으나 "아무런 상호관계가 설명되지 않았다."는 것을 지적하는 것이기 때문에 일종의 매우 구체적인 인지기능을 나타낸다.

예컨대, "두 사람이 있고, 나비도 한 마리 있고, 그들이 무엇을 들어올리고 있다."는 반응이 있다고 가정하자. 이 반응은 마치 두 반응, 즉 두 사람과 관련 있는 한 반응과 나비와 관련된 한 반응처럼 보일 수 있다. 다음에 제시한 질문단계를 통해서 잘 알 수 있다:

검: (수검자의 반응 반복)
수: 예, 여기 사람들이 있고, 머리와 다리도 보이고.
검: 거기 나비도 있다고 했는데.
수: 예, 바로 한가운데.
검: 사람들이 무엇을 들어올린다고 했습니다.
수: 예, 여기요, 어쩌면 항아리.
검: 당신이 본 것처럼 나비를 볼 수 없는데요.
수: 바로 여기, 날개도 보이고.

이런 질문절차를 통해 반응에 나타난 결정인의 순서를 알 수 있다. 나비에 대해서는 두 번 질문했다. 수검자는 사람들, 사람들이 들어올리는 어떤 것, 나비를 재확인해 주었다. 그러나 나비와 사람 또는 항아리 간에 어떤 통합도 이루어지지 않았다. 따라서 이 반응은 $M^a.F$가 적절하다.

만약 최초의 반응에서 "무엇을 들어올리는 두 사람이 있고, 저기 나비도 있다."와 같이 나비가 가장 뒤에 언급되었다면, 검사자는 질문단계를 시작할 때 수검자의 반응을 반복한 뒤에 "그것을 따로 보았다는 것인가요?"와 같이 질문해야 한다. 그러나 무관한 대상이 한 반응의 중간에 삽입되었을 경우 이런 질문은 적절하지 않다. 오히려 검사자는 앞의 예와 같이 덜 직접적으로 이 문제를 밝히려고 시도해야 하고 반응에 포함된 각 요소에 대해 더 구체적으로 질문해야 한다. 이런 방법을 사용하면 보통 수검자는 "함께 본 것은 아닙니다." 하고 대답할 것이지만 그렇지 않다고 하면 하나의 혼합반응에 F를 따로 포함시키는 것이 정확하다.

FV.FT 또는 FT.FY처럼 혼합반응에 하나 이상의 음영결정인이 포함되는 것도 매우 드물기는 하지만 나타나는 경우가 있다. 이런 경우에도 신중하게 확인해야 한다. "동일한 단어나 어구는 두 번 채점될 수 없다." 예컨대, "검게 물결치는 선들은 모피처럼 보인다."는 반응은 재질(모피)과 마찬가지로 음영확산(검게 물결치는 선들)을 고려할 수밖에 없게 만들지만, 이 경우 촉감인상을 유발시킨 것은 검게 물결치는 선들이다.

FC.CF, FY.YF 또는 FC′.C′처럼 동일한 결정인에 대해 두 번 이상 채점할 수 없다. 이런 것은 채점 오류이다. 어떤 반응은 동일한 결정인의 여러 범주를 나타낼 수 있는 복합대상(multiple objects)을 포함할 수 있다는 것은 사실이다. 그러나 한 반응이 동일한 결정인의 상이한 범주를 나타내는 요소들을 포함하고 있을 경우 형태를 '가장 적게' 포함하고 있는 기호를 사용해야 한다.

"붉은 모자를 쓴 두 마리 곰, 서로 싸우고 있고, 여기 아래 있는 붉은 것은 묻어 있는 피다."라는 반응을 예로 들 수 있다. 보통 빨간 모자는 FC로 채점할 것이나 "아래에 있는 붉은 것은 묻어 있는 피다."가 충분한 CF 요소가 포함되어 있다. 따라서 이 반응은 FM^{a}.CF로 해야 할 것이다.

요약 검사를 정확하게 실시하기 위해서는 결정인 준거를 숙달하는 것이 그 무엇보다 중요하다. 결정인 준거를 정확히 알고 있어야 질문단계에서 유용한 질문을 할 수 있고 이를 근거로 정확하게 채점할 수 있다. 결정인을 정확하게 기호화하면 궁극적으로 검사에서 수집한 자료의 해석적 가치가 풍부해진다.

제 4 장 형태질

형태질(FQ)을 부여하는 것은 로르샤하 반응의 기호화(채점)에서 매우 중요하다. 형태질은 반응의 적합성(fit)에 관한 정보를 제공한다. 즉, 사용된 반점의 영역이 실제로 구체화된 대상의 형태요건과 얼마나 일치하는가를 의미한다.

심각한 스트레스나 정신병리를 가지고 있는 사람들이 나타내는 한 가지 공통적인 문제는 현실을 정확하게 이해하는 능력과 관련이 있기 때문에 형태질은 매우 중요하다. 그렇다고 해서 잘 적응하고 있는 사람이 반드시 현실을 잘못 파악하거나 왜곡하지 않는다는 것은 아니다. 오히려 형태질에 관한 문제는 적응력이 크게 손상되지 않은 사람이 어느 정도의 지각적 특이성이나 부정확성을 나타내는지 또는 개인의 효율성이 현저하게 제한되기 이전에 부정확성이 어느 정도 광범위하게 나타나는지와 관련이 있다.

형태질은 형태정확성의 수준을 구별하기 위해 네 가지 기호를 사용한다. 이 중 세 가지 기호는 형태가 적절하게 사용되었을 때를 나타낸다. 두 개의 기호는 흔히 나타나는 반응에 사용하고 세 번째 기호는 보고된 내용이 나타나는 빈도가 낮을 때 사용한다. 네 번째 기호는 형태사용이 부적절하고 왜곡된 반응을 나타낸다. 이러한 범주와 적용기준은 〈표 4-1〉과 같다.

〈표 4-1〉 형태질의 기호와 기호화 기준

기호	정의	기준
+	Ordinary–Elaborated	o로 채점할 수 있는 반응에서 형태를 비일상적으로 자세하게 설명한 경우. 형태사용의 적합성이 유지되면서 반응의 질을 풍부하게 하는 방식으로 설명되는 경향이 있음. +반응은 반드시 독창적이거나 창조적이지는 않지만 자세한 형태가 사용되고 설명하는 방법이 두드러짐. 10장의 〈표 B〉에 예가 제시되어 있음.
o	Ordinary	대상을 설명하기 위해 일반적인 형태특징을 쉽게 말한 일상적인 반응. 이러한 반응들은 형태질 자료(data pool)에서 W와 D영역에 대해서는 적어도 2% 또는 Dd영역에 대해서는 적어도 50명이 보고한 반응임. 형태특징을 정교화시켰다고 해서 반응이 비일상적으로 풍부해지지는 않아야 함.
u	Unusual	포함된 기본적인 윤곽이 적절한 낮은 빈도의 반응. 빨리 쉽게 알아볼 수 있는 비일상적인 반응.
–	Minus	반응을 형성하는 데 있어서 형태가 왜곡되고, 임의적이고, 비현실적으로 사용된 경우. 사용한 영역의 윤곽을 전부 또는 거의 전부 무시하고 반점구조에 대해 반응한 경우. 흔히 반점에 없는 인위적 선이나 윤곽을 만들어서 반응할 수 있음.

형태질의 기호는 결정인 기호화의 끝에 기록한다. 오직 형태에 근거한 반응은 F+, Fo, Fu 또는 F–로 기호화한다. 마찬가지로 순수한 형태보다 다른 결정인이 반응에 나타나거나 복합결정인이 혼합반응을 구성할 경우 형태질 기호화의 위치는 M^ao, TFu, FD– 또는 FM^p.FC.FC′+와 같다.

어느 기호를 적용할 것인가는 2부 10장에 포함되어 있는 〈표 A〉의 작업도표를 참고해서 결정할 수 있다. 〈표 A〉는 각 카드별 반응과 반응영역 목록을 포함하고 있다.

〈표 A〉는 여러 번 개정되었다. 가장 최근에 개정한 〈표 A〉는 205,701개의 반응을 포함하고 있는 9,500개의 프로토콜을 사용해서 만들었다. 이들은 비환자 성인(51,183개의 반응), 비정신분열병 외래환자(92,951개의 반응), 비정신분열병 입원환자(61,567개의 반응)의 기록을 포함하고 있다.

반응이 o(ordinary), u(unusual) 또는 –(minus)인 5,018개의 항목 또는 항목군을 포함하고 있다.

만약 〈표 A〉에서 어떤 항목이나 항목군이 o로 표시되어 있고 W나 D영역을 포함하고 있다면 이것은 수집한 9,500개의 기록에서 적어도 2%(190명 이상)이 같은 대상을 보고하고 있고 보고된 대상의 형태가 반점의 윤곽과 상당히 일치한다는 것을 의미한다. 〈표 A〉에는 W나 D영역에 대해 o로 표시된 865개 항목 또는 항목군이 포함되어 있다.

만약 o로 표시된 항목이 Dd영역을 포함하고 있으면 적어도 50명은 그 영역을 사용했고 그 영역을 사용한 사람들 중 3분의 2가 같은 대상을 보고했고 실제로 존재하는 반점의 윤곽을 사용했다는 것을 의미한다. 〈표 A〉에는 Dd영역에 대해 o로 분류된 146개 항목이 포함되어 있다.

o와 +반응의 구분 한 반응에 보고된 대상이 〈표 A〉에서 o로 나열된 항목이나 항목군과 일치하면 형태질 기호는 항상 o나 +가 되어야 한다. 모든 집단에서 + 반응은 빈도가 매우 낮기 때문에 o 또는 +로 기호화할 수 있는 대부분의 반응들은 o로 기호화할 수 있다. 그렇지만 검사자들은 신중해야 하고 +반응의 가능성을 간과해서는 안 된다. 보통 +로 기호화해야 하는 반응은 구분하기 쉽다. 왜냐하면 이들은 대상을 기술할 때 동일한 반응을 하는 대부분의 사람들보다 형태를 더 자세하게 기술하기 때문이다. +반응은 보통 형태특징에 주의를 기울이기 때문에 더 두드러지게 나타난다.

예컨대, 대부분의 사람들은 인간형태의 반응을 할 경우 머리, 몸, 다리를 말한다. 더 정교하게 기술할 경우 얼굴의 특징을 말하거나, 팔과 허리의 곡선을 언급하거나, 때로는 발이나 신발을 기술하는 것처럼 서너 가지 다른 특징을 포함시킬 것이다. 마찬가지로 대부분의 사람들은 동물을 기술할 경우에도 머리와 몸, 때로는 다리에 대해 언급할 것이다. 마찬가지로 더 정교하게 기술할 경우 코, 귀, 꼬리, 발 등과 같은 두세 가지 부가적 특징을 포함시킨다.

+나 o를 기호화할 때는 채점자의 주관적 판단이 어느 정도 포함되지만 경험을 하면 보다 객관적인 판단을 할 수 있다. 잘 교육받은 사람들이 나타내는 대부분의 프로토콜에는 한 개 이상의 +반응이 포함되지만 +반응은 잘 교육받지 않은 사람의 기록에도 나타난다. 따라서 검사자는 이러한 가능성에 민감해야 한다.

검사자/채점자는 길고 창조적인 반응과 진짜 +반응을 혼동하지 않아야 한다. +반응은 단순히 보통반응보다 형태를 더 많이 설명하고 있는 반응이다. 이런 반응은 길고 창조적일 수도 있지만 이런 특징이 필수적인 것은 아니다. +반응의 예는 10장의 〈표 B〉에 제시되어 있다.

u반응의 기호화 o와 u반응으로 기호화하는 데는 적절한 형태가 사용되어야 한다는 점에서는 차이가 없다. 단지 특정 반응이 〈표 A〉에 제시되어 있는 9,500개의 기록에서 적어도 2%가 나타내는 반응인지에 따라 구분한다. 〈표 A〉에서 한 항목이 W나 D 영역에 대해 u로 표시되어 있다면 9,500명의 기록 중에서 2% 미만이 반응한 것이지만 적어도 세 명의 평정자가 독립적으로 평정한 결과 대상을 빨리 쉽게 알아볼 수 있고 사용된 윤곽이 적절하다는 데 의견이 일치한 반응이다. 〈표 A〉는 이러한 1,611개의 항목을 포함하고 있다.

〈표 A〉에서 어떤 항목이 Dd영역에 대해 u로 표시되어 있다면 그 항목은 50명 미만의 사람들이 보고한 반응이지만 적어도 세 명의 평정자가 독립적으로 평정한 결과 대상을 빨리 쉽게 알아볼 수 있고 사용된 윤곽이 적절하다는 데 의견이 일치한 반응이다. 〈표 A〉는 Dd영역에 대해 u로 표기된 565개의 항목을 포함하고 있다.

보외법에 의한 FQ 기호화 〈표 A〉에는 많은 항목들이 o나 u로 표시되어 있지만 o나 u로 기호화할 수 있는 모든 반응들을 다 포함하고 있는 것은 아니다. 어떤 반응이 〈표 A〉에 제시되어 있지 않다면 대부분의 경우는 u나 −로 기호화할 수 있을 것이다. 그러나 검사자는 FQ에 관한 결정을 내리기 전에 〈표 A〉에 있는 항목으로부터 보수적 보외법(conservative extrapolation)을 적용하려고 노력해야 한다. 왜냐하면 어떤 반응의 경우 보외법을 적용하면 〈표 A〉에 제시되어 있지 않은 대상에 대해서 o로 기호화할 수 있기 때문이다. 보외법은 단순히 〈표 A〉에 제시된 반응목록 중에서 수검자가 보고한 반응과 매우 유사한 반응이 있는지를 철저하게 찾아보는 것을 포함하고 있다.

예컨대, 회전의(gyroscope)는 카드 II의 DS5영역에 대한 목록에는 없으나 그 목록을 검토해 보면 팽이(top)는 o로 표기되어 있다는 것을 알 수 있다. 팽이는 회전의와 매우 유사하다. 그러므로 회전의를 o로 기호화하는 것도 역시 비현실적인 것은 아니다. 마찬가지로 카드 V에서 바깥 D10영역을 배제할 경우 영역번호는 없으나 때때로 사람들은 박쥐, 나비 또는 새로 반응할 때 D10영역을 배제할 것이다. 이럴 경우 W반응 목록에서 보외시키는 것이 적절하고 배제된 영역이 매우 작기 때문에 o로 기호화 한다.

보외법은 유사한 모양에 대해 찾아보는 것도 포함하고 있다. 한 반응에 나타난 대상이 〈표 A〉에 나열된 어떤 −반응만큼 나쁘다면, 그 반응은 당연히 −반응으로 채점해야 한다. 마찬가지로 한 반응에 나타난 대상이 〈표 A〉에 u로 나열된 어떤 반응과 유사하다면 그 반응은 u로 채점해야 한다.

그러나 보외법을 적용할 때는 신중해야 한다. 보외법을 적용할 때는 신중하게 판단해야 하고 과일반화시키지 않아야 한다. "논리적으로 보수적이어야 한다." 때때로 보고된 대상은 〈표 A〉에 나열된 대상과 조금만 유사할 수 있다. 이럴 경우 보외법을 적용하지 말고 형태질을 결정하는 데 있어서 u와 −를 결정하는 데 사용하는 규칙을 적용하는 것이 가장 적절하다. 보외법을 적용하는 다른 예들은 10장의 앞부분에서 다시 설명할 것이다.

−반응의 기호화 〈표 A〉에서 −반응의 목록은 제한되어 있다. 이 목록은 W와 D 영역에 대한 1,395개의 −항목과 Dd영역에 대한 436개의 −항목을 포함하고 있다. 이들 −항목은 표집된 9,500개의 프로토콜 가운데 적어도 네 번은 나타났기 때문에 포함시켰다. 대단히 많은 −반응이 있지만 표가 너무 커지기 때문에 〈표 A〉에 포함시키지 않았다.

위에서 언급한 바와 같이 한 항목이 〈표 A〉에 포함되어 있지 않을 경우 판단할 필요가 있고 대부분은 반점의 윤곽이 적절하게 사용되었는지 여부에 따라 u나 −로 기호화할 수 있다. 보외법을 적용해도 만족스럽지 않을 경우 u반응과 −반응을 구분하기 위한 기준을 신중하고 정확하게 적용해야 한다. 바꾸어 말하면 반점에서 수검자가 말한 반응을 '빨리 쉽게' 볼 수 있고 반점의 윤곽을 현저하게 어기지 않을 경우 u로 기호화해야 한다. 그렇지 않을 경우 −로 기호화해야 한다.

대부분의 −반응에 사용된 반점영역은 보고된 대상과 어느 정도는 일치하는 윤곽을 가지고 있다는 점에 유념해야 한다. 그러나 대상의 전반적 적합성(fit)은 윤곽을 상당히 파괴하는 경향이 있다. 전형적으로 −반응은 '빨리 그리고 쉽게' 보이는 반응이 아니다. 많은 −반응은 존재하지 않는 윤곽을 만들어 내는 경우가 있다. 이런 존재하지 않는 윤곽이 대상을 정의하는 데 결정적으로 사용되었을 경우 그 반응은 반드시 −

로 기호화해야 한다.

또한 −가 의심되는 반응은 하나 또는 두 개의 −반응이 있다고 해서 기록을 전체적으로 해석하는 데 의미 있는 영향을 주지 않을 것이라는 원리에 따라 −로 기호화하는 것이 최선이다. 어떤 검사자는 하나라도 −반응이 있으면 해석적 의미가 크게 달라질 수 있다는 잘못된 생각 때문에 −로 기호화하기를 몹시 꺼리는 경향이 있다. 그러나 이것은 사실이 아니다. 왜냐하면 모든 집단의 대부분의 사람들은 하나 이상의 −반응을 하기 때문이다. −반응은 빈도가 높거나 모든 −반응이 단일 내용을 포함하고 있을 때 해석적으로 중요하다.

〈표 A〉에서 −로 표기되어 있는 항목은 반드시 모든 집단에서 빈도가 낮은 것은 아니라는 점을 유념해야 한다. 예컨대, 카드 X을 거꾸로 돌려서 얼굴이라는 반응은 환자와 비환자 청소년집단에서 비교적 흔히 나타나는 반응이다. 잘 이해는 되지 않지만 이러한 반응은 분리된 그림을 지각적으로 완전한 것으로 보려는 경향 때문에 일어나는 매우 흥미 있는 현상이다. 그럼에도 불구하고 이 반응은 반점에 존재하지 않는 윤곽을 만들어내었기 때문에 당연히 −로 채점한다.

복합대상반응 어떤 반응들은 형태질이 다른 복합대상을 포함할 것이다. 원칙적으로 이런 반응에 대해서는 '덜 좋은' (less favorable) 형태질을 부여한다. o는 u보다 더 좋고 , u는 −보다 형태질이 더 좋은 반응이다. 그러나 "이런 원칙은 전체 반응에서 분명하게 중요한 대상에 대해서만 적용한다."

예컨대, 사람들은 카드 III에 대해 "여기 아래 어떤 폐(D7) 같은 것을 잡아당기려고 굽히고 있는 두 사람(D9)" 하고 반응한다. 인간상으로 반응된 D9는 〈표 A〉에 o로 표시되어 있다. 그러나 이 반응에서 D7영역에 대한 폐라는 반응은 특수채점을 해야 하고 활동의 초점이기 때문에 매우 중요하고 〈표 A〉에는 −로 표기되어 있다. 그래서 이 반응의 형태질은 −이다.

반면에 전체 반응에서 매우 중요하지 않은 하나의 대상이 그 반응에서 다른 대상보다 좋지 않다면 더 좋은 형태질을 부여한다. 예컨대, 카드 III에 대해 "가운데 이것(D7) 주위에서 춤을 추고 있는 두 사람(D9), 드럼 같은 어떤 것" 하고 반응할 수 있다. 〈표 A〉에서 사람은 o로 표기되어 있지만 드럼으로 본 D7은 u로 열거되어 있다. 이 반응에서 중요한 대상은 두 명의 사람이고 드럼은 "아마 드럼일 수 있다."와 같이 우연히 반응에 추가된 것일 수 있다. 따라서 형태질 기호는 o가 더 적절하다. 이 예는 〈표 A〉의 항목 중 카드 III의 D1영역에 대해 "두 명의 사람과 D7을 분리된 대상"이라고 반응했더라도 o로 채점하는 것을 잘 설명해 준다. 즉, D1에 대해 두 사람이라는 반응을 하는 대부분의 사람들은 그 반응에 우연히 D7을 포함시키지만 영역의 형태적 특징을 크게 왜곡시켜 사용하지는 않기 때문이다.

어떻든 채점자는 분리된 대상이 있으면 신중하게 판단해야 한다. 대상이 분리되어 보고되었고 u로 채점될 수도 있는 드럼이나 테이블처럼 대상이 D7의 윤곽을 의미 있게 벗어난 것이 아니라면 o로 채점하는 것이 더 적절할 것이다. 반대로 D7이 반응 전체에서 분명히 중요하고 "폐를 잡아당기는 것, 머리를 부수는 것(tearing a head apart), 잠수함 위에서 싸우는 것"과 같이 형태를 의미 있게 왜곡시켰다면 그 반응은 −로 채점해야 한다.

다른 예로 카드 II에 대해 "서커스에서 공연하고 있는 두 마리 개(D1), 붉은 것은 서커스 분위기를 풍기고 개가 코(D4) 위에 어떤 것을 올려놓고 균형을 잡는 것처럼 보이고, 아마 공"이라는 반응을 들 수 있다. D1을 개로 보는 것은 평범반응이지만 D4를 공으로 보는 것은 〈표 A〉에 나열되어 있지 않고 실제로 D4는 그렇게 공처럼 보이는 것도 아니다. 이 반응은 o, u, − 중 무엇으로 채점되어야 할까? 이 경우에는 수검자가 그렇게 반응하게 된 논리를 살펴보면 채점하는 데 많은 도움이 될 수 있다. 개와 서커스 분위기를 가장 중요하게 보았다면 o로 채점한다. 그렇다면 공은 얼마나 중요할까? 아마 그렇게 중요하지 않을 것이다. 수검자는 개가 어떤 것의 균형을 잡는 행동을 한다고 말했다. 이 말은 '어떤 것'이 공일 수도 있다는 논리이다. 비록 D4가 그렇게 공과 유사하지 않다고 하더라도, 논리가 일관성이 있고 형태왜곡도 심각한 것은 아니다. 따라서 아마도 u나 −로 채점하는 것보다 o로 기호화하는 것이 더 적절하다.

수검자들은 카드 X에 대해 o로 표시되어 있는 여러 가지 곤충이나 수중생물을 보고하는데, 한두 반응은 u 또는 −로 채점할 수 있을 때 이런 문제가 가장 많이 나타난다. u나 −로 표시되어 있는 반응이 반응 전체에서 중요한 것이 아니라고 생각되면 o로 기호화하는 것이 정확하다.

요약 형태질을 가능한한 정확하게 기호화해야 한다는 것은 아무리 강조해도 지나치지 않을 정도로 중요하다. 일부 로르샤하 검사자들은 형태질을 기호화할 때 너무 구체적이거나 지나치게 무관심한 경향이 있다. 이렇게 하면 수검자를 잘못 이해할 수 있다. 로르샤하에 대해 매우 뛰어난 업적을 남긴 Martin Mayman은 형태질은 개인이 대상세계에 대해 지니고 있는 태도를 나타낸다고 지적하였다. 즉, 형태질은 현실검증조작과 관련이 있고 이런 맥락에서 볼 때 형태질은 결코 가볍게 취급해서는 안 된다.

제5장 내용과 평범반응

내용과 평범반응에 대한 기호화는 다른 반응기호화에 비해 가장 덜 복잡하다. 반응내용 기호화는 매우 직선적이고 수검자가 보고한 대상이 속한 범주를 나타내는 약어를 사용한다. 반응내용을 기호화하기 위한 기호와 준거는 〈표 5-1〉과 같다.

〈표 5-1〉 반응내용의 기호화에 사용하는 기호와 준거

분류	기호	기준
Whole Human	H	인간형태 전체를 포함하는 반응. 나폴레옹 등과 같은 역사적 실존인물을 포함할 경우 반응내용기호 Ay를 두 번째 기호로 추가시켜야 함.
Whole Human, Fictional or Mythological	(H)	가공적이거나 신화적인 인간형태 전체를 포함하는 반응: 광대, 요정, 거인, 악마, 유령, 인간화된 과학적 창작물, 인간을 닮은 괴물 등.
Human Detail	Hd	불완전한 인간형태를 포함하는 반응: 팔, 다리, 손가락, 발, 인간의 하체, 머리가 없는 사람.
Human Detail, Fictional or Mythological	(Hd)	가공적이거나 신화적인 불완전한 인간형태를 포함하는 반응: 악마의 머리, 마녀의 팔, 천사의 눈, 우주인, 도깨비와 같은 공상과학적 창작물, 동물 가면을 제외한 모든 가면.

〈계속〉

분류	기호	기준
Human Experience	Hx	대상에 대해 인간의 정서경험이나 감각경험을 귀속시키는 반응에 대해 두 번째 내용으로 기호화함: "서로 바라보면서 사랑에 빠져 있는 두 사람; 매우 슬픈 고양이; 서로 상대방에게 화를 내는 사람들; 어떤 역겨운 냄새를 맡고 있는 한 여자; 매우 행복한 사람들; 매우 흥분한 남자; 크게 고통을 받는 한 사람." 귀속시키는 정서적, 감각적 경험은 분명하고 명확해야 한다. 예컨대, "파티에 참석한 사람들, 화가 난 것처럼 보이는 얼굴, 모자란 것처럼 보이는 사람, 피곤해 보이는 두 사람"과 같은 반응은 감각적, 정서적 경험이 명확하게 귀속되어 있지 않으므로 Hx로 기호화하지 않는다. Hx는 사랑, 증오, 우울, 행복, 소리, 냄새, 공포 등과 같은 정서적 또는 감각적 경험을 포함하는 형태가 없는 M반응에 대해 일차적 내용으로 채점한다. 또한 이런 반응은 특수점수로 AB를 포함할 수 있다.
Whole Animal	A	동물형태 전체를 포함하는 반응
Whole Animal, Fictional or Mythological	(A)	가공적이거나 신화적인 동물 전체를 포함하는 반응: 유니콘, 용, 마술개구리, 날아가는 말, 검은 말(Black Beauty*), 갈매기 조너선 리빙스턴 등.
Animal Detail	Ad	불완전한 동물형태를 포함하는 반응: 말의 발굽, 가재의 집게발, 개의 머리, 동물의 가죽.
Animal Detail, Fictional or Mythological	(Ad)	가공적이거나 신화적인 불완전한 동물형태를 포함하는 반응: 페가수스의 날개, 곰 푸(Pooh Bear)의 다리, 모든 동물가면.
Anatomy	An	내용이 골격, 근육 또는 뼈구조, 두개골, 갈비뼈, 심장, 폐, 위, 간, 근섬유, 척추, 뇌와 같은 내부의 해부구조에 관한 반응. 반응이 조직 슬라이드(tissue slide)를 포함하고 있다면 Art 기호를 이차적으로 부가해야 한다.
Art	Art	추상적이든 분명하든 간에 유화나 그림이나 삽화와 예술품(동상, 보석, 샹들리에, 촛대, 배지, 인장, 장식품)에 관한 반응. 카드 VII에서 자주 나타나는 장식으로 꽂고 있는 것 같은 깃털도 역시 Art로 기호화해야 한다. Art로 기호화하는 많은 반응들은 두 번째 내용도 기호화해야 할 경우가 있다: 예컨대, 두 마리 개의 그림은 Art, A, 두 마녀의 조각상은 Art, (H), 허리를 구부리고 있는 두 사람의 만화는 Art, H로 기호해야 한다.

* 역주: 검은 말(Black Beauty)은 소설 속의 주인공임.

〈계속〉

분류	기호	기준
Anthropology	Ay	특정한 문화적 또는 역사적 함의가 있는 반응: 토템, 로마시대의 투구, 대헌장, 산타마리아, 나폴레옹의 모자, 클레오파트라의 왕관, 화살촉, 선사시대의 토끼, 인디언이 쓰는 전쟁 모자.
Blood	Bl	인간이나 동물의 피라는 반응
Botany	Bt	식물이나 식물의 부분을 포함한 반응: 관목, 꽃, 해초류, 잎, 꽃잎, 나무줄기, 뿌리, 새의 둥지.
Clothing	Cg	입는 것과 관련된 품목을 포함하는 반응: 모자, 장화, 벨트, 넥타이, 재킷, 바지, 스카프.
Clouds	Cl	분명히 구름이라는 내용이 사용된 반응. 이 범주의 변형인 안개나 노을은 Na로 기호화한다.
Explosion	Ex	불꽃을 포함하는 돌풍이나 폭발을 포함하는 반응. 불이나 연기에 관한 반응.
Fire	Fi	불이나 연기에 관한 반응.
Food	Fd	인간이 공통적으로 먹을 수 있는 음식이 사용된 반응: 통닭, 아이스크림, 새우튀김, 채소, 솜사탕, 껌, 스테이크, 생선살 또는 그 종이 일반적으로 먹는 음식을 먹고 있는 동물: 벌레나 곤충을 먹고 있는 새.
Geography	Ge	구체적이든 구체적이지 않든 간에 지도가 사용된 반응.
Household	Hh	가정용품을 포함하는 반응: 침대, 고기 써는 큰 칼, 의자, 요리기구, 컵, 정원호스, 유리잔, 램프, 잔디용 의자, 접시, 깔개(동물가죽 깔개는 Ad로 기호화해야 하고 Hh는 이차적인 내용에 들어간다), 은 식기. Hh로 기호화된 어떤 항목은 Art로 기호화될 수 있다: 큰 촛대, 샹들리에 또는 식탁 중앙에 놓는 예술작품.
Landscape	Ls	풍경이나 바다풍경을 포함하는 반응: 산, 산맥, 언덕, 섬, 동굴, 바위, 사막, 늪(습지), 산호초나 바다 속 풍경.
Nature	Na	Bt나 Ls로 채점되지 않는 다양한 자연환경에 대한 광범위한 내용의 반응: 태양, 달, 행성, 하늘, 물, 대양, 강, 얼음, 눈, 비, 안개, 노을, 무지개, 폭풍우, 회오리바람, 밤, 빗방울.
Science	Sc	직접적이든 간접적이든 간에 과학이나 공상과학의 산물과 관련된 반응: 비행기, 건물, 다리, 차, 전구, 현미경, 오토바이, 발동

〈계속〉

분류	기호	기준
		기, 악기, 레이더 기지, 길, 로켓 기지, 배, 우주선, 기차, 전화, TV 안테나, 무기 등.
Sex	Sx	성적 기관이나 성적인 성격의 활동을 포함하는 반응: 남근, 질, 엉덩이, 가슴(인간의 성별을 나타내는 데 사용된 경우는 제외), 고환, 월경, 유산, 성관계. 보통 Sx는 이차적인 내용으로 기호화한다. 전형적으로 일차적 내용은 H, Hd 또는 An이다.
X-ray	Xy	구체적으로 X선 내용이 사용된 반응. 뼈 또는 내부기관을 포함할 수 있다. Xy로 기호화할 경우 An은 이차적 기호로 포함시키지 않는다.

복합내용의 기호화

많은 반응들은 한 가지 이상의 내용을 포함할 것이다. 자연(Na), 식물(Bt), 풍경(Ls) 범주와 관련해서 두 가지 예외가 있기는 하지만 반응에 나타나는 모든 내용은 기호화에 포함시켜야 한다. Na는 항상 Bt나 Ls보다 우선적으로 채점한다. 한 반응이 Na, Bt, Ls를 포함하고 있다면 Na만 채점한다. 예컨대, "물속에 있는 어떤 돌 위를 걷고 있는 동물이고, 이 덤불을 잡으려고 한다."는 반응이 있다고 가정하자. 이 반응은 동물(A), 돌(Ls), 물(Na), 덤불(Bt) 등 네 가지 내용을 포함하고 있으나 정확한 내용기호는 A,Na이다.

한 반응이 Na는 포함하지 않고 Bt와 Ls를 다 포함하고 있다면 한 가지 기호만 채점한다. 따라서 그 반응이 "어떤 돌을 넘어서 덤불로 가고 있는 동물"일 경우 정확한 내용기호는 A,Bt 또는 A,Ls가 될 것이다.

자연, 식물, 풍경과 관련해서 이런 규칙을 정한 이유는 세 반응 모두 소외지표(Isolation Index)의 계산에 포함되고 한 반응이 이 지표를 계산하는 데 지나치게 영향을 주지 않도록 하기 위해서이다.

반응에 복합내용이 들어 있을 경우 그 반응에 가장 핵심적인 내용을 나타내는 기호를 먼저 제시하고 다른 내용을 쉼표로 분리한다. 항상 그렇지는 않지만 일반적으로 주된 내용은 반응에서 가장 먼저 언급된 항목일 것이다.

예컨대, 한 반응이 "큰 모자를 쓰고 있는 사람의 그림, 한 그루의 나무 뒤에 서 있다."(A painting of a person with a large hat on, standing next a tree)일 경우 채점은 Art, H, Cg, Bt가 될 것이다. 여기서 그림이 주된 내용이고 다른 대상들은 그림의 내용을 추가하는 내용이다. 만약 "이것을 보세요. 이것은 나무로 볼 수 있겠고, 저기 서 있는 한 사람도 있고, 나무 뒤에, 여자가 큰 모자를 쓰고" 하고 말했다면, 비록 나무를 먼저 언급했다고 하더라도 핵심적인 내용은 사람이다. 따라서 기호화는 H, Bt, Cg가 될 것이다.

반응을 기호화할 때 반응에 들어 있는 내용을 모두 포함하는 것이 매우 중요하다. 어떤 경우 해석할 때 사용하는 비율은 전체 내용반응의 수에 근거해서 계산하므로 기호화를 누락시키게 되면 잘못된 자료가 될 수 있다.

특이한 내용 어떤 반응들은 표준적 반응범주 중 어느 하나와도 일치하지 않는 내용을 포함하고 있을 수 있다. 이와 같은 특이한 내용은 구조적 요약에서 특이한 내용(idiographic content, Id) 란에 기록해야 한다. 그러나 특이한 내용에 넣기 전에 수검자의 반응내용이 표준적인 내용범주 중 어느 것과도 일치하지 않는다는 것을 재확인해야 한다.

예컨대, '시험관'(test tube)은 매우 특이한 반응이고 언뜻 보기에는 매우 드물기 때문에 특이한 반응으로 기록하는 것이 적절한 것처럼 보일 수 있다. 그렇지만 시험관은 Sc범주에 더 가깝고 따라서 그렇게 기호화해야 한다. 마찬가지로 '회전목마'(carousel)도 매우 특이한 내용이다. 회전목마를 과학적 산물로 볼 수 있다고 전제할 경우 Sc로 채점할 수 있으나, 이 반응은 Art로 채점하는 것이 더 적절할 수 있고 부가적 내용으로 Sc를 포함시킬 수 있다.

마찬가지로 부메랑(boomerang)은 일종의 무기이므로 Sc로 채점되어야 한다고 주장할 수 있다. 어떤 사람들은 부메랑은 조각품 중 하나이기 때문에 적어도 Art라는 부가적 내용기호를 포함시켜야 한다고 주장할 수도 있다. 두 가지 기호화가 다 적절하지만 Sc가 더 적합하고 단순히 Id로 기록하는 것이 오히려 더 나을 수 있다.

평범반응

대부분의 집단에서 수집한 프로토콜 중 특별히 빈도가 높은 13개의 반응이 있다. 이런 반응을 평범반응(popular response)이라 하고 세 개의 반응 프로토콜 중 적어도 한 번은 나타나는 반응을 기준으로 평범반응으로 정의한다.

평범반응이 있으면 P 기호로 나타낸다. 평범반응이 있을 경우 반응내용의 기호 뒤에 칸을 띄어서 기록한다.

어떤 반응이 P반응인지는 양자택일(either-or proposition)해서 결정한다. 모든 반응은 평범반응이든지 아니든지 둘 중 하나이다. 어떤 경우 평범반응과 매우 유사하지만 실제 평범반응과 똑같지 않을 수 있다. 내용이 다소 바뀌거나 또는 사용된 영역이 형태요건과 완전히 일치하지 않을 수 있다. 이런 반응은 P로 기호화하지 않는다.

P에 가까운 반응(near Popular answer)은 카드 V에 대해 박쥐나 나비로 보지만 영역을 확인할 때 D10을 배제하는 방향으로 진행될 때 가장 흔히 나타난다. 이런 반응은 P로 기호화하지 않는다.

또한 어떤 반응을 P로 기호화할 수 있을 것인지를 결정할 때는 반드시 반점의 위치(position)에 유의해야 한다. P로 기호화하기 위해서는 반점이 똑바른 위치(upright position)일 필요는 없으나 인간이나 동물의 머리와 같은 평범반응을 보고할 경우 머리의 위치가 반점을 똑바로 세웠을 때의 위치와 같아야 한다. 카드 Ⅰ, Ⅱ, Ⅲ, Ⅳ, Ⅴ, Ⅶ, Ⅷ, Ⅸ에 대한 반응을 P반응으로 기호화할 때 반드시 이 규칙을 적용해야 한다.

예컨대, 카드 Ⅰ과 Ⅴ에서 박쥐와 나비라는 반응이 카드를 거꾸로 볼 때 W이고 밝혀진 머리부분이 카드를 똑바로 세웠을 경우 볼 수 있는 것과 같다면 이들 반응은 P로 기호화해야 한다. 카드 Ⅷ의 D1영역에 대해 동물이라는 평범반응은 자주 카드를 거꾸로 두고 보았을 때 나타나는 반응인데, 카드를 똑바로 세웠을 때도 머리는 항상 같은 영역에서 보고된다.

종합체계에서 사용하는 평범반응은 〈표 5-2〉와 같고 이 표에는 영역요건(location requirement)과 기준이 같이 제시되어 있다.

〈표 5-2〉 종합체계에서 사용된 평범반응

카드	영역	기준
I	W	**박쥐**. 반점의 꼭대기가 박쥐의 상단부로 지각되고 항상 반점 전체를 포함해야 한다.
I	W	**나비**. 반점의 꼭대기가 나비의 상단부로 지각되고 항상 반점 전체를 포함해야 한다.
II	D1	**구체적으로 밝혀진 동물**: 곰, 개, 코끼리 또는 양. 이런 반응은 보통 머리나 상체가 있으나 동물 전체를 포함하고 있어도 P를 부여한다.
III	D9	**인간상이나 또는 인형, 만화 등의 묘사**. D1이 두 인간상으로 사용되었다면, D7이나 Dd31은 인간상의 부분으로 보고되지 않아야 P로 기호화한다.
IV	W or D7	**인간이나 거인**. 괴물, 공상과학에서 나오는 생명체와 같이 인간을 닮은 모양. 동물상은 P로 기호화하지 않는다.
V	W	**박쥐**. 반점의 꼭대기를 박쥐의 상단부로 지각해야 하고 항상 반점 전체를 포함해야 한다.
V	W	**나비**. 반점의 꼭대기를 나비의 상단부로 지각해야 하고 항상 반점 전체를 포함해야 한다.
VI	W or D1	**동물가죽, 짐승가죽, 융단이나 모피**. 가죽이나 융단 또는 모피는 자연적이든 인공적이든 간에 고양이나 여우와 같은 동물 전체를 기술하는 데 자주 포함된다. 이런 반응을 P로 기호화할 때는 수검자가 가죽이나 융단을 실제로 언급하였는지, 수검자의 반응기술에 분명하게 내포되어 있는지에 근거해서 결정해야 한다.
VII	D9	**사람의 머리나 얼굴**. 여자, 아이 또는 인디언처럼 분명하게 밝힐 수도 있으나 성별을 밝히지 않을 수도 있다. 보통 D1, D2, D23와 같은 큰 영역에 대해 평범반응이 나타난다. D1을 사용하였다면 윗부분(D5)은 보통 머리나 날개로 나타난다. 만약 D2나 Dd23 영역을 포함한다면 D9 영역에 한해서 머리나 얼굴이라고 할 때만 P로 기호화된다.
VIII	D1	**전체 동물상**. 일반적으로 개나 고양이나 다람쥐 같은 종류로 보고 D4 영역과 가까운 부분을 동물의 머리로 지각한다.
IX	D3	**인간 또는 인간과 유사한 형상**: 마녀, 거인, 괴물, 공상과학에 나오는 생명체.
X	D1	**게**. 모든 부속기관은 D1영역에 한정되어 있어야 한다.
X	D1	**거미**. 모든 부속기관은 D1영역에 한정되어 있어야 한다.

제 6 장
조직활동

조직활동(organizational activity)은 반응에서 나타날 수 있는 또 다른 특징이다. 조직활동이 나타난 반응에 Z점수라는 수치를 부여한다. 개별적인 Z점수는 해석적 가치가 없으나 조직활동이 나타난 빈도(Zf)와 Z점수의 총합(Zsum)은 새로운 자극장면을 조직화하는 경향의 정도와 조직화하려는 노력이 효율적인지에 관한 중요한 정보를 제공한다.

조직활동이 일어날 때 자극장면 요소들 간의 상호관계가 형성된다. 대부분의 로르샤하 카드에서 W반응보다는 반점의 공통적인 부분영역에 대한 반응이 더 형성되기 쉽다. 왜냐하면 대부분의 공통적인 부분영역은 하나 또는 그 이상의 대상으로 쉽게 지각되기 때문이다. 따라서 사람들이 W반응을 하기로 선택하였다면 자극영역을 광범위하게 조직화할 필요가 있다.

경제적인 사람들은 하나의 대상을 보고하기를 선택하거나 반점의 대칭을 사용해서 쌍으로 보고할 수 있다. 이런 유형의 반응을 하는 데는 대상들 간의 상호관계나 반점의 다른 부분과의 관계가 형성될 필요가 없다. 이런 반응은 수검자가 자극영역의 자료를 의미 있는 방식으로 만들어내려고 노력할 때 나타난다. 예컨대, 카드 Ⅷ의 D1영역은 자주 동물로 나타난다. 이 반응은 P반응이다. 어떤 수검자는 D1영역을 단순히 한 마리 동물로 보고하지만 다른 수검자들은 반점의 양쪽을 각각 한 마리의 동물이라고 보고한다. 이런 반응은 둘 다 간단한 반응이다. 역으로 많은 사람들은 동물이 나무나 산을 기어오르거나 또는 카드를 돌려서 동물이 바위를 건너고 있다고 보고한다. 이들 반응은 자극영역을 더 높은 수준에서 조직화하는 더 높은 수준의 인지적 활동을 나타내고 Z점수로 표시한다.

Z점수는 형태를 포함하고 있는 반응에만 부여하고 다음 기준 중 적어도 한 가지 이상을 충족시킬 때 부여한다.

1. ZW 발달질이 +, o 또는 v/+ 인 전체반응(DQ 기호가 v인 반응은 Z점수를 절대 부여하지 않는다).
2. ZA 반점의 인접한 작은 영역(맞닿아 있는 영역)에서 두 가지 이상의 개별적인 대상을 지각하고 서로 의미 있는 관계가 있는 것으로 보고된 반응.
3. ZD 반점의 인접하지 않은 작은 영역(맞닿아 있지 않은 영역)에서 두 가지 이상의 대상을 지각하고 서로 의미 있는 관계가 있는 것으로 보고된 반응.
4. ZS 반응을 형성하는 데 있어서 반점의 흰 공간과 다른 영역이 통합되어 나타난 반응. 단지 흰 공간만 사용된 반응은 Z점수를 부여하지 않는다.

이러한 기준 중 두 가지(ZW, ZS)는 반점이 어떻게 사용되었는가와 관련이 있다. Wv가 아닌 W반응과 흰 공간을 전체가 아닌 부분으로 사용한 반응에 대해서는 Z점수를 부여한다.

다른 기준은 인접해 있는 반점영역을 포함하는 ZA와 인접하지 않은 반점영역을 포함하는 ZD이고 둘 다 분리되거나 떨어져 있는 대상이 서로 의미 있는 관계가 있어야 한다. 이런 두 가지 기준 중 하나라도 충족시키는 반응이면 DQ 기호화는 + 또는 v/+가 될 것이다. 왜냐하면 "서로 마주 보고 있는 두 사람, 시냇물을 건너가는 동물, 로켓에서 분출되고 있는 불, 나무 그루터기에 앉아 있는 괴물"과 같은 반응처럼 통합활동이 나타나기 때문이다.

Z로 기호화하기 위해서는 반드시 형태가 사용되어야 한다. 따라서 발달질이 v인(DQv) "페인트 얼룩" 반응은 결정인을 C로 기호화하고 Z점수를 주지 않는다. 마찬가지로 "연기처럼 모두 회색이다."와 같이 결정인이 C′ 인 경우에도 Z점수를 부여하지 않는다. Wv반응도 구체적인 형태요건이 없기 때문에 Z점수를 부여하지 않는다.

흰 공간이 포함되었을 경우 Z점수를 부여하려면 반점의 다른 영역이 반드시 사용되어야 한다. 예컨대, 카드 I 에 대해 "전체가 어떤 종류의 가면으로 보이고, 성인 가면 같고, 이것이 눈"과 같은 반응에서 흰 공간영역은 자주 눈 또는 입으로 보고된다. 마찬가지로 카드 II의 DS5영역은 자주 우주선으로 보고되고 붉은 D3영역은 분출구로 나타난다. 이러한 두 반응은 흰 공간이 사용되었고 반점의 다른 영역을 포함하고 있으며 모두 Z 기호화기준을 충족시키고 있다. 반면에 DS5영역을 단순히 로켓이라고 하면서 다른 반점영역이 사용되지 않았다면 Z 기호화기준이 충족되지 않는다.

반점의 흰 공간과 다른 영역이 통합되어 있다고 가정할 경우 주의해야 한다. 대상의 영역을 규정할 때 사람들은 흰 공간을 포함시켜 반점의 윤곽을 그릴 수 있으나 "흰 공간이 반응의 어느 부분으로 사용되었는지를 설명하지 못할 수 있다." 이럴 경우 ZS로 채점해서는 안 된다.

반점영역이 더 많이 조각 나 있어서 카드 III과 X에서 ZS를 잘못 채점하는 경우가 많다. 때로는 반점의 부분들을 모아서 얼굴로 반응하고 D와 Dd영역은 눈, 코, 입, 귀, 수염 등으로 본다. 수검자가 자신이 사용한 영역을 말할 때 다양한 부분들과 흰 배경을 포함시키기 위해 임의적인 선을 만들어내는 경우가 있다. 이렇게 되면 흰 공간이 다른 부분들과 통합되었다는 논리적 결론을 유도할 수 있다. 그러나 "이러한 논리적 결론은 맞지 않다." 대부분의 이러한 반응들에서 사람들은 단순히 형태주의의 폐쇄성 원리를 사용하였고 흰 배경을 '무시' 하고 있다. 따라서 이런 반응은 ZS로 채점하지 않는다.

카드 III과 X에서 흰 공간이 통합되어 얼굴로 나타나는 반응이 있다. "이것은 광대의 얼굴, 이것이 눈과 코, 하얀 칠을 하고 있다."는 반응처럼 흰 영역이 구체적으로 사용된 반응도 있다. 이런 유형의 반응에 대해서는 마땅히 ZS로 채점한다.

반응에서 Z를 채점하기 위한 네 가지 기준 중 어느 한 가지 기준이라도 만족되면 다음 단계에서는 적절한 값을 선택해야 한다. 이때 부여하는 값은 카드와 적용되는 기준에 따라 다르다. 〈표 6-1〉에 제시되어 있는 값은 반응의 복잡성과 수검자가 노력한 정도에 따라 증가한다.

〈표 6-1〉 각 카드별 조직활동 Z값

카드	조직활동의 유형			
	W (DQ: +, v/+, o)	인접부분 (ZA)	비인접부분 (ZD)	흰 공간 통합 (ZS)
I	1.0	4.0	6.0	3.5
II	4.5	3.0	5.5	4.5
III	5.5	3.0	4.0	4.5
IV	2.0	4.0	3.5	5.0
V	1.0	2.5	5.0	4.0
VI	2.5	2.5	6.0	6.5
VII	2.5	1.0	3.0	4.0
VIII	4.5	3.0	3.0	4.0
IX	5.5	2.5	4.5	5.0
X	5.5	4.0	4.5	6.0

반응에서 한 가지 이상의 Z기준을 적용할 수 있다면 그중 더 높은 값을 부여한다. 예컨대, 카드 I에 대한 전체반응이 “가운데 한 사람(D4), 여자(D2) 주위에서 춤을 추는 두 사람”이라면 ZW(전체)와 ZA(인접한 부분)의 기준을 둘 다 충족시키고 있다. 위의 〈표 6-1〉을 보면 카드 I에 대한 ZW 값은 1.0, ZA 값은 4.0이다. 따라서 이 반응의 경우 Z값은 더 높은 값인 4.0을 부여한다.

Z값은 반응내용과 평범반응의 기호 다음에 기록한다. 카드 VIII에 대한 전체반응의 예를 들면 다음과 같다.

W+ FM^a. FCo (2) A, Ls P 4.5

제 7 장
특수점수

로르샤하 반응을 기호화할 때 마지막으로 해야 할 일은 특수점수를 추가할 필요가 있는지를 결정하는 것이다. 특수점수 역시 다른 로르샤하 기호처럼 반응들을 점수로 나타내기보다는 반응특징을 기호화하는 것이다. 즉, 반응에 부적절한 면이 있다면 이를 기호화하여 표시하는 것이다.

특수점수를 사용하면 과거에 질적으로 해석하던 여러 가지 반응특징들을 수량화할 수 있다. 로르샤하 종합체계에는 15가지 특수점수가 있다: 6개의 특이한 언어반응(unusual verbalization), 한 개의 반응반복(preservation), 4가지 특수내용, 인간표상에 대한 반응을 구별시켜주는 두 가지 반응, 개인적 반응과 특수 색채현상.

특이한 언어반응

특이한 언어반응(unusual verbalization)은 인지활동, 특히 인지적 역기능(cognitive dysfunction) 연구에 중요하다. 일시적이든 장기적이든 간에 어떠한 인지적 오류(cognitive slippage)가 있다면 이는 언어표현에서 나타날 것이다. 성인들도 말을 하다가 인지적 오류를 범하는 경우가 많으며, 아동들을 더 많은 오류를 범하게 된다. 항상 분명하고 정확하게 의사를 표시하는 사람은 거의 없다. 하지만 대부분의 사람들은 자신이 오류를 범한 경우에 자신이 논리적이지 못했고 정확하게 판단하지 못했다는 것을 즉각적으로 자각하게 된다.

로르샤하 반응을 할 때도 이러한 인지적 오류가 나타날 수 있고, 이러한 인지적 오류를 적절히 기호화한다면 수검자의 사고를 평가하는 데 중요한 정보를 얻을 수 있다. 로르샤하 반응에서 인지적 오류는 다음과 같은 세 가지 방식으로 기호화한다: (1) 일탈된 언어(Deviant Verbalizations), (2) 부적절한 조합(Inappropriate Combinations), (3) 부적절한 논리(Inappropriate Logic).

일탈된 언어는 두 가지(DV, DR), 부적절한 조합은 세 가지(INCOM, FABCOM, CONTAM) 그리고 부적절한 논리는 하나(ALOG)로 기호화하고, 총 6개의 특수점수로 특이한 언어반응을 기호화하게 된다.

6개의 특수반응 중 4개는 기이한 수준에 따라 수준 1 또는 수준 2로 구별하여 기호화한다. 네 개의 특수점수는 두 개의 일탈된 언어(DV, DR)와 세 가지 부적절한 조합 중 두 가지 특수점수(INCOM, FABCOM)이다. 이상의 네 가지 특수점수에서 나타나는 인지적 역기능의 정도에 차이가 있기 때문에 두 가지 수준으로 나누어 기호화한다.

수준 1과 2의 구분 수준 1은 약하고 가벼운 인지적 실수를 한 경우이고, 수준 2는 좀 더 심각한 인지적 혼란을 나타낸 경우이다. 이 과정에서 어느 정도 검사자의 주관이 개입될 소지가 있지만 단순히 부적절한 반응인지 아니면 기괴한 반응인지를 고려하여 평가한다면 상당히 신뢰로운 기호화가 가능할 것이다.

수준 1과 2를 구분할 때 검사자는 수검자가 현실을 무시하는 정도를 판단해야 한다. 즉, 반응에서 나타난 인지적 오류가 부주의한 사고과정 때문에 나타날 수 있는 일상적인 형태인지 아니면 현실과 완전히 동떨어진 왜곡되고, 분열되어 있으며 부적절한 사고 때문에 나타나는 것인지를 구분해야 한다.

수준 1반응 수준 1은 비논리적이고, 경계선이 모호하고, 특이하거나 우회적인 사고가 가볍게 나타날 때 기호화한다. 수준 1반응들은 특수점수의 채점기준을 만족시키는 반응이지만 사람들이 경솔하게 표현하고 판단할 때 흔히 나타나는 인지적 실수(slips)와 명확히 구분하기 어려울 수 있다.

즉, 수준 1반응은 부적합한 단어를 사용하고, 과제에서 동떨어져 있고, 잘못된 판단을 하기도 하지만, 반응의 질 자체가 기이하지는 않다. 수준 1반응은 부주의한 단어 선택, 미성숙, 교육기회의 제한, 심사숙고하지 않은 판단 결과 등으로 나타날 수 있는 반응이다.

수준 2반응 수준 2반응은 좀 더 심하게 해리되어 있고, 비논리적이며, 경계선이 모호하고, 우회적인 사고를 보일 때 기호화한다. 수준 2반응들은 심한 판단력 결함으로 반응이 일탈되어 있으며, 반응이나 표현 방식이 과제로부터 부적절하게 동떨어져 있는 경우이다.

수준 2반응은 매우 기괴하고 부적절하기 때문에 아무런 의심 없이 기호화할 수 있을 정도로 쉽게 알아볼 수 있는 반응이다. 만약 이 반응의 수준이 적절한지 의심스럽다면 보수적 결정규칙을 적용해서 수준 1로 기호화하는 것이 바람직하다.

연령, 교육수준, 문화적 차이 등과 같은 외적 변인들은 수준 1과 수준 2를 구별하는데 "고려해서는 안 된다." 이러한 요인들은 특수점수를 해석할 때 고려해야 한다. 즉, 기호화를 결정할 때는 어떤 인위적인 지침을 사용해서는 안 된다.

일탈된 언어 일탈된 언어는 두 개의 특수 점수(DV 또는 DR)로 기호화한다. DV는 인지적 실수로 단어를 부적절하게 선택하여 사용하는 경우이다. DR은 반응이 더 단편화되어 있어 매우 낯설게 느껴지는 반응이다. 이 두 가지 언어반응은 수검자가 분명한 의사소통을 하는 데 방해요소로 작용한다.

1. **일탈된 언어(Deviant Verbalization, DV)** DV는 부적절한 단어가 하나 이상 사용된 경우이다. 신조어(Neologism)나 중복 사용(Redundancy)의 두 가지 형태가 있는데, 둘 다 특이하다는 인상을 주는 반응이다. DV반응들은 매우 부적절한 단어들을 포함하고 있기 때문에 쉽게 찾아낼 수 있다.

a. 신조어(Neologism) 수검자의 언어능력으로 볼 때 충분히 정확하게 표현할 수 있음에도 불구하고 부적절한 단어를 사용하거나 신조어를 사용하는 경우다. 다음이 수준 1과 수준 2의 예다.*

* 역주: 우리말로 번역하면 일탈된 언어반응의 특징이 사라진다고 생각될 경우 영문을 그대로 제시하였다. 이탤릭체로 된 단어에 유의해야 한다.

반응	채점
Spiders trying to *squish* each other	DV1
A woman with a *disrethal* air about her	DV2
Some bacteria you might see under a *telescope*	DV2
The *public* arch of somebody	DV2
A fly *plopping*	DV1
A *misappropriated* person, like from Russia	DV1
These flowers have a *butterscotchy* center	DV1
This blood is all *smushy*	DV1
These are snakes in the Bilble, from the garden of *evil*	DV2
These people are *cahooping* on this rock	DV2

때로 한 대상의 여러 부분을 기술할 때 잘못된 단어를 사용하기도 한다. 예컨대, 나비의 더듬이를 섬모라고 기술하는 경우이다. 이 경우는 DV로 기호화하지 않고 INCOM으로 기호화한다.

b. 중복사용(Redundancy) 수검자가 대상의 성질을 두 번 보고하는 특이한 언어 표현을 하는 경우이다. 다음은 수준 1과 2의 예다.

반응	채점
The *two twin* lips of a vagina	DV2
A *tiny little* bird	DV1
(주의: little tiny는 DV가 아니다)	
The *dead corpse* of a person	DV1
A *trio of three* people	DV2
A *matched brace* of lungs	DV2
It' s empty, like a *hollow void*	DV1
Like the *double two* balls on a pawmbroker' s sign	DV2

2. 일탈된 반응(Deviant Response, DR) DR은 수검자가 과제에서 일탈되어 있거나, 반응을 왜곡시키는 어휘를 사용함으로써 반응의 질이 기이하고 특이할 때 채점한다. 과제와 무관한 구를 삽입시키는 경우에도 DR을 기록한다. 반응이 지나치게 우회적인 경우에도 DR로 기호화할 수 있다. 모든 DR반응은 기괴하지는 않지

만 수검자의 용어사용이 매우 부적절한 것이 특징이다. 어떤 경우에는 DV를 포함하는 DR반응도 있는데, 이때는 DR만을 기호화한다. DR은 다음과 같은 두 가지 방식으로 표현된다.

a. **부적절한 구**(Inappropriate phrases) 매우 부적절하거나 아무런 관련이 없는 구를 사용하여 반응하는 것이다. 하지만 다음의 경우처럼 간단한 언급을 한 것과 DR반응은 구별해야 한다: "이것은 도대체 무엇인지 알 수 없네요." "이번에는 색깔이 있네요." "다시 보면 더 많은 것을 볼 수 있을 것 같습니다."

반응 자체에 부적절한 구가 포함되어 있거나 반응과 관련된 구의 사용이 부적절할 때만 DR로 기호화한다. 부적절한 구를 추가함으로써 반응은 더욱 이상해지게 된다. 아무 관련이 없는 내용이지만 어떤 이유에서든지 수검자가 반응에 포함시켜 반응에 군말을 더하는 것이 된다.

대부분의 DR반응들은 양호한 편이지만 DR2반응은 수검자가 적절히 관념통제(ideational control)를 하고 있지 못하다는 것을 나타낸다. 다음은 수준 1과 2의 몇 가지이다.

반응	채점
It could be oysters *but I guess they' re out of season*	DR1
It might be a cat, *my father always hated cats*	DR1
It' s some kind of bug that *no one has ever seen*	DR2
It looks like the face of Reagan *if you' re a Democrat*	DR2
A bird, but *I wanted to see a butterfly*	DR2
A vagina, *whoever made these was preoccupied*	DR1

b. **우회적 반응**(Circumstantial responses) 수검자가 과제 자체는 무시한 채 부적절하게 부연설명을 함으로써 나타나는 유동적(fluid)이고 산만한 반응을 말한다. 반응과 관련 없는 산만한 말들이 이어지기 때문에 DR반응을 가려내는 것은 어려운 일은 아니다. 우회적 반응은 과제로부터 관념이 일탈하는 것으로, 수검자가 대상을 정의하고 그 반응에 다가가는 것을 힘들어 하고 있음을 나타낸다.

우회적인 반응이라고 해서 반응이 모두 다 긴 것은 아니다. 또한 과장되어 있지만 목표가 정확하고, 지나치게 상세하기는 하지만 과제와 적절한 반응과 혼동

해서는 안 된다.

의사 표시를 할 때 상당히 과장된 방식으로 표현하는 사람들도 있다. 예컨대, 어떤 사람이 다음과 같이 기술했다고 보자. "여기는 음, 알았다. 여기 이 부분은 머리 같아 보이네요. 아마도, 맞아요. 머리에요. 무엇이 머리 같은가 하면, 아, 개 같군요. 잠깐, 개가 아니네요. 여우가 났겠어요." 이 반응은 다소 과장되어 있는 반응이지만, 우회적인 반응은 아니다. 이 사람은 목표에서 벗어나지 않고 있다. 이 경우 DR로 기호화해서는 안 된다.

비슷하게 어떤 사람들은 반응을 할 때 지나치게 세부적인 부분까지 정교화하여 말하기도 하고, 때로는 질문 단계에서도 이러한 모습을 보일 수도 있다. 하지만 이들은 주제에서 벗어나지 않은 채 대상에 대하여 지나치게 상세하게 말하고 있을 뿐 적절히 대답하고 있는 것일 수 있다.

그러나 우회적 DR반응은 주제에서 벗어나고 목적에 도달하지 못하는 반응이다. 다음은 수준 1과 2의 몇 가지 예이다.

반응	채점
이것이 무엇인지 확실하지는 않지만 동물의 코 같다. 아마 말이나 소 같은데, "마치 열정이 가득한 연극과 사이코드라마 같다. 나는 이것을 두 번 보았다." 그래요. 말의 코입니다.	DR2
이것은 치킨 같은데, Sanders 대령한테서 얻을 수 있을 것 같다. "그러나 나의 어머니는 이런 것을 더 잘 만드신다. 그러고 보니 배가 고파온다."	DR1
이것은 아일랜드 지도같다. 아니면 아일랜드가 아닌 다른 어떤 곳일 수도 있다. 그러나 아일랜드 지도라고 생각된다. "나는 아일랜드에 대해 잘 모르지만 멕시코에 대해서는 많이 안다."	DR2
두 마리의 뱀 같다고 생각된다. "나는 늘 뱀을 미워했고 나의 형은 뱀을 두려워한다고 나를 놀렸어요."	DR1
이것은 언덕 위의 나무들 같고 매우 평화스럽게 보인다. "마치 당신이 모든 것에서부터 벗어나서 살고 싶어할 그런 장소처럼 느껴진다."	DR1
물 위에 뜬 기름과 쓰레기, 마치 불결한 사람들이 자연환경에 내다버린 더러운 불순물로 오염된 것 같이 보인다. "사람들은 정말로 불결하고, 그런 사람들을 제거하도록 법을 만들거나 그런 사람들을 오물 속에 뒹굴도록 해야 한다."	DR2

부적절한 반응결합(Inappropriate Combinations) 세 개의 특수 점수(INCOM, FABCOM, CONTAM)가 있다. 한 대상에서 나타날 수 없는 특징을 한 대상에 기술한 경우, 대상을 부적절하게 연결시킨 경우, 대상에 비현실적인 속성을 부여한 경우 등이다. 세 가지 유형 중 INCOM과 FABCOM은 수준 1과 2로 구분해서 채점한다.

1. Incongruous Combination, INCOM 부적절하거나 불가능한 하나 이상의 특징이나 활동들이 한 대상에 합쳐져 있는 경우이다. 대상이 만화에 그려진 것이라면 만화에서는 어떤 형태든지 취할 수 있고 어떤 비현실적인 활동도 할 수 있으므로 INCOM으로 기호화하지 않는다.

DV와 DR반응처럼 기괴성 정도에 따라 수준 1과 2로 구분해서 채점한다. INCOM의 수준 1반응은 우연적으로 나타나는 반면에 수준 2반응은 이상하고 비현실적이다. 다음은 수준 1과 2로 구분한 몇 가지 예이다.

반응	채점
고환이 네 개인 개구리	INCOM2
박쥐, 여기가 날개, 몸하고 이것들이 손이에요.	INCOM1
닭의 머리를 한 여인	INCOM2
빨간 곰	INCOM1
날개가 있는 신기한 남근	INCOM2
노란 눈을 가진 남자	INCOM1
개가 있는데, 큰 소리로 웃고 있다.	INCOM2
두 개의 머리를 가지고 있는 사람	INCOM2
거미인데, 많은 사슴뿔이 뻗어져 있다.	INCOM1
고양이 얼굴인데, 미소짓고 있는 것 같다.	INCOM1

2. Fabulized Combination, FABCOM 두 가지 이상의 대상들을 있을 수 없는, 즉 불가능한 방식으로 관계를 맺고 있는 것으로 지각한 경우에 기호화한다. 이 반응은 분명하게 분리되어 있는 두 가지 이상의 반점부분을 포함하고 있어야 한다. 불가능한 투명 반응도 항상 FABCOM으로 채점한다. 투명반응을 제외하고는 FABCOM에는 항상 두 개 이상의 대상이 포함되어 있어야 한다.

FABCOM 역시 기괴함에 기초하여 수준 1과 수준 2로 나누게 된다. 수준 1반응 중 만화에서 나타나는 것으로 기술되는 경우에는 특수 점수를 주지 않는다. 수준 2 반응들은 현실성이 없는 기이한 방식으로 기술되는 반응이다. 현실적으로 불가능한 투명 반응은 항상 수준 2로 채점한다. 다음은 수준 1과 2의 예이다.

반응	채점
두 마리의 닭이 농구공을 들고 있다.	FABCOM1
두 명의 여인이 잠수함을 공격하고 있다.	FABCOM2
두 마리의 개미가 춤추고 있다.	FABCOM1
큰 남자가 앉아있고 그 남자의 심장이 뛰는 것을 볼 수 있다.	FABCOM2
회전목마를 타고 있는 쥐	FABCOM1
눈에서 연기가 나오고 있는 토끼 머리	FABCOM2
두 마리 개가 하이 파이브를 하고 있다.	FABCOM1
파티를 하고 있는 벌레들 같다.	FABCOM1
두 마리의 비버가 크리스마스트리를 다듬고 있다.	FABCOM1

3. Contamination, CONTAM CONTAM은 부적절한 반응결합 중에서 가장 기괴한 반응이다. CONTAM은 두 가지 이상의 대상들을 비현실적으로 하나의 반응에 중첩되게 지각하는 경우이다. 중첩과정을 거치게 됨으로써 대상을 개별적으로 지각했을 때보다 지각이 더욱 부적절하게 된다.

INCOM반응이 분리된 반점부분들을 있을 수 없는 하나의 대상으로 결합한 것인데 반해 CONTAM반응은 반점의 한 부분만 사용된다. 이것은 마치 필름이 이중으로 노출되어 상이 겹치듯이 심리적으로 반응이 중첩된 것이다. 항상 그렇지는 않지만 신조어나 다른 특이한 언어적 표현을 사용하여 대상을 기술한 CONTAM반응도 있다.

곤충의 얼굴과 황소의 얼굴이 겹쳐져서 곤충황소의 얼굴로 보인다는 반응은 신조어를 사용한 CONTAM반응의 전형적인 예이다. 카드 III을 거꾸로 보고 나비와 꽃으로 보인다는 인상을 혼합하여 나비꽃이라고 반응하는 것도 마찬가지다.

"이것은 피와 섬처럼 보인다. 이것은 분명 피흘리는 섬이다." 또는 "이것은 불처럼 보이고 이것은 산처럼 보인다. 따라서 이것은 일종의 불타는 산임에 틀림없다."와 같은 반응처럼 비합리적 논리가 개입된 CONTAM반응도 있다.

어떤 혼합반응들은 자유반응단계보다 질문단계에서 더 분명하고 극적으로 나타날 수 있다. 다음과 같은 카드 I 에 대한 전체반응이 그 예다:

반응	질문
나비	검: (수검자의 반응 반복) 수: 여기가 나비의 날개(D2), 나비의 몸통(D4), 나비의 얼굴(DdS26), 그리고 입(DdS29)과 귀(Dd28)이다.

이 반응에서 수검자는 나비라는 평범반응과 얼굴반응을 결합시키고 있다. 두 반응의 형태질은 o(ordinary)이므로 다음과 같이 채점한다.

WSo Fo A P 3.5 CONTAM

CONTAM반응은 다른 특수점수보다 채점에 우선권이 있다. 즉, 어떤 한 반응을 CONTAM으로 채점하였다면 그 반응에 다른 특수점수(DV, DR, INCOM, FABCOM, ALOG)의 채점기준을 만족시키는 언어적 표현이 있다고 하더라도 CONTAM 이외의 다른 특수점수로 채점하지 않는다.

부적절한 논리(Inappropriate Logic, ALOG) ALOG반응은 검사자가 촉구하지 않았는데도 수검자가 자신의 반응을 정당화시키기 위해 비합리적인 논리를 말할 때 기호화한다. 이때 연상이 이완되거나 사고가 지나치게 단순화되어 논리에 결함을 나타내게 된다.

ALOG반응은 수검자가 자신이 말한 대상을 정당화시키기 위해 '왜냐하면' 이라는 개념을 사용하는 과정에서 쉽게 파악할 수 있다. 자신이 언급한 대상을 정당화시키는 과정에서 대상의 크기, 공간적인 요소, 색채 또는 대상의 어떤 특징 등을 매우 구체적인 방식으로, 매우 비논리적으로 설명하게 된다. 다음이 그러한 예이다.

> 이것은 북극이다. 카드 위쪽에 있으니까
> 이 사람은 광부이다. 온통 검으니까
> 당근이다. 토끼 옆에 있으니까
> 거대한 새임에 틀림없다. 카드를 모두 차지하고 있으니까

ALOG반응은 검사자가 어떠한 촉구도 하지 않았음에도 불구하고 수검자가 자발적으로 비합리적인 논리를 펼쳤을 때에만 채점한다는 것을 유념해야 한다. 흔히 ALOG반응은 자유연상단계에서 잘 나타나지만 어떤 경우에는 질문단계 초기에 나타나거나 검사자가 자유연상단계에서 포착한 핵심단어를 사용해서 질문할 때 나타날 수도 있다. 아래의 예에서 진하게 표시한 부분은 그러한 ALOG반응의 예이다.

반응	질문
거인 같다.	검: (수검자의 반응 반복) 수: 여기가 머리고 팔이다. **커다란 발을 가지고 있기 때문에** 틀림없이 거인이다.
사악한 사람 같다.	검: (수검자의 반응 반복) 수: 여기 머리가 있고 모자, 다리가 있다. 검: 사악한 사람이라고 했지요? 수: **분명합니다. 검은 모자를 쓰고 있으니까요.**
고양이 같다.	검: (수검자의 반응 반복) 수: 여기가 머리, 다리 같다. **분명히 죽은 것이다. 왜냐하면 눈이 보이지 않으니까요.**
이것은 슬픈 사람의 얼굴이다.	검: (수검자의 반응을 반복) 수: 여기가 눈, 코, 입이고 수염이다. 검: 슬픈 사람 같다고 했지요? 수: **틀림없습니다. 수염이 축 처져 있으니까요.**
용 두 마리가 한 여자를 먹고 있다.	검: (수검자의 반응 반복) 수: 여자가 가운데 있고, 양쪽에 한 마리씩 있다. 검: 좀 더 자세히 말해 주십시오. 수: 여자의 머리는 벌써 없어졌고, **이것들이 매우 큰 것을 보니 "용임에 틀림없다. 그리고 여자를 먹을 수 있는 것은 용밖에 없다."**

위의 두 예(사악한 사람, 슬픈 사람)에서는 반응에서 나타난 핵심단어를 질문함으로써 ALOG반응이 나타난 경우이다. 어떤 경우에도 ALOG반응을 하도록 유도하지는 않았다. 나머지 세 개의 예 중 두 개에서는 질문과정에서 수검자의 반응을 반복해 주자 자발적으로 ALOG반응이 나타났다. 마지막 예에서는 좀 더 반응을 명료화하려는 일반적인 질문 후에 ALOG반응이 나타났다.

자유연상단계에서 나타난 핵심단어와 무관한 질문을 검사자가 한 후에 논리적인 결함이 나타날 수도 있다. 이런 경우 논리적으로 부적절한 모습이 있어도, 이는 검사자에 의해 유도된 것이므로 ALOG로 채점하지 않는다. 마찬가지로 자신의 반응을 설명하기 위해 질문단계에서 일반적인 특성을 추가했을 때에도 ALOG로 채점하지 않는다. 다음은 한 예다:

반응	질문
이것은 무엇을 하고 있는 아마 춤을 추고 있는 사람 같다.	검: (수검자의 반응 반복) 수: 예, 여기 한 명이 있고 또 여기 한 명이 있다. 머리, 다리를 보면 춤을 추듯이 구부리고 있고 아프리카 사람 같다. 검: 아프리카 사람입니까? 수: 검은색이니까(D7을 가리키며). 다른 것은 북 같아요. **왜냐하면 사람들이 그 주위에서 항상 춤을 추고 있기 때문에.**

"북일 것이다. 왜냐하면 사람들이 그 주위에서 항상 춤을 추고 있기 때문에"라고 말하였으므로 논리적 결함이 있다는 것은 분명하지만 문제는 그러한 논리적 결함이 검사자가 유발한 것일 수 있다는 것이다. "아프리카 사람입니까?" 하는 검사자의 질문 때문에 논리적 결함이 유발되었을 수도 있고 그렇지 않을 수도 있으나 만약 검사자가 질문하지 않았다면 그러한 반응이 나타나지 않았을 것이다. 따라서 이것은 ALOG로 기호화할 수 없다. 그러나 비합리적 논리와 "항상 춤을 추고 있다."는 구체적 표현(concreteness)이 포함되어 있기 때문에 DR에 포함시키는 것이 적절하다.

보속반응

보속반응(Perseveration, PSV)의 특수점수에는 다음과 같은 세 가지 종류의 답이 나타날 때 해당된다. 하나는 같은 반점에 대해 두 개 이상의 동일한 반응이 나타나는 경우이다. 두 번째는 이전에 나타났던 반응이 다른 카드에서 다시 나타나는 경우이다. 세 번째는 여러 카드에 거쳐 동일한 반응을 반복적으로 되풀이 되는 경우이다. 이러한 반응들은 보속성을 나타내는 것으로 이는 인지적 경직성, 인지장애 혹은 지나친 심리적 집착 등이 있다는 것을 의미한다.

세 가지 유형의 보속반응이 있지만, 특수점수는 모두 PSV 하나로 나타내게 된다. 동일하게 기호화하는 이유는 논리적으로는 보속성의 종류에 따라 나타내는 인지장애와 심리적 집착이 다를 것으로 추정되나, 아직 이를 입증할 수 있는 타당한 자료가 없기 때문에 모두 PSV라는 기호만 사용한다.

1. 카드 내 보속반응 카드 내 보속반응은 동일한 카드에서 위치, 발달질, 결정인, 형태질, 내용 및 Z점수가 동일한 반응이 연속적으로 나타나는 것을 말한다. 구체적인 내용은 약간 다를 수 있지만 내용유목은 동일하다. 그러나 연속된 두 반응에서 특수점수가 동일할 필요는 없다.

카드 내 보속반응은 V번 카드에서 가장 자주 나타난다. 처음에 "박쥐(Wo Fo A P 1.0)"라고 말하고 곧 이어서 "새"라고 말한 경우이다. 이때 '새'가 평범반응(P)이 아닌 점을 제외하고 모든 채점이 동일하다. 카드 내 PSV반응의 경우 평범반응이 반복될 필요는 없다. 그러나 특수점수를 제외한 다른 모든 기호들은 동일해야 하고 반응이 연속적이어야 한다.

2. 내용보속 카드 내 보속반응은 동일한 카드에 대해 반응이 연속해서 나타나는 것이지만 내용보속(content perseveration)은 일반적으로 동일한 카드에서 나타나지 않는다. 앞 카드에서 말한 대상이 다음 카드에서도 동일하게 반복될 때 내용반복으로 채점한다. 첫 번째 반응과 두 번째 반응의 채점이 같을 필요는 없으며, 대부분 전혀 다르게 된다.

예컨대, 어떤 한 카드에 대해 "두 사람이 싸우고 있다."고 하고 그 다음 카드에 대해 "또 그 사람들인데, 이제는 싸우지 않는다"고 말할 수 있다. 내용반복을 채점할 때 주의할 점은 수검자가 다른 카드의 새로운 대상을 이전에 보고했던 대상과 같은 대상으로 보고 있는지를 확인하는 것이다.

3. 기계적 반복 이 유형의 반복반응은 지적 또는 신경학적 손상이 있는 수검자들에서 가장 흔히 나타난다. 일반적으로 기계적 반응반복(mechanical perseveration)은 짧고 간단한 것이 특징이다. 수검자는 동일한 대상을 기계적으로 반복해서 보고한

다. 예컨대, 어떤 수검자들은 카드 Ⅰ에서 박쥐, Ⅱ에서 박쥐, 카드 Ⅲ에 대해서도 계속해서 박쥐라고 보고한다.

기계적으로 반복하는 수검자의 반응기록은 반응수가 14개 미만이기 때문에 타당하지 못할 수 있다. 이럴 때 검사자는 다시 검사를 실시해서 유용한 정보를 얻을 수 있을지를 신중하게 고려해야 한다.

특수내용

일부 연구들은 특수내용, 특히 독특한 인지적 특징이나 자아특징이 투사된 반응내용을 주요하게 다루고 있다. 이렇게 특징적인 반응들은 단순히 내용을 기호화하는 것 이상의 주의를 기울여야 한다. 따라서 이러한 특징을 나타내기 위하여, 반응내용에 대하여 특수점수를 주게 된다. 사고, 자기상, 대인관계 특징과 관련된 네 가지 특수점수가 있다.

추상적 내용 추상적 내용(abstract content, AB)의 특수점수는 분명하고 구체적인 상징적 표현을 포함하는 반응을 채점하며 두 가지 유형이 있다. 첫 번째 AB유형은 반응내용기호가 인간경험(human experience, Hx)인 경우로, 이것은 인간의 정서나 감각적 경험을 나타낸다. 이러한 DQv반응들은 형태가 없는 M결정인을 갖게 되는데, 예를 들면 다음과 같다: "이것 전체가 우울을 상징한다. 전부 검고 우울한 모습이다"(Wv M^{p}.C′ Hx AB); "이것은 모두 분노이다. 색깔들이 모두 뒤섞여 있다"(Wv M^{a}.C.Y Hx AB); "온통 혼란스럽다. 굉장히 큰 소리가 나는 것 같다"(Wv M^{a} Hx AB).

두 번째 유형은 형태가 사용되기는 하지만 분명하게 하고 상징적인 의미를 나타내기 위하여 윤색한 경우이다. 이러한 경우 상징적인 의미가 대상에 부여된다. 예컨대, "이 조각은 삶에 대한 사랑을 나타낸다"(Do Fu Art AB); 또 다른 반응에서는 분리된 부분들이 상징적인 표상을 나타내기 위하여 사용된 경우이다. 즉, "여기 두 사람은 서로를 갈망하고 있고 사랑에 빠져 있다, 가운데 붉은 부분은 이들의 사랑과 갈망을 나타낸다"(D+ M^{a}Co 2 H,Hx P 4.0 AB).

특징적인 표상이 나타나지 않으면 AB로 채점하지 않는다. 다음은 AB반응의 예이다.

> 공산주의자의 폭정을 상징하는 조각
> 숲과 강을 상징하는 국기
> 여성의 아름다움을 상징하는 현대무용
> 심장, 이것은 밸런타인데이를 상징한다.
> 피가 묻어 있는 두 사람, 그리고 여기 붉은색은 이 사람들의 고통을 나타낸다.
> 악마를 상징하는 마스크
> 삶의 고뇌를 묘사한 추상화
> 순수성에 대한 인간의 투쟁을 담은 Blake의 그림
> 아이들이 사이 좋게 지내는 것을 나타내는 두 개의 조각상
> 손을 잡고 있는 두 사람, 여기 푸른 것은 그들의 청명함을 나타낸다.

공격적 운동 AG(aggressive movement)는 운동반응(M, FM, m)에 '싸움, 파괴, 논쟁, 매우 화가 난 것처럼 보인다' 와 같은 분명히 공격적인 내용이 포함되어 있을 때 채점한다. 반드시 주체적인 공격이 포함되어 있어야 한다. '총을 맞은 곰' 또는 '폭파된 배' 처럼 대상이 공격을 받았을 경우에는 AG로 채점하지 않는다. 마찬가지로 폭발 자체는 AG로 채점하지 않지만 폭발로 인해 무엇인가 파괴되었을 때에는 AG로 채점한다. 다음은 공격 운동반응의 예다.

> 무엇에 대해 몹시 화가 나 있는 남자의 얼굴
> 무엇을 관통한 총알처럼 보인다.
> 청바지를 찢고 있는 것처럼 보인다.
> 무엇에 대해 논쟁하고 있는 두 사람
> 두 마리의 곤충이 이 기둥을 쓰러뜨리려고 한다.
> 당신을 노려보고 있는 사람처럼 보인다.

협조적 운동 COP(cooperative movement)는 두 가지 또는 그 이상의 대상이 적극적인 또는 협조적인 상호작용을 하는 운동반응(M, FM, m)을 하고 있는 경우이다. COP로 채점하기 위해서는 적극적이거나 협조적인 상호작용이 분명해야 한다. 따라서 "무엇을 쳐다보고 있는 두 사람" 또는 "이야기하고 있는 두 사람"과 같은 반응은 COP로 채점하지 않는다. 그러나 "두 사람이 춤을 추고 있다."는 반응은 두 가지

이상의 대상을 포함하고 있고 "두 사람이 테이블 주위에서 춤을 추고 있다."는 반응처럼 춤의 목적이나 공통적인 목표가 있기 때문에 항상 COP로 채점한다. 어떤 반응들은 인간이나 동물이 공격적인 행동에서 서로 협조하는 모습을 나타내므로 AG와 COP가 동시에 채점된다.

다음은 이러한 반응의 예이다:

두 사람이 무엇을 들어올리고 있다.
두 마리의 곤충이 이 기둥을 쓰러뜨리려고 한다.
두 사람이 서로 기대어 비밀을 이야기하고 있다.
세 사람이 같이 춤을 추고 있다.
새가 새끼에게 먹이를 주고 있다.
두 명의 아이가 시소를 타면서 놀고 있다.
두 마리의 늑대가 함께 다른 동물을 공격하고 있다.

병적인 내용 MOR(morbid content)은 대상이 다음 두 가지 특징 중 한 가지를 가지고 있을 때 채점한다.

1. 대상이 죽은, 파괴된, 폐허가 된, 오염된, 손상된, 상처 입은 또는 깨어진 대상으로 지각한 경우이다. 예컨대, 깨어진 유리, 죽은 개, 헤어진 장화, 상처 입은 곰, 상처, 불탄 코트, 부패한 잎사귀, 실험실 슬라이드로 만들어진 아메바, 땅에서 뜯겨져 나온 뿌리, 피나는 얼굴, 부서진 집, 다친 나비 등이다.
2. 대상에 대해 우울한 감정이나 특징을 부여하는 반응이다. 예컨대, 음울한 집, 슬픈 나무, 불행한 사람, 울고 있는 사람, 우울 등이다.

인간표상 반응

대부분의 프로토콜에서 인간표상의 형태를 나타내는 반응이 일어난다. 이러한 반응들은 어떤 방식이든 사람이 다른 사람을 지각하거나 상호작용하는 모습을 나타낸다. 인간표상 반응들은 반응에 부여하는 기호 대신에 또 다른 기호를 부가하는데, 이것이 두 개의 특수점수로, '좋은'(GHR) 반응과 '나쁜'(PHR) 반응이다.

인간표상 반응은 하나 또는 그 이상의 인간내용 반응인 H, (H), Hd, (Hd) 또는 Hx 기호를 포함하기 때문에 쉽게 구별할 수 있다. 하지만 인간과 유사한 특징들이 다른 방식으로 나타날 수도 있다. 예컨대, 발레를 하고 있는 토끼는 인간과 유사한 행동을 하고 있기 때문에 결정인으로 M을 기호화하게 된다. 비슷한 예로 장난치고 있는 두 마리의 개는 서로 긍정적인 면에서 상호작용하는 속성을 나타내고 있으므로 특수점수로 COP를 주게 된다.

이러한 맥락에서 인간표상 반응은 다음의 세 가지 준거를 충족시키는 경우 특수 점수를 주게된다.

1. 인간내용 기호를 포함하는 반응; H, (H), Hd, (Hd), Hx
2. 결정인에 M을 포함하는 반응
3. COP나 AG 특수점수를 포함하는 FM반응

다른 반응 특성들에 대하여 기호화를 하는 과정처럼, 인간표상 반응으로 기호화하기 위해서는 각 반응을 자세히 검토하여 기호화할지를 결정해야 한다. 따라서 채점자는 두 가지 특수점수, 즉 GHR과 PHR을 채점하기 위해서는 〈표 7-1〉의 절차에 따라 단계적으로 검토할 필요가 있다.

〈표 7-1〉 인간표상 반응에 좋은(GHR) 또는 나쁜(PHR) 특수점수를 주기 위한 단계

1. 순수인간반응이고 아래의 조건에 모두 일치할 때 GHR로 기호화한다.
   (a) 형태질이 FQ+, FQo 또는 FQu일 것
   (b) DV를 제외한 인지적 특수점수가 없을 것
   (c) AG 또는 MOR 같은 특수점수가 없을 것
2. PHR은 다음의 경우에 채점한다.
   (a) FQ 마이너스 또는 FQ가 없는 반응(형태가 없는 반응) 또는
   (b) FQ+, FQo, FQu 반응이면서 ALOG, CONTAM 또는 수준 2의 인지적 특수점수를 가지고 있는 경우
3. GHR은 인간표상 반응 중에 특수점수 COP를 채점한 모든 반응에 채점된다. 하지만 AG가 있는 경우는 채점하지 않는다.

〈계속〉

4. 다음의 인간표상 반응에는 PHR을 채점한다.
   (a) 특수점수가 FABCOM이거나 MOR인 경우 또는
   (b) 내용 채점이 An인 경우
5. 카드 Ⅲ, Ⅳ, Ⅶ, Ⅸ에서 평범반응으로 채점되는 인간표상 반응이 있는 경우 GHR로 채점한다.
6. 다음에 해당할 경우 모두 PHR로 채점한다.
   (a) AG, INCOM, DR과 같은 특수점수에 해당하는 경우
   (b) Hd 채점을 하는 경우(주의할 점은 (Hd)는 해당되지 않음).
7. 그 외의 인상표상 반응에는 모두 GHR로 채점하게 된다.

특수점수를 채점할지 여부를 결정하려면 순서에 맞게 각 단계마다 검토해야 한다. 예컨대, Do Fo H로 채점한 반응을 살펴보자. 이 반응은 단계 1에서 GHR의 기준에 해당한다. 즉, 순수 H반응이고 형태질이 ordinary이며 특수점수가 없다. 이번에는 Do Fo Hd로 채점한 반응의 경우를 살펴보면, 단계 1에서 GHR에 해당하는지를 알 수 없다. 왜냐하면 반응 내용이 순수 H가 아니고 Hd이기 때문이다. PHR을 채점하기 위해서는 단계 6에 가서야 확실해지는데, 왜냐하면 반응내용이 Hd인 경우 단계 6에 기초해 볼 때 PHR로 채점하도록 되어 있기 때문이다. 다음의 예들은 채점의 예와 어떤 단계에 기초하여 채점을 했는지를 예시해 주고 있다.

카드	반응의 기호화	GHR/PHR의 결정
Ⅲ	D+ M^a.FYo 2 H,Cg P 3.0 FABCOM	단계 4에서 PHR로 기호화
Ⅸ	DSo FC′ o (Hd)	단계 7에서 GHR로 기호화
Ⅷ	W+ FM^a.FCo 2 A, Bt 4.5 COP, ALOG	단계 2에서 PHR로 기호화
Ⅶ	D+ M^a.m^po 2 Hd, Art P 3.0 DV	단계 5에서 GHR로 기호화

개인적 반응

많은 반응들은 "나는, 나에게, 나의 또는 우리"와 같은 개인을 지칭하는 대명사를 포함하고 있다. "내가 보기에는 박쥐 같다." 또는 "내가 생각하기에 두 사람처럼 보인다."는 반응처럼 반응을 표현하는 과정에서 자연스럽게 이러한 표현을 사용한다. 그러나 때로는 자신의 반응을 정당화시키는 방법으로 자기참조(self reference)를 하는

경우도 있다. 이러한 반응은 방어의 한 형태를 나타내는 것이기 때문에 특수점수로 채점한다.

Personal, PER PER은 수검자가 자신의 반응을 정당화하고 명료화하는 과정에서 개인적 지식이나 경험을 언급할 때 채점한다. 흔히 대부분의 PER반응은 "나는, 나에게, 나의 또는 우리"와 같은 개인을 지칭하는 대명사를 포함하지만 그러한 대명사를 사용하지 않고 개인적 지식이나 경험을 표현하는 경우도 있다. 수검자가 단순히 코멘트하는 것이 아니고 자신의 반응을 정당화시키기 위해 개인적 지식이나 경험을 사용하였다는 것을 확신할 수 있을 때 PER로 채점한다. "이들은 이것을 오래전에 사용했다." "나는 이것을 한 번도 본 적이 없지만 그렇게 생각한다." 또는 "나는 이것을 좋아하지 않는다."와 같은 반응은 일종의 코멘트이기 때문에 PER로 채점하지 않는다. 다음은 몇 가지 PER반응의 예이다.

우리는 한때 이것과 비슷한 것을 가지고 있었다.
나는 마당에서 이것을 늘 보았다.
나는 이것과 비슷한 것을 만들곤 했다.
그들이 당신에게 군대에서 사용하는 것을 입으라고 한다.
옛날에 아버지가 나에게 이런 것을 보여 주었다.
당신이 생물학을 배웠다면 이렇게 보이는 것을 알 것이다.
나는 이것과 비슷한 것을 내 딸에게 사준 적 있다.
나의 할아버지는 그것들을 모은 적이 있었다.
그런 것을 TV에서 본 적이 있다.
당신도 알다시피, 이것들은 문에 걸어 놓는 것들이다.
사람들은 이것을 장식용으로 사용한다.

특수한 색채현상

대부분의 경우 수검자들은 유채색명, 즉 붉은 것을 빨강색, 푸른 것을 녹색으로 정확하게 말한다. 드물기는 하지만 색채명을 잘못 말하는 경우가 있다. 이때 검사자는 수검자가 색채명을 잘못 말한 것이 언어적 실수(verbal lapse)인지 아니면 색채시(color vison)의 문제인지를 밝히기 위해 질문단계에서 신중하게 질문해야 한다. 수검자가 자신의 반응을 바르게 정정한다면 언어적 실수를 의미하는 DV로 채점해야 한다. 그러나 수검자가 정정하지 않는다면 색채시를 검사해야 하고 시각의 문제가 아니라면 DV로 채점해야 한다. 즉, 색채시가 아니라면 DV로 채점해야 한다.

색채투사 CP(color projection)는 수검자가 무채색 반점이나 반점영역을 유채색으로 보고할 때 채점한다. 이러한 반응은 매우 드물지만 주로 카드 Ⅳ와 Ⅴ에서 나타난다. 대부분의 경우 유채색이 암시되지만 "아, 너무나 아름다운 나비입니다." 라고 하는 반응처럼 최초 반응에서는 구체적으로 알 수 없다. 그래서 질문단계에서 "아름다운"이라는 핵심단어를 사용해서 질문해야 하고 이에 대해 수검자가 "아름다운 자주색이 보입니다. 노란색과 파란색이 보입니다." 고 보고할 경우 CP로 채점한다.

색채시각의 결함이 있기 때문에 이러한 반응이 나타난다는 증거는 없으며 연구들에 따르면 이러한 반응은 중요한 해석적 의미가 있다.

CP는 수검자가 무채색 반점영역에 대해 유채색을 보고할 때만 채점한다. CP반응을 하는 대부분의 수검자들은 반점의 음영특징을 사용하여 유채색을 말하는 경향이 있는데, 이때는 음영확산(FY, YF, Y) 결정인으로 채점할 필요가 있다. 반점에 유채색이 없기 때문에 색채결정인(FC, CF, C)을 사용해서 채점하지는 않는다.

다중적 특수점수

하나 이상의 특수채점기준을 만족시키는 반응도 있는데, 이럴 때에는 해당되는 특수점수를 모두 포함시켜 채점한다. 그러나 이러한 법칙도 예외는 있다. 15가지 특수점수 중 9가지(PSV, AB, AG, COP, MOR, GHR, PHR, MOR, CP)는 서로 독립적이기 때문에 그 기준을 만족시키는 반응이면 모두 채점한다. 나머지 여섯 개의 결정적 특수점수(Six Critical Special Scores)는 상호관계가 있으므로, 하나의 반응에 이 중 두 개 이상을 채점하는 경우에는 주의할 필요가 있다. 주의점에 대하여는 앞서 언급하였다.

나머지 5가지 결정적 특수점수(DV, DR, INCOM, FABCOM, ALOG)는 CONTAM과 같이 채점할 수 없다. 즉, CONTAM으로 일단 채점했다면 나머지 5가지 특수점수를 추가시킬 수 없다. CONTAM은 매우 심각한 인지장애를 반영하며 대부분이 DV, DR 반응을 포함하고 있고 항상 직접적으로 또는 간접적으로 ALOG기준을 만족시킨다. 그래서 다른 결정적 특수점수를 추가시키면 해석에 혼란을 초래하고 WSum6을 지나치게 증가시키므로 추가해서 채점하지 않는다.

그러면 나머지 5가지 특수점수는 서로 같이 채점할 수 있는가 하는 문제가 생긴다. 반응을 개별적인 것으로 서로 분리할 수 있으면 같이 채점할 수 있다. 즉, 한 가지 결정적 점수를 만족시키는 언어반응이 다른 결정적 점수를 만족시키는 언어반응과 독립적이라면 둘 다 채점할 수 있다. 그러나 독립적이지 않고 중첩된다면 가중치(WSum6)가 높은 점수 하나만 채점해야 한다.

예컨대, "두 마리의 곰이 손바닥을 서로 마주치고 있다."는 반응은 INCOM(손)과 FABCOM(손바닥을 서로 마주치고 있다)을 모두 포함하고 있다. 그러나 이 반응은 FABCOM으로 채점하고 INCOM을 추가시키지 않는다. 왜냐하면 INCOM반응도 인지적 혼란이 있다는 것을 의미하고 인지적 혼란을 나타내는 동일한 언어반응은 한 가지 특수점수로만 채점하기 때문이다. 앞에서 지적한 바와 같이 한 반응에서 DV와 DR이 같이 나타날 수 있으나 DV는 채점하지 않는다.

이와는 반대로 한 가지 이상의 결정적 특수점수 채점기준을 만족시키는 언어적 표현으로 분리할 수 있고 중첩되지 않는다면 두 가지 특수점수 모두 채점한다. 예컨대, "두 마리 분홍색 곰이 아이스크림을 기어올라가고 있다."는 반응은 INCOM1(분홍색 곰)과 FABCOM2(아이스크림을 기어올라가고 있다)을 모두 포함한다. 이러한 반응은 두 요소를 분리할 수 있고 언어적 표현이 중첩되어 있지 않다. 즉, 곰이 분홍색이라는 것과 아이스크림 위를 기어올라간다는 것은 아무런 관련이 없다. 따라서 두 가지 특수점수를 모두 채점한다.

제 8 장
채점전략

일부 로르샤하 검사자들은 각각의 주요 채점범주들을 분리해서 검토하는 반응범주별 접근법(component approach)을 사용한다. 즉, 주요 요소별로 독립적으로 채점하는 것이다. 최초반응과 질문을 통해 파악한 반응영역을 먼저 고려하여 채점하고, 다음은 반응결정인, 다음은 반응내용 등으로 검토해 나간다. 반응기록지에 채점순서와 주요 채점요소가 망라되어 있기 때문에 이 절차를 많이 사용한다.

매우 신중한 채점자에게는 이러한 반응범주별 접근법(component approach)이 유용할 수 있으나 채점이 중복될 수 있다는 단점이 있다. 동일한 언어적 표현을 여러 번 검토해야 하고 전체적인 통합점수를 고려할 수 없기 때문에 빠뜨리거나 중복되는 오류를 범할 수 있다.

연속적 접근 반응을 한 번 읽어 보고 논리적 근거에서 채점요소에 대한 결정 또는 잠정적 결정이 가능한지를 판단하는 방법이 더 바람직하다. 이 절차를 사용하면 반응과 질문단계에서 나타난 결정적인 중요한 표현들을 놓치지 않고 적절하게 채점할 수 있다.

9가지 질문 채점을 하는 목적은 반응과정에서 수검자의 의사결정에 작용한 심리적 활동이나 영향들을 기호로 나타내려는 것이다. 이 과정에서 채점자는 모든 가능성을 고려해야만 한다. 채점자는 다음과 같은 9가지 질문을 항상 유념해야 한다. 특히 초보자들은 다음 질문들을 메모하여 빠뜨리지 않도록 노력해야 한다.

1. 반응영역은?
2. 발달질은?
3. 반응결정인은?
4. 형태질은?
5. 쌍반응인가?
6. 반응내용은?
7. 평범반응인가?
8. Z점수를 채점해야 하는가?
9. 특수점수는?

핵심단어 표시 채점과 관련이 있는 단어들에 밑줄을 긋거나 서로 연결시켜 놓는 것이 도움이 된다. 앞서 지적했듯이 반응기록지에는 채점순서와 중요한 범주들을 기록하기 위한 별도의 공란이 있다. 따라서 단어나 핵심단어를 표시하면 반응들을 기호화할 때 유용하다.

기본반응부터 채점 기호화가 가능한 기본반응들부터 먼저 검토해야 한다. 기본반응(basic response)을 사용해서 반응내용을 채점하지 못할 수도 있으나 대부분의 기본반응은 채점하는 데 필요한 정보를 포함하고 있기 때문에 쉽게 기호화할 수 있다. 이러한 기본반응이 있다면 질문단계는 그다지 중요하지 않고 단지 이미 알고 있는 내용을 확인하는 역할을 할 뿐이다. 다음은 질문단계 전의 기본반응에서 얻을 수 있는 내용이다.

카드	반응	질문
III	검은 부분은 두 명의 남자가 무엇을 들어올리고 있는 것 같다.	

대부분의 반응에서 반응영역이나 반응내용과 관련된 핵심단어를 쉽게 찾을 수 있다. 위의 예에서 H(남자)는 쉽게 알 수 있지만 두 번째 내용(무엇을)은 분명하지 않다. 남자가 "무엇을 들어올리고 있다"고 말했기 때문에 M^a로 채점한다. 그리고 남자가 협조적 동작을 하고 있기 때문에 특수점수, COP를 채점한다.

이 경우 반응영역은 명확하지 않다. 수검자가 "검은 부분"이라고 했고 카드 III은 유채색도 포함하고 있으므로 W반응이 아닌 것은 알 수 있지만 구체적인 영역은 알 수 없다. 그러나 발달질은 명확히 알 수 있다. 반응에 포함되어 있는 대상이 남자 두 명과 무엇이기 때문에 둘 이상이고 분리되어 있지만 서로 관계를 맺고 있으며 남자라는 공통적인 형태특징이 있기 때문에 DQ 기호는 + 이다.

두 명의 남자라고 했기 때문에 쌍반응일 수 있다. 그러나 반응영역이 분명하지 않기 때문에 단정할 수 없다. 마찬가지로 반응영역을 확인하기 전에는 형태질과 평범반응을 결정할 수 없다. 반응영역을 알 수 없으므로 인접부분인지 인접하지 않은 부분인지를 결정할 수 없으므로 Z점수를 채점할 수도 없다.

이처럼 기본반응을 근거로 아래와 같이 9가지 중요한 채점요소 중에서 5가지 정보를 얻을 수 있고 가채점이 가능하다.

영역	발달질	결정인	형태질	쌍반응	내용	평범반응	Z	특수점수
?	+	M^a	?	2?	H, ?	?	Z?	COP

다음 단계에서는 질문단계의 표현을 검토해서 누락된 범주를 채점한다.

카드	반응	질문
III	검은 부분은 두 명의 남자가 무엇을 들어올리고 있는 것 같다.	검: (수검자의 반응 반복) 수: 예, 한 명은 여기 그리고 한 명은 여기에 있습니다(D9의 윤곽을 그리며). 여기 머리, 팔, 다리가 있고, 이 두 사람은 이것(D7)을 들어올리고 있는데, 이것이 무엇인지는 잘 모르겠습니다.

질문단계에서 수검자가 말한 정보를 근거로 반응영역을 명확히 알 수 있다. 반응영역은 D1 전체이고, 이 영역은 사람이라고 한 D9와 "무엇"이라고 한 D7을 포함하고 있다. 따라서 영역기호 D를 기입한다. 〈표 A〉를 찾아보면 형태질은 o이고 머리, 팔, 다리만을 언급했으므로 형태를 비일상적인 방식으로 특이하게 정교화하지 않았다는 것을 알 수 있다. 마찬가지로 〈표 A〉를 찾아보면 이 반응이 평범반응(P)이라는 것을 알 수 있다. 두 번째 내용은 수검자가 "무엇인지 잘 모르겠다."고 말했기 때문에 파악하기 어렵다. 따라서 Id기호를 매길 수 있다. 〈표 A〉에 제시된 카드 Ⅲ의 반응영역도를 보면 D1영역은 다른 모든 영역과 연결되어 있다는 것을 알 수 있다. 따라서 Z점수는 인접부분 3.0이다. 이렇게 기호화함으로써 앞에서 물음표를 달아 두었던 범주에 구체적인 기호를 매길 수 있고 9개 기호를 모두 기록할 수 있다. 따라서 최종 반응기록은 다음과 같다.

위치	발달질	결정인	형태질	쌍반응	내용	평범반응	Z	특수점수
D	+	M^a	o	(2)	H, Id	P	3.0	COP

다음 예처럼, 기본반응을 근거로 모든 기호를 다 매길 수 있는 경우는 그리 흔하지 않다.

카드	반응	질문
I	전체가 날고 있는 박쥐 같다. 검기 때문에. 날고 있는 것처럼 날개를 펴고 있습니다. (카드의 영역을 지적하면서) 여기와 여기가 몸통입니다.	

이 반응에서 영역(W)과 내용(A), 두 가지 결정인인 FC′ (검정색)와 FM^a(날고 있는)는 쉽게 알 수 있다. 형태를 사용한 전체반응이므로 Z점수도 채점해야 한다. 〈표 A〉를 찾아보면 반점 전체를 "박쥐"라고 한 반응의 형태질은 o이고 평범반응이다. 따라서 아래와 같이 채점할 수 있다:

위치	발달질	결정인	형태질	쌍반응	내용	평범반응	Z	특수점수
W	o	FC′.FM^a	o		A	P	1.0	

질문단계의 반응은 기호화하는 데 중요한 정보를 제공하므로 기본반응만 보고 전체점수를 채점할 수 있다고 하더라도 수검자가 질문단계에서 한 반응들을 신중하게 고려해야 한다. 예컨대, 앞에서 제시한 반응에서 수검자는 질문단계에서 다음과 같은 반응을 추가하였다:

카드	반응	질문
I	전체가 박쥐 같다. 검정색이기 때문에. 날고 있는 것처럼 날개를 펴고 있습니다. 여기와 여기가 몸통입니다.	검: (수검자의 반응 반복) 수: 예, 박쥐처럼 전체가 검고 날개와 몸통이 있고, 이것은 박쥐의 안테나 같습니다.

질문단계의 반응에서도 기본반응을 확인할 수 있지만 수검자가 자발적으로 안테나라는 말을 덧붙였다는 것을 알 수 있다. 따라서 INCOM을 포함시켜 채점을 수정해야 한다.

대부분의 많은 반응들은 기본반응만을 근거로 채점하기 어려우므로 질문단계를 통하여 기호화해야 한다.

카드	반응	질문
VI	소름끼칩니다. 총알인 것 같습니다.	

이 반응은 총알(Sc)이라는 내용만을 포함하고 있다. "소름끼친다"고 했기 때문에 특수점수 MOR을 매길 수 있지만 확실히 알 수 없고 현재의 반응에서는 반응내용만 채점할 수 있다.

위치	발달질	결정인	형태질	쌍반응	내용	평범반응	Z	특수점수
					Sc			

이런 경우에는 질문단계의 반응을 통해서 다른 기호를 채점해야 한다.

카드	반응	질문
VI	소름끼칩니다. 총알인 것 같습니다.	검: (수검자의 반응 반복) 수: 예, 바로 여기(D6을 지적). 검: 어떻게 해서 그렇게 보았습니까? 수: 총알이 동물을 관통하면서 찢어 놓은 것 같습니다. 검: 당신처럼 볼 수 없습니다. 다시 설명해 주시겠습니까? 수: 보세요, 이 위에 있잖아요. 이곳을 보세요. 아래(D1)에 있는 고양이를 찢어 놓았잖아요. 여기 이 선들(lines, Dd22)은 총알의 충격을 나타냅니다. 검: 고양이라고 했습니까? 수: 그래요, 아마도 테비 고양이 같습니다. 테비 고양이처럼 온 몸에 검은 선들이 있잖아요. 다리는 여기에 있고. 머리가 보이지 않는 것을 보니 머리가 날아가버린 것 같습니다.

위의 예에서 수검자가 분명하게 표현하지 않았고 검사자가 세 번이나 질문했기 때문에 질문단계의 반응이 매우 복잡하다. 그렇지만 채점이 불가능한 것은 아니다.

처음에는 반응영역이 D인 것 같았지만 질문함으로써 W인 것을 알 수 있다. 수검자는 D6을 총알, D1을 동물이라고 보았고 나머지 부분인 Dd22를 총알의 충격이라고 보았다. 첫 질문을 함으로써 m^a(통과하면서 찢어 놓은 것)와 두 번째 내용인 동물은 수검자가 "머리가 보이지 않는 것을 보니 머리가 날라가 버린 것 같습니다."라고 했기 때문에 Ad로 채점할 수 있다. 그리고 특수점수는 AG와 MOR의 기준을 충족시키고 있다는 것을 알 수 있다.

두 번째 질문을 통해 결정인을 재확인할 수 있고 세 번째 질문을 통해서 FY(검은 선)가 두 번째 결정인이라는 것을 알 수 있다. 수검자가 고양이를 설명할 때 형태를 많이 언급하지 않았기 때문에 FY보다 YF가 더 적절하다고 볼 수도 있다. 그러나 전체 질문단계에서 주로 형태를 강조했고 음영은 마지막에 가서야 말했기 때문에 YF로 채점할 수 없다.

분리된 두 대상이 서로 관련을 맺고 있고 형태를 포함하고 있다. 따라서 발달질은 + 이고 Z점수도 채점해야 된다. 그리고 전체와 인접 부분이 Z기준을 충족시키기 때문에 두 부분의 Z점수는 2.5로 동일하다. 마지막으로 〈표 A〉를 찾아보면 이 반응과 같은 W반응은 기록되어 있지 않지만 D6을 총알, D1을 동물의 가죽이라고 하였다. 따라서 형태질은 o를 부여하는 것이 적절하며, 동물 가죽은 평범반응이다. 따라서 다음과 같이 채점을 완성할 수 있다:

위치	발달질	결정인	형태질	쌍반응	내용	평범반응	Z	특수점수
W	+	m^a.FY	o		Sc,Ad	P	2.5	AG,MOR

대부분의 경우 기본반응과 질문단계의 반응 모두가 기호화를 결정하는 데 중요하다.

카드	반응	질문
II	두 마녀가 모여 있다. 두 명 모두 검은 색 망토와 빨간 모자를 쓰고 있다.	

이 반응은 채점하는 데 필요한 거의 모든 정보가 기본반응에 포함되어 있다. 두 가지 반응내용인 마녀((H)), 망토와 모자(Cg)가 포함되어 있다. 그리고 서로 모여 있다는 수동운동(M^p)이고 검은색 망토와 빨간 모자는 각각 FC′, FC로 채점할 수 있다. 발달질은 + 이고 Z점수도 매겨야 한다. 쌍반응으로 채점할 수도 있는데, 반응영역을 확인하기 전에는 쌍반응과 형태질을 정확히 채점할 수 없다. 이 반응에서 기본반응을 근거로 채점하면 다음과 같다:

위치	발달질	결정인	형태질	쌍반응	내용	평범반응	Z	특수점수
?	+	M^p.FC′.FC	?	?	(H),Cg		?	

질문단계에서는 채점에서 누락된 부분들은 추가할 수 있어야 하며, 이미 알고 있는 정보도 좀 더 분명히 할 수 있어야 한다. 다음의 예에서 보면 생각했던 것보다 채점이 좀 더 복잡해짐을 알 수 있다.

카드	반응	질문
II	두 마녀가 모여 있다. 두 명 모두 검은색 망토와 빨간 모자를 쓰고 있다.	검: (수검자의 반응 반복) 수: 마녀들이 불 뒤에 앉아 있거나 무릎을 꿇고 서로 기대고 있다. 서로 속삭이는 것 같다. 여기가 모자(D2), 여기가 몸(D1)이다. 검: 불 뒤에 있다고 했습니까? 수: 맞아요. 아래(D3)의 붉은색은 타오르는 불길 같고, 몸을 따뜻하게 하기 위해 불 뒤에 있습니다. 검: 어떻게 해서 불 뒤에 있는 것으로 보았는지 모르겠군요. 수: 불이 앞에 있고 발을 덮고 있는 것 같습니다.

뒤에 있고 발을 덮고 있다고 했기 때문에 FD, 타오르는 불길이라고 했기 때문에 m^a 결정인을 추가할 수 있다. 따라서 앞에서 채점한 결과를 수정해야 한다. 빨간 모자는 그대로 FC로 채점하지만 타오르는 불길은 FC가 아니라 CF로 채점해야 한다. 속삭이고 있다는 말에는 상호작용을 의미하므로 특수점수 COP를 매길 수 있고 세 번째 반응내용 Fi를 추가할 수 있다. 쌍반응이고 반응영역이 W인 것을 알 수 있다. 반응이 통합되어 있어서 DQ는 + 이고 두 가지 Z기준, 전체(4.5)와 인접부분(3.0)을 충족시키고 있다. 따라서 Z점수는 좀 더 높은 점수인 4.5를 주어야 한다. 〈표 A〉에서 "인간과 유사한 형태의 두 명"이라는 반응의 형태질은 o이다. 따라서 전체 채점결과는 다음과 같다:

위치	발달질	결정인	형태질	쌍반응	내용	평범반응	Z	특수점수
W	+	Mp.FC′.CF.m^a.FD	o	(2)	(H),Cg,Fi		4.5	COP

이와 같은 연속적 채점방식은 여러 번 연습해야 한다. 제2부에 제시되어 있는 여러 가지 반응 예들을 사용해서 연습하면 많은 도움이 될 것이다.

제 9 장
구조적 요약

각 반응을 정확하게 기호화하는 궁극적인 목적은 구조적 요약(structural summary)을 완성하기 위한 것이다. 요약에는 채점기호의 빈도와 비율, 백분율과 같은 수치들을 기록한다. 이러한 자료들을 근거로 수검자의 심리적 특성과 기능에 대해 해석적 가치가 있는 여러 가지 가정을 상정할 수 있다.

구조적 요약지는 수검자의 반응 프로토콜을 요약하기 위해 사용하는 체계이다. 첫 페이지에는 수검자의 신상자료를 기록하고 두 번째 페이지의 점수계열(sequence of scores)에는 반응들을 채점한 결과를 기록한다. 세 번째 페이지는 구조적 요약이고, 네 번째 페이지는 여섯 가지 중요한 지표들의 군집을 기록한다. 다섯 번째 페이지에는 Z점수와 추정한 Z점수의 표가 제시되어 있으며, 세 가지 변인에 대한 연령 교정 자료가 제시된다. 마지막 페이지는 수검자가 검사를 수행할 때 선택한 반점영역을 나타내기 위해 사용하는 반응영역 기록지를 첨가한다.

구조적 요약은 다음의 세 단계를 거쳐 완성한다: (1) 각 반응의 기호나 점수계열 기록, (2) 각 변인의 빈도 기록, (3) 여러 가지 비율, 백분율, 산출한 점수 등을 기록. 다음에서는 실제 반응 프로토콜에서 얻은 자료를 예로 제시하여 각 과정들을 살펴보겠다.

점수계열 첫 번째 단계는 각 카드별로 반응순서를 매기면서 그 기호를 기록한다. 이 작업은 매 카드마다 해야 하며, 반응들은 순서대로 번호를 매겨가며 작성하게 된다. 이 작업은 반응을 채점할 때 할 수도 있으나 대부분의 검사자들은 프로토콜에 직접 쓰거나, 질문반응 하단에 채점을 기록하고 그 기록을 점수계열지에 옮겨 적는 방식을 선호한다.

정확하게 정리해야 빈도를 계산하기 쉽고 점수계열 자체는 중요한 해석적 자료를 제공한다. 구조적 요약지의 점수계열에는 각 카드의 번호, 반응번호, 사용한 범주의 기호들을 포함하고 있다. 또한 D3, Dd26 등과 같이 수검자가 반응할 때 사용한 영역번호를 기재하는 곳도 있다. 만약 〈표 A〉에 기록되어 있지 않은 Dd영역을 사용하였다면 99를 넣어 Dd99라고 기재한다. 이처럼 점수계열지에 영역번호를 기록해 주면 수검자의 반응기록을 해석하고 연구하는 데 매우 유용하다.

다음은 19세 여자 수검자의 프로토콜과 이를 근거로 만든 구조적 요약표이다.

점수계열

카드 번호	반응 번호	영역과 발달질	영역 번호	결정인과 형태질	(2)	내용	평범 반응	Z-점수	특수점수
I	1	Wo	1	Fo		A	P	1.0	
	2	D+	4	M^ao	2	H,Id		4.0	GHR
	3	WSo	1	M^au		(Hd)		3.5	GHR
II	4	WSo	1	M^p.CF−		Hd		4.5	MOR, AB, PHR
III	5	D+	1	M^ao	2	H,Hh	P	3.0	COP,GHR
	6	WSo	1	F−		Hd		5.5	PHR
IV	7	Wo	1	FDo		(A)		2.0	
V	8	Wo	1	Fo		A	P	1.0	
	9	Do	7	Fu		(A)			
VI	10	Wo	1	Fo		(A)		2.5	MOR,DV
VII	11	D+	9	M^a.FYo	2	Hd	P	3.0	AG,GHR
VIII	12	W+	1	FM^a.Fr.FCo		A,Na	P	4.5	INC
	13	Dv/+	4	FC.FVo		Ls		3.0	
	14	DdSo	99	FC−		Ad		4.0	PER
IX	15	Wv	1	M^a.C		Hx			AB,PHR
X	16	W+	1	Mpu		(H), Art		5.5	GHR
	17	DdS+	22	F−		Hd,Id		4.0	PHR

구조적 요약

반응영역

Zf	= 15
Zsum	= 51.0
ZEst	= 49.0
W	= 10
D	= 15
W+D	= 15
Dd	= 2
S	= 5

DQ	
+	= 6
o	= 9
v/+	= 1
v	= 1

결정인

혼합	단일
M.CF	M = 4
M.FY	FM =
FM.Fr.FC	m =
FC.FV	FC = 1
M.C	CF =
	C =
	Cn =
	FC′ =
	C′F =
	C′ =
	FT =
	TF =
	T =
	FV =
	VF =
	V =
	FY =
	YF =
	Y =
	Fr =
	rF =
	FD = 1
	F = 6
	(2) = 3

반응내용

H	= 2
(H)	= 1
Hd	= 4
(Hd)	= 1
Hx	= 1
A	= 3
(A)	= 3
Ad	= 1
(Ad)	=
An	=
Art	= 1
At	=
Bl	=
Bt	=
Cg	=
Cl	=
Ex	=
Fd	=
Fi	=
Ge	=
Hh	= 1
Ls	= 1
Na	= 1
Sc	=
Sx	=
Xy	=
Id	= 2

접근방식

카드:	위치
I	W.D.WS
II	WS
III	D.WS
IV	W
V	W.D
VI	W
VII	D
VIII	W.D.DdS
IX	W
X	W.DdS

특수점수

		Lv1	Lv2
DV	=	1x1	x2
INC	=	1x2	x4
DR	=	x3	x6
FAB	=	x4	x7
ALOG	=	x5	
CON	=	x7	
Raw Score6	= 2		
Wgtd Sum6	= 3		

AB	= 2	GHR	= 5
AG	= 1	PHR	= 4
COP	= 1	MOR	= 2
CP	=	PER	= 1
		PSV	=

형태질

	FQx	MQual	W+D
+	=	=	=
o	= 9	= 3	= 9
u	= 3	= 2	= 3
−	= 4	= 1	= 2
none	= 1	= 1	= 1

비율, 백분율, 산출한 점수

R = 17	L = 0.55	
EB = 7:4.0	EA = 11.0	EBPer = 1.8
eb = 1:2	es = 3	D = +3
	Adj es = 3	Adj D = +3
FM = 1	SumC′ = 0	SumT = 0
m = 0	SumV = 1	SumY = 1

FC:CF+C	= 3:2
Pure C	= 1
SumC′:WSumC	= 0:4.0
Afr	= 0.55
S	= 5
Blends:R	= 5:17
CP	= 0

COP = 1	AG = 1
GHR:PHR	= 5:4
a:p	= 6:2
Food	= 0
Sum T	= 0
Human Cont	= 8
Pure H	= 2
PER	= 1
Iso Index	= 0.18

a:p	= 6:2
Ma:Mp	= 5:2
2AB + Art + Ay	= 5
MOR	= 2

Sum6	= 2
Lv2	= 0
Wsum6	= 3
M−	= 1
Mnone	= 1

XA%	= 0.71
WDA%	= 0.80
X−%	= 0.24
S−	= 4.00
P	= 5.00
X+%	= 0.53
Xu%	= 0.18

Zf	= 15
W:D:Dd	= 10:5:2
W:M	= 10:7
Zd	= +2.0
PSV	= 0
DQ+	= 6
DQv	= 1

3r+(2)/R	= 0.35
Fr+rF	= 1
SumV	= 1
FD	= 1
An+Xy	= 0
MOR	= 2
H:(H)+Hd+(Hd)	=2:6

PTI= 0	DEPI= 5	CDI = 1	S−Con = 3	HVI = Yes	OBS=No

구조적 요약: 상단부

구조적 요약의 두 번째 단계는 앞의 예처럼 구조적 요약표의 상단부에 각 기호의 빈도를 기록하는 것이다.

위치 반응영역과 관련해서 세 가지 사항을 기록해야 한다: (1) 조직활동, (2) 반응영역 기호, (3) 발달질.

a. 조직활동 조직활동에서는 3가지 항목을 채점한다: 첫째, Z반응의 수, 즉 Z빈도(Zf)를 기록한다. 두 번째로 가중치를 부여한 Z점수의 총합(Zsum)을 계산한다. 마지막으로 〈표 9-1〉을 근거로 추정한 가중치 Zsum(Zest)를 구한다. Zest는 표에서 Zf에 해당하는 값이다. 앞의 예에서 Zf가 15이므로 이에 해당하는 Zest는 49.0이다.

〈표 9-1〉 최적의 ZSum값 추정(Zf를 아는 경우)

Zf	Zest	Zf	Zest	Zf	Zest	Zf	Zest	Zf	Zest
1	–	11	34.5	21	70.0	31	105.5	41	141.0
2	2.5	12	38.0	22	73.5	32	109.5	42	144.5
3	6.0	13	41.5	23	77.0	33	112.5	43	148.0
4	10.0	14	45.5	24	81.0	34	116.5	44	152.0
5	13.5	15	49.0	25	84.5	35	120.0	45	155.5
6	17.0	16	52.5	26	88.0	36	123.5	46	159.0
7	20.5	17	56.0	27	91.5	37	127.0	47	162.5
8	24.0	18	59.5	28	95.0	38	130.5	48	166.0
9	27.5	19	63.0	29	98.5	39	134.0	49	169.5
10	31.0	20	66.5	30	102.5	40	137.5	50	173.0

b. 영역기호 기본적인 영역기호 각각의 빈도를 계산한다. S반응의 빈도도 계산해야 한다. S반응은 다른 영역기호인 W, D, Dd와 분리해서 그 빈도를 계산한다.

c. 발달질 반응영역에 관계 없이 발달질 기호 각각의 빈도를 계산한다.

결정인 결정인이 혼합된 경우를 제외하고는 각각 따로 기록한다. 혼합반응은 혼합반응란에 기록하고 혼합반응에 포함시킨 결정인들은 단일결정인의 빈도계산에 포함시키지 않는다.

형태질 형태질은 3가지 종류가 있다. 첫째, FQx(Form Quality Extended)는 형태를 사용한 모든 반응을 포함한다. 네 가지 수준이 있으며 각 수준별로 빈도를 계산해야 하며, 이에 더하여 형태를 사용하지 않은 반응의 빈도도 계산해야 한다.

둘째, MQual(Human Movement FQ)이다. 이것은 모든 인간운동반응의 형태질의 빈도를 나타낸다. 셋째, W+D(Common Area FQ)이다. 이것은 W나 D영역을 사용한 모든 반응들의 FQ빈도를 나타낸다.

내용 내용범주는 27가지 유목을 포함하고 있다. 각 항목별로 일차 반응이든 이차 반응이든 해당 항목의 빈도의 합을 기록한다.

접근방식 요약 구조적 요약의 오른쪽 상단에는 수검자가 선택한 반응영역의 순서를 그대로 기록한다. 예컨대, Ⅰ번 카드에서 첫 번째 반응은 전체반응(W), 두 번째 반응은 부분반응(D), 세 번째 반응은 전체반응과 공간반응이 혼합(WS)되어 있다면 W, D, WS로 기록한다.

특수점수 마지막 부분에는 15개 특수점수 각각의 빈도를 기록한다. 여기서 두 가지 점수를 계산한다. 첫째, 여섯 개의 특수점수의 원점수의 합을 구한다(Raw Sum6). 이것은 수준 1과 수준 2의 DV, INCOM, DR, FABCOM의 빈도에 ALOG, CONTAM의 빈도를 더한 값이다. 두 번째는 6개 특수점수의 원점수에 가중치를 곱하고 더해서 WSUM6(Weighted Sum)에 기록한다. 6개 특수점수에 대한 가중치 계

산은 다음과 같다:

$$\text{WSUM6}=(1)\times\text{DV}+(2)\times\text{DV2}+(2)\times\text{INCOM}+(4)\times\text{INCOM2}+(3)\times\text{DR}+(6)\times\text{DR2}+(4)\times\text{FACOM}+(7)\times\text{FACOM2}+(5)\times\text{ALOG}+(7)\times\text{CONTAM}$$

구조적 요약: 하단부

자료들의 빈도를 계산한 후 이를 사용하여 구조적 요약 하단부에 7개 자료영역을 구성하게 된다. 어떤 항목은 하나 이상의 영역에 포함되기도 한다. 가장 아랫부분에 6개의 특수지표(PTI, DEPI, CDI, S-CON, HVI, OBS)가 있고 이 특수지표는 이 장의 마지막 페이지에 제시되어 있는 Constellations Worksheet를 사용해서 계산한다.

핵심영역 핵심영역(Core Section)은 구조적 요약 하단부 좌측 상단에 있는데, 16가지 항목을 기록한다. 그중 7가지는 빈도를 계산한 것인데, 전체 반응수를 나타내는 R과 FM, m, SumC′, SumT, SumV, SumY이다. 이 중 후반부의 네 개는 하위 유형을 모두 포함한다. 즉, SumC′는 FC′, C′F 와 C′를, SumT는 FT, TF와 T를 모두 포함한다.

나머지 9가지는 비율과 산출한 값을 나타낸다.

1. Lambda, L Lambda는 전체반응에서 순수형태반응이 차지하는 비율이고 심리적 자원의 경제적 사용과 관련이 있다. 계산공식은 다음과 같다:

$$L=\frac{\text{F(순수 형태반응의 수)}}{\text{R−F(전체 반응수−순수 형태반응의 수)}}$$

앞에 제시한 반응기록에서 전체반응수가 17개, 순수형태반응의 수가 6개이므로 L=(6/11)=0.55이다.

2. Erlebnistypus, EB EB는 두 가지 중요한 변인인 인간운동반응(M)과 가중치를 부여한 유채색반응의 합 간의 관계를 나타낸다. 즉, Sum M과 WSumC

(Weighted Sum Color)의 비율이다. WSumC는 각각의 유채색 반응유형에 가중치를 곱해서 계산한다. 이때 색채명명반응(Cn)은 계산에 포함시키지 않는다. 계산공식은 아래와 같다:

$$WSumC = (0.5)\times FC + (1.0)\times CF + (1.5)\times C$$

앞에 제시한 반응기록에서 M 7개, FC 3개, CF 1개, C는 1개이므로 WSumC = (0.5)×(3) + (1.0)×(1) + (1.5)×(1) = 4.0이다. 따라서 EB는 7 : 4.0이다.

3. Experience Actual, EA EA는 개인의 가용자원과 관련이 있는 변인이다. EB의 두 가지 측면인 Sum M과 WSumC를 더하면 된다. 따라서 이 경우에 EA는 7+4.0 = 11.0이다.

4. EB Pervasive, EBPer EBPer는 의사결정에서 EB양식 중 우세한 양식이 있는지를 나타내주는 비율이다. EBPer는 EB에 기초하여 특징적인 양식이 나타나는 경우에만 계산한다. 다음의 세 가지 준거를 적용하여 결정한다. 첫째, EA값이 4.0 이상이어야 한다. 둘째, Lamda값이 1.0보다 작아야 한다. 마지막으로, 즉 EA값이 4.0과 10.0 사이에 있는 경우, 한쪽 EB값이 다른 쪽 값보다 최소한 2.0점 이상이 클 때 또는 EA값이 10.0 이상이면 한쪽 EB값이 다른 쪽 값보다 최소한 2.5이상 클 때 계산한다.

이상의 세 가지 준거에 맞으면 EB의 두 값 중 큰 점수에서 작은 점수를 나눈 것이 EBper 값이 된다. 제시된 예에서, EA=11.0, Lamda=0.55, 그리고 EB의 두 값의 차이는 3.0이다. 따라서 큰 EB값인 7에서 작은 값 4.0을 나누면 값은 1.8이 된다.

5. Experience Base, eb eb는 모든 비인간 운동결정인(FM, m)과 음영 및 무색채 결정인의 관계이다. 이는 수검자가 경험하는 자극(stimulus demand)에 관한 정보를 제공해 준다. Sum FM + m : Sum of SumC′ + SumT + SumY + SumV로 나타낸다.

앞에 제시한 프로토콜에서 FM은 1, m은 0, 차원(SumV)은 1, 음영-확산(SumY)은 1이므로 eb는 1 : 2이다.

6. Experience Stimulation, es eb자료를 근거로 계산한다. 현재 수검자가

경험하는 자극과 관련이 있다. eb를 계산하는 데 포함되는 모든 점수, Sum of FM+ m + SumC′ + Sum T+ SumY+ SumV를 합한 것이다. 따라서 앞의 프로토콜에서 es값은 1+ 2 = 3이다.

7. D Score, D D점수는 EA와 es 간의 관계에 대한 중요한 정보를 제공해 준다. 이 점수는 스트레스에 대한 내성과 통제요소와 관련이 있다. 먼저 두 변인 EA와 es의 원점수 차이(EA−es)를 계산하고 해당되는 기호를 표시한다. 그리고 이 원점수 차이를 표준편차 2.5를 기준으로 한 표준점수(scaled difference score)로 변환시킨다.

따라서 EA−es의 점수 차이가 +2.5~−2.5 범위라면 두 점수 간의 차이는 유의미하지 않고 이때의 D점수는 0이다. EA−es의 원점수 차이가 +2.5보다 크고 2.5점씩 커질 때 D점수는 +1만큼 증가한다. 또한 EA−es의 점수차가 −2.5만큼 적어질 때 −1만큼 감소한다. 〈표 9−2〉는 D점수 환산표이다. 앞에 제시한 프로토콜에서 EA−es는 11.0−3 = +8.0이므로 D점수는 +3이다.

〈표 9−2〉 EA−es, D점수 환산표

(EA−es)값	D점수
+13.0 ~ +15.0	+5
+10.5 ~ +12.5	+4
+8.0 ~ +10.0	+3
+5.5 ~ +7.5	+2
+3.0 ~ +5.0	+1
−2.5 ~ +2.5	0
−3.0 ~ −5.0	−1
−5.5 ~ −7.5	−2
−8.0 ~ −10.0	−3
−10.5 ~ −12.5	−4
−13.0 ~ −15.0	−5

8. Adjusted es, Adj es D점수가 스트레스에 대한 내성과 가용자원에 대한 정보를 제공하지만 이 점수가 상황적 요소의 영향을 받는지를 알아보는 것이 중요하다. 이것을 알아보는 한 가지 방법은 es에서 상황적 현상과 관련 있는 모든 요소들을 제외시키는 것이다. m과 Sum Y에서 각각 1을 뺀 모든 m과 Sum Y값을 더해서 es에

서 빼면 된다. 앞에 제시한 예에서 m결정인은 0이고 Y는 1이다. 따라서 m은 0이고 Y에서 1을 빼면 0이고 더 이상 뺄 것이 없으므로 Adj es는 es와 동일한 3이다.

9. Adjusted D Score, Adj D Adj D점수는 EA−Adj es를 구하여 D점수 환산표에 적용시켜 구한다. 앞에 제시한 예에서 D점수를 구하는 것과 동일한 방식으로 구한다. EA는 11, Adj es는 3이므로 11−3=+8.0이고 이에 해당되는 D점수는 +3이다.

관념영역 관념영역(Ideation Section)은 9가지 항목으로 구성되어 있다. 9개 항목 중 5개는 빈도를 나타내는 것으로 구조적 요약지의 상단에 표시하게 된다. 이들은 MOR, Sum6, 수준 2의 특수점수, M−, 형태가 없는 M반응 등의 빈도를 나타내게 된다. WSum6 역시 계산하여 구조적 요약지의 상단에 기술한다. 나머지 세 개의 항목은 두개는 비율을 나타내고, 나머지 하나는 지표(index)로 이는 다음에 기술되어 있다.

1. Active:Passive Ratio, a:p 이 비율은 관념과 태도의 융통성과 관련이 있다. 왼쪽에는 능동 운동반응(M^a+ FM^a+ m^a)의 총반응수를, 오른쪽에는 수동 운동반응(M^p+ FM^p+ m^p)의 총반응수를 적는다. a−p첨자로 기호화한 운동결정인은 양쪽 모두에 포함시킨다. 앞에 제시한 예에서 a:p는 6:2이다.

2. M Active:Passive Ratio, M^a : M^p 이 비율은 사고특징과 관련이 있다. 인간 운동반응의 능동운동과 수동운동의 비율이다. M^{a-p}는 양쪽 모두에 포함시킨다. 앞에 제시한 예에서 M^a:M^p는 5:2이다.

3. Intellectualization Index, 2AB+(Art+Ay) 이 지표는 특수점수인 AB(Abstract)와 Art 및 Ay 반응내용을 포함한다. 이 지표는 AB의 반응수에 2를 곱하고 Art와 Ay 내용의 반응수를 더해서 구한다. 이때 일차와 이차 반응내용을 모두 포함시킨다. 앞에 제시한 예에서 AB가 2이고 Art가 1이므로 2AB+ (Art+ Ay)는 5이다.

정서영역 정서영역(Affect Section)은 7개의 항목으로 이루어져 있다. 3개는 빈도자료(Pure C, S, CP)이고 이것은 구조적 요약의 상단에 기술하게 된다. 나머지

4개는 비율을 나타내는 것으로 구조적 요약지의 하단에 기술한다.

1. Form-Color Ratio, FC:CF+C 이 비율은 정서조절과 관련이 있다. FC 결정인을 사용한 총반응수와 CF+C+Cn 반응수의 비율이다. EB와 EA에서 Cn을 포함시키지 않고 가중치를 부여해서 WSumC를 사용했던 것과는 달리 이 비율에서는 유채색 결정인의 가중치가 동일하다. 앞에 제시한 예에서 FC는 3개, CF는 1개, C는 1개이다. 따라서 이 비율은 3:2이다.

2. Constriction Ratio, SumC′:WSumC 이 비율은 정서를 지나치게 내면화하는 것과 관련이 있다. SumC′ 결정인(FC′+C′F+C′)을 사용한 총반응수와 WSumC의 비율이다. 앞에 제시한 예에서 C′와 같게 반응은 0, WSumC는 4.0이므로 이 비율은 0:4.0이다.

3. Affective Ratio, Afr 이 비율은 Ⅰ번에서 Ⅶ번 카드까지의 반응수와 나머지 Ⅷ번에서 Ⅹ번 카드까지의 반응수 비율이고 수검자의 정서적 자극에 대한 관심을 나타낸다. 계산 공식은 다음과 같다:

$$\text{Afr} = \frac{\text{카드 Ⅷ, Ⅸ, Ⅹ의 총반응수}}{\text{카드 Ⅰ, Ⅱ, Ⅲ, Ⅳ, Ⅴ, Ⅵ, Ⅶ의 총반응수}}$$

앞에 제시한 예에서 Ⅶ번 카드까지의 반응수는 11이고 마지막 세 카드의 반응수는 6이므로 Afr=(6/11)=0.55이다.

4. Complexity Ratio, Blends:R 이 비율은 혼합반응의 수와 총반응수의 비율이다. 앞에 제시한 예에서 혼합반응이 5개이고 총반응수가 17이므로 5:17이다.

중재영역 중재영역(Mediation Section)은 7개의 항목이 포함된다. 두 개는 반응의 빈도로 점수계열에서 직접 계산할 수 있다. 이 중 하나는 평범반응(P)의 빈도이고 또 하나는 반응영역에서 공간(S)을 사용한 반응 중 마이너스 반응의 수이다. 나머지 5가지는 백분율로 구성되어 있다.

1. Form Appropriate Extended, XA+% 형태 특성을 적절히 사용한 반

응의 비율을 나타내 주는 변인이다. 다음과 같이 계산한다:

$$XA\% = \frac{\text{FQ가 +, o, u인 반응의 합}}{R}$$

앞에 제시한 예에서 반응 수는 17개이고, +반응은 0개, ordinary가 9개, 그리고 unsual이 3개이므로, 이들의 합은 12개가 된다. 12를 17로 나누면, XA%는 0.71이다.

2. Form Appropriate-Common Areas, WDA% 이 변인은 W와 D영역을 사용한 반응들 중에서 형태 특성을 적절히 사용한 반응의 비율을 나타낸다. 다음과 같이 계산한다:

$$WDA\% = \frac{\text{W+D반응 중 FQ가 +, o, u인 반응의 합}}{\text{W+D 반응의 합}}$$

앞에 제시한 예에서 W와 D를 반응영역으로 사용한 반응은 15개이다. 이 중 12개의 FQ가 o 혹은 u이다. 12를 15로 나누면 WDA%는 0.80이 된다.

3. Distorted Form, X-% 반점의 특징과 맞지 않게 형태를 사용한 비율을 나타낸다. 다음과 같이 계산한다:

$$X-\% = \frac{\text{Sum FQx}-}{R}$$

앞에 제시한 예에서는 반응 수는 17이고, FQx−=4이므로 X−%는 0.24이다.

4. Conventional Form Use, X+% 일상적인 대상을 지각한 반응 중 형태 특징을 적절하게 사용한 비율을 나타낸다. 다음과 같이 계산한다:

$$X+\% = \frac{\text{Sum FQx + and o}}{R}$$

앞에 제시한 예에서 +반응은 없었고, ordinary 반응은 9개 이므로 X+%는 0.53이다.

5. Unusual Form Use, Xu% 윤곽을 적절히 사용했지만 비관습적으로 사용한 반응의 비율이고 다음과 같이 계산한다:

$$Xu\% = \frac{\text{Sum FQxu}}{R}$$

앞에 제시한 예에서 FQxu=3이므로 Xu%는 0.18이다.

처리영역 처리영역(Processing Section)은 7가지 항목이 있다. 이 중 네 가지 빈도자료(Zf, PSV, DQ+ , DQv)로 구조적 요약지의 상단에 기술한다. 나머지 세 가지 항목 중 두 가지는 관계를 나타내고 마지막 하나는 차이 점수를 나타낸다.

1. **Economy Index, W:D:Dd** W반응수, D반응수, Dd반응수의 비율이다.
2. **Aspirational Ratio, W:M** W반응수와 M반응수의 비율이다.
3. **Processing Efficiency, Zd** Zd는 ZSum에서 Zest를 뺀 값이다. 앞에 제시한 예에서 ZSum은 51.0, Zest는 49.0이므로 Zd는 + 2.0이다.

대인관계영역 대인관계영역(Interpersonal Section)은 10개의 항목으로 구성되어 있다. 이 중 5개(COP반응 수, AG반응 수, Fd 내용반응의 수, 순수 H반응의 수, PER 특수점수의 빈도)는 직접 구조적 요약지 상단에 기입한다.

여섯 번째 항목은 GHR:PHR의 관계를 나타내는 것으로, 구조적 요약지 상단의 왼쪽에 GHR의 값을 오른쪽에 PHR의 값을 기입한다. 일곱 번째 항목인 Sum T는 Core Section에서, a:p의 비율은 관념영역에서 찾아 기입하면 된다. 나머지 두 항목은 간단하게 계산하면 된다.

1. **Interpersonal Interest, Human Cont.** 이 항목은 인간에 대한 관심에 관한 정보를 제공해 준다. 이 항목은 다음과 같이 계산 한다.

Human Cont = H+ (H)+ Hd+ (Hd)의 합(Hx는 포함하지 않는다.)

예로 제시한 프로토콜에서 2H, 1(H), 4Hd, 1(Hd)이므로 Human Cont=8이 된다.

2. **Isolation Index, Isolate/R** 이 지표는 사회적 고립과 관련되어 있다. 식물, 구름, 지도, 풍경, 자연 등 다섯 가지 내용범주를 포함하며, 두 가지 내용범주는 2배로 계산한다.

$$\text{Isolate/R} = \frac{\text{Bt} + 2\text{Cl} + \text{Ge} + \text{Ls} + 2\text{Na}}{\text{R}}$$

앞에 제시한 예에서 Ls와 Na가 각각 1개이므로 가중치의 합은 3이며, 이를 반응수로 나누면 0.18이다.

자기지각영역 자기지각영역(Self Perception Section)은 7개의 항목으로 구성되어 있으며, 이 중 4개는 구조적 요약지 상단에 있는 빈도 또는 빈도의 합이다. 4개의 빈도자료는 Fr+rF반응의 합, FD반응수, MOR을 포함하고 있는 특수점수의 빈도, An 또는 Xy를 포함하고 있는 반응수이다. 다섯 번째 항목인 SumV는 핵심영역에 기록되어 있다.

여섯 번째 항목은 H:(H)+Hd+(Hd)의 비율이다. 제시된 프로토콜에서 순수 H 반응은 2개이고, 나머지 유형의 인간반응들은 6개이므로 비율은 2:6이다.

일곱 번째 항목은 다음과 같이 계산한다.

1. Egocentricity Index, 3r+(2)/R 자존감(self esteem)과 관련이 있는 지표로 전체 반응기록에서 반사반응과 쌍반응의 비율이다. 하나의 반사반응과 3개의 쌍반응이 같도록 하기 위해 반사반응에 가중치를 부여하여 아래와 같이 계산한다:

$$3\text{r}-(2)/\text{R} = \frac{3 \times (\text{Fr}+\text{rF}) + \text{Sum}(2)}{\text{R}}$$

앞에 제시한 예에서 1개의 반사반응과 3개의 쌍반응이 포함되어 있으므로 이 지표의 값은 ((3)×1+3)/17=.35이다.

특수지표 구조적 요약의 맨 아래에는 Perceptual-Thinking Index(PTI), Depression Index(DEPI), Coping Deficit Index(CDI), Suicide Constellation(S-CON), Hypervigilance Index(HVI), Obsessive Style Index(OBS) 등 여섯 가지 특수 지표가 있다. 이 지표들은 뒷장의 Constellation Worksheet에 제시하였다. 그리고 각각의 지표에 positive로 체크한 것은 구조적 요약의 지표에 체크해야 한다. 앞에 제시한 예에서는 HVI와 OBS 지표가 체크되어 있다.

어린이의 프로토콜을 기록할 때는 4가지 변인에 있어서 절단점이 연령에 따라 교정되어 있음을 주의해야 한다. PTI에서 하나(WSum 6), 또 하나는 DEPI에서 3r+ (2)/R, 그리고 DEPI와 CDI에서 Afr 각각이다. 각 내용은 Constellation Worksheet에서 *로 표시되어 있으며, 연령별 절단점은 다음의 표에 기록되어 있다.

Egocentricity Index의 연령교정		
연령	3r+ (2)/R가 아래보다 작을 경우 유의미	3r+ (2)/R가 아래보다 클 경우 유의미
5	.55	.83
6	.52	.82
7	.52	.77
8	.48	.74
9	.45	.69
10	.45	.63
11	.45	.58
12	.38	.58
13	.38	.56
14	.37	.54
15	.33	.50
16	.33	.48

WSum6 연령교정	
R이 17 이상인 경우	
5~7세 WSum6	>20
8~10세 WSum6	>19
11~13세 WSum6	>18
R이 17 보다 작은 경우	
5~7세 WSum6	>16
8~10세 WSum6	>15
11~13세 WSum6	>14

Affective Ratio의 연령교정	
5와 6세 Afr	< .57
7부터 9세 Afr	< .55
10부터 13세 Afr	< .53

Constellation Worksheet

S-Constellation(Suicide Potential):

□ 8개 이상 해당될 경우 체크
주의: 14세 이상의 수검자에게만 적용

- □ FV+VF+V+FD>2
- ■ Color-Shading Blends>0
- □ 3r+(2)/R<.31 or>.44
- □ MOR>3
- □ Zd>+3.5 or Zd<-3.5
- □ es>EA
- □ CF+C>FC
- ■ X+% < .70
- ■ S>3
- □ P < 3 또는 P>8
- □ Pure H < 2
- □ R < 17

PTI(Perceptual-Thinking Index):

- □ XA%<.70) and WDA%<.75
- □ X-%>.29
- □ LVL2>2 and FAB2>0
- *□ R<17 and WSUM6>12
  OR R>16 and WSUM6>17
- □ M->1 OR X-%>.40

0 Sum PTI

DEPI(Depression Index):

■ 5개 이상 해당될 경우 체크

- ■ (FV+VF+V>0) OR (FD>2)
- ■ (Col-Shd Blends>0) OR (S>2)
- *□ (3r+(2)/R>.44 and Fr+rF=0)
  OR 3r+(2)/R < .33)
- *□ (Afr<.46) OR (Blends<4)
- ■ (Sum Shading>FM+m) OR (SumC′ >2)
- ■ (MOR>2) OR (2×AB+Art +Ay>3)
- ■ (COP<2) OR
  ([Bt+2×Cl+Ge+Ls+2×Na]/R>.24)

CDI(Coping Deficit Index):

□ 4개 또는 5개 이상이면 체크

- □ (EA<6) OR (AdjD<0)
- ■ (COP<2) and (AG<2)
- □ (Weighted Sum C<2.5) OR *(Afr<.46)
- □ (Passive>Active+1) Or (Pure H<2)
- □ (Sum T>1)
  OR (Isolate/R>.24)
  OR (Food>0)

HVI(Hypervigilance Index):

■ 1번을 만족시키고 아래 7개 중 최소한 4개가 해당될 경우 체크

- ■ (1) FT+TF+T=0

- ■ (2) Zf>12
- □ (3) Zd>+3.5
- ■ (4) S>3
- ■ (5) H+(H)+Hd+(Hd)>6
- ■ (6) (H)+(A)+(Hd)+(Ad)>3
- ■ (7) H+A : Hd+Ad<4 : 1
- □ (8) Cg>3

OBS(Obsessive Style Index):

- □ (1) Dd>3
- ■ (2) Zf>12
- □ (3) Zd>+3.0
- □ (4) Populars>7
- □ (5) FQ+ > 1

□ 한 가지 이상 해당될 경우 체크

- □ (1)~(5) 모두 해당
- □ (1)~(4) 중에서 2개 이상이 해당되고 FQ+>3
- □ (1)~(5) 중에서 3개 이상이 해당되고 X+%>.89
- □ FQ+ > 3 AND X+%>.89

*주의: 아동의 경우 교정점수를 적용

RORSCHACH

제 2 부

작업도표와 기술통계

제 10 장
작업도표

이 장에는 두 개의 표가 제시되어 있는데, 그중 하나는 반응기호를 결정할 때 자주 사용하는 표이다. 자주 사용하는 표는 〈표 A〉로 10장 카드 각각의 D반응과 Dd부분 반응의 영역들을 번호를 붙여 나타내주고 있다. 즉, 카드별 영역과 반응목록들이 제시되어 있다. 4장에서 다루었던 빈도 및 판단기준에 따라 각각의 반응을 o(ordinary), u(unusual) 또는 −(minus)로 기호화하여 예시하였다.

〈표 A〉의 반응목록은 빈도기준에 맞지 않았던 205,000개의 반응의 일부만 선택하였으므로 이를 포함시키거나 기초 자료에서 제외시킨 정신병적 또는 정신분열병적 기록의 −반응을 추가시키면 더 길어질 것이다. 실제로 매우 많은 −반응들 중 대부분은 전형적으로 500개의 반응기록에서 한 번 나타날 정도로 그 빈도가 매우 낮다. 이러한 반응들을 포함시키면 표의 길이가 너무 길어져서 기호화에 아무런 도움이 되지 않을 것이다. 따라서 W와 D반응은 그 빈도가 4번 이상, Dd반응은 3번 이상인 −반응만 포함시켰다.

〈표 B〉는 형태특성을 매우 자세하게 표현한 반응으로 FQ+ 로 기호화해야 하는 반응들의 예이다. 4장에서 이미 지적하였듯이 FQ+ 기호를 결정할 때 어느 정도 주관적 판단이 개입된다. + 로 기호화하는 반응은 형태특징을 지나치게 세부적으로 표현한 반응들로 이는 수검자의 창조적인 면을 반영하거나 또는 형태를 좀 더 정확하게 기술하려는 태도를 반영해 준다. 〈표 B〉에서 구체적인 형태요소를 덜 강조한 반응은 o로 기호화한다. 이 표에 제시한 각각의 반응들은 수검자가 필요 이상으로 형태를 정교화시킨 것으로 더 정확하게 세밀하게 표현한 반응들이다.

+기호는 필요한 요건을 충족시키는 반응에만 제한하여 기호화하고 형태를 덜 정교하게 표현한 반응은 o로 기호화한다는 것이 중요하다. 이것은 경험적으로 설정한 규칙이다. 기초자료에 포함된 많은 반응들 중에서 특이하게 형태를 정교화시켰기 때문에 +로 기호화한 반응들은 o기호화 기준도 충족시키는 반응이다. 일부의 일상적이지 않은 반응들, 즉 u로 채점하게 되는 반등들도 매우 창조적이고, 또 형태특징을 매우 정교하게 표현한 것들이 있을 수 있다. 하지만 이러한 경우 u반응에는 FQ를 기호화할 때 +기호를 주지 않는다. 이 기호는 반응이 관습적인지 아닌지의 정도를 반영하는 X+%와 Xu%를 계산할 때도 분명하게 구별해 준다.

어떤 검사자들은 FQ가 u인 반응이 더 정교한 형태를 포함하고 있을 경우 특별히 u/+로 기호화해서 형태가 우수하게 사용되고 있다는 것을 나타내려고 할 수 있다. 이러한 특별한 기호는 한 기록에서 하나 이상 있으면 해석적 가치가 있다. 그러나 u/+로 기호화했다고 하더라도 구조적 요약에서는 u로 계산한다.

〈표 A〉의 사용법 넓은 의미에서 보면 〈표 A〉는 반응을 채점하는 데 있어 적절한 형태질을 가지고 있는지 여부를 결정하는 데 기본적인 정보를 제공해 준다. 모든 반응을 두 가지, 즉 하나는 적절한 형태를 사용한 것(good fit)과 부적절하게 형태를 사용한 것(poor fit)으로만 나누어 구분한다면 상당히 단순하고 명료할 것이다. 로르샤하는 자신의 연구에서 이러한 접근방법을 사용하였고, 로르샤하 검사 개발에 상당히 영향을 준 몇 명의 뛰어난 연구자들도 이 방법을 사용하였다. 종합체계에서는 기본적으로 좋은 형태와 나쁜 형태를 나누는 것에 더하여, 한 단계를 더 추가하여 지각 과정, 중재과정에 좀 더 많은 정보를 얻고자 하였으며, 이것이 인지 기능에 미치는 영향에 대하여서도 살펴보았다. 이 두 번째 단계에서는 형태가 적절히 사용되었는지 여부에 초점을 맞추었다. 이 단계의 목표는 형태가 일상적인(ordinary) 모습으로 사용되었는지, 아니면 일상적이지 않은(unusual) 형태로 사용되었는지를 구별해내는 것이다.

〈표 A〉에 포함되어 있는 목록은 상당히 광범위하지만, 대부분의 반응에서 FQ를 결정하는 것은 어려운 일이 아니다. 하지만 어떤 문항은 반응의 구체적인 면이 유사하여 포함시키지 않은 것도 있다. 수검자가 보고한 반응영역이 〈표 A〉에 기록된 반응영역에 반응이 포함되어 있지 않다면 신중하게 그러나 합리적으로 보외법을 적용해서 판단하는 것이 필요하다.

어떤 경우에는 보외법을 쉽게 적용할 수 있다. 예컨대, 카드 Ⅷ의 D1영역을 '한 마리의 퓨마' (cougar)라고 할 수 있다. 〈표 A〉를 찾아보면 D1영역에 대해 여러 가지 동물이름이 제시되어 있지만 '퓨마' 는 포함되어 있지 않다. 그러나 '동물', o라고 표시되어 있는 하단에는 D1윤곽과 일치하는 다리가 네 개인 동물이라고 기록되어 있다. 또 수검자들이 흔히 보고하는 동물인 '고양이' 도 기록되어 있다. 따라서 이를 감안하여 보외법을 적용하면 '퓨마' 를 o로 기호화할 수 있다.

보외법을 적용시키기 위해서 다소 힘이 들고 적절한 논리가 뒤따라야 할 경우도 있다. 예컨대, 카드 Ⅸ의 D6영역에 대해 "체리, 네 개의 체리" 하고 반응할 수 있다. 그런데 표에는 이 영역에 대한 반응목록 중에서 "체리"는 포함되어 있지 않다. 이 경우 D6의 반응목록 중에서 체리와 유사한 반응이 있는지를 먼저 찾아본다. 목록 중에서 최소한 세 가지 반응, 즉 사과, 무, 나무딸기가 체리반응과 유사하지만 모두 FQ기호가 다르다. 사과는 o이지만 무와 나무딸기는 u이다. 여기서 채점자는 FQ기호를 결정하려고 할 수 있으나 최종결정을 내리기 전에 한 단계를 더 거쳐야 한다. 수검자가 D6영역에 대해 '네 개의 체리' 라고 반응했고, D6영역은 D4의 영역을 포함하고 있으므로 D4반응목록을 검토해야 한다. 마찬가지로 D4의 반응목록에 '체리' 가 포함되어 있지 않고 '사과' 와 '나무딸기' 가 o로 기록되어 있으므로 채점이 더 복잡해진다.

따라서 네 개의 '체리' 를 u 또는 o 중 어느 것으로 기호화해야 할지를 결정해야 한다. 이 경우 어떤 채점자는 구체적으로 접근하여 D4 또는 D6 반응목록에 '체리' 가 포함되어 있지 않으므로 u라고 기호화할 것이고 또 어떤 채점자는 융통성을 발휘하여 '체리' 는 작은 사과와 비슷하고 나무딸기와도 닮았으므로 o로 기호화하는 것이 더 적절하다고 볼 것이다. 앞에서 '퓨마' 라는 반응에 대해 적용한 보외법 논리를 따른 후자의 채점이 더 정확하다. 즉, 수검자의 반응이 반응목록에 포함되어 있지 않는 반응일 경우 반응목록을 검토해서 그 반응과 유사한 반응이 있다면 그것과 동일하게 기호화하는 것이 적절한 방법이다.

반대로 수검자가 보고한 대상의 형태가 표에 기록되어 있는 구체적인 대상과 다르다면 FQ채점기준에서 유도한 다음 원리들을 적용해야 하고 이 과정에서 어느 정도 검사자의 주관이 개입될 소지가 있다:

(1) 구체적인 대상이 포함되어 있지 않고 보외법도 쉽게 적용할 수 없다면 다음 두 원리 중 하나를 적용해서 u 또는 −로 기호화한다.
(2) 구체적인 대상이 포함되어 있지 않고 보외법도 적용할 수 없지만 그 대상을 빨리, 쉽게 알아볼 수 있고 윤곽의 왜곡이 심하지 않으면 u로 기호화한다.
(3) 구체적인 대상이 포함되어 있지 않고 보외법도 적용할 수 없고 그 대상을 지각하기 어렵거나 전혀 지각할 수 없다면 −로 기호화한다.

앞에서 '체리' 라는 반응에서 지적하였듯이 보외법을 적용하여 결정하기 전에 다른 영역의 반응목록도 검토해 볼 필요가 있다. 예컨대, 한 반응에 두 가지 또는 세 가지의 해부학적 대상이 포함되어 있을 수 있다. 전체영역에 대한 해부반응의 FQ기호는 '불특정' (unspecified)이라고 기록되어 있다. 이 경우에는 각각의 구체적인 해부학적 대상을 나타내기 위해 사용한 영역목록을 검토해서 그 대상에 적절한 기호가 있는지 결정해야 한다.

4장에서 언급된 바와 같이 반응에 여러 대상이 포함되어 있고 각각의 대상을 나타내기 위해 여러 영역을 사용했다면 포함된 모든 영역의 FQ기호를 찾아야 한다. 그 결과 여러 수준의 FQ기호로 기호화할 수 있고 가장 낮은 수준의 대상이 전체반응에서 중요한 대상이라면 가장 낮은 수준의 FQ기호를 선택하여 채점한다. 예컨대, 카드 II의 D1영역은 '곰' 이 평범반응이고 형태를 정교화시킨 정도에 따라 o 또는 + 로 기호화한다. 그러나 "두 마리의 곰들(D1)이 빨간색 꽃(D3) 뒤에 서 있다." 고 반응했다면 〈표 A〉에서 '꽃' 은 u로 표시되어 있기 때문에 FQ기호는 u이다. 그러나 FQ수준이 가장 낮은 대상이 전체 반응에서 실제로 중요한 대상인지, 아니면 단순한 부가 반응인가를 판단하기 위하여는 주의 깊게 살펴보는 것이 필요하다.

수검자가 카드를 회전시켰을 경우 그 방향을 나타내기 위해 <, ∧, >기호를 사용한다. 이러한 기호가 다음 반응에 없다면 카드의 윗부분을 위로 하고 보았거나 수검자가 보고한 대상이 보통 카드를 바로 두고 기술하는 방식으로 말했을 경우에만 FQ 기호화가 적절하다.

〈표 A〉 카드별 D와 Dd영역, 평범반응 및 Z값; 반응영역별 반응종류와 형태질 기호

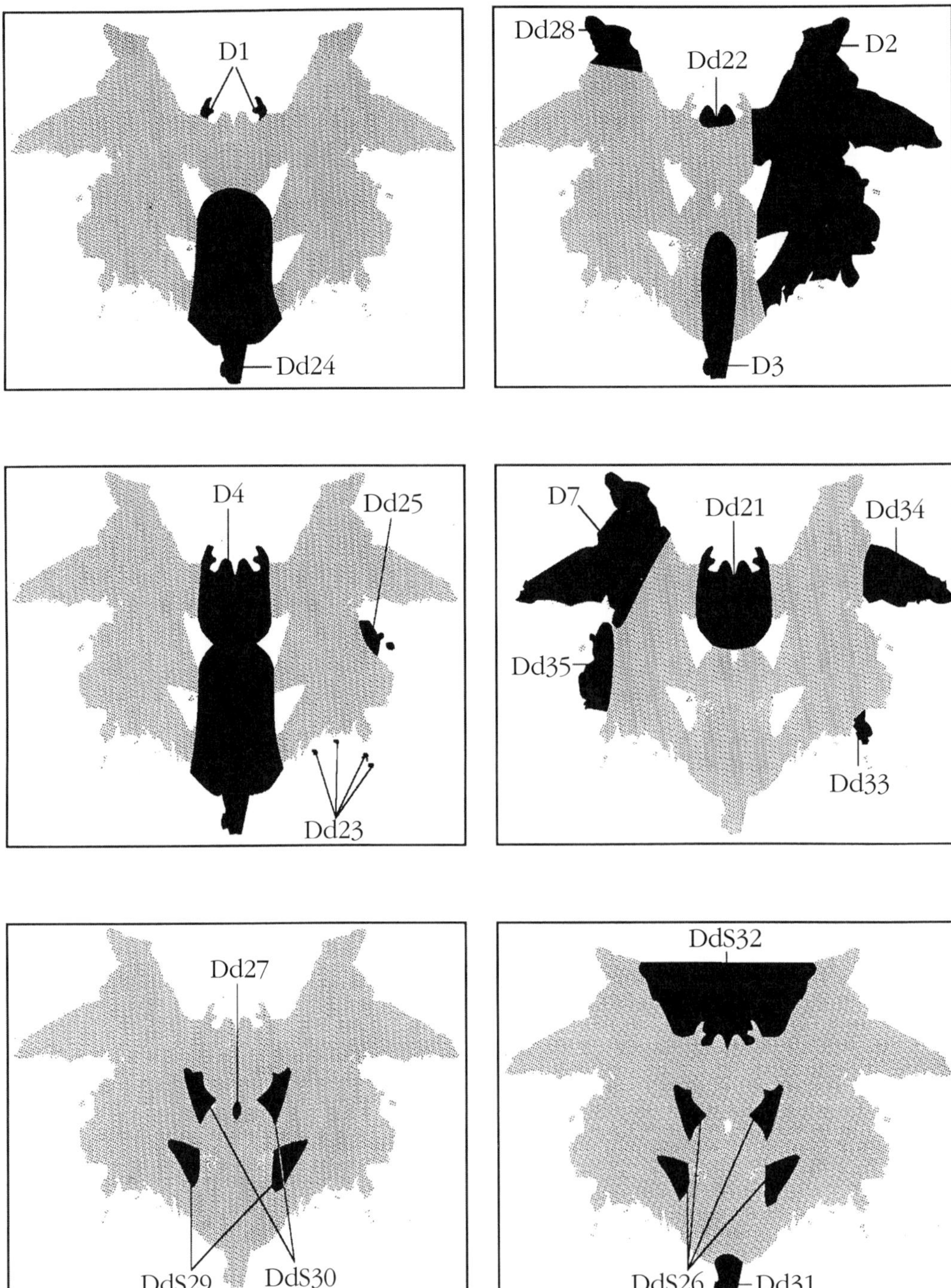

[그림 10-1] 카드 I의 D와 Dd영역

CARD I

평범반응: 반점 전체를 박쥐 또는 나비로 반응한 경우

Z값: W = 1.0 인접부분 = 4.0 비인접부분 = 6.0 공간반응 = 3.5

W

–	가슴, 흉곽
u	가재
u	각다귀, 모기
–	갈매기형 견장(chevron)
–	감귤나무
u	문장 또는 장식을 한 옷(coat of arms)
–	개구리
–	개미
–	개미핥기
–	개코원숭이
–	거미
u	게
–	계란
–	고기
–	고양이
u	누에고치(날개를 가진 곤충이 나오는)
–	곤충(날개 없는)
o	곤충(날개 달린)
–	곤충(불특정, 날개 없는)
–	골격(불특정)
o	골반(뼈)
–	곰
u	어깨망토(cape)
u ∨	괴물
u	구름(들)
–	그물
–	기구(氣球)
u ∨	기차(D4가 버팀대로 가로지르는)
–	깃발
o	까마귀
–	바이올린
–	꼬마요정
–	꿈
–	나무, 목재(wood)
–	나무(tree)
–	눈송이
–	대바구니
o	잎
o	나방
o	나비
–	날개다랑어
o	디스크(해부)
u	노 젓는 사람(보트)
–	뇌
–	뇌(위에서 본 모습)
u	뇌(단면도)
–	늑골, 갈비뼈
–	다리(인공의)
u	다리(자연의)
–	항아리, 단지
–	담요
–	닻
–	대구(魚)
o	무용수(D4를 의상 또는 망토)

W(계속)

–		도로지도
o		독수리
u	∨	둥근 지붕(dome)
u	∨	동굴(앞에서 본 모습)
u		동물(날개 달린, 불특정)
–		동물(주의: 곰, 고양이, 개, 사자 등과 같이 날개나 지느러미가 없는 동물)
–		둥지
u		드라큘라
u	∨	드릴프레스
u		딱정벌레(날개 달린)
u	∨	뗏목배(앞에서 본 모습)
u		다람쥐(날으는)
u		돌(조각된)
–		램프
u		로봇
u	∨	로켓선
o		마녀(둘 또는 세 명)
–		마차(2륜 경마차)
u		말벌
u	∨	머리(모양을 갖춘)
o	∨	머리장식
u		먼지(얼룩)
u		먼지, 쓰레기
u		메두사
–		멜론
u		모기
u	∨	눈내린 꼭대기(cap, snow)
o	∨	모자(여자용)머리(얼굴을 보라)
–		목
–		목뼈
u		무늬, 도안
–		문
o		가면(주의: 여러 동물들의, 핼러윈, 파티, 주술에서 사용되는 가면, 괴물의 가면)
–		물탱크
–		미제 자동차 플리머스의 문장
–		민들레
–		바다 거북이
o		바다동물(D2나 Dd34를 지느러미로 반응)
–		바닷가재
u	∨	바위
–		버클(허리띠)
o		박쥐
–		배
–		배(바닥이 평평한 보트, keel)
o		배지
–		밸브
u		벌
o		벌레(날개 달린)
o		벌레(산산조각난)
–		벌집(곤충)
–		범선, 요트
u		벼룩
–		보트(지붕이 없는 작은 배)
–		복부
–		분화구
–		불
–		비행기(위에서 본)
u		비행기(앞에서 본)
u	∨	빌딩
u		뼈(해골)
u	∨	산
u		산호

W(계속)

o 휘장(emblem)
o 새
u ∨ 새(선사 시대의)
o ∨ 샘
o ∨ 샹들리에
u 석탄(조각)
– 선인장
– 선풍기
u 섬
u ∨ 성(城)
– 세탁기
– 소떼
o 소녀(들)(춤을 추거나 원형을 이룬)
– 소리굽쇠
u 솜털(조각)
– 송곳, 드릴
u 숯, 재
– 숲
– 스토브(난로)
– 스폰지
– 스프링(금속)
– 시계
– 깔개(현관문 앞의, mat)
– 콩팥(들)
– 신체
– 신체(분리된)
– 씨앗
u 아메바
u 악마(망토를 걸친, 날개 달린)
u 안개
– 양치류 식물
u ∨ 언덕얼굴(주의: 대부분의 얼굴반응은 o 또는 u이고, Dd34는 귀, DdS29와 DdS30은 눈과 입, 반응내용은 (Hd), Ad 또는 (Ad)이지만 반점의 윤곽과는 일치하지 않음. 아래에 있는 것들이 그 예임)
u 얼굴, 개
– 얼굴, 개미
o 얼굴, 고양이
u 얼굴, 곤충(불특정)
– 얼굴, 곤충(구체적)
u 얼굴, 곰
u 얼굴, 괴물(작은 악마, 외계인)
o 얼굴, 늑대
u 얼굴, 뿔 달린 동물
o 얼굴, 동물(불특정)
u 얼굴, 로봇
u 얼굴, 마녀
– 얼굴, 말
– 얼굴, 물고기
– 얼굴, 미국 너구리
– 얼굴, 바다 거북이
u 얼굴, 벌레
– 얼굴, 새
o 얼굴, 여우
– 얼굴, 염소
– 얼굴, 인간
u 얼굴, 젖소
u 얼굴, 쥐
u 얼굴, 토끼(늘어진 귀)
u 얼굴, 해골(동물)
– 얼굴, 해골(인간)
o 얼굴, 호랑이
– 얼음
o 여자(날개 달린, 망토를 걸친)

W(계속)

u 연(kite)
u 예술(추상적)
u 오리-오스트레일리아(지도)
o 오페라가수(둘 또는 세 명)
– 올빼미
– 드레스
o ∨ 왕관
u 망토(cloak)
– 요리(Pau)
– 요트
u 용(대개는 날개 달린)
– 우거진 잎
– 우리(cage)
u ∨ 우주선
– 웃음
– 원주판
u ∨ 원형 천막
– 젖가슴
– 양탄자, 깔개
– 음식
– 음표(음악)
– 음핵, 클리토리스
– 인간
o 인간(날개 달린, 망토를 걸친)
u 인간(두 사람이 마주보는)
– 인간(두 사람이 등을 돌린)
o 인간(들)(세 명)
– 인쇄기
u 잉크
u 잉크반점-자동차
u ∨ 작은 집, 오두막 집
– 작은 새우
u 잔(손잡이가 있는)
u 잠자리
– 잡초
– 서표(書標), 북마크(bookmark)
o 장신구
u ∨ 전망대
– 전복
– 전함
– 정원
– 정향나무(백합, 마늘)
– 젖소
o 조각상(둘 또는 셋)
– 종(鍾)
– 주차요금 징수기
– 중국 예술품(chinese art)
u ∨ 중국 집(가옥)
– 지도(구체적)
u 지도(불특정)
u 진흙
u ∨ 집
– 책
u ∨ 천막
o 천사
o 천사(D4를 다른 대상으로 보고 두 명의 천사라고 반응)
u ∨ 천측창(天測窓: 비행기 상부의 천체 관측용 유리창)
– 첨탑
– 총알
u 추상화
o 춤추는 두 사람
– 케이크
– 코
– 코트, 외투

W(계속)

–		클램프, 꺽쇠
–		배의 키(rudder)
–		탱크(군용)
–		턱받이
–		턱수염
u		털(조각)
–		회오리바람(tornado)
o		토템(날개 달린)
–		톱질용 괴목(sawhorse)
–		파도
u		파리
–		폭발
–		식물
u	∨	풀무(바람을 불어넣는 자루)
u		풍경(주의: 바위, 암석이 많은 지대나 산허리와 같은 광활한 풍경)
–		풍향계
–		피크(기타)
u		항아리, 단지
o		두개골(인간 또는 동물)
–		해시계
–		해파리
–		정자(sperm)
–		폐
–		헬리콥터
o	∨	헬멧
–	∨	호박
u		꽃병
u		화석
o		X–ray(가슴)
o		X–ray(골반)
–		X–ray(심장)
–		X–ray(위)
–		X–ray(폐)
o		X–ray(불특정)

D1

u	뿔(사슴)
o	갈고리 발톱(동물)
–	갑각류(게)
–	개미(들)
–	곤충(들)
u	괴물(들)
–	깃발(들)
–	꼬마 요정
–	나무
u	나비
–	남근(penis)
o	더듬이(feeler)
u	독수리 머리(들)
–	로켓
u	무용수(들)
u	바위(들)
–	벌레(들)
o	벙어리장갑
o	집게
–	뼈(들)
–	뿌리(들)
o	뿔
–	새(들)
o	새의 머리(들)
o	손가락(들)
o	손(들)
u	머리(들)(곤충)

u	머리(들)(괴물)
–	머리(들)(동물)
o	머리(들)(새)
u	머리(들)(파충류)
u	악마
u	엄지손가락
u	오리 머리(들)
–	원숭이
u	귀신(들)
–	이빨
o	인간 또는 인간과 비슷한 모습
u	꼭두각시(들)(puppets)
–	작은 새우
u	조각품(추상적)
o	안테나, 촉각(antennae)
–	총
–	클립
–	파도(들)
–	포크

D2

	개(동물을 보라)
–	고양이
o	곡예사
u	괴물 모습의 조각
u	구름
–	나무
u <	나무(들)와 우거진 잎
–	동물(고양이, 소, 일부 개처럼 짧은 귀를 가진 동물)
o	동물(당나귀, 코끼리, 일부 개처럼 긴 귀를 가진 동물)
o	동물(만화의)
u	동물(불특정)
–	돼지
–	딱정벌레
o	머리(새)
o	무용수
–	물고기
–	박쥐
u	벌레(Dd34를 날개로 반응)
–	벌레(날개 없는)
–	병아리
–	비행기
o	새(Dd34를 날개로 반응)
–	설치류 동물
o	악마
–	암소
o	얼굴(Dd34를 코로 보고 동물, 새, 만화, 괴물로 반응)
–	얼굴(Dd34를 귀로 보고 동물, 새, 만화, 괴물 얼굴로 반응)
–	얼굴(인간)
u	연기(煙氣)
–	용
o	인간
o	인간 같은 모습
u	잎
–	장화
–	지도(구체적)
u	지도(불특정)
o	천사
u <	토끼
o	페가수스(날개 돋친 천마)
o	풍경
–	하늘

– 해부
o 날개(들)
– 늑대
u 딱따구리(옆모습)
– X-ray(구체적 또는 불특정)

D3

– 곤충
o 꽃병
– 나무
– 남근
– 뇌간
o 다리(들)
u 로봇
o 미라상자(mummy case)
u 바이올린
– 뱀
o ∨ 볼링핀
o 조각상
u 악어
u < 악어(옆모습)
– 양초
– 얼굴
u 우주선
o 인간(하반신)
– 장신구
– 질(해부)
u 척추
– 촛대
– 총
– 코
o 토템 기둥(단청한 토템 기둥)

D4

– 갑각류(게)
– 개구리
– 개미
– 거미
o 고릴라
– 고양이
o 곤충(D1을 더듬이를 가진 곤충)
o 괴물
u 귀뚜라미
u 기념비
u 꽃병
u ∨ 나무
– 동물(불특정)
– 등뼈
o 딱정벌레
– 램프
u ∨ 로켓선
u ∨ 로켓
– 말벌
– 문
– 물고기
– 바닷가재
– 바다거북
– 벌
o 벌레(D1을 더듬이로 반응)
u 개코원숭이
u 비올라
– 뼈 구조
o 조각상
– 새
– 섬

–		식물
–		악어
–		얼굴
o		여자
u		도깨비 상자(열면 물건이 튀어나오는 상자, Jack-in-the-box)
u		왕관(의식용)
u		우주 생물
u		인간
o		인간(두 명)
o		인간(머리 없는)
o		인간(전체)
o	∨	인간 같은 모습
–		지네
o		첼로
–		총알
–		코
–		음핵, 클리토리스
–		파리
–		파충류
–		해부

D7

–	곤충(날개 없는)
u	곤충(날개 달린)
u	구름
u	귀(동물)
o	까마귀
u	날개(비행기 또는 새)
o	날개(들)
o	독수리
–	동물(날개 없는)
o	동물(날개 달린)
u	둥지
u	머리(새, 오리, 말)
–	모자
u	바위
–	뼈
–	뿔
o	조각상(새)
o	새
o	스핑크스
–	식물
u	얼굴, 동물(Dd34를 코로 반응)
u	얼굴, 마녀
u	얼굴, 만화(Dd34를 코로 반응)
–	얼굴, 인간
u	오리
u	언덕
–	지도(구체적)
u	지도(불특정)
o	풍경
u	풍향계
u	항아리, 단지(Dd34를 손잡이로 반응)
–	두개골
u	화살촉

Dd21

u	게
o	곤충(D1을 더듬이로 반응)
o	둥지
–	바다동물
u	방패
–	조각상

–	심장
–	우거진 잎
u	풍경
–	해부
–	해파리

Dd22

–	나무(들)
u	눈(眼)(벌레 또는 개구리)
–	머리(들)(동물)
–	머리(들)(인간)
–	공
o	산(들)
o	언덕(들)
–	엉덩이
–	귀신
u	가슴
u	입술
u	큰 자갈
u	혹(낙타)
–	혹(들)

Dd23

u	곤충(들)
–	비행기(들)
–	상징(들)
u	새(들)
o	섬(들)
–	음표(음악)
–	점(들)
–	파리(들)

Dd24

–	벌레
u	괴물
u	손전등, 랜턴
u	램프
–	머리
o	종(鍾)
u	휘장
u	스커트
–	식물
u	옷
–	인간(전체)
u	인간(하반신)
o	첼로
u	헬멧
–	X-ray

Dd25

–	나무(들)
–	동물
–	동물 엉덩이
u	얼굴, 인간
u	얼굴, 인간-추상적

DdS26

o 구름(들)
– 나무(들)
u 눈(雪)
o 눈(眼)(들)
o 가면의 일부
o 귀신(들)
o 창문(들)

Dd27

– 머리
o 버클, 허리띠
u 보트(가운데 선이 있는)
– 승강기(가운데 선이 있는)
– 심장
– 얼굴
u 방패
– 우주선
– 꼭대기
– 궤양(ulcer)

Dd28

u 화살촉
– 새(전체)
u 모자
– 머리(동물)
o 머리(새)
– 머리(인간)
u 머리(모자를 쓴 인간과 비슷한)
– 기둥
– 구두
u 나무

DdS29

o 눈(眼)(들)–추상적
– 눈(雪)(들)
u 비행접시(들)
o 귀신(들)
o 구멍(들)
u 산(들)
u 피라미드(들)
u 눈(雪)
u 우주선(들)
u 텐트(들)
u 트라이앵글
u 날개(들)

DdS30

o 눈(眼)(들)
o 귀신
u 인간(옷을 입은)
– 폐(들)
u 눈(雪)
– 나무

Dd31

u		발
–		망치
u	∨	머리(토끼)
–		머리(불특정)
u	∨	산꼭대기
–		코
–		뿌리
–		두개골
–		가시 있는 식물
u		이빨
u	∨	화산

DdS32

u		만(滿)
–		새
u		깊은 협곡
–		가면
–		꽃병

Dd33

–		공
–		종(鐘)
–		뼈
–		머리(동물)
u	∨	머리(인간)
–		램프
u	∨	버섯
u	∨	푸들의 꼬리
u		꼬리
o	∨	나무

Dd34

u		화살촉
u		칼날
o		언덕
–		얼굴
o		지느러미
u	<	귀신
–		머리
–		곤충
o	<	산
u		코(풍자된)
u		바위
u	<	물개
u	<	관목
u	<	탑
u	<	나무(전나무)
o	<	나무(불특정)
u		우산(접힌)

Dd35

u	<	개
–		얼굴(동물)
–		얼굴(새)
u		얼굴(인간)

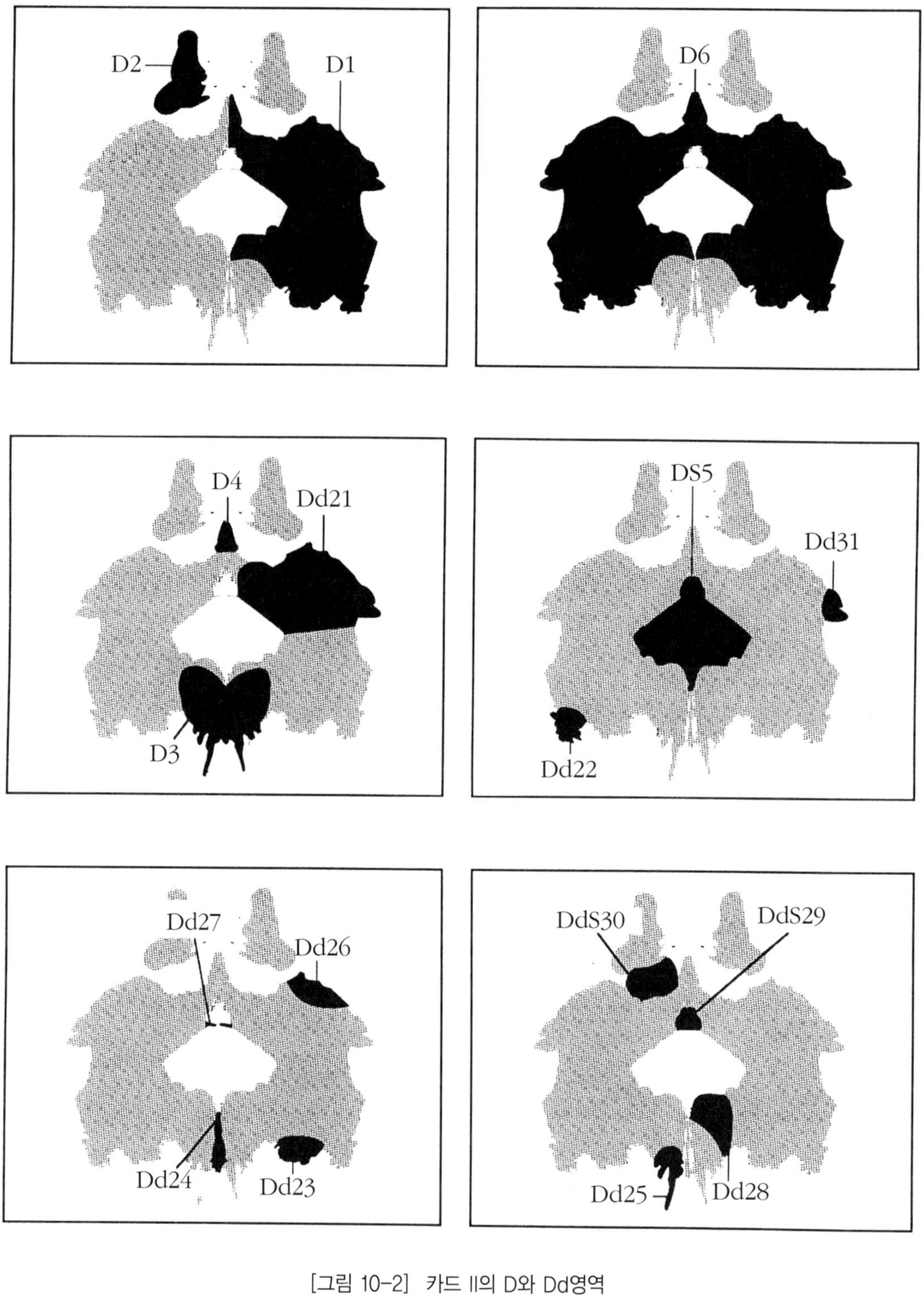

[그림 10-2] 카드 II의 D와 Dd영역

CARD II

평범반응: D1을 곰, 개, 코끼리, 양, 동물의 전체 또는 머리로 반응한 경우

Z값: W = 4.5 인접부분 = 3.0 비인접부분 = 5.5 공간반응 = 4.5

W

u		가면(다양한 동물, 만화, 할로윈, 파티 등의 가면)
u		개(Ds를 피나 분리된 대상으로 지각)
–		고기
u		고릴라
–		곤충(날개 없는)
u		곤충(날개 달린)
u	∨	골반
o		곰(들)
u		괴물
u		구멍(총알이 지나간)
u		그림(추상화)
–		꽃
u	∨	나방
o	∨	나비
u		동굴
u		동물(불특정)
u		무늬, 도안(추상적)
u		램프(장식품)
o		만화 인물(들)(인간 또는 동물)
–		목구멍
–		몸
o		무용가(들)
–		디스크(해부)
–		박쥐
u	∨	벌레(날개 달린)
–		벌레(산산조각 난)
u		병아리(들)
u		책꽂이(들)(bookends)
o		불과 연기
o		조각상(인간 또는 동물)
u		휘장
–		새
u		새(두 마리)
–		식물
–		콩팥
–		심장
o		악마
–		얼굴(인간 또는 동물)
u		연
u		오리(들)
–		우주선
–		위(胃)
o		인간 또는 인간 같은 모습
–		입
–		장(腸, intestines)
o		장신구, 장식품
–		지도
–		직장(rectum)
–		질(해부)
u		칠면조(들)
–		회오리바람
–		파리
u		펭귄(두 마리)

o	∨	폭발
u	∨	불사조(phoenix)
−		해부(구체적)
u		해부(불특정)
−		폐
u		화산
u	∨	화산(폭발하는)
−	∨	화환(크리스마스)
u	∨	횃불(들)(연기가 피어오르는)
−		배지
−		X−ray

D1

u	∨	개
o		개
u	∨	고릴라
o	<	고양이
u		곤충
o		곰
o	∨	괴물
u		구름
−		기계
−		기념물
−		나무
−		날개
u		동물(박제한)
u		동물(불특정)
−		돼지
−		모자
−		물고기
−		바다거북이
u		바위
u	<	물소
−		병아리(머리 없는)
u		개코원숭이
o	∨	산(들)
−		새
o		새끼 양
−		스폰지
−		심장
−		아메바
o	∨	악마
u		연기(煙氣)
−		왕관
o	∨	인간
−		인간
−		잎
o		젖소
−		지도
o		코끼리
u	∨	코트
o	<	토끼 1
u		풍경
−		하마
o	<	햄스터
u		호랑이
u		혹멧돼지(아프리카산)

D2

o		가면(동물, 새, 만화, 인간과 비슷한 가면)
u		고기
u	∨	권총의 가죽 케이스(holster)
o		꽃병

o 나비(옆모습)
– 남근
u ∨ 남아메리카(지도)
– 다리
u 달팽이
– 동물(불특정)
– 손전등, 랜턴
u 립스틱 자국
– 머리(동물)
u 머리(새)
– 머리(인간)
u 머리(인간 모습)
o 모자
o 모자(테두리 없는)
u ∨ 목이 짧은 양말
o 물개
u ∨ 발자국
– 벌레(날개 없는)
u 벌레(날개 달린)
u ∨ 벌새
– 벙어리장갑
u 병아리
– 부츠
o 불
o 새
u > 새
– 세포(피)
– 손
u 손(엄지손가락)
u 수탉
– 콩팥
u 악마
– 양초
u 엄지손가락
u 용암
– 이빨
u ∨ 이탈리아(지도)
o 꼭두각시(손)
– 장화
o 조각품(만화)
– 쥐
– 지문(指紋)
u 천사
u 토끼
o 피
u 해마
– 해부
– 혀
o 화염
o 횃불
– 흰개미

D3

– 가면
– 가재
– 개미
o 게
u 고기
u 곤충
u 괴물
u ∨ 꽃
u 나방
o 나비
u 달팽이
– 딱정벌레
u 말미잘(바다)

u ∨ 머리(동물, 뿔달린)
– 머리(동물, 뿔 없는)
– 머리(새)
– 머리(인간)
– 머리 리본
– 물고기
– 바닷가재
u 백파이프
– 벌레(날개 없는)
o 벌레(날개 달린)
o 불
u 산호
u 선풍기
u ∨ 수신기(라디오)
u 식물
– 콩팥
– 심장
u 태아(임신 8주 이내의 胎兒, embryo)
– 얼굴(동물)
u ∨ 얼굴(악마 또는 괴물)
u 우주선
u 월경
– 얼굴(인간)
– 자궁(womb)
u 쥐가오리
o 질(해부)
– 클램프, 꺽쇠
o 태양
– 파리
o 페인트
o 폭발
o 피
– 항문
u 해파리
– 폐
o 화산
o ∨ 횃불

D4

u 기념물(monument)
– 꼬리
– 꽃병
– 나무(불특정)
u 나무(전나무)
u 남근
u 둥근 지붕
u ∨ 송곳, 드릴
u 깎는 기구, 가위(들)(clippers)
u 로봇
o 로켓
o 미사일
– 머리
u 모자
u 무기
– 문
– 야구 방망이
– 뱀
– 종(鐘)
– 병
u 볼펜
o 절(temple)
– 산
u 성(城)
u 손(기도하는)
– 예수의 십자가상(crucifix)
u 양초

–	얼굴
–	예수가 십자가에 못박힌 그림(crucifixion)
o	우주선
u	집게
u	창(끝부분)
o	첨탑
–	칼
o	캡슐(우주선)
–	코
o	총알
o	탑
u	피라미드
u	헬멧
o	화살
o	화살촉
–	가면

DS5

u ∨	가오리
o	교회
o	구멍
u	받침 달린 술잔(goblet)
o	꼭대기
o	꽃병
–	나비
u	눈송이
u	다이아몬드
u	둥근 지붕
o	동굴
u	송곳, 드릴
o	램프
o	로켓
u	모자(여자용)
o	미사일
u	바구니
–	박쥐
u	종(鐘)
–	보트
u	분수(噴水)
o	비행기
o	빛
u	그릇
u	절
–	새
o	샹들리에
u	섬
o	성(城; D4를 포함한 반응)
u	펜던트
u	실루엣(그림자 그림, 옷을 입고 있는 인간, 무용수 또는 스케이트를 타는 사람)
–	심장
u	아치 밑의 통로(archway)
u	연
–	옷
u	왕관
u	우물
–	위(胃)
u	유리잔
–	입
o	장신구
u	질(해부)
u	첨탑
o	터널
o	팽이

u 헬멧
o 호수

D6

u 곤충(날개 달린)
o ∨ 골반
u 나방
– 곤충(날개 없는)
u 구름(들)
u 나비
u 도넛(doughnut)
o 동물(두 마리, D1이 준거 o에 일치하는 반응)
u 동물(두 마리, 비구체적)
– 등뼈
– 박쥐
u 산
– 새
u 섬
– 양탄자, 깔개
u 우주선(대개 DS5와 관련)
– 위(胃)
– 인간(두 명)
o ∨ 인간(두 명)
– 지도(구체적)
u 지도(불특정)
u 척추(한 마디, DS5를 포함한 반응)
– 폐
u 풍경(종종 DS5를 호수로 반응)
u 하수관(DS5를 포함)
– 해부
o ∨ X–ray(골반)
– X–ray(골반을 제외한 구체적)
– X–ray(불특정)

Dd21

– 개구리
– 귀
– 둥지
o 머리(동물)
– 머리(물고기)
– 머리(새)
– 머리(인간)
– 물개
o 산
– 새
– 주둥이, 부리
– X–ray

Dd22

o ∨ 관목, 덤불
– 나무
– 머리(동물)
u ∨ 머리(인간)
u ∨ 바위
– 병아리
u ∨ 토끼

Dd23

– 개구리

u ∨ 관목, 덤불
– 나무
– 머리
u ∨ 바위
u ∨ 산4

Dd24

u 귀신
u 남근
u 로켓
u 볼링핀
u 양초
– 얼굴
– 이빨
– 인간
u 인간 같은 모습
o 질(해부)
u 총알
u 토템
u ∨ 폭포
u 항문

Dd25

o 뿔(사슴)
u 고드름
– 꼬리
u 나뭇가지
u 대못
u 바늘
o 뿔들

o 안테나, 촉각
– 어금니
u 창, 작살
u 더듬이

Dd26

u 벌레
o 불
u 쐐기벌레
u 일몰
o 피
– 해마

Dd27

u 갈고리 발톱
– 꼬리
u 다리
– 벽
– 손톱

Dd28

u 나무(착색된)
u 니스, 광택제
– 머리
– 바다거북이
u 핏자국, 혈흔
– X–ray

DdS29

u ∨ 받침 달린 술잔
u 도자기
u 둥근 지붕
u 동굴
u 컵
u 터널

DdS30

o 굴
– 눈(眼)(들)
– 대합조개
– 머리
u 작은 만(灣, inlet)

Dd31

– 갈고리 발톱
u ∨ 귀(동물)
– 나무(들)
u 돌조각품
– 머리(동물)
u 머리(인간)
u 머리(인간 모습)
u 주둥이, 부리
u 〈 산(들)
u 얼굴(들)

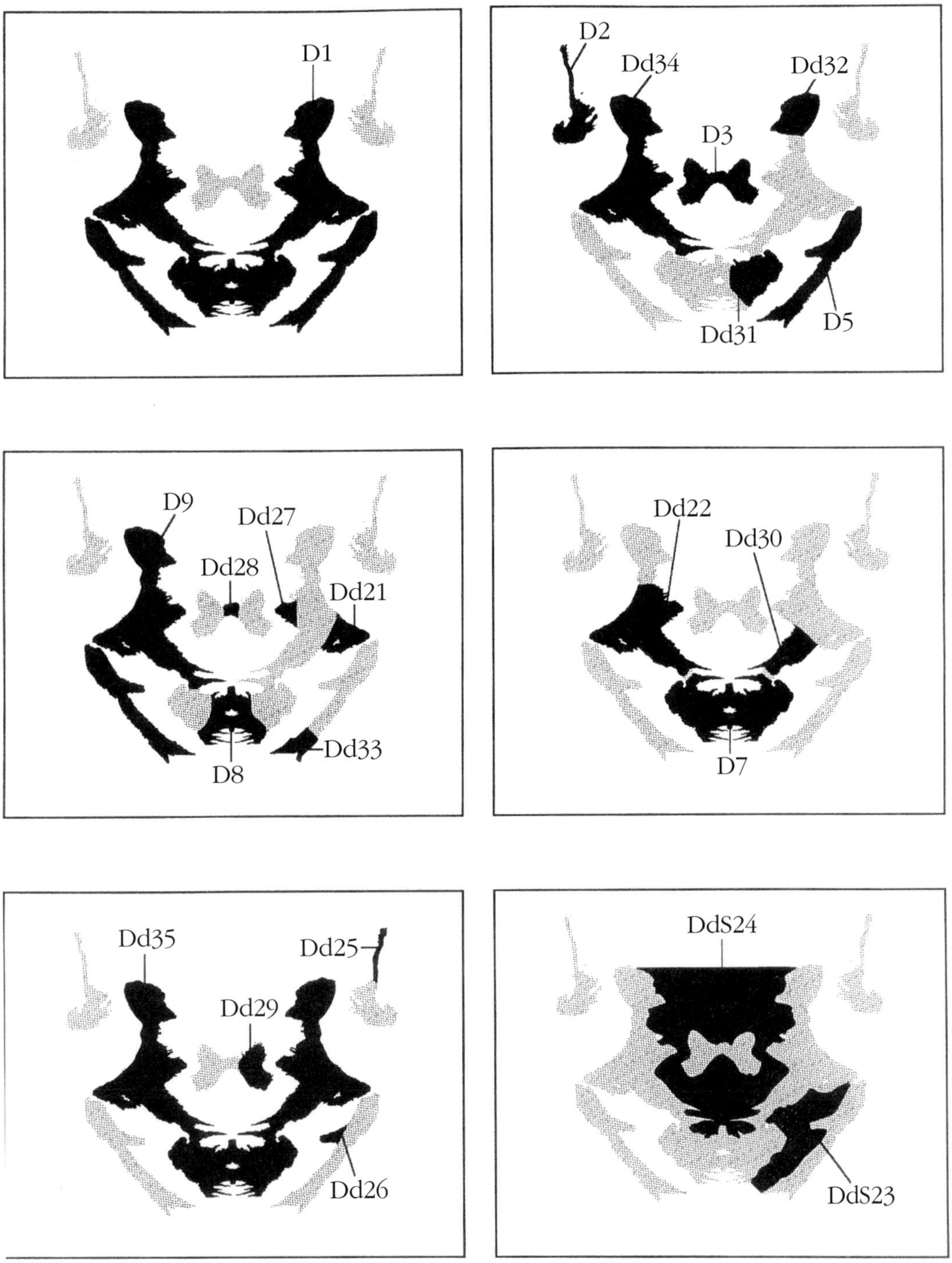

[그림 10-3] 카드 III의 D와 Dd영역

CARD III

III 평범반응: D1 또는 D9를 인간 또는 추상적인 모습으로 반응한 경우
Z값: W = 5.5 인접부분 = 3.0 비인접부분 = 4.0 공간반응 = 4.5

W

주의: 단일 대상과 관련된 대부분의 W 반응이 분리되어 지각된 경우 −로 채점한다. 인위적인 형태가 아니라 전체 반점에 일치한 경우 u로 채점되는 소수 반응들이 있다. 여러 대상을 포함하는 W반응은 대개 o로 채점한다.

−		개구리
u		개구리(해부된)
−		개미
−		거미
−		게
u	∨	꽃병(손잡이가 달린)
−		고릴라
−		고양이
−		곤충
u	∨	괴물
u		그림(추상적)
−		꽃
−		나비
−		날개
−		동물
o		동물(D1이 서커스에서처럼 다른 대상을 붙들고 있는 것으로 지각된다. 이 경우 대상 자체가 o로 채점할 수 있어야 한다.)
−		벌레
u		휘장
o		새(D1이 새로 지각되고, 새장에 있는 분리된 대상이 함께 지각된다. 다른 사물들이 분리되어 지각될 경우 모두 o로 채점될 수 있어야 한다.)
u		샹들리에
u	∨	섬(들)
u		배지
−		얼굴
−		올가미(noose)
−		인간
o		인간 또는 인간 같은 모습(D1이 사람으로 지각되고 각기 파티, 축제, 운동장에 있는 사람들로 지각될 때 o로 채점한다.)
u		그릇(손잡이가 달린)
−		지도(구체적)
u		지도(불특정)
u	∨	풍경
−		골격
−		해파리
−		호박초롱(속 빈 호박에 얼굴 모양의 구멍을 뚫고 촛불을 켜 놓은 것)
−		늑골, 갈비뼈
−		X−ray

D1

–		개
u		개구리(해부된)
o		개(두 마리, D7을 분리된 대상으로 지각)
–		개미
–		거미
–		곤충
o		골반뼈 구조
u	∨	괴물(외계인, 로봇)
u		꽃병
–		나무(들)
u	∨	동굴 입구
–		동물
u		동물(두 마리, 불특정)
–		두개골
u		배(밑이 평평한 보트, D5를 배의 지지대로 지각)
–		바닷가재
–		벌레
u	∨	작은 악마(gremlin)
o		뼈대
u	∨	산(눈이 덮힌)
–		새
o		새(두 마리)
u	∨	아치
o		양(두 마리, 어린 양)
o		원숭이(들)(D7을 분리된 대상으로 지각
–		인간
o		인간(두 명, D7을 분리된 대상으로 지각)
–		인간(두 명, D7이나 Dd31을 인간 모습의 일부분으로 포함하여 지각)
u	∨	인간(D5가 팔)
o		인형(두 개)
–		지도(구체적)
u		지도(불특정한)
o		타조(들)(두 마리)
–		터널
o	∨	풍경
–		두개골
o		X-ray(골반)
u		X-ray(불특정)

D2

u		갈고리
–		개
o		고기(매달린)
–		곤봉
–		곤충
u		기타
o	∨	꼭두각시
u	∨	꽃
–		꽃병
u	∨	나무
–		뇌
–		누에고치
o		세포
–		달팽이
–		닻
u		덩굴(포도나무의)
–		동맥
–		동물(꼬리가 길지 않은)

o 동물(꼬리가 긴)
u 손전등, 랜턴
u 로봇
– 막대기
– 머리(동물)
– 머리(새)
u 머리(인간과 비슷한)
– 머리(인간)
o 모자(왕관 또는 옷의)
– 물고기
– 뱀
– 벌레
o 병아리(매달린)
o 불
– 빗방울
– 뼈
u 산호
– 살점(flesh)
u 조각상(동물)
o 조각상(인간)
u 조각상(추상적)
o 상징(추상적)
o 새
o 탯줄(태반과 함께)
u 샹들리에
u 섬
u 낚싯바늘
u 식도
u ∨ 식물
u 콩팥
– 심장
u 아메바
o 악마
– 딸기, 베리(berries)
o ∨ 앵무새
– 오리
– 용
o 원숭이
u 위(胃)
u 세균(germ)
u 음표(음악의)
o 인간 같은 모습(악마, 난쟁이, 꼬마요정, 도깨비 같은 공상과학이나 만화, 신화에 나오는 모습)
o 인간(곡예사, 어린이, 체육교사와 같은 다양한 사람들)
o 장식(불특정)
– 내장, 장(腸)
u 태아(임신 8주 이후의 胎兒 fetus)
o 태아(embryo)
– 토끼
– 파리
u ∨ 파이프
o ∨ 플레밍고
o 피
o 항아리, 단지(매달린)
u 해마
– 폐

D3

– 가면
– 젖가슴(들)
– 뿔(사슴)
– 게
u 고무총
– 고환

– 곤충(날개 없는)
u 곤충(날개 달린)
o 골반뼈 구조
– 나무
o 나방
o 나비
u 날개
– 뇌
u 둑(언덕들 사이)
– 거들
o 리본
u 말벌
u 모기
– 박쥐
o 불
u 브래지어
u 뼈
u 휘장(추상적)
– 새
u 섬
u 콩팥
– 심장
u 썬글라스
– 씨앗
u 아령
– 안경
– 더듬이
u 연
– 오렌지
u 운동기구
u 의자(back of typists)
– 인간(들)
– 입
– 입술
– 잠자리
o 장식(불특정)
– 차골(새가슴 앞에 있는 Y자형 뼈 모양)
– 내장, 장(腸)
u 척추(단면도)
– 코
– 콧구멍
– 파리
u 풀무(bellows)
o 피
– 해골
u 행글라이더
o 폐
– 헬멧
u 화석
o 활(현악기)
– 흉골, 가슴뼈
u 안대(eye shades)
u noseguard

D5

u 팔
u 화살
– 새
u 폭탄
– 뼈
– 벌레
u 총알
u 갈고리 발톱
u 곤봉
o 물고기
– 총

– 손

– 뿔

u 섬

o 다리(동물)

o 다리(새)

o 다리(인간)

u 다리(곤충, 보통 거미)

u 큰 가지(나무)

u 통나무

– 지도

u 미사일

– 펜

u 반도

u 로켓

o 상어

– 뱀

u 우주선

u 창, 작살

u 막대기

u 어뢰

– 나무

– 덩굴(포도나무의)

D7

o 솥, 냄비

o 게

o 골반

u 그림자(들)

o ∨ 나무(들)(DdS24 호수)

– 나비

o 난로, 벽난로

– 늑골, 갈비뼈

– 동물

o 둥지

u 드럼

– 딱정벌레

– 머리

u 머리(괴물)

u 문

o 바구니

o 바위(들)

u ∨ 버섯

– 버클, 허리띠

o 뼈(들)

u 석탄(조각)

– 선인장(들)

u 섬

– 콩팥

– 심장

– 안경

– 얼굴

u 연기(煙氣)

– 오리(들)

– 위(胃)

– 질(해부)

u 탁자

– ∨ 회오리바람

– 해부

– 폐

u 호박(할로윈)

u 척추골(vertebrae)

o X-ray(골반)

– X-ray(골반을 제외한 구체적)

u X-ray(불특정)

D8

- – 가슴
- – 강
- u 게
- u 골격(늑골을 제외한 구체적)
- o 골격(불특정)
- u 괴물
- u ∨ 꽃병
- – 뇌간
- o 늑골, 갈비뼈
- u 돌
- u 램프
- u 모래시계
- u ∨ 바구니
- o 뼈(들)
- u ∨ 술잔
- u 얼굴(외계인, 괴물)
- – 용
- – 질(해부)
- – 호박
- u 호수(산 위에 있는)
- u ∨ 횃불
- – X-ray

D9

- o 개
- – 개미
- – 거미
- – 곤충
- u 괴물
- u 구름
- o 꼭두각시
- – 나무
- u 동물(불특정)
- o 마녀
- o 만화 인물
- – 벌레
- u 병아리
- – 뿌리
- u ∨ 산
- u 조각상
- o 새
- o 새끼양
- u 악마, 귀신
- u 앵무새
- o 양
- u 도깨비 상자(열면 물건이 튀어나오는 상자)
- u 오리
- o 원숭이
- u 귀신
- o 인간
- o 인형
- – 잎(나무 전체의)
- – 킹콩
- – 토끼
- u ∨ 풍경
- u 골격
- – 해부
- – X-ray

Dd21

- – 개
- u ∨ 나무
- – 머리(동물)
- o 머리(물고기)
- o 머리(새)
- – 머리(인간)
- u 반도
- o ∨ 산
- u 새
- u 언덕
- – 폭탄
- u 풍경

Dd22

- u 구름
- – 동물
- – 뼈
- u 조각상
- o 새
- – 설치류 동물
- u 인간(상반신)
- u ∨ 풍경

DdS23

- u 구름
- – 머리
- u 물
- u 새
- u 귀신

DdS24

- u 꽃병
- u 눈(雪)
- u ∨ 램프
- – 머리
- u ∨ 버섯
- u 그릇
- u ∨ 조각상
- u 호수
- u 꼬리

Dd25

- u 끈
- u 밧줄
- u 막대기
- – 머리
- u 벌레
- u 뿌리
- u 식도
- – 얼굴
- – 연장, 도구
- – 창
- u 탯줄
- u 관, 튜브

Dd26

u		그루터기
o		남근
–		다리
–		머리
u		오리너구리
u		지느러미

Dd27

o		젖가슴
–		두개골
o		머리(동물)
u		머리(물고기)
o		머리(새)
–		머리(인간)
–		빌딩
u	∨	산
u		코

Dd28

u		그물
u		댐
–		머리
u		문(들)(자동문)
–		얼굴
–		이빨
u		코르셋

Dd29

u		젖가슴
–		곤충
u		나비
u		만화인물
–		머리
u	<	발렌타인(기독교 순교자)
–		비행기
u		새
–		콩팥
–		심장
–		인간
–		태아(fetus)
–		텐트
–		화살
u		화살촉

Dd30

u		고드름
–		곤봉
–		머리
–		미사일
–		발
–		손
u		통나무
u		팔

Dd31

–		구두
u		구름
u		권투장갑
o	∨	나무(들)
–		눈(眼)
o		돌
u		동물
o	∨	두개골
–		램프
–		머리(동물)
o	∨	머리(인간)
o	∨	머리(골격)
–		모자
o		바구니
–		바다거북이
–		귀가리개(방한용)
u		벙어리장갑
o		공
u		뼈(들)
–		산
–		선풍기
–		얼굴
u		연기(煙氣)
–		자궁
u		케틀드럼(kettledrums)
u		깃털로 만든 먼지를 터는 기구
–		태아(embryo)
o		주전자
u		기구(氣球)
o		골격
–		해부
–		폐
u		조롱박

Dd32

u	가면
u	굴(식용)
–	눈(眼)
–	계란
u	대합조개
–	동물
–	머리(동물)
o	머리(새)
o	머리(인간)
–	물고기
u	바위
–	공
u	조각상
u	코코넛

Dd33

u	갈고리발톱
o	구두
–	머리(동물)
u	머리(새)
–	머리(인간)
u	발
o	발굽
u	손
u	손가락
–	창

–		펜촉
–		포크

Dd34

–		곤충
–		골격
–		동물
–		물고기
o	∨	산
o		새
o		인간(상반신)
o	∨	풍경
–		X–ray

Dd35

–		개구리
–		게
o		골반
u		그릇
u		꽃병
–		나무(들)
u		뼈(들)
u		산(공중에서 본 모양)
o		새(두 마리)
u		섬(들)
u		아치
o	∨	풍경
o		X–ray(골반)
–		X–ray(골반을 제외한 구체적)
u		X–ray(불특정)

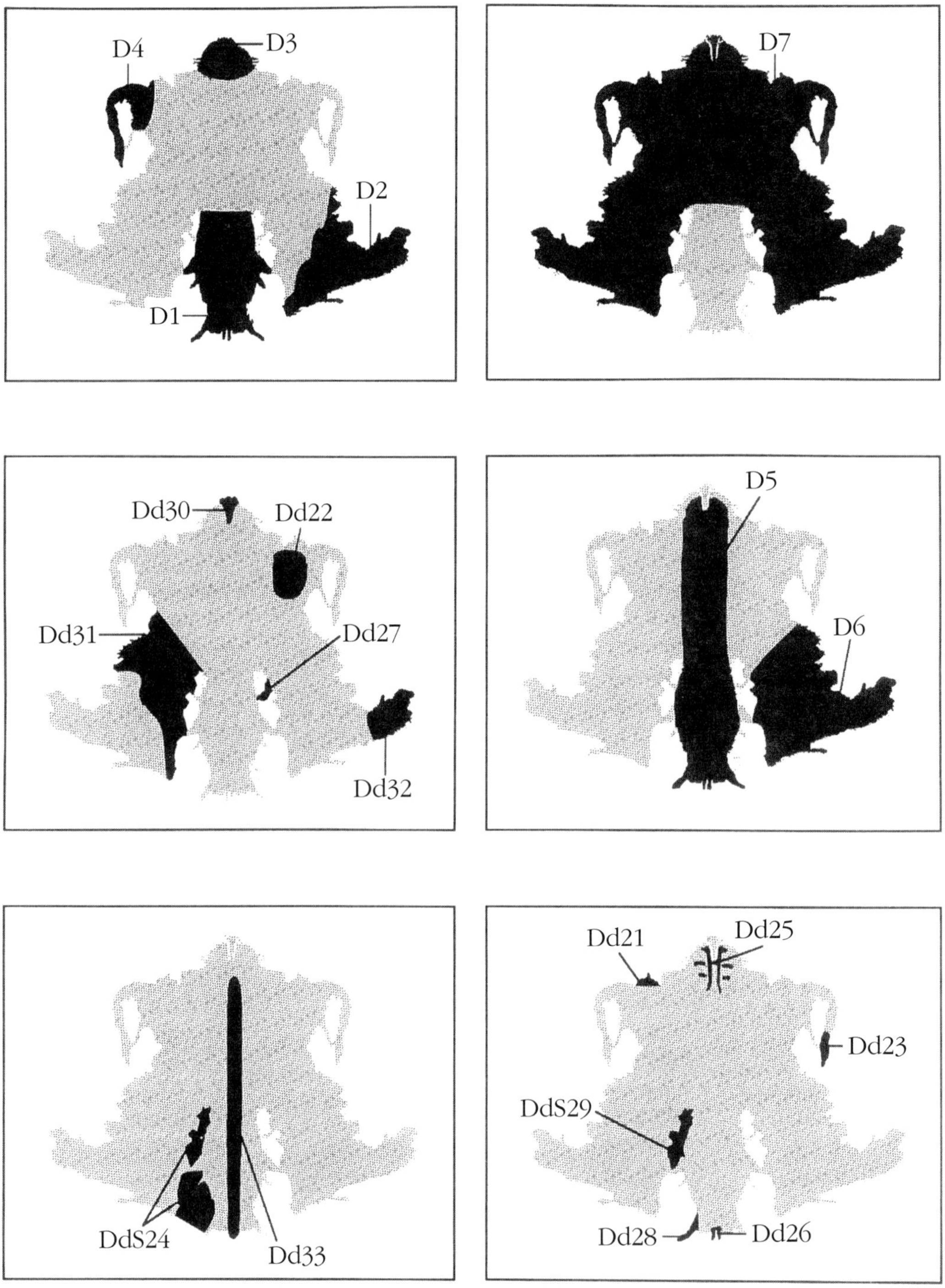

[그림 10-4] 카드 IV의 D와 Dd영역

CARD IV

IV 평범반응: W나 D7을 인간 또는 인간과 비슷한 모습으로 지각한 반응

Z값: W = 2.0 인접부분 = 4.0 비인접부분 = 3.5 공간반응 = 5.0

W

u 가면(공상과학)
o ∨ 산꼭대기(crest)
o ∨ 가오리
u 개(흔히 정면을 보고 앉은)
u 개구리
u 개미핥기
o 거인
– 게
o 고릴라
– 곤충
u ∨ 곤충(날개 달린)
o ∨ 골반
u 공룡(앞에서 본 모습)
o 관목(들)
o ∨ 괴물
u 구름(들)
u 옷(길고 품이 큰 여자옷)
o 양탄자, 깔개
o 곱추
u 꽃
o 나무
u ∨ 나방
o 나비
– 뇌
– 눈송이
u 닌자 거북이
u 다람쥐
u 날다람쥐
– 달팽이
o ∨ 닻
u 독수리
– 동굴
o 동물
u 동물(납작해진)
– 두개골(동물)
u 무늬, 도안(추상적)
u 로봇
– 로켓
u 마못(groundhog)
u 머리(동물)
– 머리(새)
– 머리(인간)
u 머리(파충류)
u 먼지, 쓰레기
o 부츠(극지방에서 신는)
o 바다 동물
– 바닷가재
– 바다거북이
u 바위
o ∨ 박쥐
o ∨ 배지
u ∨ 벌레(날개 달린)
– 벌레(납작해진)
u 총

u 분수
– 빌딩
– 뼈에 붙어 있는 살점
– 뿌리
u 절
u 산
– 산호
u 조각상
o 휘장
– 양상치
u ∨ 새
o 생가죽(hide)
u 샹들리에
u 섬(불특정)
u 숲(위에서 본 모습)
u 스펀지
u 시체(동물)
o ∨ 식물
– 아메바
u 아이스크림 콘
– 양초
– 얼굴
u 연
u 연기(煙氣)
u 오징어
u 용(앞모습)
o 인간(들)(W를 인간으로 지각하거나 D1을 자건거, 의자, 나무 그루터기와 같은 이차적 대상으로 지각한다. D7을 인간 모습으로 볼 수 있어야 하고 카드는 ∧위치로 본다.)
u 인간(두 명, 중간에 물체에 기대고 있는)
o 인간 같은 모습
o 잎
– 젤로(과일 향의 디저트용 젤리)
– 지도(구체적)
u 지도(불특정)
o 지도(지형학적, 불특정)
u 버섯
u 진흙
– 코끼리
o 외투, 코트(극지방에서 입는)
– 태아(embryo)
o 털가죽(양, 염소)
– 회오리바람
u 폭발
u ∨ 폭포(D1을 주변 풍경으로 지각)
o 풍경
o < 풍경(반사된)
o 피부(동물)
u ∨ 항아리, 단지
u 해초
– 해파리
u 허수아비
– 폐(들)
– 헬멧
u 협곡(강이 있는 지역)
u 화산
u 화석
– 황소
o X-ray(골반)
– X-ray(골반을 제외한 구체적)
u X-ray(불특정)

D1

–		가재
o		변기
–		게
o		곤충
u		척수
o		관목
o		관목(들)
o		그루터기
u		꼬리
o		나무줄기
u	∨	난로(나무가 연료인)
–		남근
u		달팽이
–		동물
–		두개골
u		등대
–		램프
u	∨	머리(거북이)
–	∨	머리(거북이를 제외한 파충류)
o	∨	머리(곤충)
u	∨	u ∨머리(달팽이)
u	∨	머리(동물, 불특정)
o	∨	머리(뿔달린 동물의 머리 또는 말)
u	∨	머리(새)
u		머리(용)
–	∨	머리(인간)
–		물고기
–		뱀
u		벌레
–		벌레
o	∨	선인장
u	∨	성(城)
u	∨	소화전
o		쐐기벌레
–		악어
u	∨	왕관
–		인간
–		조개
–		내장, 장(腸)
o		척추
u	∨	양초
u		코(가공인물 또는 동물)
–		코(인간 또는 동물)
o		척추골
–		X-ray

D2

o	∨	개
o	<	곰
o		구두
u		구름
u		날개
o	<	돼지
–		머리(곤충)
u	∨	머리(낙타)
o	<	머리(납작하고 평평한 코를 가진 곰, 개, 돼지, 물개 등의 동물)
u	<	머리(동물, 불특정)
–		머리(새)
o	<	머리(인간)
–		머리(파충류)
o	<	물개
u		바위

u		반도
o		발
–		배
–		뼈
u		조각상
–		휘장
–		암소
u		언덕
–		지도(아프리카나 남아메리카를 제외한 구체적인 지역)
u		지도(불특정)
u		지도(아프리카 또는 남아메리카)
u	<	토템
u	<	파도
u		풍경
u		스핑크스
–		X-ray

D3

–		곤충(날개 없는)
u		곤충(날개 달린)
u		관목
u		관목, 덤불
o		꽃
u		나무(꼭대기)
u		나비
u		뇌
u		대합조개
o		머리(고양이, 원숭이, 올빼미 같이 평평한 얼굴의)
u		머리(괴물 또는 공상과학에 나오는)
–		머리(구체적 동물이지만 얼굴이 평평하지 않은)
u		머리(동물, 불특정)
u		머리(새)
–		머리(인간)
–		머리(파충류)
o		바다조개
u		버섯
–		주둥이, 부리(새)
u		산
u		선풍기
o		봉오리(꽃)
u		양배추
–		얼굴
u		왕관
u		잎
u		질(해부)
–		항문
u		베레모

D4

o		가지(나무)
o		갈고리 발톱
o		고드름
–		귀
u		꼬리
–		꽃(시든)
u	∨	낚시
–		남근
–		다리
o		다이빙 선수(뒤로 뛰어오르는)
o		도마뱀
–		동물

–		머리(동물)
o		머리(새)
u		모자
u		몸통(코끼리)
–		물고기
u		반도
o		뱀
u		뱀장어
u		뿌리
u		뿔(동물)
o		새(긴 목을 가진)
u		손톱(굽은)
o		인간(몸을 구부리거나, 다이빙하는)
u		팔(불구인)
o		덩굴(걸려 있는)
o		손잡이
–		화살

D5

–		가재
o		강
–		곤충
u		벌레
o		기둥
–		나무
u		송곳, 드릴
–		로켓
o		막대기
–		물고기
u	∨	분수
o		뼈(해골)
–		조각상
o		수로
o		협곡
o		척추
u		토템
o		협곡
o		척추골
u		X-ray(불특정)
o		X-ray(척추)
u		X-ray(척추를 제외한 구체적)

D6

o		부츠
u	∨	날개
o		다리
o	<	동물(언덕 또는 바위 D2에 있는)
u	∨	머리(낙타)
u	∨	머리(만화 동물)
o		발
u		배의 키
u		신발
–		얼굴
u		연기(煙氣)
–		이탈리아
o	<	인간(의자나 언덕 D2에 앉은)
u		지도(불특정)
u		지도(이탈리아)
–		지도(이탈리아를 제외한 구체적인 지역)
–		바다 동물

D7

u ∨ 배지
o 가면
u 개구리
o 거인
– 게
o 고릴라
o ∨ 골반
o 괴물
o 곱추
u 다람쥐
u ∨ 닻
o 동물
– 머리
o ∨ 박쥐
– 벌레
u 산
u 조각상
u 새
o 생가죽(동물)
u 섬
– 얼굴
o 인간
u 헬멧
u 화석

D21

– 머리(동물)
o 머리(인간)
– 사과
– 사마귀
u 절
o 얼굴(인간, 옆모습)
u 오두막
u 왕관
– 주먹
u 천막
u 풍경

Dd22

– 관목
– 눈(眼)
– 달
– 머리
– 얼굴

Dd23

– 머리(동물)
o 머리(새)
– 머리(인간)
u 머리(파충류)
u 주둥이, 부리

DdS24

u 구름(들)
u 눈(雪)
– 머리(들)
u 귀신(들)

Dd25

- – 얼굴
- – 인간 같은 모습
- – 인간(들)
- u 풍경(공중에서 본)

Dd26

- u 벌레
- – 나무(들)
- u 다리(들)
- – 머리(동물)
- u 머리(새)
- – 머리(인간)
- u 발(들)
- u 뱀(들)
- u 손가락
- u ∨ 귀신(들)
- – 이빨(들)
- u ∨ 인간 같은 모습(들)
- – 인간
- – 음핵, 크리토리스

Dd27

- – 꼬리
- u 다리
- – 발
- u 언덕

Dd28

- – 갈고리 발톱(들)
- – 다리(들)
- – 발(들)
- – 뿌리(들)
- u 뿔(들)
- u 쐐기털(곤충)
- o 안테나, 촉각

DdS29

- u 괴물(들)
- u 구름(들)
- u 귀신(들)
- u 호수(들)

Dd30

- u 꽃
- o ∨ 로켓
- o 티이(골프공을 올려놓는 곳, tee)
- u 주둥이, 부리
- u 손톱
- – 심장
- u 압정
- – 얼굴
- u 이빨
- – 인간
- u 폭포
- – 혀

Dd31

–		나무
u	∨	도장, 인장(seal)
–		동물
u	∨	마녀
–		머리(동물)
–		머리(새)
–		머리(인간)
u	∨	머리(인간 같은)
–		바위
–		뿌리
u	∨	조각상
–		새
u		귀신
–		인간

Dd32

u	∨	머리(평평하고 납작한 코를 가진 동물)
u	∨	머리(인간)
u	<	머리, 동물
u		바위
u		발가락
–		주먹

Dd33

o	강
u	송곳, 드릴
u	막대기
o	뼈(해골)
o	수로
o	협곡
o	척추
o	크레용

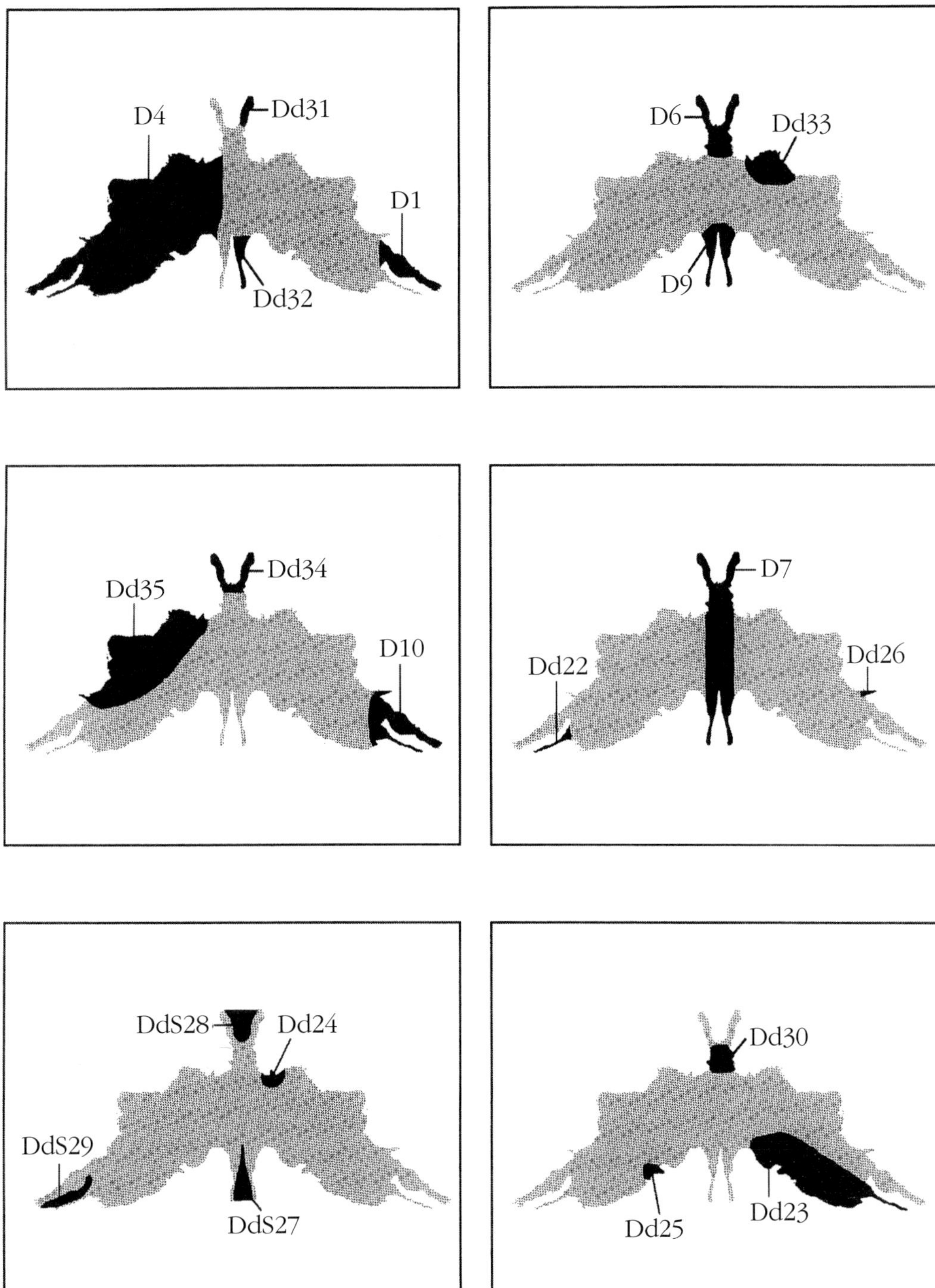

[그림 10-5] 카드 V의 D와 Dd영역

CARD V

평범반응: W를 박쥐 또는 나비로 지각한 반응

Z값: W = 1.0 인접부분 = 2.5 비인접부분 = 5.0 공간반응 = 4.0

W

–	각다귀, 모기
–	거미
u	거위
–	고양이
u ∨	곡예사(물구나무 서있는)
o	곤충(날개 달린)
–	곤충(날개 없는)
u	골반
o ∨	골반
u	공작
u	곶
u	괴물
u	구름(들)
–	기계
–	깃발
o	까마귀
–	꼬마요정
u	꽃
–	나무 그루터기(반사된)
u	나뭇잎
o	나방
o	나비
u	날개(들)
u	노(rower, 배의)
–	늑골, 갈비뼈
–	닻
u	대머리수리(vulture)
u	독수리
u	돌
–	동물(들)
o	동물(머리를 부딪치고 있는)
o	드라큐라
–	딱정벌레
u	말벌
–	머리
u	모기
u	모피
–	목뼈
o	무용수(옷을 입은)
–	미생물
–	바나나
o	박쥐
–	배
o	뱀파이어
–	배지
u	벌레(날개 달린)
–	벌레(날개 없는)
u	부메랑
u	책꽂이
u	비행기
u	빈대, 이
u	산
–	산호
o	새(D6이 주둥이, 부리)

u		새(D9가 주둥이, 부리)
o	<	새(중앙선을 따라 반사된)
u		석탄(조각)
–		콩팥
u		악마
u		악마(종종 날개를 가진)
–		양치류 식물
u		언덕(나무가 있는)
–		얼음
–		가발(대머리에 쓰는)
u		헐렁한 겉옷(여자용, 모피의)
u		연
u	∨	연기(煙氣)
u		오리
u		요정
–		우산
u		우주선
u		익수룡(pterodactyl)
–		인간
o		인간(서로 등을 맞댄)
o		인간(옷을 입은)
o		인간(행글라이딩)
u		인간 같은 모습(팔과 날개를 가진)
u		잎(나무 전체의)
u		장식품
–		정향나무
u	∨	중국 냄비(요리용)
–		지도
u		천(조각)
–		천막
u		천사
–		캥거루
u		콧수염
–		코트
u		타조
u	<	회오리바람(반사된)
u		파리
–		펌프
–		폭발
o		풍경
–		프로펠러
–		두개골
–		해부
–		폐(들)
u		호박벌
–		X-ray(골반을 제외한 구체적)
o		X-ray(골반)
u		X-ray(불특정)

D1

u		큰 가지(나무의)
u		근육
o		다리(동물)
o		다리(인간)
u		두개골(동물)
–		스패너, 렌치(wrench)
u		막대기
–		머리(동물)
u		머리(만화 동물)
–		머리(인간)
o		머리(파충류)
–		물고기
u		발(동물)
–		발(인간)
–		뱀장어
o		뼈

u		뿌리
–		원통
–		창, 작살
–		코
u		통나무
u		팔
–		화살
–		개미핥기

D4

–		게
u		곤충
o		관목(들)
u		구름
–		나무
–		나뭇잎
u	<	날개
–		다리
u		다리(D1을 옷을 입은 것으로 지각)
u		다리(요리한 닭 또는 칠면조의)
u		담요
o		동물(D7을 머리로 지각)
–		머리(동물)
–		머리(새)
u		머리(악어)
o		머리(인간의 옆모습)
o		바위
u	<	백로
o		사람(기대고 서있는)
u		선풍기
u		식물
–		악어
u		어깨심(미식축구의)
o	∨	연기(煙氣)
–		유목(流木)
u		잡초
u		지도
–		진흙
u		침낭
–		캥거루
u		풍경
–		피부(skin)
–		해파리

D6

u		가위(들)
u		고무줄 새총
u		곤충(더듬이를 가진)
u	∨	꼬마요정(들)
u		더듬이
u		로봇
u		머리(곤충)
u		머리(동물)
o		머리(동물, 뿔이나 긴 귀를 가진)
–		머리(인간)
o		머리(인간, 옷이나 가면을 쓴)
u	<	머리(파충류)
–		머리(파충류)
u		모자(미키마우스)
u		배지
–		꽃병
–		새
u		손가락(두 개, 승리표시)
o		얼굴(동물, 긴 귀를 가진)

– 얼굴(불특정)
– 얼굴(인간)
– 음차(音叉, tuning fork)
u 인간(하반신)
u 조각상
u 집게, 펜치
u 쪽집게
u 차골
u 깎는 기구(들)
u ∨ 핀셋(들)
u ∨ 톱질용 굄목

D7

u 곤충(안테나, 촉각이 달린)
u 괴물
– 나무
o 동물(뿔이나 긴 귀를 가진)
– 동물(뿔이 없거나 긴 귀를 가진)
– 딱정벌레
o 마귀
– 물고기
u 발레리나(옷을 입은)
u 뱀
u 벌레(안테나, 촉각이 달린)
– 뼈
o 악마
u 외계인
– 인간(두 명)
u 인간(신화의)
o 인간(옷을 입은)
u 인간(두 명, 팔을 든)

o 토끼
– 두개골

D9

o ∨ 거위(들)
– 곤충(들)
u 꼬리(들)
u 다리(들)(동물)
o 다리(들)(새)
– 다리(들)(인간)
– 머리
u < 머리(악어)
u 머리(두 개, 새)
– 발(들)(동물)
o 발(들)(새)
– 발(들)(인간)
o 백조(들)
u 주둥이, 부리
u ∨ 빗자루
o ∨ 새(두 마리, 목이 긴)
o 차골
u 젓가락
u ∨종(鐘)(들)
– 질(해부)
u 쪽집게(plier)
o 핀셋, 쪽집게
u 청소기(진공)
– 청진기
u 클런치, 꺽쇠
o ∨ 플라밍고

D10

- – 곤충
- u 나무(유목, 통나무, 막대기들)
- u 다리(동물)
- – 다리(새)
- u 다리(인간)
- – 머리(동물)
- u 머리(만화)
- u 머리(새)
- o 머리(파충류)
- u 반도
- u 뼈(들)
- o 뿌리(들)
- – 산호
- u 쪽집게
- – 코
- u 파이프 렌치(스패너)

Dd22

- – 곤충
- o 꼬리
- – 다리(동물)
- u 다리(새)
- – 다리(인간)
- – 머리(동물)
- u 머리(새)
- – 머리(인간)
- – 손가락
- o 창
- u 검(sword)
- o 칼
- u 버팀목(crutch)
- o 큰 가지(나무의)
- o 파충류
- o 화살

Dd23

- – 머리(동물)
- – 머리(인간)
- u 풍경
- u 해안선

Dd24

- u 괴물
- u 나무
- u 새
- u 젖꼭지
- u 귀신
- – 젖가슴
- – 인간
- u 천막

Dd25

- – 나무
- – 남근
- u 대포
- – 모자
- u 바위

–		엄지손가락

Dd26

u		가지(나무의)
–		나무
–		머리
u	∨	새(날고 있는)
–		파충류

DdS27

u	∨	꽃병
u		대못
u		원뿔
u		귀신
u		작은 만
u		탑

DdS28

u		꽃병
u	∨	산
u	∨	언덕
u		작은 만
u	∨	종(鐘)
u		컵
–		헬멧

DdS29

u	강
–	뱀
u	작은 만

Dd30

o	가면
–	공
–	두개골
u	머리(동물)
u	머리(새)
–	머리(인간)
u	얼굴(고양이)
–	얼굴(고양이 또는 토끼를 제외한)
u	얼굴(새)
–	얼굴(인간)
u	얼굴(토끼)

Dd31

u	귀(동물)
u	꼬마요정
–	나무
u	남근
u	다리
u	막대기
–	머리
–	벌레
–	발

o 뼈
u 손가락
– 인간

Dd32

u 곤봉
– 나무
u 더듬이
o 머리(새)
o ∨ 백조
– 뱀
o 주둥이, 부리
u 뼈
– 뿌리
o ∨ 새(목이 긴)
– 성냥
– 손가락

Dd33

– 젖가슴
u 관목(들)
– 머리(동물)
u 머리(인간 같은)
– 머리(인간)
o 산
o 언덕

Dd34

u 가위
u 꼬마요정(들)
– 나무(들)
u ∨ 다리(들)
o 더듬이
u 머리(들)(곤충)
– 머리(들)(동물)
– 머리(들)(새)
– 머리(들)(인간)
u 머리(들)(파충류)
u 바리캉
u ∨ 변기
u 주둥이, 부리
u 뼈(들)
o 뿔(들)
u 인간 같은 모습(들)
– 인간(들)
u 〈 입(동물 또는 새)
u 집게, 펜치

Dd35

u 가면(옆모습)
– 젖가슴
– 머리(동물)
– 머리(새)
o 머리(인간, 옆모습)
u 바위(들)
o 산
u 인간(앉아 있거나 누워 있는)
– 코
o 풍경

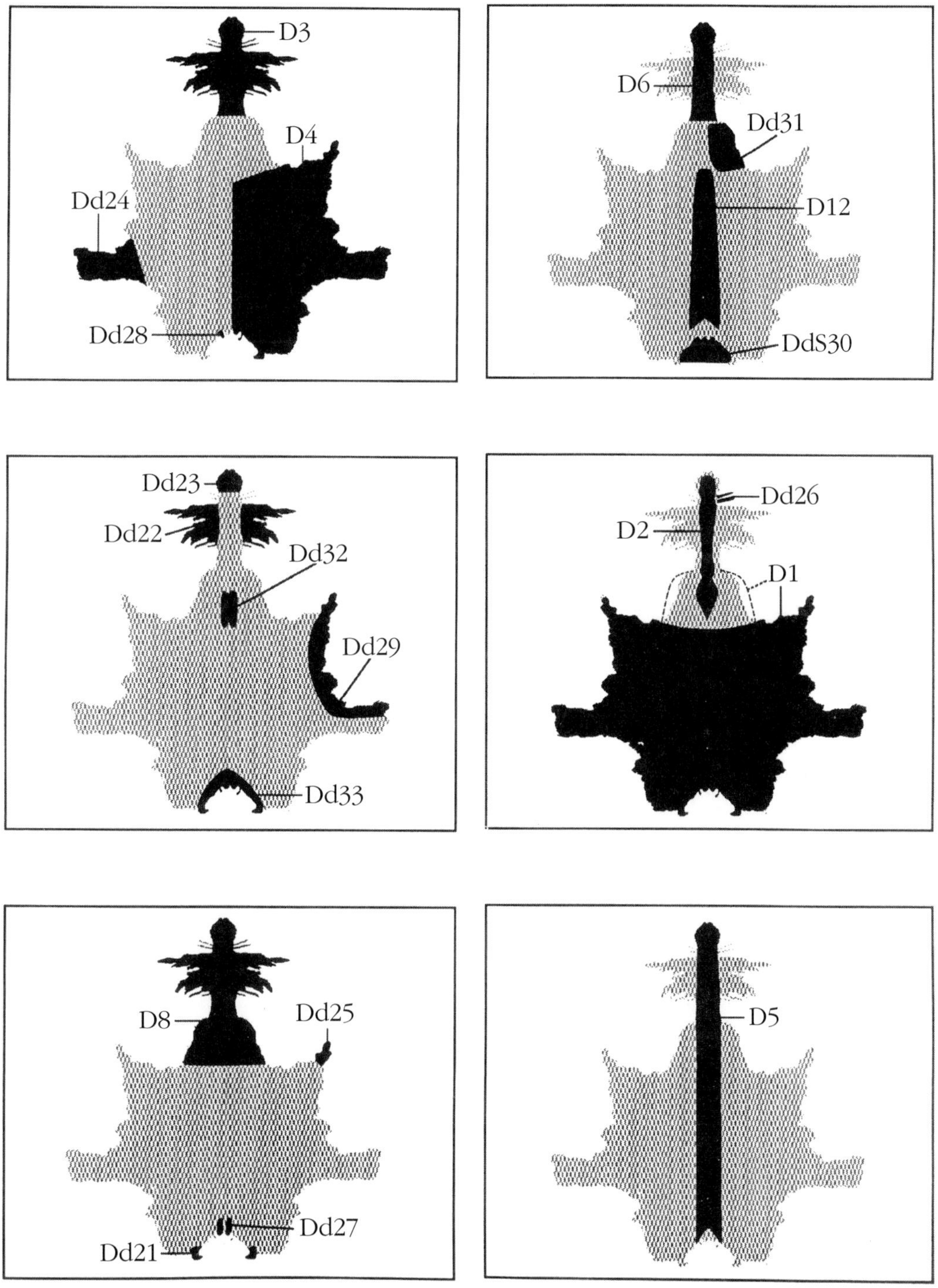

[그림 10-6] 카드 VI의 D와 Dd영역

CARD VI

평범반응: W 또는 D1을 동물의 피부, 가죽, 모피 또는 양탄자로 지각한 반응

Z값: W = 2.5 인접부분 = 2.5 비인접부분 = 6.0 공간반응 = 6.5

W

u	가면(공상과학의)
–	가슴
u ∨	가오리
o	털가죽
u	가죽(조각)
–	각다귀, 모기
–	개구리
u ∨	거리 표시판
–	거미
u	거북이
u ∨	거울(손)
u	거위
–	게
u	누에고치(D3을 애벌레나 나비)
–	곤봉
–	곤충(날개 없는)
u	곤충(날개 달린)
–	골격
–	곰
o	곰가죽
u	공예품(인디안의)
u	괴물(동물)
u ∨	괴물(종종 머리가 둘 달린)
u	괴물(바다)
u	기타(종종 Dd24를 제외한)
u ∨	깃발
–	까마귀
o	양탄자, 깔개
u ∨	꽃
o ∨	나무
–	나방
–	나비
–	잠자리
–	뇌
–	뇌간
u	다람쥐(날으는)
–	달팽이
–	닻
–	도마뱀(날으는)
u	돌 속에 박힌 칼
u	동물(고양이, 개, 살쾡이, 호랑이, 늑대와 같이 고양이과나 송곳니가 있는)
–	동물(날개 달린)
u	동물(바다, D3을 머리나 꼬리를 가진 가오리로)
–	동물(코끼리, 기린, 개미핥기 같이 고양이과나 송곳니가 없는)
o	동물(평평하거나 피부가 있는 인공적인 형태)
o	동물의 가죽 또는 피부
u ∨	송곳, 드릴
u	등대(언덕 위의)
u	도안, 디자인(추상적)
–	딱정벌레

u 옛목
– 램프
u 로켓 발사대(D3는 로켓, D1은 연기 또는 발사대)
– 머리카락
u ∨ 청소도구(손잡이가 달린)
– 모기
– 몸
– 물고기(바다의)
– 물꼭지(faucet)
o 미사일 발사대(D6이 미사일, D1이 연기 또는 발사대)
u 바이올린(흔히 Dd24는 제외하고)
– 방망이
u ∨ 방패
u 배의 키
o < 배(D3과 함께 반사된)
– 뱃지
– 벌
u 벌레(날개 달린)
– 벌레(날개 없는)
o ∨ 부채
u 분수(추상적)
u 비행기
o < 빙산(반사된)
– 산
– 상징
u 새
u 새(선사 시대의)
– 생식기(남자의)
u 섬
u ∨ 휴대용 소형착암기(Jackhammer)
o 수로(다른 풍경 속에서 D5를 수로로)
u 숲(공중에서 본)
u ∨ 스폰지
u ∨ 식물
u ∨ 놀이기구(아래에 용수철이 달린 막대기의 발판에 올라타고 뛰는 놀이 기구)
– 아메바
– 양엉겅퀴(artichoke)
– 얼굴
u 오리
– 왕관
u 용(날으는)
– 원추형 천막집
– 음표(음악의)
– 벼룩
– 인형
u 나뭇잎
– 작은 새우
u 장신구
u ∨ 조각상
– 지도(구체적)
u 지도(불특정)
– 진흙
u 첼로
o 초(D1이 밑받침인)
u 총(우주 또는 장난감)
u 추상화
u 코트(D3에 걸려 있는)
o ∨ 코트(기둥에 걸린)
u 탱크(대포를 위에서 본 모양)
o 가죽
o 토템(D3은 토템, D1은 언덕이나 배경으로)
– 파리
– 프라이팬
u 폭발

o	<	풍경(반사된)
o		피부(동물)
–		항아리, 단지
u	∨	허수아비
–		폐
–		화산
u		광산의 통로(단면도)
–		X–ray(구체적)
u		X–ray(불특정)

D1

–		가슴
o		가죽
–		간(해부)
u		갈라진 틈(바위 중간 부분)
u	∨	고릴라(들)(등을 맞댄)
u	∨	곶
u	∨	괴물(대개 공상과학)
u	∨	괴물(들)
u		구름(들)
u		그릇(손잡이가 달린)
o		양탄자, 깔개
–		꽃
–		나비
–		뇌
o		담요
u	∨	동물(들)(등을 맞댄)
u	∨	만화 인물
u		망토
–		머리
–		머리(들)(동물)
u		머리(들)(인간, 옆모습, 등을 맞 댄)
o		무성한 잎(들)
u		문
u		문(들)(흔들리는)
u		바위(들)
u		방패
o		배(반사된)
u		뱃지
u	∨	벌꿀통
–		벌레
–		별
–		거북이 껍질(turtle shell)
–		불가사리
o	∨	빙산(반사된)
o	<	산맥(반사된)
–		살점
u		석탄(조각)
u		섬
o		수로(D5, 다른 경치가 동반된)
u		숲(공중에서 본)
–		신체
u		아메바
–		양엉겅퀴
–		얼굴
u		얼굴(괴물)
u		얼음
u		연기(煙氣)
u	∨	왕관
–		요리(생선 또는 육류)
u	∨	원숭이(들)(서로 등을 맞댄)
–		인간
u		인간(들)(등을 맞댄)
u		나뭇잎(공중에서 본)
u		장식
u	∨	재킷

- – 조개껍질
- o 조각상
- – 지도(구체적)
- u 지도(불특정)
- u 지도(지형학적)
- u 진흙
- u 책꽂이(양쪽 끝을 받친)
- – 컵
- o 코트
- u 턱받이
- o 풍경
- o 가죽(동물)
- u 항아리, 단지
- o 항아리(손잡이가 달린)
- – 두개골
- u 해면동물
- – 해부
- – 폐(들)
- u 휘장
- – X-ray(구체적)
- u X-ray(불특정)

D2

- o 거인
- o 계단의 난간 축(banister spindle)
- u 곤봉
- – 곤충
- u 기차(공중에서 본)
- u 남근
- – 동물
- u 송곳, 드릴의 날(bit)
- o 램프 기둥
- o 램프(가로등)
- o 램프(장식용)
- o 로켓
- – 물고기
- o 미사일
- – 바늘
- u 뱀장어
- – 벌레
- u 뼈
- o 조각상(인간 같은)
- u 손톱
- – 쐐기벌레
- o 악어
- o 양초
- u 온도계
- o 인간
- o 인간 같은 모습
- – 척추골
- o 촛대
- o 침대기둥
- u 칼
- u 검(sword)
- u 악어
- o 토템 기둥
- u 파충류
- u 펜
- u 피스톤
- – X-ray(구체적)
- u X-ray(불특정)

D3

- u 가로등(대개는 D5를 포함한)

o	거위(날으는)
o	곤충(날개 달린)
u	곤충(날개 없는)
u <	관목(반사된)
u	깃발(찢어진)
u	꽃
u	나무
u	나비
u	날다랑어
–	남근
u	동물(날개 달린)
–	동물(날개 없는)
o	램프
u	로켓
o	로켓(불 또는 연기가 나는)
u	막대기(전기 또는 전화의)
u	말벌
–	머리(곤충)
u	머리(동물, 수염 달린)
–	머리(새)
–	머리(인간)
–	머리(파충류)
u	물체(Dd22를 불꽃으로)
u	바람개비
–	밸브
o	벌레(날개 달린)
u	벌레(날개 없는)
u	비행기
o	새
o	성냥(불이 붙은)
o	십자가(추상적 또는 현대적)
u	예수가 십자가에 못박힘
o	예수의 십자가 상(추상적)
–	얼굴
o	오리(날으는)
–	올빼미
–	인간
o	인간(옷을 입은)
o	인간(추상적)
	o 인간 같은 모습
–	나뭇잎
o	장식품
o	조각상
–	코트 걸이
o	토템 기둥
u	파리
–	두개골
–	해부
o	허수아비
u	호박벌
o	휘장

D4

o	가면
–	고치
–	곤충
o <	구름
u	구름
o <	노(배의)
u ∨	동물
o <	동물(Dd24를 동물로, 나머지는 다른 사물로)
o <	돛단배
–	머리(동물)
–	머리(새)
o	머리(인간, 옆모습)

o	바위
o <	배
o <	보트(몇몇 예에서는 Dd24를 분리된 사물로)
–	빌딩
o	빙산
o <	산(들)
u	산호
u	아동용 욕조(Dd24를 아이로)
o <	욕조(Dd24를 욕조로, 나머지는 다른 사물로)
u ∨	인간
u ∨	인간 같은 모습
o <	잠수함
o <	전함
o	조각상
–	지도(구체적)
u	지도(불특정)
u <	총(공상과학의)
u <	탱크(군대의)

D5

o	강
–	곤충
u	관, 튜브
u	기둥
o	길
–	나무
–	동물
o	등뼈
u	램프 기둥(흔히 Dd22를 불빛으로)
u	막대기
u	무성한 잎(들)(공중에서 본)
o	미사일 발사대(D2 혹은 D6을 미사일, 나머지는 연기 또는 불로)
u	뱀
–	뱀장어
u	벌레
o	수로
o	식도
–	쐐기벌레
–	양치류 식물
u	온도계
o	운하
–	인간
o	창, 작살
u	창살
o	척수
–	칼
u	코트 걸이
u	파충류
o	협곡
–	X-ray(구체적, 척추 제외)
u	X-ray(불특정)
o	X-ray(척추)

D6

u	곤봉
u	곤충
o	기둥
u	길
o	남근
–	동물
o	로켓

- – 머리(동물)
- – 머리(인간)
- u 머리(파충류, 흔히 거북이)
- – 목
- u 무기(불특정)
- – 물고기
- o 미사일
- u 미이라의 관
- – 밸브
- u 뱀장어
- u 원통
- – 인간
- u 조각
- u 조각상
- u 주차시간 자동표시기
- u 지팡이
- o 총알
- u 탑
- u 통나무
- o 파충류
- u 팔(Dd23을 주먹으로)
- – 두개골

D8

- u 가로등 기둥(lamp post)
- u 곤충(날개 달린)
- o 꽃(꽃병 속의)
- u 나무
- – 나비
- – 동물
- o 등대
- o 로켓(화염 또는 연기를 내뿜는)
- u 머리(동물, 수염 달린)
- – 머리(새)
- – 머리(인간)
- – 머리(파충류)
- – 바다거북
- – 벌레(날개 없는)
- u 벌레(날개 달린, 어떤 물체 위를 기어 다니는)
- u 비행기
- u 사람(옷을 입은)
- u 새
- o 샘
- o 식물
- o 십자가(언덕 위의)
- o 예수가 십자가에 못박힘(추상적)
- o 예수의 십자가 상(언덕 위에)
- u 잠자리
- o 조각상(인간 같은)
- u 조각상(새)
- – 지도
- – 척수
- o 토템 기둥
- o 허수아비
- – X-ray

D12

- o 강
- o 광산의 수로(shaft)
- u 길
- – 남근
- u 로켓
- u 미사일

– 바늘
– 버너(벤젠 가스버너)
u 창, 작살
o 수로
o 식도
o 양초
u 연필
o 운하
– 인간
u 지퍼
– 직장(해부)
u 질(해부)
u 척수
o 협곡
– 화살

Dd21

o ∨ 갈고리 발톱
– 머리(동물)
o ∨ 머리(새)
– 머리(인간)
o ∨ 머리(파충류)
o ∨ 부젓가락(tong)
u ∨ 뿔
– 손
o ∨ 쪽집게

Dd22

– 가죽
u 가지(들)
u 거위(떼)
u 관목(들)
u 광선(태양)
– 꽃
u < 나무(들)
– 무기(들, arms)
o 물(튀기고 있는)
u 불꽃
u 새(두 마리, 옆모습)
u < 선인장
o 수염
o 양치류 식물(들)
– 얼음

Dd23

– 눈(眼)(들)
– 머리(두 개)
u 머리(곤충)
u 머리(괴물)
– 머리(동물)
u 머리(새)
– 머리(인간)
u 머리(파충류)
– 벌레
u 손(들)(악수하는)
u 손잡이(문의)
u 주먹
– 코

Dd24

o < 굴뚝

u 나무, 목재

– 다리

u ∨ 동물(앉아 있는)

u ∨ 머리(동물, 상반신)

– 머리(새)

– 머리(인간)

o < 물개

o 바위

o 반도

– 발(동물)

– 부츠

u < 조각상

u ∨ 성(城)

o 절벽

u < 해마

Dd25

– 남근

– 머리

u 발(동물)

u 발(사람)

u 벙어리장갑

– 산

u 선인장

u 신발

u 인간

u 인형

u 조각물(carving)

u 조각상

Dd26

u 안테나, 촉각

u 막대기(들)

u 수염(들)

– 파충류(들)

Dd27

– 고환(들)

– 눈(眼)(들)

u ∨ 달걀

– 머리(들)

– 엉덩이(들)

– 인간(들)

– 족집게

– 질(해부)

u ∨ 폭포

– 해부

Dd28

u ∨ 갈고리 발톱

– 나무(들)

– 로켓(들)

– 머리(들)

u 뿔(들)

u ∨ 파충류(들)

Dd29

- – 머리
- – 인간의 옆모습
- u 해안선

DdS30

- – 꽃병
- u 작은 만
- – 컵

Dd31

- – 머리
- u 빙산
- u 새
- – 인간
- – 코
- u 뿌리개, 흔들어 뿌리는 병(소금, 후추)

Dd32

- u 대합조개(열린)
- u 굴(열린)
- u 나비
- u 어깨에 착용하는 부낭(수영할 때 사용하는, water wings)
- – 뇌
- – 눈(眼)(들)
- – 계란(들)
- u 조개껍질(열린)
- u 보트
- u 불꽃(들)
- – 콩팥(들)
- – 편도선
- – 폐(들)

Dd33

- – 거미
- – 게
- – 곤충
- o ∨ 둥지
- u 부젓가락(들)
- u 작은 만
- u 질(해부)
- u 풍경
- u 핀셋, 쪽집게
- u ∨ 협곡(대개 폭포를 포함)

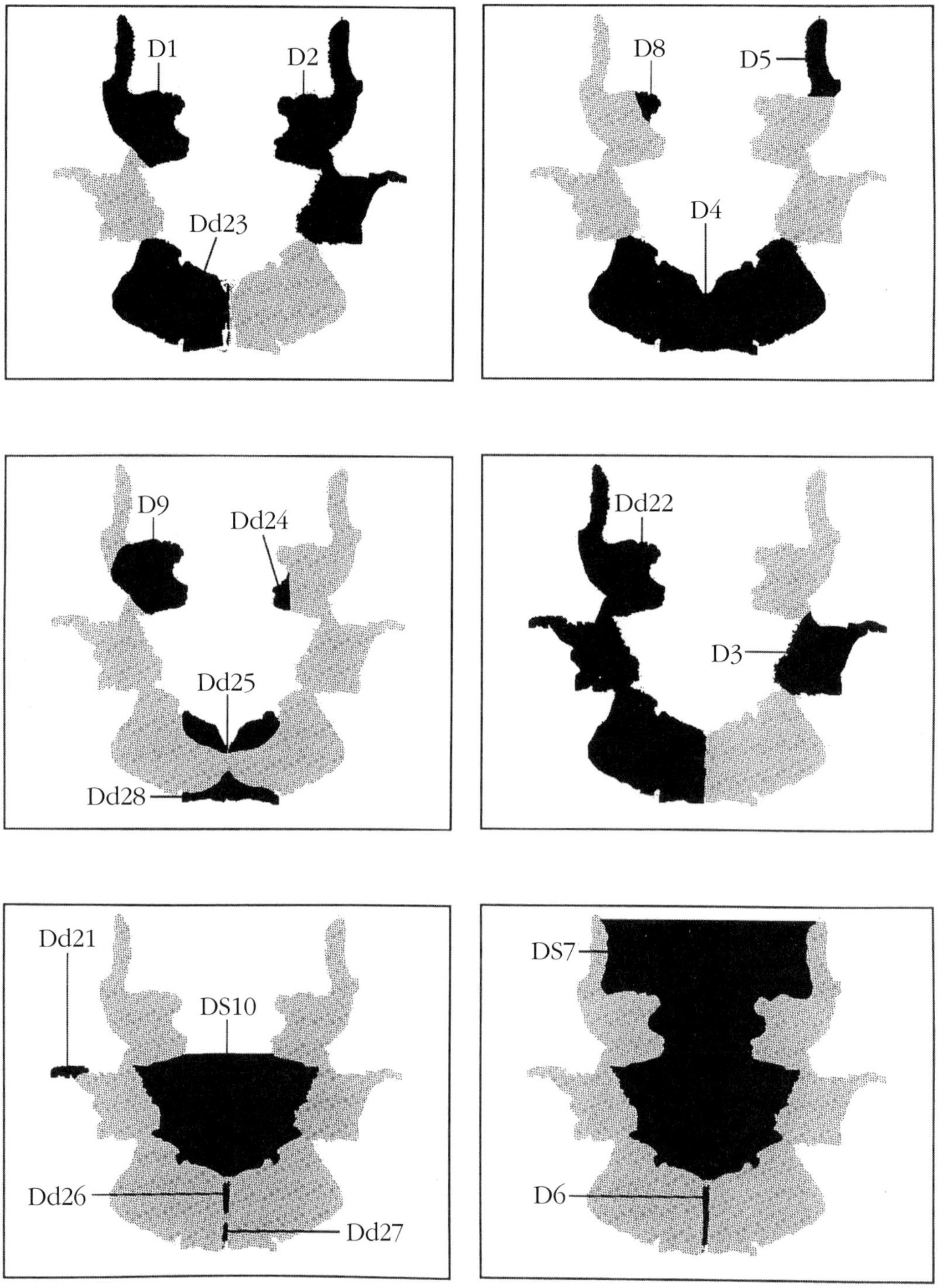

[그림 10-7] 카드 VII의 D와 Dd영역

CARD VII

평범반응: D9, 흔히 D1, D2, Dd22을 인간의 머리 또는 얼굴로 지각한 반응

Z점수: W = 2.5 인접부분 = 1.0 비인접부분 = 3.0 공간반응 = 4.0

W

u	∨	가발(hairpiece)
u		개구리 다리(음식)
–		개구리(들)
–		개(들)
–		거인
u	∨	격자(trellis)
–		곤충
–		관목(들)
o		구름(들)
u		그네
u		그릇(흔히 S를 포함)
u		기념비
o		꼬마요정(D2를 요정, D4를 분리된 사물로)
u		꽃병
–		나방
–		나비
u		눈사람
–		다리(들)(동물 또는 인간)
–		닻
u	∨	동굴(열린)
o		동물(두 마리, D4는 개별 대상으로, D2는 고양이, 만화동물, 원숭이 또는 토끼로)
u		동물(두 마리, 반점의 1/2을 개별 동물로 보고 만화에 나오는 것으로 지각)
–		동물(두 마리, 반점의 1/2을 실제 동물로) 주의(만일 D2에서 보고한 동물이 고양이, 만화동물, 원숭이, 토끼일 경우 반점의 모양이 적절하게 사용되었다면 u, 그렇지 않다면–로 채점한다. 개와 같이 평평한 얼굴을 한 동물은 u에 포함되고 여우, 코끼리, 말, 사자와 같은 동물은–로 채점)
u	∨	램프(장식용)
u		모래톱
u	∨	모자(귀덮개가 달린)
–		목
–		목뼈
u		목걸이
o	∨	무용수(두 명)
u	∨	문틀
–		바다 동물
u		바위
–		배(밑바닥이 평평한)
–		벌레
u		변기
u		부메랑
u		뼈(불특정)
u		뿔(사슴)
–		새
o		섬(들)
o		소녀(들)

–		식물
–		신체(분리된)
–		신체(하반신)
–		아메바
o		아이(들)(D4를 방석 또는 시소와 같은 분리된 사물로 지각)
u	∨	아치(건축)
–		얼굴
u	∨	얼굴(사진음화, DS7 또는 DS10을 포함)
u		연기(煙氣)
u		왕관
o		요정(들)(D4를 램프로 지각)
u		우주선
o		음식(빵가루를 묻히거나 튀긴)
u		음식(조각, 보통 생선 또는 닭고기를 자른 것)
o	∨	의자(DS7을 사용)
–		인간
o		인간(두 명)
o		인간(D2를 인간, D4를 분리된 사물로 지각)
o		인간 같은 모습(흔히 천사, 눈사람, 또는 정령으로 보고 이때 D4를 분리된 대상으로 지각)
o	∨	인간(두 명)
u		인형(들)
o		인형(들)(D2를 인형, D4를 분리된 사물로 지각)
–		입
–		나뭇잎
u		나뭇잎(찢어진)
u	∨	자석
–		새우(두 마리, 자연의)
u		새우(네 마리, 빵가루를 묻히거나 튀긴)
–		조개
o		조각상(D2를 조각상, D4를 받침대로 지각)
u		조각물
u		조각작품
–		지도(구체적)
u		지도(불특정)
–		질(해부)
u		집게발(게)
u		추상화
–		코트
–		쿠키(부서진)
–		크래커(부서진)
–		턱수염
–		탁자
u		퍼즐
u		편자(horseshoe)
u	∨	폭발(D4를 버섯구름으로 지각)
u		풍경(흔히 공중에서 본 것이지만 간혹 S를 사용하여 절벽 사이의 골짜기로 지각)
o		항구(DS7을 포함)
–		두개골
–		해부
u		헬멧(고대의)
o		협곡(흔히 S를 포함)
u		흔들 목마
u		"U" 자형
–		X-ray(구체적)
u		X-ray(불특정)

D1

–		고양이
		곤충
o		구름(들)
u		국자
u		귀걸이(들)
–		나무
–		닭
u		닭다리(요리된)
–		독수리
–		동물
u	<	동물(D5를 긴 목 또는 부리로 보고 만화동물로 지각)
u	∨	동물(Dd24를 코로 보고 작고 긴 꼬리를 가진 동물로 지각)
u		가면
–		말
u	∨	머리(동물, D5를 몸통으로 지각)
o		머리(고양이, 만화동물, 원숭이, 토끼와 같은 동물. 주의: 보고된 동물의 머리가 고양이, 만화동물, 원숭이, 토끼가 아닌 경우 반점의 모양이 적절하게 사용되었다면 u로 채점되고 그렇지 않다면–로 채점)
o		머리(인간 같은)
u		머리(인간, 성인남자)
o		머리(인간, 아이, 인디언, 여자 또는 불특정)
u	∨	모자(너구리 가죽)
–		물고기
–		바다동물
u	∨	배의 키
–		산
–		새
u		선인장
u		세면대
u		의자
u		잎(나무 전체의)
o		새우(빵가루를 묻히거나 튀긴)
o		절벽
o		조각상
u		주먹(위로 향한 손가락이 포함된)
–		지도(구체적)
u		지도(불특정)
o		토끼(D8을 코로 지각)
u		풍경
–		해부
–		X–ray

D2

o	<	개
–		개구리
–		고기
o		구름(들)
–		나무(들)
o		난장이
o		눈사람
–		닭
u		닭날개(빵가루를 묻히거나 튀긴)
–		당나귀
u		덤불(들)
–	∨	동물
o		동물(D5를 귀, Dd21을 꼬리로 포함하여 고양이, 개, 원숭이 등과 같은 작

은 동물로)
u ∨ 동물(만화)
o 동물(만화)
– 동물(큰)
– 말
– 머리
– 물고기
u 산(들)
– 새
u < 새끼 양
o 섬(들)
u 언덕
– 여우
– 용
u 음식(빵가루를 묻히거나 튀긴)
o 인간(아이, 인디안, 여성 또는 불분명한 대상이 인간 전체 또는 머리와 상반신으로)
u 인간(성인남자)
o 인간 같은 모습
u 새우(빵가루를 묻히거나 튀긴)
o 장난감(인간 또는 동물)
– 젖소
o 조각상
– 지도(구체적)
o 천사
– 칼
o 게루빔(cherub, 아기천사)
o ∨ 코끼리(만화 또는 장난감의)
o 토끼
u 풍경
– 호랑이
– X-ray

D3

o 가면
– 개
u 고기 베는 큰 칼(cleaver)
– 곤충
– 관목
u 구름
– 나무
– 동물
– 둥지
u 머리
o 머리(동물, Dd21을 귀 또는 뿔로)
u ∨ 머리(동물, Dd21을 코 또는 몸통)
o 머리(동물, 만화 또는 장난감)
u 머리(보통 괴물의 조각상)
u ∨ 머리(새, Dd21을 주둥이, 부리로 지각)
u 머리(인간 같은)
– 머리(인간)
– 머리(파충류)
– 가발(대머리에 쓰는)
– 모자
u 물고기(Dd21을 꼬리로 지각)
u 바위
u 반도
u 사탕(솜사탕)
u 섬
– 손
– 양말
u 연(Dd21을 꼬리로 지각)
u 새우(빵가루를 묻히거나 튀긴)
u 절벽
u 조각상

u 주먹(Dd21을 엄지손가락으로)
– 지도
– 컵
– 턱수염
u 풍경
– 햄
– X-ray

D4

u ∨ 가발(wig)
– 가슴
u 고원(공중에서 본)
u 곤충(날개 달린)
– 곤충(날개 없는)
o 골반
– 관목(들)
o 구름(들)
– 그릇
o 나비
u 나비넥타이
u 날개
– 다리(인공의)
u 다리(자연의)
– 동물(들)
– 머리
u 문
u 문(들)(흔들리는)
u 바구니
– 바다 동물
o 바위(들)
o ∨ 박쥐
u 방석(들)
– 벌레(날개 없는)
u 벌레(날개 달린)
– 부츠
– 산(들)
o 새
– 시체
– 신발(들)
– 엉덩이(들)
u 연
u 요람
– 인간
– 조개
u 종이(찢어진)
– 지도(구체적)
u 지도(불특정)
– 질(해부)
u 책(펼쳐진)
u 책꽂이(양쪽 끝을 받친)
– 텐트
– 파리
u 풍경
– 두개골
– 해부
u 행글라이더(대개는 D6을 인간으로)
– 폐(들)
o 활
– 휘장
– 늑골, 갈비뼈
o X-ray(골반)
– X-ray(구체적, 골반 제외)
u X-ray(불특정)

D5

u 갈고리 발톱
u ∨ 고드름
– 곤충
u 귀(토끼처럼 긴)
u 기병대(sabre)
o 깃털
u 꼬리(미국 너구리처럼 긴)
– 나무
u 날개
– 남근
u 다리
– 동물
– 송곳, 드릴
– 소총(rifle)
– 머리(동물 또는 인간)
u 머리(바깥쪽에 코가 달린 토끼)
u 머리장식
u 머리카락(가발로 단장하거나 머리모양이 꾸며진)
– 뱀장어
– 벌레
u < 보트
u 빗(장식용)
u 뼈
u 뿔
– 새
u 석순(石筍)
– 소시지
u 손가락
u 식물
u 쐐기벌레
u 엄지손가락
– 연기(煙氣)
– 인간
– 총
u < 카누
u 검
o 칼날
u 토템
u 톱
– 통나무
u 피크(기타의)
– 화살
u 화살촉

D6

u 갈라진 틈
o 강
– 곤충
u 괴물(동물)
– 나무
– 남근
u 댐
o 돌쩌귀(문)
– 동물
– 송곳, 드릴
u 로켓(Dd28을 발사대나 연기로)
u 막대기
– 머리
– 물고기
u 미사일(Dd28을 발사대 또는 연기로 지각)
– 벌레

–		뼈
o		수로
o		식도
–		쐐기벌레
o		운하
o		인간
o		인간 같은 모습
u		인형
o		질(해부)
–		척추
u		음핵, 클리토리스
–		탑
u		항문
o		협곡

DS7

–		구름
o		그릇
u		꽃병
–		나무
u	∨	둥근 지붕 모양의 절
o	∨	램프
–		머리
u	∨	머리(사진음화에 나온)
u	∨	모자(역사적인)
o	∨	버섯
o	∨	스핑크스
–		얼굴
u		입구
o	∨	조각상
–		종(鐘)
u	∨	탑
o		항구
u		주전자
–		해부
u	∨	헬멧
u		호수
u		화살촉

D8

o		계곡(들)
u	∨	고드름
u		고래
u		나무(들)
u		달팽이
u		달팽이(만화)
u		도시(멀리 있는)
u		둥지
–		머리
u		석순(石筍)
o		숲
–		용
u		인간(들)(절벽 또는 언덕에 있는)
u		절벽(들)
u		탑(들)(전기적)
o		풍경
u		바다동물

D9

–		곤충
u		구름
u	∨	머리(동물)

o 머리(고양이, 개, 원숭이와 같이 작은 동물)
– 머리(동물, 큰)
– 머리(새)
o 머리(인간 같은)
o 머리(인간)
– 바다 동물
o 조각상(반신상)
u 절벽
u 풍경

DS10

u 구멍
o 그릇
– 남근
o 전등의 갓
– 머리
o ∨ 모자(역사적인)
u 문 손잡이
u ∨ 버섯(모자)
– 얼굴
u 입구
u 텐트
o 항구
o 헬멧
u 호수

Dd21

– 개미
u 꼬리
– 남근
– 소총
– 머리
u 몸통(코끼리)
u 반도
u 발(동물)
u 뿔
– 새
u 손
o 손가락
u 쐐기벌레
– 얼굴
u 엄지손가락
u 팔

Dd22

u 강아지
– 동물
u 동물(만화 또는 장난감의)
– 뼈(들)
o 인간
u ∨ 인간
o 인간 같은 모습
u ∨ 인형
u 조각상

Dd23

u 구름
– 동물
– 머리(곰이나 개를 제외한 동물)

o 머리(동물, 곰 또는 개)
– 머리(인간)
u 모자(모피)
u 바위
u 베개
u 벽돌
– 신발
u 언덕

Dd24

– 구름
u 동굴
– 머리
u 먼지

Dd25

u 갈매기
u 산(들)
u 새
– 질(해부)
u 폭포
u 풍경

Dd26

o 강
o 식도
u 인간
u 인간 같은 모습
o 조각상
o 질(해부)
o 협곡

Dd27

– 동물
– 이빨
– 인간
– 자물쇠
– 질(해부)
– 창문
u 항문

Dd28

u ∨ 낙하산(D6이나 Dd26을 인간으로)
– 동물
u 물
– 새
– 식물
u 얼굴(괴물)
u 얼굴(동물)
– 얼굴(인간)
– 엉덩이(들)
u 인간(두 명)
u 조각상(들)
u ∨ 파도(들)
o ∨ 폭포

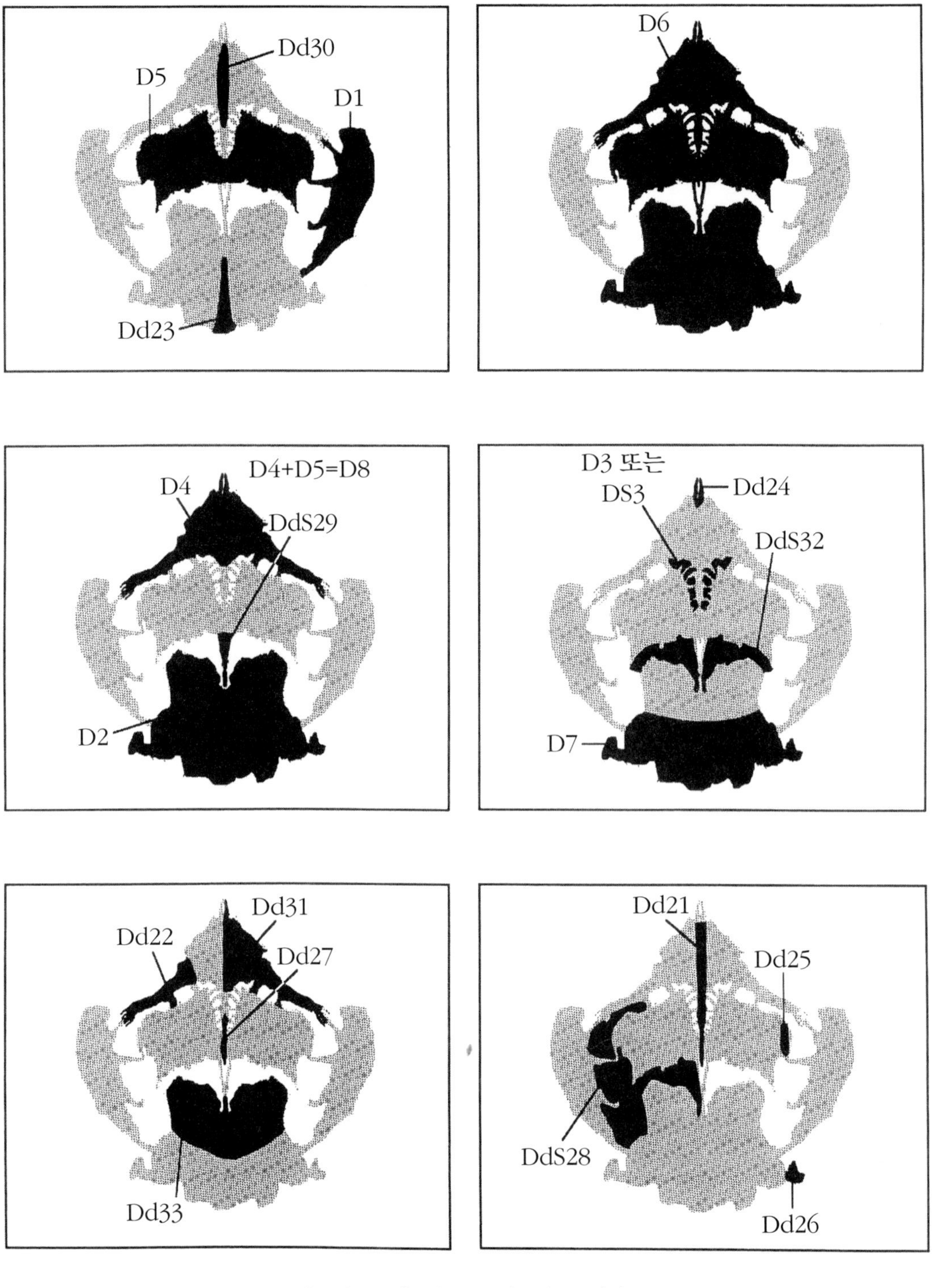

[그림 10-8] 카드 VIII의 D와 Dd영역

CARD VIII

평범반응: D1을 전체동물 형상으로 지각한 반응

Z점수: W = 4.5 인접부분 = 3.0 비인접부분 = 3.0 공간반응 = 4.0

W

u		가면
–		개구리
–		거미
–		게
–		고기
–		곤충
–		골격
–		골반
u		괴물
–		구름(들)
o		그릇(장식용)
–		기계
u		기념물
u		깃발
u	∨	꼭대기
o		꽃
o		꽃무늬 도안
u		꽃병
–		나무
u		나무(추상적 혹은 만화)
–		나방
–		나비
–		내장, 장(腸)
–		뇌
–		눈송이
o		도안(추상적)
–		동물
o		동물(들)(D1이 동물로, 나머지 부분은 반점의 윤곽과 일치하는 대상으로)
–		두개골
u		램프(장식용)
u		로봇
u		로켓
–		머리(곤충)
u		머리(괴물)
–		머리(동물)
–		머리(새)
–		머리(인간)
u		머리장식(장식용)
u		먼지, 쓰레기
o		문장 또는 장식을 한 옷
–		물고기
u		바다 조개
–		바다동물
–		바닷가재
u		바위(색깔 있는)
–		박쥐
o		배(돛을 단, 뒤에서 본)
u		뱃지
u		보석류
o		보트(돛을 단, 앞에서 본)
–		비행기
u		빛(전자관에서 형성된 색채를 띤)
–		뼈(들)(골격의)

u 산과 숲(멀리 보이는)
u 산호
– 새
u 새장(새)
o 샘
o 샹들리에
u 서커스 천막
u 섬(들)
o 식물(꽃병 속에 있는)
u 식물(수중의)
u 식물(열대의)
u ∨ 아이스크림(녹는)
u 양탄자, 깔개(동양)
– 얼굴
u 얼굴(광대)
u 얼굴(괴물)
u 연
o 예술(추상적)
u 왕관
u 우주선(보통 화염을 뿜는)
– 위(胃)
o 의학적 해부도(상징적)
– 인간
u 잎
u 잎(나무 전체의)
o 장신구
– 재킷
u 전망대
u 정원, 뜰
u 조각상
– 지도(구체적)
u 지도(불특정)
– 케이크
– 콩팥(들)
o 크리스마스트리
u 탑
u 토템 기둥
u 트로피
o 포스터(자연적)
o 포스터(추상적)
– 폭발
o 풍경(대개 공중에서 본)
u 풍뎅이
– 피라미드
u 호롱불(동양)
– X-ray

D1

– X-ray
– 개구리
– 거북이
– 곤충
– 꽃
u 꽃잎(꽃)
– 나무
– 낙타
u 도마뱀
– 돌고래
u 동물(고대동물)
o 동물(네 발 달린, 윤곽에 적절한 동물, 이러한 반응에는 고대동물을 포함하여 다양한 동물이 포함된다. 가장 흔히 보고되는 것은 오소리, 곰, 고양이, 개, 두더지, 사자, 쥐 그리고 늑대가 있음. 윤곽이나 반점에 적절하지 않은 네 발 달린 동물은 –로 채점되는데,

코끼리, 기린, 말, 캥거루 등)
– 물개
– 물고기
– 새
– 새우
u 악마
– 앵무새
u 이구아나
– 인간
– 전갈
– 쥐돌고래(porpoise)
u 카멜레온
– 파충류(카멜레온, 이구아나 또는 도마뱀을 제외한 다른 동물)
– 폐
– 폐(들)
u 피
– 해부
– 해부(구체적)
o 해부(불특정)
– 해파리
u 헬멧(공상과학)
u 화산(분출하는)
u ∨ 횃불
o 회전목마
o 휘장

D2

u ∨ 가면
– 가슴
– 개
– 개구리
– 게
– 고기(meat)
– 곤충
– 골반
u ∨ 곶
u 그릇(장식용)
o 꽃
o 나비
– 뇌
– 동물
– 두개골
– 디스크(척추의)
– 머리(곤충)
u ∨ 머리(괴물)
u ∨ 머리(동물, 짧은 귀나 뿔달린)
– 머리(동물, 짧은 귀나 뿔 없는)
– 머리(새)
– 머리(인간)
– 모자
u 바위(들)
– 박쥐
u 벌레
u 불
u 산(들)
u 산호
– 살점
u 상처의 딱지(scab)
u 슬라이드(생물학적)
o 아이스크림
u 양탄자, 깔개
– 엉덩이(들)
u 연
– 왕관
o 용암

–		위(胃)
u		인공 사막(painted desert)
u		잎
u	∨	재킷
u		젤로(과일향의 다이어트 젤리)
u		지도(불특정)
–		질(해부)
–		척추(단면도)
u		케이크
u	∨	코트
u		폭발
u		풍경
u		피
u		항아리
–		해부
u		협곡
–		휘장

D3/DS3

o		가면
–		거미집
o		골격(일부)
o		골격구조
–		그물
u	∨	나무(전나무)
u		눈(雪)
o		늑골, 갈비뼈
–		동굴
u	<	동물(반사된)
o		두개골(동물)
–		두개골(인간)
–		머리
–		문
–		배지
–		얼굴
u		얼음
u	∨	우주선
u	∨	원추형 천막집
o		척추골
u		코르셋
u	∨	텐트

D4(주의: D4+D5=D8)

u		가면(공상과학의)
–		가재
o		개구리
u		거미
u		게
u		곤충
u	∨	골반
u		관목(들)
o		괴물
–		구름
u		그루터기(나무)
u		나무
–		나비
–		다리(인공의)
u		다리(자연의)
u		덩굴(포도나무의)
u		도마뱀(앞에서 본)
–		동물
u		동물(고대동물)
–		두개골
u		로봇트

u		로켓
u		머리(공상과학)
–		머리(동물 또는 인간)
–		모자
–		문어
–		물고기
u		바다 동물
–		바닷가재
u		바위
–		박쥐
u	∨	부메랑
u		비행기(분출구, 앞에서 본)
u		빙산
o		뿌리
u	∨	뿔(사슴)
o		산
u		성(城)(산성)
–		얼굴
u		얼굴(공상과학)
u		얼음
–		왕관
u		용
o		우주선
u		이끼(바위에 있는)
–		인간(들)
–		전갈
u		절
u		절벽(들)
–		집
u		텐트
u		폭포
–		해파리

D5(주의: D4+D5=D8)

–	골반
u	관목(들)
u	구름(들)
o	깃발(들)
–	꽃
o	나비
–	늑골, 갈비뼈
–	동물
u	돛(들)
–	두개골
–	머리(들)
o	물
u	바위(들)
u	박쥐
u	베게(들)
–	뼈
u	새
o	새(선사 시대의)
–	얼굴
o	얼음
o	옷
–	잎(들)
u	절벽(들)
u	종이(찢어진)
u	코르셋
–	콩팥(들)
–	폐(들)
o	풍경(공중에서 본)
–	하늘
o	호수
–	X-ray

D6

u 가면
– 게
u 곤충
o 꽃
o 나무
– 뇌
o 덤불
u 호롱불(동양)
– 머리
u 바다 조개들
– 바닷가재
u 바위(들)
u 배(돛을 단, 뒤에서 본)
u 빙하
– 뼈(들)
o 산
– 새
u 샹들리에
u 섬(들)
o 식물
– 얼굴
u 연
u 예술(추상적)
u 우주선
– 인간
u 장식품
u 조각상
– 집
u 식물
o 크리스마스트리
u 탑
u 폭포(폭포 중앙 부분, 주위에는 초목이 우거진)
o 풍경(흔히 공중에서 본)
– 해부(구체적)
o 해부(불특정)
u 헬멧(공상과학의)

D7

– 가슴
u 나비
– 동물
o 바위(들)
u 뿔(양의)
– 산
– 새
– 손
o 아이스크림
– 얼굴
– 엉덩이(들)
u 인공 사막
u 잎(가을의)
u ∨ 재킷
u 젤로(과일향의 다이어트 젤리)
u ∨ 조끼
u 풍경
o 피(흔히 말라붙은)
u 협곡

D8(주의: D4+D5=D8)

– 게

– 꽃
u 가면
u 꽃장식
u 나무
– 나비
u 로켓
– 머리
u 빙하
u 새
u ∨ 샹들리에
o 식물
– 얼굴
u 오두막(집)
o 우주선
– 조개
u 텐트
u 탑
u 풍경
해부
u 헬멧(공상과학)

Dd21

o 강
– 동물
u 로켓(분리되는)
u 막대기(들)
u ∨ 미사일 발사대
o 뼈(골격의)
o 수로
– 식도
– 인간
– 창
o 척수

Dd22

u 칼(칼집과 함께)
u 폭포
u 가지
– 동물
u 발(동물)
u 갈고리 발톱
u 뿌리
u 뿔(동물)
u 손
u 장갑
o 팔(인간)

Dd23

u 꽃병
– 머리
– 얼굴
– 인간(들)
u 질(해부)
u 초(제단에 있는)
u 폭포
u 플라스크(화학실험용)
u 항문
u 협곡

Dd24

o 나무(들)
u ∨ 다리(들)(인간)
u 안테나, 촉각
u 더듬이(들)
u 주둥이, 부리(새)
u 뿌리(들)
u 뿔(들)
− 새(들)
u 손가락(들)
− 이빨
− 인간(들)
u 족집게(들)
u 화살

Dd25

− 남근
− 동물
− 물고기
− 새
u 섬
u 악어
u 우주선
u 조각상

Dd26

u < 개
u < 머리(동물)
− 머리(새)
− 머리(인간)
u 바위
u 뿔(들)
u 조각상
u ∨ 절벽

Dd27

u 로켓
u 미사일
− 바늘
− 벌레
u 뼈
u 송곳, 드릴의 끝부분
u 악어
u 창
u 칼
u 펜
u 피하주사기

DdS28

u 구름(들)
u 눈(雪)
u 물

DdS29

u < 고래
u ∨ 병(우유)

u ∨ 볼링 핀
u ∨ 소금뿌리개
– 유령
– 이빨
– 조각상
u ∨ 트라이앵글(악기)

Dd30

u 강
– 검
u 뱀
u 식도
o 지팡이
u ∨ 지팡이
o 척수
u 폭포

Dd31

– 게
– 곤충
u 괴물(동물 모양)
– 날개
– 동물
u 뿌리(들)
– 파충류

DdS32

o 갈매기
u 나비
o 눈(雪)
u 물

Dd33

o 새
u 알바트로스형 비행기(albatross)
u 꽃(들)
u 나비
u 머리(동물)
– 머리(새)
– 머리(인간)
u 바위(들)
u 아이스크림
– 얼굴
– 폐(들)
– 해부

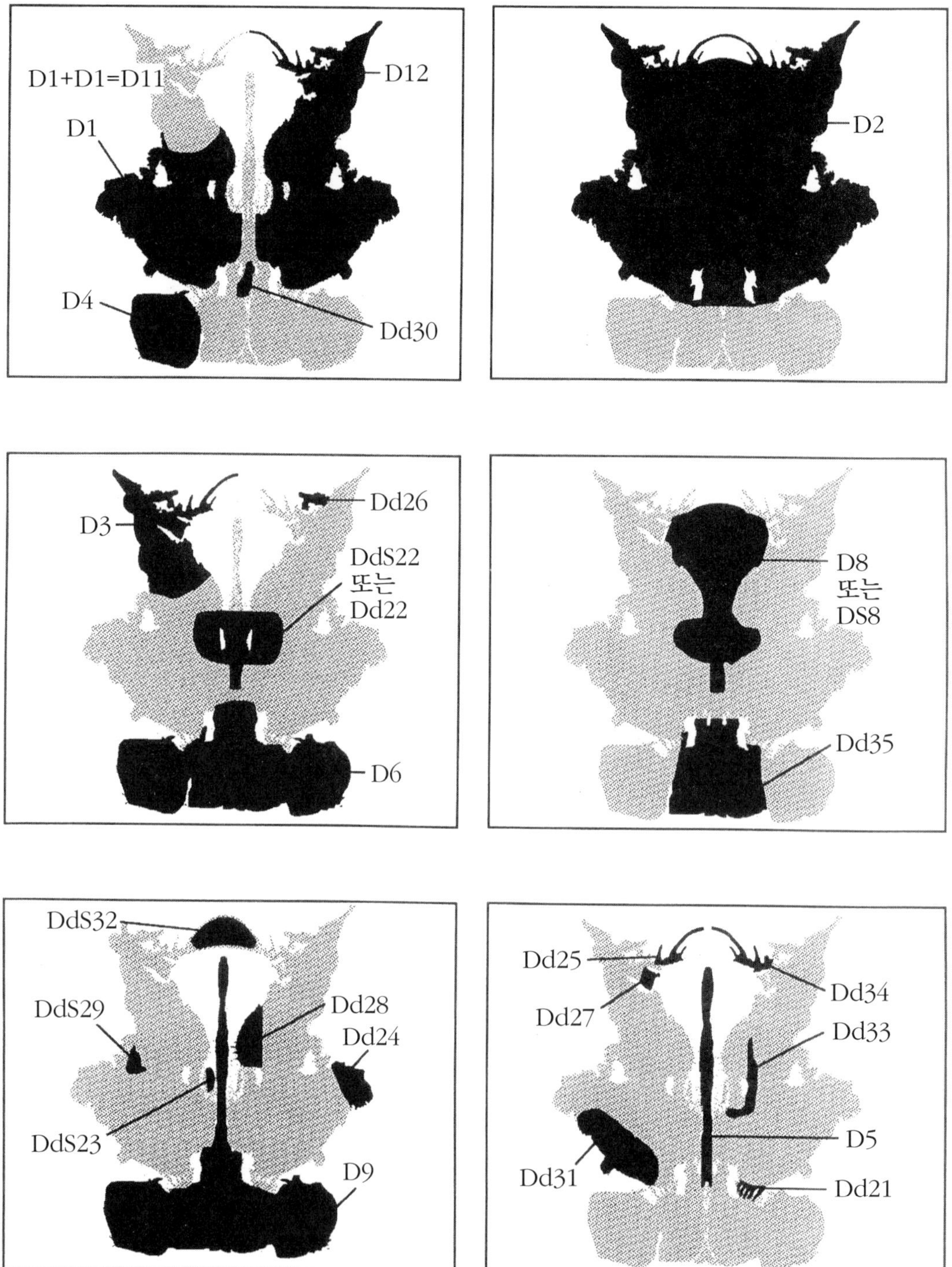

[그림 10-9] 카드 IX의 D와 Dd영역

CARD IX

평범반응: D3을 인간 또는 인간 같은 모습으로 지각한 반응

Z값: W = 5.5 인접부분 = 2.5 비인접부분 = 4.5 공간반응 = 5.0

W

o		가면
–		개미
–		게
–		고치
–		곤충
u		괴물
–		구름(들)
o		그릇(장식품)
–		기계
o		꽃(D6을 꽃병으로 지각)
o		꽃병
o		꽃의 배열
u	∨	나무
–		나비
u		다리(숲 위의 꼭대기 부분)
u		닻
–		두개골
u		램프(석유)
u	∨	램프(장식용)
u	∨	로트
u		로켓(D5를 로켓으로, 연기나 불꽃을 함께 지각)
u	∨	마네킹(옷 가게의)
u	∨	마법사
–		머리(곤충)
u		머리(괴물)
–		머리(동물)
–		머리(인간)
o		머리장식(의식용)
u		모자
–		목구멍
o		물감(paint)
–		바다 동물
u		뱃지
o		분수
u		분화구(D8을 분화구로, 나머지 부분은 잎이 무성한 풍경으로)
o		불(D1을 연기로 지각)
o		산불
o		산호
–		새
o	∨	새(D3을 나무 밑에 있는 것으로)
u		샐러드(그릇에 담긴)
u		선인장
o		설명도(해부도)
u		섬
o		식물(간혹 D6을 꽃병으로 지각)
–		씨앗
o		야채(들)(D5를 양배추, D1을 양상추, D6를 토마토로 지각)
–		양탄자, 깔개
u	∨	어깨망토(연극용)
–		얼굴
u		얼굴(광대)

u		얼굴(괴물)
o		예술품(추상적)
u		왕좌(throne)
u	∨	우주선
u	∨	의상(여자의)
u		의자(D6을 받침대로 지각, 팔걸이가 있는)
–		인간
u		인간 같은 모습
u		인간(옷을 입은)
u	∨	인형
–		잎(나무 전체의)
u		장식
u		장식물
o		정원
–		지도(구체적)
u		지도(불특정)
–		질(해부)
u		케이크(D3를 양초로 지각)
u	∨	코끼리(만화의)
o		팔레트(그림의)
–		파리
–		폐(들)
o		폭발
o		폭포(D5를 폭포로, 나머지 부분은 무성한 잎이나 풍경으로)
o		풍경
o		풍경(반사된)
–		해부
u		해초
u	∨	해파리
u		헬멧(공상과학)
o		협곡(D8을 협곡으로, 나머지 부분은 무성한 잎이나 풍경으로)
u		화석
u		휘장
–		X-ray

D1(주의: D1+D1=D11)

u	<	개
–		개구리
o	<	거인
u	<	고릴라
–		고양이
–		곤충
o	<	곰
o		관목
u	<	괴물
u		구름
–		나무
–		나비
–		날개
–		동물
u		동물(불특정)
u	∨	돼지
u		머리(Dd24를 턱으로 보고 인간 또는 인간과 같은 모습으로 지각)
–		머리(곤충)
u	<	머리(동물, D5의 중앙선을 주둥이로 지각)
o		머리(동물, D5는 중앙선, Dd24를는 주둥이로 지각)
o	∨	머리(동물, Dd24는 주둥이, Dds29는 눈으로 지각)
–		머리(새)
–		모자

o		잎(나무 전체의)
–		물고기
–		바다 동물
u		바위
–		버섯
–		벌레
–		뼈
–		사람
o	<	사람(Dd24를 머리로 지각)
–		사자
u		산호
u	<	조각상
u		양상추
–		새
u		숲(흔히 공중에서 본)
u		식물
–		심장
–		아일랜드
u		양치류 식물
u		연기(煙氣)
u	<	원숭이
–		의자
–		지도
–		코끼리
u	<	토끼
o		풀
o		풍경
u		해면동물
–		해부
u		해초
–		폐
u		호수
–		X-ray

D2

–		게
–		곤충
–		구름(들)
u		구름과 광선
o		그릇
u		그림(추상적)
o		꽃
o		꽃병
o	∨	나무
–		나비
o		닻
o		가면
–		머리(곤충)
–		머리(동물)
–		머리(인간)
u		머리(인간 같은)
o		머리장식(의식용)
		바다 동물
u		바닷가재와 해초
		배지
–		벌레
u		분수
o		분화구(D8을 분화구로, 나머지는 무성한 잎이나 풍경으로 지각)
o		불(D3를 불로, 나머지는 연기로)
u		산호
–		새
o		새(들)(D3을 새로 지각, 덤불아래에 있는)
u		설명도(해부도)
o		식물

–		얼굴
o		얼굴(광대)
u		얼굴(괴물)
u		예술(추상적)
–		옷
u		용
u		의자(팔걸이)
–		인간
o		잎(나무 전체의)
u		잎(단풍)
u		장식
u		정원
–		지도
u		질(해부)

D3

–		개
u		게
–		고기
–		곤봉
–		곤충
o		광대
u		구름
o		귀신
o		꽃
–		나무
u		날개
–		다리
u		당근
o		동물(동물, 뿔달린)
–		동물(동물, 뿔 없는)
–		두개골
o	∨	땅신령(gnome)
o		마녀
–		머리
o		머리
–		머리(곤충)
o		머리(인간 같은)
u		머리(인간)
o		모래
o		무용수(옷을 입은)
–		물고기
–		바다 동물
u		바닷가재
–		벌레
o		불
–		뼈
u	∨	뿌리(들)
u		뿔(들)
o	<	사슴
o	∨	새
u		새
–		새우
–		설치류
u		식물
o		악마
o	∨	앵무새
o		언덕
–		얼굴
u	∨	올빼미
u		용
o		용암
o		인간
o		인간 같은 모습
o		장난감(권투용)
o		절벽

u		조각상
u		지도(불특정)
u		태양의 흑점
–		파리
–		폐
u		폭발
u	∨	폭포(D5를 폭포로, 나머지는 무성한 잎이나 풍경으로)
o		풍경
o		풍경
o	<	풍경(반사된)
u		피
u		해마
–		해부
–		해부
u	∨	해파리
u		헬멧
o		협곡(D8을 협곡으로, 나머지는 무성한 잎이나 풍경으로)
u		횃불
u		휘장

D4

u		가면
u		거북이
–		고기
–		고치
o		공
u		꽃
o		나무딸기
–		눈
u		딸기
u		머리(동물)
o	<	머리(인간)
–		물고기
u		바다 조개
u		바위
–		벌레
o		사과
o		사탕(솜사탕)
u		아이스크림
u		장미
–		정자
u		피
–		항아리
u		해면동물
–		해부

D5

u		강
–		곤충
u		길
o		꼬챙이
–		나무
–		남근
–		동물
–		머리
u		모래톱(sandbar)
u		미사일
–		반도
u		불꽃
o		뼈
u		석순(石筍)
o		성냥

u		송곳, 드릴의 끝부분
u		수로
−		식도
u		악어
o		양초
−		인간
u		자동온수기(geyser)
u		줄기
u		지팡이
o		척수
u		칼
u		파충류
o		폭포(D8을 배경으로)
o		풍경
−		해부
o	〈	해안선
u		협곡
u		화살

D6

−		고기
−		곤충
o		구름(버섯구름 포함)
u		꽃(들)
u		나무딸기
u	∨	나비
−		날개
−		동물(들)
u		분홍접시꽃(marshmallows)
u	∨	머리(곤충)
−		머리(동물)
u		머리(만화)
o	<	머리(인간, 반사된)
u	∨	머리(코끼리 또는 설치류)
u		무(들)
u		바위(들)
u	∨	버섯
u		불
o		사과(네 개)
o		사탕(솜사탕)
u		산딸기
−		새
o		서벗
−		섬
o		아기(두 명)
u	∨	어깨(인간)
u	∨	어깨심
−		얼굴
u	∨	얼굴(곤충)
u	∨	얼굴(공상과학)
−		엉덩이
u		연기(煙氣)
−		인간
o	<	인간(앉아 있는, 반사된)
u		분첩(powder puff)
u		장미꽃 봉오리(들)
−		질(해부)
o		태아(embryo)
u		풍선껌
o		풍선(들)
o		피
−		피부
−		항아리
−		해부

D8/DS8

u ∨ 가면
– 가슴
u 거품
u ∨ 괴물
u 구름
o ∨ 귀신
o 꽃병
– 나무
o 동굴
– 동물
– 두개골
u ∨ 램프
u ∨ 로봇
u ∨ 마네킹(옷가게의)
u ∨ 머리(괴물)
– 머리(동물)
– 머리(인간)
o 모래시계
o 물
u 믹서
u 바이올린
o 백열전구
o 병
u 샹들리에
o 소금 뿌리개
u ∨ 얼굴(괴물)
– 얼굴(동물)
u 얼굴(용)
– 얼굴(인간)
u 열쇠 구멍
u ∨ 옷
– 인간
u ∨ 인간 같은 모습
– 자궁
u 주차시간 자동표시기
– 질(해부)
u ∨ 컵
u 코(소 또는 말)
o 폭포
u ∨ 플라스크(화학실험용)
u 하늘
– 해부
o 협곡
u 회오리 바람

D9

o ∨ 구름(버섯구름)
o ∨ 꽃
u ∨ 나무
– 동물
– 송곳, 드릴
u ∨ 램프
u ∨ 망치(마개뽑이, ball peed)
– 머리(곤충)
– 머리(인간)
u ∨ 머리(코끼리)
– 머리(코끼리를 제외한 동물)
u ∨ 밸브
o 분수
u 샹들리에
o 물레가락(spindle)
u ∨ 왜가리(한 쪽 다리로)
o ∨ 우산

– 인간
u ∨ 타래송곳(코르크 마개를 뽑는)

D11

– 곤충
u 곤충(날개 달린)
o 골반
u 관목(들)
– 귀덮개
o 나비
– 머리
u 몽둥이
u 새
u 식물
– 이어폰
– 인간
o 잎(나무 전체의)
u 책꽂이(양쪽 끝을 받친)
– 폐(들)
– 해부

D12

– 괴물
– 나무
– 동물
o 불(숲)
u 〈 용
o 〈 인간(D1을 인간, D3을 언덕이나 모래와 같은 다른 대상으로)
u 잎(들)
o 〈 풍경

Dd21

– 갈퀴
u 고드름(들)
– 나무(들)
u ∨ 로켓(들)(무리)
o 갈고리 발톱
u ∨ 뿔(들)
u 석순(石筍)
o 손가락(들)
– 인간(들)
u ∨ 주먹(들)
– 창(들)

Dd22/DdS22

o 가면
u 그릇
– 눈(眼)(들)
u 동굴
– 머리
– 문(들)
– 병
– 양초
– 얼굴(곤충)
o 얼굴(괴물)
– 얼굴(동물)
– 얼굴(사람)
– 컵
u 코(동물)

– 두개골

– 해파리

o 호박(핼러윈)

u 호수(들)

DdS23

o 구멍(들)

u 눈(眼)(들)

u 동굴(들)

– 베게

u 섬(들)

– 조개(들)

u 콧구멍(들)(동물)

u 호수(들)

Dd24

u 머리(동물)

u < 머리(인간)

u 절벽

Dd25

u 가지(들)

– 나무(들)

u 더듬이(들)

u 갈고리 발톱(들)

u 뿌리(들)

– 손가락(들)

u 잡초(들)

u 촉수(들)(tentacles)

Dd26

u 갈고리 발톱

– 동물

– 발

u < 사람

o 손가락

u 열쇠

– 인간

u < 조각상

u 총(공상과학)

– 코

u 트럼펫

u < 허수아비

u 호스(노즐)

Dd27

u < 꼭대기

– 동물

– 머리

– 얼굴

– 인간

u < 텐트

Dd28

u 젖가슴

u 곤충(껍질이 단단한)

u 계란
– 상처의 딱지
– 머리
– 위(胃)
u 조개
– 피

DdS29

u 눈(眼)
– 벌레
o 종(鐘)
– 얼굴
o 귀신
– 인간
u 인간 같은 모습
u 호수

Dd30

– 남근
– 내장, 장(腸)
u 쐐기벌레
– 파충류
u 초의 심지(candlewax)

Dd31

u 젖가슴
– 나무(들)
u ∨ 뚜껑(항아리)
u 잎(나무 전체의)
u < 얼굴(동물)
u < 얼굴(인간)

DdS32

u ∨ 그릇
u 달(위의 절반)
u 둥근 지붕
u 조개
u 태양(위의 절반)
u 텐트
– 헬멧
u 태양의 흑점

Dd33

– 나무
u 도마뱀
o < 머리(사슴)
u < 머리(사슴을 제외한 다른 동물)
– 머리(인간)
u < 머리(파충류)
u 잎(나무 전체의)
– 산(들)
o < 악어의 일종(alligator)
o < 악어
u 통나무

Dd34

u	가시(들)
u	가지(들)
u	뿔(사슴)
–	골격의
–	나무(들)
u	다리(자연의)
u	대포(공상과학의)
o	도개교(흔히 열리는)
–	동물
u	갈고리 발톱(들)
u	불빛
u	뿌리(들)
u	뿔(들)
–	손(들)
–	인간(들)
u	덩굴(포도나무의)
u	호스

Dd35

–	가면
u	난로(철로 된)
–	동물
–	머리
u	바위(들)
–	새
u	구형잠수기(bathysphere)
u	용광로(furnace)
u	엉덩이(들)
u	질 부위(해부)
u	항아리
–	폐(들)

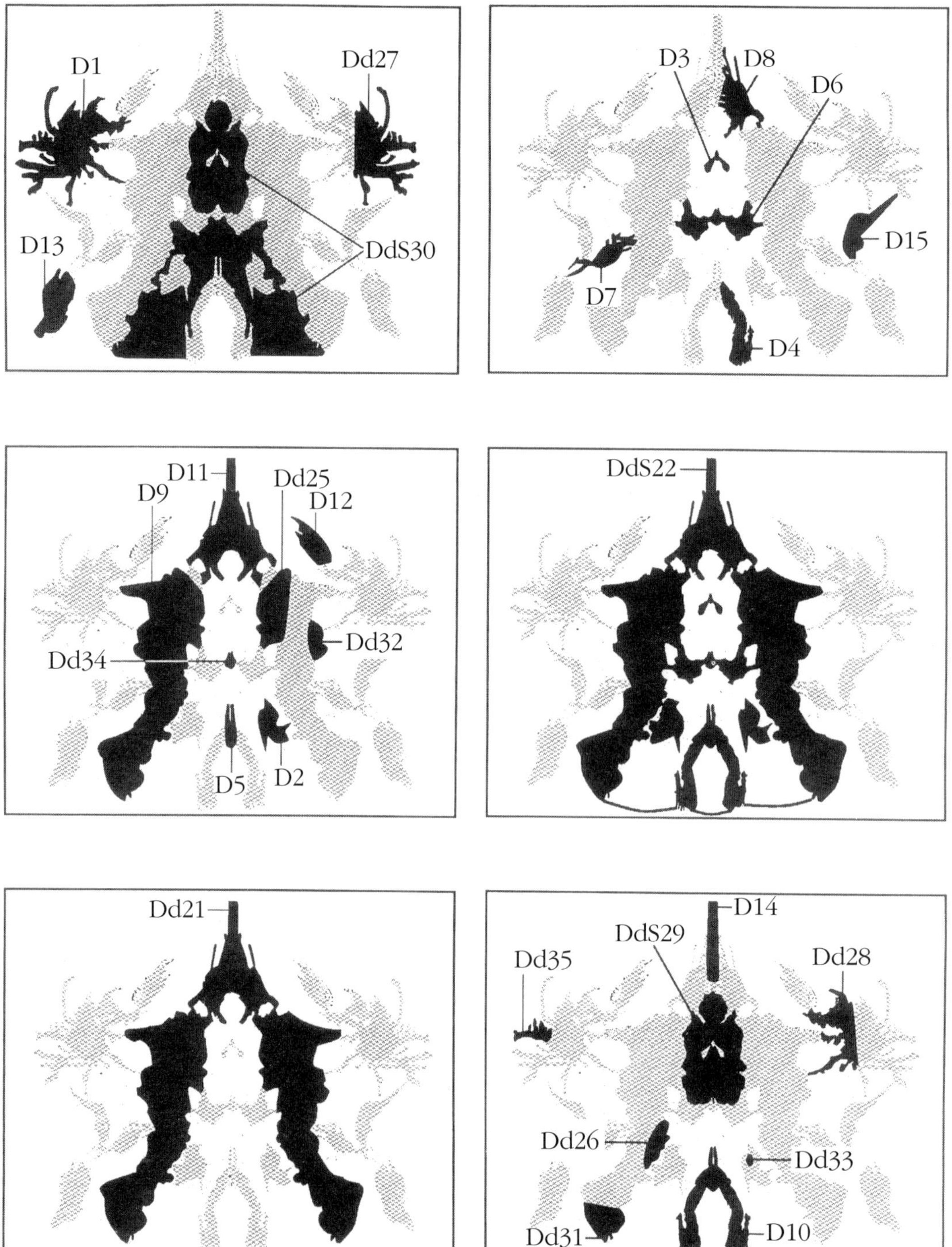

[그림 10-10] 카드 X의 D와 Dd영역

CARD X

평범반응: D1을 거미 또는 게라고 지각한 반응

Z값: W = 5.5 인접부분 = 4.0 비인접부분 = 4.5 공간반응 = 6.0

W

–		가면
o		곤충(불특정)
u		공상과학 장면(외계인, 생물체, 괴물 또는 별들의 전쟁과 같은 우주전쟁을 포함한)
–		구름
u		그림(손가락)
o		그림(현대적)
o	∨	꽃
o		꽃무늬
u		도안(추상적)
u		동물(구체적 바다동물)
o		동물(불특정 바다동물)
–		머리장식
u		모빌(추상적)
–		바다동물
o		바다 속 풍경
u		박테리아
–		벌레(찢겨진)
o		보도(가운데 공간 및 다른 영역을 뿔이나 관목으로 지각)
u		복장(벽에 걸려 있는 무대복)
o		불꽃놀이
u		불빛(방전에 의한)
–		뼈
–		새
u		새장
u		샹들리에
u		섬
o	∨	수족관
u		식물
u		양탄자(디자인)
u		어린이 공원(모든 영역을 놀이기구로 표현)
–		얼굴
o		예술(추상화)
–		인간
u		전망대
o		정원(일부는 꽃 또는 관목으로 반응하고 D11과 D6은 조각 또는 조각 작품으로 지각)
–		지도(구체적)
u		지도(불특정)
–		크리스마스트리
–		탑
u		팔레트
u		퍼즐(조각)
u		폐품처리장
o		포스터(추상적)
u	∨	폭발
–		해부
o		화원

D1

o 거미
– 거미집
o 게
u 곤충
u 괴물
u 귀걸이
u 그림(흩뿌린 그림)
u 껌
u 꽃
u 난초
u 눈송이
– 동물
– 가면
– 머리
– 모자
o 문어
o 물(방울)
– 물고기
– 바다 조개
u 바닷가재
– 바퀴벌레
u 벌레
u 별
u 불꽃놀이
u 뿌리
u 산호
u 섬
u 세포(생물학)
– 순록
o 아메바
u 양치류 식물
– 얼굴
u 용
– 잎
u 자동기관총
u 잡초
o 전갈
– 지도
– 집
u 풍경
u 해초
– 해파리

D2

o 개
u 개구리
o 거미
– 거미집
u 고양이
u 곤충
– 괴물
u 그림(흩뿌린 그림)
o 꽃
u 눈송이
– 눈(雪)
o 계란(깨지거나 프라이한)
– 닭
u 동물(불특정)
– 머리
o 물(떨어진)
u 물개
u ∨ 물고기
– 바다 동물

–		바다 조개
u		바다 조개
–		벌
u		벌레
u		별
u		뿌리(들)
o		사자
u	∨	새
u		섬
o		세포(생물학적)
–		순록
u		식물
u		아네모네(Anemone)
u		아메바
–		얼굴
u		오리
–		원숭이
u		잎
u		자동기관총(pom pom)
u		잡초
o		전갈
–		정자
–		집
u		해초

D3

–		가위
–		게
u	∨	고무총
–		고환
u		귀마개
o		기구(풍향측정기)
–		꽃(들)
–		낙하산병
–		난소
u		어깨에 착용하는 부낭
–		노 젓는 사람(보트)
–		눈(眼)
u		더듬이(곤충)
–		머리
u	∨	목걸이
–		벌레
u		꽃봉오리
u		불빛(전기의)
–		비행기
–		새
o		씨 꼬투리(단풍나무)
u		기계(의료용)
o	∨	안테나(라디오 또는 TV)
u		우주선(공상과학)
–		음표(음악)
u		이어폰
–		인간
u		잔가지
o		전당포 표시
u		집게
o		차골
–		청진기
u		초인종
o		속도조절기(자동차)
o	∨	기구(일기예보용)
–		폐
u		헤드폰
a		버찌씨앗(cherry flts)
u	∨	알파벳 'V' (승리 표시)

D4

–		곤충
u		꼬리(새)
–		나무
–		날개
u		달팽이
–		동물
u		동물(고대동물)
–		머리(공작이나 백조는 제외)
u	∨	머리(공작)
–		머리(동물)
u	∨	머리(선사시대 동물)
u	∨	머리(백조)
–		머리(사람)
–		물고기
o		뱀
o		뱀장어
–		벌레
u		부츠(어릿광대)
u		뿔
u	∨	색소폰
u		식물
o		쐐기벌레
u		연기(煙氣)
–		오이
u	∨	용
–		팔
o	∨	해마
–		해부

D5

–		곤충
o		가면
u		머리(더듬이가 달린 곤충)
o		머리(귀가 긴 동물)
–		머리(동물, 귀가 길지 않은)
–		머리(사람)
–		벌레
u		빨래집게
u	∨	예수의 십자가 상
u	∨	악마
u	∨	압정
–		얼굴
u	∨	이빨
o	∨	인간
u	∨	인간 같은 모습
u		족집게
o	∨	천사

D6

–		젖가슴(들)
o	∨	고릴라(들)
–		곤충(들)
u		골격
o	∨	괴물
–		구름(들)
u	∨	꽃(들)
–		난소(들)
o		다리(자연적)
–		동물

u 둥지
u 물
u 바다 조개
– 박쥐(들)
u 백파이프(스코틀랜드의)
u 브래지어
u 산호
u 새(들)
– 손(들)
u ∨ 손(들)(동물)
u 손(들)(새)
– 손(들)(사람)
– 안경
– 얼굴
u 오리
o ∨ 귀신(들)
o ∨ 유인원(들)
o ∨ 인간 같은 모습(들)
o ∨ 인간(들)
u ∨ 인형
– 코
u 파이프(들)(흡연)
– 해부
– 폐
– 턱

– 개구리
o 개미
u 거미
u 누에고치
u 사마귀
– 대합조개
u 도롱뇽(salamander)
o 동물(뛰는)
o 새둥지
o 메뚜기
– 물고기
– 바다 동물
u 바닷가재
o 바퀴벌레
o 뿌리(들)
o 사슴
– 새
u 설치류(D9쪽으로 머리를 향한)
– 콩팥
u 씨앗 꼬투리(seed pod)
u 압정
– 얼굴
– 사람
u 잡초
u 전갈

D7

o 게
o 가재
u 가지
u 갈고리 발톱
– 개

D8

u 개구리
o 개미
– 거미
u 게
– 고양이

o 곤충
– 골격
o 괴물(동물)
o 괴물(인간 같은)
u 귀뚜라미
u 꼬마요정
u 난쟁이
u 땅신령
– 닭
– 도마뱀
u 동물(만화의 또는 고대동물)
– 동물(불특정)
o 딱정벌레
– 마녀
u 가면
o 머리(곤충)
o 머리(동물)
– 머리(동물)
u 머리(인간)
– 머리(인간)
– 물고기
– 바다동물
u 물소
u 벌
o 벌레
u 뿌리
u 휘장
u 설치류
u 앵무새
– 얼굴
– 염소
o 용
– 원숭이
u 유니콘
– 인간
– 새우
o 생물체(creature)
u 난장이(troll)
u 호저(porcupine)(가시가 많은)
u 황소
u 얼룩다람쥐

D9

u 곤충
u 구름
o 꼬마요정
u 달팽이
– 돌고래
– 쥐돌고래
– 동물
u 동물 같은 존재
– 머리
– 머리카락
o 미생물
o 미라
u 뱀장어
– 벌레
o 벌레
u 베이컨
o 불
u 뼈
u 산맥(흔히 공중에서 본)
o 산호
u 섬
u 스펀지
o 쐐기벌레

- – 이탈리아
- o 인간 같은 모습
- u 사람(하체가 불분명하게 언급)
- o 사람(하체가 불분명하게 언급)
- o 인어
- – 지도
- u 지도(지형도)
- u 장(腸)
- o 피
- u 해마
- – 해부
- u 해안선(캘리포니아)
- u 수금(lyre)(악기)
- u 쐐기벌레
- o 아치(arch)
- o ∨ 인간(D5를 사람으로, 나머지 부분은 깃발, 연기, 장식, 날개 등)
- o 차골
- u ∨ 천사
- u 콧수염
- – 해부
- u 해초
- u ∨ 알파벳 "U"

D10

- – 곤충
- u ∨ 골반
- o 관목(들)
- – 깔때기
- – 꽃
- o 수목
- u 나비
- o ∨ 낙하산병
- – 동물
- – 머리
- u ∨ 머리(뿔이 달린 동물)
- u 목걸이
- o ∨ 문 두드리는 쇠(door knocker)
- u 벌레(들)
- u ∨ 빗(장식품)
- o ∨ 뿔(들)
- u ∨ 새
- u 분수

D11

- u 겨우살이(mistletoe)
- o 곤충(D8, D14를 다른 대상으로)
- u 골격
- u ∨ 깔때기
- u ∨ 꽃
- u ∨ 나무
- – 동물
- o 로켓(연기나 발사대를 포함)
- u 가면
- o 미사일(연기나 발사대를 포함)
- u 비행기
- u 빌딩(굴뚝 또는 탑이 있는)
- o 뿌리(들)
- u 조각상
- u 성(城)
- u 식물
- – 신경계
- – 빗자루
- o 양초(받침대가 있는)

– 얼굴
u 얼굴(괴물)
o 에펠탑
o 우주선
– 인간
– 지네
– 장(腸)
– 두개골
– 폐
o 헬멧(공상과학)
o ∨ 횃불
– X–ray(구체적)
u X–ray(불분명한)

D12

u 개
u 고래
o 곤충
– 물고기
u 갈고리 발톱
o 물소
o 벌레
u 메뚜기
– 새
– 설치류
o 숫양
– 식물
u 씨앗의 꼬투리
o 암소
u 양
u 염소
o 유니콘
o 잎
u 피클(pickle)
u 콩
o 황소

D13

– 개미
u 고래
u 곤충
u 구름
u 굴
u 버섯
– 꽃
– 나무
o < 동물(누워 있거나 뛰어가는 곰, 들소, 고양이, 개, 사자, 토끼 등과 같은 동물)
u 깔개(현관문 앞)
– 머리
u 물고기
– 바다 조개
u 바위
u 벌레
– 새
u 해면동물
u 스펀지
– 얼굴
– 사람
u 잎
o 감자 칩

D14

u 검
u 시험관
u 경찰봉(baton)
o 굴뚝
u 꽃병
o 난로 연통
u 남근-
u 동맥
- 동물
o 로켓
u 막대기
u 망원경
- 머리
o 미사일
u 쇠지레
o 뼈
u 뿌리
u 엽총
u 조각상
u 새 사육사
- 손가락
- 얼굴
u 연필(뾰족하지 않은)
- 사람
u 자(cruler)
o 척수
o 양초
- 칼
u 타이어 펌퍼
u 통나무
o 기둥
u 플루트(악기)
u 손잡이

D15

- 곤충
- 구름
o 꽃
u 나비
u 날개
- 동물
- 머리
- 물개
u 물고기
o 싹(꽃)
o 새
- 연기(煙氣)
u 잎
o 장미
- 해마
- 해파리

Dd21

- 곤충
o ∨ 꽃(종종 D6을 포함)
o ∨ 나비(앞에서 본)
u ∨ 안테나, 촉각
- 동물
u ∨ 배(바닥이 평평한 보트)
- 부메랑
u ∨ 새(나는)

u　아치
u　암초
–　인간
u ∨　장식품
u　족집게
u ∨　차골
u　크레용
u　펜치(자르는)
u　풍경
u ∨　협곡
–　음차(音叉, tuning fork)

DdS22

u　도안(추상적)
–　가면
–　머리
u　섬
–　얼굴
–　지도(구체적)
u　지도(불특정)
–　해부
u　바다속 풍경

Dd25

–　머리(동물)
o　머리(인간 같은)
o　머리(인간)
u　해안선

Dd26

–　젖가슴
–　얼굴(동물)
u　얼굴(인간, 옆모습)
u　얼굴(인간, 옆모습)

Dd27

u　곤충
–　나무(들)
–　얼굴
–　해초

Dd28

u　강아지
u　곤충
u　뿌리(들)
–　꼭두각시

DdS29

u　노(카누용, D11을 손잡이로 지각)
u　랜턴, 손전등(D11을 손잡이로)
o　부처
o　아이(들)(손을 위로 들고 있는)
–　얼굴
o　인간(앉아 있거나 웅크리고 있는)
o　부채(D11을 손잡이로 지각)

DdS30

- – 골격
- u 물

Dd31

- u ∨ 머리(동물)
- u ∨ 머리(애벌레)
- – 머리(인간)
- u ∨ 머리(인간 같은)

Dd32

- – 동물
- u 머리(동물)
- – 머리(사람)

Dd33

- u 과자
- – 눈(眼)
- o 도토리
- – 머리
- u 공
- u 오렌지
- u 태양
- o 호도

Dd34

- – 머리
- u 바가지
- u 병
- u 이빨
- – 총알
- – 두개골

Dd35

- u 나무(들)(절벽에 있는)
- – 동물
- u 인간(들)(절벽에 있는)
- – 파충류

〈표 B〉 FQ+로 기호화하는 반응 예

〈표 B〉 FQ+로 기호화해야 하는 반응 예

카드	반응	질문
I	나비의 어떤 부분 같습니다. 테두리가 불규칙하고 이상한 무늬와 작은 더듬이가 있습니다.	검: (수검자의 반응 반복) 수: 예. 이것은 날개를 펴고 있는 나비 같은데, 이처럼 모양이 일정하지 않은 나비는 드물어요. 삼각형의 흰 무늬, 매우 작은 더듬이와 작고 둥근 머리, 꼬리가 있습니다.
I	중간에 누군가가 서 있습니다. 작은 모자를 쓰고 망토를 입은 사람이 춤을 추고 있습니다.	검: (수검자의 반응 반복) 수: 이것은 사람입니다. 다리와 허리가 있고 손을 위로 들고 있습니다. 머리는 확실하지 않고 아마 이 여자는 춤을 추고 있는 것 같고 머리는 검은색이고 양쪽에는 춤추는 다른 사람들이 있습니다.
II	두 마녀가 있는데 빨간 모자를 쓰고 서로 손을 잡고 기대고 있습니다.	검: (수검자의 반응 반복) 수: 그들은 주문을 외우는 것처럼 서로 웅크리고 있습니다. 서로 손을 잡고 있고 앞에 불이 있습니다. 붉은 모자를 쓰고 있고 여기가 코와 손이고 망토를 걸치고 있습니다. 망토는 몸에 걸쳐져 있고 여기에 불이 타고 있습니다. 불꽃은 바깥쪽으로 타오르고 있습니다.
II	날개를 편 우주선이 아래에서 솟아오르고 있고 여기 윗부분은 지휘캡슐이고 꼭대기에 좁은 탈출구가 있습니다.	검: (수검자의 반응 반복) 수: Buck Rogers와 같은 종류의 우주선이고 둥글게 생긴 지휘캡슐, 탈출구가 있고, 이륙하는 것처럼 불꽃을 내뿜고 있고 분사구의 화염처럼 붉습니다. 한밤중의 어두운 배경에 우주선이 환하게 비쳐지고 있습니다.
III	알몸의 두 여자 같습니다. 여기가 가슴이고 중간에 큰 솥이 있습니다. 이 여자들은 앞치마를 두르고 있고 목에 방울을 달고 있습니다.	검: (수검자의 반응 반복) 수: 여기 가슴, 머리, 턱, 코가 있고 목에는 방울을 하고 있습니다. 이것은 앞치마 같습니다. 이 여자들은 큰 솥을 들고 있습니다.
IV	자전거나 오토바이를 타고 구부린 자세로 앉아 있는 사람 같습니다. 작은 헬멧을 쓰고 발은 앞으로 내밀고 있습니다.	검: (수검자의 반응 반복) 수: 여기가 사람의 다리 같고 길이 있고 중간에는 오토바이 바퀴가 있습니다. 손잡이도 있습니다. 아래로 몸을 기울여서 머리는 앞을 보고 있습니다. 앞에서 보면 헬멧이 보이고 여기에 큰 발이 있습니다.
IV	어린이 만화에 나오는 괴물 같습니다. 팔이 작고 머리는 이상하게 생겼고 발이 큽니다. TV에 나오는 어리석은 괴물 같습니다.	검: (수검자의 반응 반복) 수: 팔, 머리, 코, 눈이 있고 45도 방향으로 쳐다보고 있습니다. 발이 큰데, 뒤꿈치가 더 크고 정말 큰 꼬리가 있습니다.

카드	반응	질문
V	등을 맞대고 땅 위에 서 있는 두 사람 같습니다. 스키 모자를 쓰고 있고 담요처럼 보이는 것을 덮고 있습니다.	검: (수검자의 반응 반복) 수: 등을 맞대고 있고, 이것은 머리와 스키선수들이 흔히 사용하는 술이 달린 모자이고 여기는 다리 같습니다. 외형상 매우 뚱뚱하게 보이고 여기가 불룩하게 튀어나왔는데, 아마 팔과 무릎인 것 같습니다.
V	대머리수리(vulture)처럼 보입니다.	검: (수검자의 반응 반복) 수: 앞으로 내밀고 있는 다리와 잘린 꼬리, 거대한 톱니모양의 날개, 뒤쪽으로 비스듬하게 기울이고 있고, 윤곽이 불규칙하고, 갈고리 발톱이 있습니다. 이런 날개를 가지고 있는 대머리수리라고 생각됩니다.
VI <	전쟁에 투입된 잠수함 같습니다. 여기가 사령탑이고 사령탑 전면에서 터지는 폭탄을 볼 수 있습니다.	검: (수검자의 반응 반복) 수: 사령탑, 뱃머리 그리고 이것은 해안선과 선체입니다. 이것은 선미(船尾)이고 폭탄을 맞아서 조각난 것 같고 그 파편이 튀는 것 같습니다.
VII	시소를 타고 있는 두 명의 어린아이 같습니다. 작은 소녀들이 조랑말의 꼬리 같은 것을 잡고 튀어 오르고 있습니다.	검: (수검자의 반응 반복) 수: 예. 여기와 여기가 머리, 작은 코와 입, 그리고 조랑말의 꼬리입니다. 소녀들이 손잡이를 잡고 웅크리고 있는 것 처럼 보입니다. 이 밑은 시소가 위로 튀어 오르는 것처럼 보입니다.
VIII	색칠이 되어 있는 회전목마 같습니다. 여러 가지 색깔을 사용하여 정교하게 색칠하여 놓은 것 같습니다.	검: (수검자의 반응 반복) 수: 양쪽에 두 마리의 동물이 있고 뒷다리로 서 있는 것 같습니다. 파란 사각형 부분은 기계 같고 윗부분은 둥근 모양의 텐트 같습니다.
VIII <	바위 위를 걷고 있는 동물 같고 이 바위에서 여기 아래의 그루터기까지 물이 고여있습니다. 여기에 모든 것이 비치고 있습니다.	검: (수검자의 반응 반복) 수: 여기는 분홍색이고, 머리, 다리, 꼬리가 있고 코 같습니다. 주황색은 큰 옥돌 같고 동물이 작은 바위에서 더 작은 바위로 한 걸음씩 나아가고 있습니다. 그루터기 위에 앞발을 두고 있고 파란색은 물이고 다른 것들은 물에 비친 모양입니다.
VIII	두 마리의 쥐가 있습니다.	검: (수검자의 반응 반복) 수: (가리키며) 여기와 여기 두 마리가 있습니다. 네 개의 다리, 꼬리, 머리, 몸, 귀, 코, 눈 그리고 작은 앞발이 있습니다.
IX <	여기 이 언덕 위에 있는 꼬마아이를 잡으려는 몸집이 큰 사람 같습니다.	검: (수검자의 반응 반복) 수: 여기에 사람이 있는데 몸집이 큰 여자 같습니다. 머리와 몸, 여기에 팔이 있습니다. 그 여자 앞에 아이가 있는데 머리, 몸이 있고 머리카락이 바람에 날리고 있는 것 같습니다. 이것은 언덕 같은데 아이가 올라가고 있고 주황색인 것을 보면 모래언덕을 올라가고 있는 것 같습니다. 모래사장에서 뛰어 놀고 있는 것 같습니다.

카드	반응	질문
IX	아시아 국가에서 볼 수 있는 매우 화려한 머리장식의 일종인 것 같습니다.	검: (수검자의 반응 반복) 수: 각각의 윗부분에는 큰 주황색의 뾰족한 부분이 있고 두 개를 연결하는 아치가 있습니다. 밑 부분에는 두 마리의 동물 머리가 있는데 코와 턱, 눈이 있습니다. 중간 부분은 모래시계 모양입니다. 여기 밑의 분홍색 부분은 머리에 꼭맞는 머리띠 같습니다.
X	수족관 내부 같습니다.	검: (수검자의 반응 반복) 수: 여러 가지 수중생물이 있습니다. 이 푸른색과 갈색은 모두 게인 것 같은데, 다리가 여러 개 튀어나와 있고, 초록색은 식물이고 분홍색은 산호입니다. 이 아래에 있는 초록색은 두 마리의 해마 같습니다. 머리 부분을 구부리고 있고 노란색은 아메바 같지만 중앙부분이 더 큽니다. 이 갈색은 일종의 껍질 같습니다.
X	에펠탑 앞의 정원 같습니다. 정원을 가로질러 탑이 있는 것처럼 보입니다.	검: (수검자의 반응 반복) 수: 뒤에 있는 것이 에펠탑(D11)입니다. 엄청나게 큰 구조물이고 이 흰 부분은 에펠탑으로 가는 길입니다. 분홍색 꽃 화단(D9)이 나란히 있고 도로 위에 두 개의 작은 연못이 있습니다. 여기 입구에 아치가 있는 어떤 동상(D10)과 두 마리의 사자 동상(D2)이 있습니다. 엉덩이를 붙이고 있고 다리와 머리가 있습니다. 도로를 따라 더 내려가면 삼각형의 작은 동상이 있습니다(D3). 분홍색 바깥쪽에 있는 것들은 모르겠습니다.

제 11 장 기술통계

이 장에서는 검사를 이해하고 활용하는 데 도움이 되는 환자 및 비환자의 자료들을 표로 제시하였다. 여기서 제시한 자료들은 이전 『로르샤하 워크북』과 『로르샤하: 종합체계』 3판에서 제시하였던 규준 자료들과 유사하나 일부는 형식을 바꾸어 제시하였다.

대부분의 규준자료는 표집 내 하위유형의 특징들을 고려하지 않은 채 하나의 단일 표로 제시되어 왔다. 검사를 해석할 때 단일 표로 규준자료를 제공하는 것이 유용할 수 있으나, 때로는 결과를 잘못 해석하게 할 수도 있다. 어떤 변인의 경우 최빈치가 두 개 심지어는 세 개인 분포(bimodal or trimodal distribution)를 이루고 있기 때문에 잘못된 결과를 유도할 수도 있다. 이처럼 특이한 분포가 생기는 이유는 EB(내향성, 외향성, 양향성)와 Lambda(회피적인)에서 나타나는 것과 같은 반응양식의 차이 때문이다.

예컨대, '내향성' 인 경우 색채반응보다는 인간운동 반응을 더 많이 하는 경우이고, '외향성' 은 반대되는 경우를 의미한다. 이 집단들의 M반응과 WSumC 반응을 합하여 하나의 통합된 자료를 구성한다면 서로 변인들이 섞여서 부적절한 기술 통계치를 나타낼 수 있다. 즉, 이 자료는 내향적인 사람도, 외향적인 사람도 제대로 나타내주지 못한다. 만약 이 두 변인만 고려대상이 되고 또 이것이 단지 두 가지 반응양식과 관련되어 있다면 문제가 그리 심각하지 않을 수 있다. 하지만 내향성과 외향성은 20개 이상의 결정인, 반응내용, 특수점수의 빈도에 서로 다른 영향을 주게 된다. 여기에 양향성이 추가되면 더욱 혼란스러워지고, Lambda 값까지 포함된다면 더욱더 복잡해질 것이다.

Lambda는 응답에서 순수 F반응이 나타나는 비율이다. 순수 F반응은 매우 경제적인 반응으로 대부분의 모든 기록에서 나타나게 된다. 순수 F반응의 비율을 살펴보는 Lambda 값이 1.0 혹은 이상이 되면 다른 결정인이나 추가적인 다른 변인들의 빈도가 낮아지게 된다. 따라서 높은 Lambda 값은 EB에서 나타나는 내향성, 외향성의 반응 양식보다 더욱 강력하게, 방어적으로 반응하고 있음을 시사한다. 따라서 높은 Lambda 값을 보이는 자료를 내향성, 외향성, 양향성 집단의 자료와 합쳐 놓으면 기술적인 통계치를 잘못된 방향으로 오도할 가능성이 있다. 이 경우 자료가 전체 집단의 결과를 반영해 줄 수는 있으나 각 하위 집단의 특성에 대하여는 부분적인 정보밖에 제공하지 못하게 된다.

규준자료를 제시하는 목적은 검사결과를 해석하는 데 믿을 수 있는 정보를 제공하는 것이다. 이상에서 언급한 바와 같이 서로 다른 반응양식은 검사에 대하여 서로 다른 접근을 하도록 한다. 이 장에서 제시한 표들 중 일부는 이를 고려하여 조정하여 제시하였다.

지역 및 사회경제적 수준을 고려하여 유층 표집한 600명의 정상 성인의 자료가 10개의 〈표 11-1〉~〈표 11-10〉에 제시되어 있다. 남자 300명, 여자 300명으로 이는 이전의 『로르샤하 워크북』에서 제시한 숫자 보다 남녀 각각 50명씩 적다. 700명의 정상성인을 유층표집을 통하여 선별하였는데, 이 과정에서 약 200개의 중복 자료가 포함되었다. 따라서 발견된 자료들은 표집에서 제외하여 표본점수들을 수정하였다.

첫 번째 두 개의 도표는 정상성인의 전체 표집자료이다. 이 자료는 주로 연구할 때 관심을 두는 자료이기 때문에 포함시켰다. 나머지 여덟 개의 도표들은 반응양식에 따라서, 즉 내향성, 양향성, 외향성, 회피적(높은 Lambda) 반응양식에 따라 하위 집단별로 자료를 제시하였다. 검사를 해석하기 위해서는 이 자료가 훨씬 더 도움이 될 것이다.

〈표 11-11〉과 〈표 11-12〉는 5세부터 16세까지의 1,390명의 정상 어린이들에 대한 규준자료가 연령별로 제시되어 있다. 이 집단은 반응양식에 따라 집단을 하위

집단으로 나누어 규준표를 제시하지 않았는데, 그럴 경우 사례 수가 너무 적어 의미 있는 자료를 제공할 수 없기 때문이다. 여기 제시된 자료는 다음의 두 가지 이유 때문에 해석할 때 주의해야 한다. 첫째, 각 연령마다 할당된 피험자의 수가 충분하지 않다. 둘째, 이들의 부모는 비환자집단에 대한 연구에 자발적으로 참여하는 것을 동의하였다. 논리적으로 볼 때 부모들은 아동의 수행에 대하여 자신감을 가지고 있었기 때문에 비환자연구에 참여하였을 것이다. 따라서 연구에 참여한 아동들은 다양한 연령집단에서 기능을 상당히 잘하는 아동들의 표집일 수 있다.

〈표 11-13〉부터 〈표 11-22〉까지는 다양한 증상을 나타내는 535명의 성인 외래 환자들의 자료이다. 정상 성인의 경우처럼 전체 집단에 대하여는 두 개의 표를 할애하였고, 나머지 8개의 표에는 반응양식에 따라 서로 다른 하위집단들의 자료를 제시하였다. 나머지 표(〈표 11-23〉부터 〈표 11-30〉)는 279명의 주요 우울장애를 보이는 입원환자와 328명의 처음 입원한 정신분열병 환자의 자료이다. 이 자료는 Lambda 값에 따라서(L<1.0 & L>0.99) 하위 집단으로 분류하였다. 반응양식에 따라 하위 집단을 나눌 경우 사례수가 너무 적어 의미 없는 자료가 될 수 있기 때문이다.

표를 검토할 때는 개개의 변인에 관한 모든 자료들을 고려하는 것이 중요하다. J-curve를 보이는 로르샤하 변인을 해석할 때 평균과 표준편차만을 고려한다면 결과를 잘못 해석할 수 있다. 각 변인들의 중앙값과 최빈값을 매 표마다 제시하였는데, 때로는 이 값들이 해당 변인에 대하여 좀 더 현실적인 정보를 줄 수 있기 때문이다. 이러한 주의를 필요로 하는 표준편차는 괄호([ ])로 표시하였다. 이 표시가 된 표준편차는 기대 수준 또는 정상범위를 잘못 추정하게 할 수 있으므로, 해석의 근거로 사용해서는 안 된다는 것을 의미한다.

〈표 11-1〉 정상성인의 기술통계치(N=600)

VARIABLE	MEAN	SD	MIN	MAX	FREQ	MEDIAN	MODE	SK	KU
AGE	31.73	10.69	19.00	69.00	600	30.00	22.00	1.34	1.65
Years Educ	13.43	1.58	8.00	19.00	600	13.00	12.00	0.33	0.22
R	22.32	4.40	14.00	43.00	600	22.00	23.00	0.86	1.90
W	8.28	2.36	3.00	24.00	600	8.00	9.00	1.67	7.82
D	12.88	3.77	0.00	32.00	598	13.00	14.00	−0.14	1.72
Dd	1.16	[1.67]	0.00	15.00	370	1.00	0.00	4.00	24.01
S	1.57	[1.28]	0.00	10.00	514	1.00	1.00	1.99	7.61
DQ+	7.36	2.23	1.00	19.00	600	7.00	6.00	0.53	1.24
DQo	13.58	3.67	5.00	36.00	600	14.00	15.00	1.26	5.69
DQv	0.98	[1.26]	0.00	6.00	306	1.00	0.00	1.35	1.30
DQv/+	0.39	[0.61]	0.00	2.00	193	0.00	0.00	1.32	0.65
FQx+	0.71	0.88	0.00	5.00	290	0.00	0.00	1.33	2.19
FQxo	16.44	3.34	7.00	29.00	600	17.00	17.00	0.25	0.59
FQxu	3.49	2.03	0.00	16.00	580	3.00	3.00	1.50	5.33
FQx−	1.56	1.20	0.00	8.00	513	1.00	1.00	1.25	2.58
FQxNone	0.11	[0.37]	0.00	3.00	60	0.00	0.00	3.80	17.53
MQ+	0.44	0.68	0.00	3.00	210	0.00	0.00	1.52	1.98
MQo	3.57	1.84	0.00	8.00	595	3.00	3.00	0.42	−0.62
MQu	0.21	0.51	0.00	5.00	104	0.00	0.00	3.24	16.14
MQ−	0.07	[0.27]	0.00	2.00	35	0.00	0.00	4.48	21.40
MQNone	0.01	[0.08]	0.00	1.00	4	0.00	0.00	12.15	146.23
S−	0.25	[0.56]	0.00	3.00	117	0.00	0.00	2.71	8.25
M	4.30	1.95	1.00	10.00	600	4.00	3.00	0.48	−0.55
FM	3.74	1.31	0.00	9.00	598	4.00	4.00	0.15	0.58
m	1.28	0.99	0.00	6.00	458	1.00	1.00	0.62	0.61
FM+m	5.01	1.70	0.00	12.00	599	5.00	5.00	0.20	0.25
FC	3.56	1.88	0.00	9.00	580	3.00	3.00	0.38	−0.24
CF	2.41	1.31	0.00	7.00	564	2.00	3.00	0.29	−0.17
C	0.12	[0.37]	0.00	3.00	61	0.00	0.00	3.76	17.14
Cn	0.01	[0.08]	0.00	1.00	4	0.00	0.00	12.15	146.23
Sum Color	6.09	2.44	0.00	12.00	599	6.00	5.00	0.11	−0.66
WsumC	4.36	1.78	0.00	9.50	599	4.00	3.50	0.11	−0.54
Sum C′	1.49	[1.16]	0.00	10.00	490	1.00	1.00	1.41	5.96
Sum T	0.95	[0.61]	0.00	4.00	490	1.00	1.00	0.83	3.33
Sum V	0.28	[0.61]	0.00	5.00	124	0.00	0.00	2.71	9.58
Sum Y	0.61	[0.96]	0.00	10.00	262	0.00	0.00	3.53	23.46
Sum Shading	3.32	2.09	0.00	23.00	588	3.00	3.00	2.54	15.45
Fr+rF	0.11	[0.43]	0.00	4.00	48	0.00	0.00	4.98	30.45
FD	1.18	[0.94]	0.00	5.00	456	1.00	1.00	0.84	1.35
F	7.95	2.83	2.00	23.00	600	8.00	7.00	0.92	2.04
(2)	8.52	2.18	1.00	21.00	600	8.00	8.00	0.29	2.11
3r+(2)/R	0.40	0.09	0.03	0.87	600	0.39	0.33	0.47	3.86
Lambda	0.60	0.31	0.11	2.33	600	0.53	0.50	2.27	8.01
EA	8.66	2.38	2.00	18.00	600	9.00	9.50	−0.04	0.42
es	8.34	2.99	3.00	31.00	600	8.00	7.00	1.43	6.58
D Score	−0.03	0.97	−10.00	3.00	600	0.00	0.00	−3.06	24.34
AdjD	0.15	0.82	−5.00	3.00	600	0.00	0.00	−0.88	5.89
a (active)	6.44	2.23	0.00	14.00	599	6.00	6.00	0.32	0.01
p (passive)	2.90	1.64	0.00	9.00	572	3.00	2.00	0.57	0.03
Ma	2.90	1.57	0.00	8.00	583	3.00	2.00	0.52	−0.26
Mp	1.42	1.03	0.00	5.00	493	1.00	1.00	0.53	−0.13
Intellect	1.57	1.48	0.00	9.00	449	1.00	1.00	1.27	2.16
Zf	11.84	2.78	5.00	27.00	600	12.00	12.00	0.87	3.44
Zd	0.57	2.98	−11.50	9.50	560	0.50	−1.00	0.31	0.48
Blends	5.15	2.08	0.00	12.00	598	5.00	5.00	0.00	−0.26
Blends/R	0.24	0.10	0.00	0.67	598	0.24	0.26	0.35	0.65
Col−Shd Blends	0.45	[0.68]	0.00	5.00	215	0.00	0.00	1.70	4.12
Afr	0.67	0.16	0.23	1.29	600	0.67	0.67	0.35	0.65

〈계속〉

VARIABLE	MEAN	SD	MIN	MAX	FREQ	MEDIAN	MODE	SK	KU
Populars	6.58	1.39	3.00	10.00	600	6.00	6.00	−0.09	−0.47
XA%	0.92	0.06	0.57	1.00	600	0.94	0.96	−1.34	3.68
WDA%	0.94	0.06	0.54	1.00	600	0.95	1.00	−1.42	4.93
X+%	0.77	0.09	0.35	1.00	600	0.78	0.80	−0.86	2.33
X−%	0.07	0.05	0.00	0.43	513	0.05	0.04	1.41	4.56
Xu%	0.15	0.07	0.00	0.45	580	0.15	0.13	0.54	0.86
Isolate/R	0.19	0.09	0.00	0.60	588	0.18	0.16	0.51	0.41
H	3.21	1.71	0.00	9.00	595	3.00	2.00	0.97	0.84
(H)	1.22	1.02	0.00	6.00	432	1.00	1.00	0.65	0.48
HD	0.84	1.02	0.00	7.00	336	1.00	0.00	1.98	6.60
(Hd)	0.21	0.50	0.00	4.00	109	0.00	0.00	2.90	11.25
Hx	0.03	[0.23]	0.00	4.00	14	0.00	0.00	11.29	164.54
All H Cont	5.49	1.75	1.00	15.00	600	5.00	5.00	0.59	1.24
A	7.96	2.25	3.00	25.00	600	8.00	7.00	1.06	5.03
(A	0.27	[0.54]	0.00	3.00	137	0.00	0.00	2.31	6.38
Ad	2.30	[1.20]	0.00	9.00	571	2.00	2.00	0.79	2.85
(Ad)	0.10	[0.34]	0.00	2.00	53	0.00	0.00	3.57	13.07
An	0.54	[0.77]	0.00	4.00	243	0.00	0.00	1.59	2.81
Art	0.90	0.91	0.00	5.00	363	1.00	0.00	0.98	1.20
Ay	0.35	[0.52]	0.00	3.00	198	0.00	0.00	1.23	1.38
Bl	0.20	[0.46]	0.00	3.00	104	0.00	0.00	2.40	5.80
Bt	2.37	1.32	0.00	6.00	551	2.00	3.00	0.17	-0.29
Cg	1.41	1.09	0.00	5.00	482	1.00	1.00	0.73	0.29
Cl	0.14	[0.38]	0.00	2.00	78	0.00	0.00	2.67	6.76
Ex	0.20	[0.40]	0.00	2.00	119	0.00	0.00	1.57	0.74
Fi	0.56	[0.77]	0.00	4.00	240	0.00	0.00	1.09	0.22
Food	0.21	[0.47]	0.00	3.00	112	0.00	0.00	2.26	5.03
Ge	0.05	[0.24]	0.00	2.00	27	0.00	0.00	5.18	28.97
Hh	0.99	0.90	0.00	4.00	407	1.00	1.00	0.85	0.57
Ls	0.86	0.79	0.00	3.00	382	1.00	1.00	0.60	-0.23
Na	0.36	[0.63]	0.00	6.00	178	0.00	0.00	2.35	11.12
Sc	1.12	[1.15]	0.00	6.00	388	1.00	0.00	1.22	1.96
Sx	0.11	[0.47]	0.00	5.00	46	0.00	0.00	6.16	48.09
Xy	0.05	[0.24]	0.00	2.00	29	0.00	0.00	4.80	24.46
Idio	1.36	1.32	0.00	7.00	404	1.00	0.00	1.03	1.43
DV	0.59	[0.78]	0.00	4.00	266	0.00	0.00	1.36	1.77
INCOM	0.56	[0.78]	0.00	4.00	263	0.00	0.00	1.74	3.91
DR	0.39	[0.69]	0.00	4.00	175	0.00	0.00	1.97	4.15
FABCOM	0.27	[0.52]	0.00	3.00	141	0.00	0.00	1.85	3.02
DV2	0.00	[0.06]	0.00	1.00	2	0.00	0.00	17.27	297.49
INC2	0.02	[0.13]	0.00	1.00	10	0.00	0.00	7.57	55.49
DR2	0.01	[0.11]	0.00	1.00	8	0.00	0.00	8.50	70.61
FAB2	0.03	[0.16]	0.00	1.00	16	0.00	0.00	5.89	32.81
ALOG	0.04	[0.20]	0.00	2.00	21	0.00	0.00	5.58	33.07
CONTAM	0.00	0.00	0.00	0.00	0	0.00	0.00	----	----
Sum 6 Sp Sc	1.91	1.47	0.00	7.00	496	2.00	1.00	0.80	0.56
Lvl 2 Sp Sc	0.06	[0.25]	0.00	2.00	34	0.00	0.00	4.33	19.52
WSum6	4.48	4.08	0.00	28.00	496	4.00	0.00	1.42	3.25
AB	0.16	[0.43]	0.00	3.00	84	0.00	0.00	2.82	8.39
AG	1.11	1.15	0.00	5.00	380	1.00	0.00	1.02	0.60
COP	2.00	1.38	0.00	6.00	498	2.00	2.00	0.25	-0.63
CP	0.01	[0.09]	0.00	1.00	5	0.00	0.00	10.84	115.98
GOODHR	4.93	1.78	0.00	10.00	598	5.00	5.00	0.36	0.02
POORHR	1.53	1.46	0.00	8.00	431	1.00	1.00	1.25	2.30
MOR	0.79	[0.89]	0.00	4.00	321	1.00	0.00	1.01	0.60
PER	0.92	0.91	0.00	5.00	385	1.00	1.00	1.33	3.39
PSV	0.07	[0.25]	0.00	2.00	38	0.00	0.00	3.84	14.28

주의: [ ] 안의 값은 신뢰롭지 못한 값이므로 기대범위를 추정하는 데 사용할 수 없음. 흔히 이 변인들은 모수통계분석에 포함시키지 않음.

〈표 11-2〉 35개 변인의 빈도: 정상성인 (N=600)

DEMOGRAPHY VARIABLES

MARITAL STATUS			AGE			RACE		
Single	165	28%	18~25	195	33%	White	493	82%
Lives w/S.O.	49	8%	26~35	240	40%	Black	60	10%
Married	270	45%	36~45	102	17%	Hispanic	36	6%
Separated	32	5%	46~55	32	5%	Asian	11	2%
Divorced	72	12%	56~65	23	4%			
Widowed	12	2%	OVER 65	8	1%	EUDCATION		
						UNDER 12	32	5%
SEX						12 Years	163	27%
Male	300	50%				13~15 Yrs	318	53%
Female	300	50%				16+ Yrs	87	15%

RATIOS, PERCENTAGES AND SPECIAL INDICES

STYLES			FORM QUALITY DERIVATIONS		
Introversive	199	33%	XA%>.89	443	74%
Pervasive	52	9%	XA%<.70	2	0%
Ambitent	116	19%	XDA%<.85	29	5%
Extratensive	227	38%	XDA%<.75	3	1%
Pervasive	59	10%	X+%<.55	9	2%
Avoidant	58	10%	Xu%>.20	129	22%
D-SCORES			X-%>.20	15	3%
D Score> 0	100	17%	X-%>.30	2	0%
D Score= 0	420	70%			
D Score< 0	80	13%			
D Score<-1	29	5%	FC:CF+C RATIO		
			FC>(CF+C)+2	151	25%
Adj D Score> 0	151	25%	FC>(CF+C)+1	245	41%
Adj D Score= 0	389	65%	(CF+C)>FC+1	70	12%
Adj D Score< 0	60	10%	(CF+C)>FC+2	24	4%
Adj D Score<-1	21	4%			
			S-Constellation Positive	0	0%
Zd>+3.0(Overincorp)	100	17%	HVI Positive	18	3%
Zd<-3.0(Underincorp)	39	7%	OBS Positive	8	1%

PTI=5	0	0%	DEPI=7	2	0%	CDI=5	2	0%
PTI=4	0	0%	DEPI=6	4	1%	CDI=4	21	4%
PTI=3	1	0%	DEPI=5	24	4%			

MISCELLANEOUS VARIABLES

R<17	58	10%	(2AB+Art+Ay)>5	12	2%
R>27	55	9%	Populars<4	7	1%
DQv>2	73	12%	Populars>7	184	31%
S>2	86	14%	COP=0	102	17%
Sum T=0	110	18%	COP>2	213	36%
Sum T>1	65	11%	AG=0	220	37%
3r+(2)/R<.33	80	13%	AG>2	74	12%
3r+(2)/R>.44	140	23%	MOR>2	26	4%
Fr+rF>0	48	8%	Level 2 Sp.Sc.>0	34	6%
PureC>0	61	10%	GHR>PHR	526	88%
PureC>1	7	1%	Pure H<2	71	12%
Afr<.40	18	3%	Pure H=0	5	1%
Afr<.50	66	11%	p>a+1	11	2%
(FM+m)<Sum Shading	87	15%	Mp>Ma	82	14%

〈표 11-3〉 내향적인 정상성인의 기술통계치 (N=199)

VARIABLE	MEAN	SD	MIN	MAX	FREQ	MEDIAN	MODE	SK	KU
AGE	33.23	11.39	19.00	69.00	199	31.00	26.00	1.26	1.30
Years Educ	13.69	1.52	8.00	18.00	199	14.00	14.00	0.08	0.05
R	22.90	4.84	14.00	38.00	199	23.00	20.00	0.63	0.56
W	8.62	2.59	3.00	20.00	199	8.00	8.00	1.58	6.26
D	13.01	3.88	0.00	22.00	198	13.00	14.00	−0.06	0.96
Dd	1.27	[1.34]	0.00	9.00	137	1.00	1.00	1.97	7.36
S	1.51	[1.24]	0.00	7.00	165	1.00	1.00	1.35	2.48
DQ+	8.54	2.31	4.00	19.00	199	9.00	9.00	0.15	1.12
DQo	12.77	3.61	5.00	26.00	199	12.00	11.00	0.68	0.40
DQv	1.20	[1.41]	0.00	5.00	111	1.00	0.00	0.97	−0.27
DQv/+	0.39	[0.61]	0.00	2.00	65	0.00	0.00	1.30	0.63
FQx+	0.79	0.99	0.00	5.00	99	0.00	0.00	1.46	2.71
FQxo	17.00	3.68	8.00	27.00	199	17.00	18.00	0.36	0.52
FQxu	3.64	1.94	0.00	14.00	196	4.00	4.00	1.50	5.39
FQx-	1.45	1.17	0.00	6.00	163	1.00	1.00	0.98	0.85
FQxNone	0.02	[0.14]	0.00	1.00	4	0.00	0.00	6.89	45.95
MQ+	0.52	0.76	0.00	3.00	78	0.00	0.00	1.47	1.77
MQo	5.41	1.36	1.00	8.00	199	5.00	6.00	−0.33	0.12
MQu	0.39	0.69	0.00	5.00	62	0.00	0.00	2.52	10.38
MQ-	0.09	[0.35]	0.00	2.00	13	0.00	0.00	4.33	19.06
MQNone	0.01	[0.10]	0.00	1.00	2	0.00	0.00	9.89	96.96
S-	0.20	[0.48]	0.00	3.00	34	0.00	0.00	3.01	11.58
M	6.42	1.26	2.00	10.00	199	7.00	7.00	−0.02	0.27
FM	3.72	1.21	1.00	6.00	199	4.00	4.00	0.07	−0.31
m	1.47	0.94	0.00	4.00	164	2.00	2.00	0.06	−0.40
FM+m	5.20	1.49	1.00	9.00	199	5.00	5.00	0.17	−0.32
FC	3.03	1.49	0.00	7.00	193	3.00	3.00	0.31	−0.13
CF	1.65	0.82	0.00	5.00	185	2.00	2.00	0.17	0.66
C	0.02	[0.12]	0.00	1.00	3	0.00	0.00	8.02	62.95
Cn	0.00	[0.00]	0.00	0.00	0	0.00	0.00	----	----
Sum Color	4.70	1.65	0.00	9.00	198	5.00	5.00	0.08	0.39
WsumC	3.19	1.07	0.00	6.00	198	3.50	3.50	−0.18	0.36
Sum C′	1.33	[1.13]	0.00	8.00	146	1.00	2.00	1.21	4.89
Sum T	0.93	[0.54]	0.00	3.00	164	1.00	1.00	0.32	2.08
Sum V	0.31	[0.53]	0.00	2.00	54	0.00	0.00	1.53	1.44
Sum Y	0.45	[0.83]	0.00	6.00	65	0.00	0.00	3.06	13.94
Sum Shading	3.01	1.88	0.00	13.00	194	3.00	3.00	1.50	4.30
Fr+rF	0.11	[0.49]	0.00	4.00	14	0.00	0.00	5.97	41.10
FD	1.30	[0.95]	0.00	4.00	154	1.00	1.00	0.31	−0.31
F	7.46	2.56	2.00	15.00	199	7.00	7.00	0.48	−0.39
(2)	8.99	2.06	3.00	14.00	199	9.00	8.00	0.38	0.28
3r+(2)/R	0.41	0.09	0.25	0.87	199	0.40	0.38	1.81	6.56
Lambda	0.50	0.17	0.11	0.92	199	0.50	0.33	0.40	−0.17
EA	9.61	2.17	2.00	16.00	199	9.50	9.50	−0.05	0.47
es	8.21	2.72	3.00	21.00	199	8.00	7.00	0.96	2.39
D Score	0.17	0.74	−3.00	2.00	199	0.00	0.00	−0.57	4.25
AdjD	0.41	0.73	−3.00	2.00	199	0.00	0.00	−0.25	2.31
a (active)	7.84	2.09	2.00	14.00	199	8.00	6.00	0.29	−0.30
p (passive)	3.79	1.72	0.00	9.00	192	4.00	5.00	−0.08	−0.29
Ma	4.41	1.27	1.00	8.00	199	4.00	4.00	−0.13	0.08
Mp	2.03	1.12	0.00	5.00	181	2.00	3.00	−0.01	−0.50
Intellect	1.35	1.47	0.00	9.00	136	1.00	1.00	1.67	4.02
Zf	12.80	2.98	6.00	25.00	199	13.00	13.00	0.42	2.52
Zd	−0.12	3.08	−6.50	8.50	190	−0.50	−3.00	0.39	−0.28
Blends	4.83	2.11	0.00	11.00	198	5.00	5.00	0.24	−0.27
Blends/R	0.22	0.10	0.00	0.57	198	0.20	0.25	0.63	0.24
Col Shd Blends	0.29	[0.52]	0.00	2.00	52	0.00	0.00	1.56	1.57
Afr	0.64	0.15	0.23	1.14	199	0.67	0.67	0.33	1.03

〈계속〉

VARIABLE	MEAN	SD	MIN	MAX	FREQ	MEDIAN	MODE	SK	KU
Populars	6.54	1.36	3.00	10.00	199	6.00	6.00	0.07	−0.11
XA%	0.94	0.05	0.69	1.00	199	0.95	0.95	−1.39	4.25
WDA%	0.95	0.05	0.69	1.00	199	0.96	1.00	−1.50	3.83
X+%	0.78	0.09	0.35	1.00	199	0.79	0.80	−1.36	4.66
X-%	0.06	0.05	0.00	0.31	163	0.05	0.05	1.43	4.47
Xu%	0.16	0.07	0.00	0.45	196	0.15	0.15	0.87	1.92
Isolate/R	0.19	0.10	0.00	0.60	193	0.17	0.13	0.69	1.00
H	4.79	1.71	1.00	9.00	199	5.00	5.00	0.30	−0.09
(H)	1.27	1.19	0.00	4.00	134	1.00	0.00	0.66	−0.46
HD	0.48	0.85	0.00	5.00	65	0.00	0.00	2.25	5.99
(Hd)	0.15	0.40	0.00	2.00	27	0.00	0.00	2.66	6.77
Hx	0.03	[0.16]	0.00	1.00	5	0.00	0.00	6.11	35.75
All H Cont	6.69	1.51	2.00	15.00	199	7.00	7.00	0.72	4.14
A	7.91	2.07	3.00	14.00	199	8.00	8.00	0.22	0.07
(A)	0.29	[0.56]	0.00	3.00	48	0.00	0.00	2.19	5.43
Ad	2.34	[1.07]	0.00	5.00	189	2.00	2.00	−0.13	−0.17
(Ad)	0.08	[0.29]	0.00	2.00	15	0.00	0.00	3.71	14.19
An	0.59	[0.79]	0.00	4.00	86	0.00	0.00	1.31	1.60
Art	0.72	0.84	0.00	4.00	103	1.00	0.00	1.12	1.28
Ay	0.38	[0.53]	0.00	3.00	73	0.00	0.00	1.11	1.47
Bl	0.06	[0.27]	0.00	2.00	9	0.00	0.00	5.35	30.64
Bt	2.03	1.25	0.00	5.00	177	2.00	3.00	0.09	−0.73
Cg	1.73	1.27	0.00	5.00	163	1.00	1.00	0.32	−0.79
Cl	0.18	[0.45]	0.00	2.00	31	0.00	0.00	2.48	5.68
Ex	0.31	[0.46]	0.00	1.00	61	0.00	0.00	0.84	−1.30
Fi	0.46	[0.66]	0.00	2.00	72	0.00	0.00	1.15	0.10
Food	0.10	[0.30]	0.00	1.00	20	0.00	0.00	2.67	5.22
Ge	0.03	[0.16]	0.00	1.00	5	0.00	0.00	6.11	35.75
Hh	1.24	1.00	0.00	4.00	151	1.00	1.00	0.70	0.35
Ls	1.14	0.85	0.00	3.00	148	1.00	1.00	0.13	−0.86
Na	0.41	[0.75]	0.00	6.00	60	0.00	0.00	2.88	14.66
Sc	1.09	[1.09]	0.00	6.00	136	1.00	1.00	1.44	2.92
Sx	0.10	[0.49]	0.00	5.00	12	0.00	0.00	6.89	57.06
Xy	0.03	[0.16]	0.00	1.00	5	0.00	0.00	6.11	35.75
Idio	1.42	1.22	0.00	7.00	141	1.00	0.00	0.71	0.97
DV	0.70	[0.89]	0.00	4.00	94	0.00	0.00	1.18	0.78
INCOM	0.51	[0.77]	0.00	4.00	76	0.00	0.00	1.77	3.46
DR	0.30	[0.61]	0.00	3.00	45	0.00	0.00	2.17	4.52
FABCOM	0.27	[0.50]	0.00	3.00	49	0.00	0.00	1.92	4.47
DV2	0.01	[0.07]	0.00	1.00	1	0.00	0.00	14.10	199.00
INC2	0.01	[0.10]	0.00	1.00	2	0.00	0.00	9.89	96.96
DR2	0.03	[0.17]	0.00	1.00	6	0.00	0.00	5.53	28.95
FAB2	0.05	[0.21]	0.00	1.00	9	0.00	0.00	4.41	17.63
ALOG	0.02	[0.16]	0.00	2.00	2	0.00	0.00	11.30	133.83
CONTAM	0.00	0.00	0.00	0.00	0	0.00	0.00	----	----
Sum 6 Sp Sc	1.88	1.54	0.00	7.00	155	2.00	2.00	0.70	0.10
Lvl 2 Sp Sc	0.09	[0.32]	0.00	2.00	16	0.00	0.00	3.76	14.75
WSum6	4.30	4.09	0.00	28.00	155	4.00	0.00	1.56	4.97
AB	0.12	[0.42]	0.00	2.00	17	0.00	0.00	3.61	12.41
AG	1.16	1.17	0.00	5.00	132	1.00	1.00	1.09	0.81
COP	2.45	1.54	0.00	6.00	170	2.00	2.00	0.04	-0.76
CP	0.00	[0.00]	0.00	0.00	0	0.00	0.00	----	----
GOODHR	6.24	1.69	2.00	10.00	199	6.00	5.00	−0.04	−0.49
POORHR	1.35	1.45	0.00	7.00	126	1.00	0.00	1.15	1.12
MOR	0.93	[0.98]	0.00	4.00	114	1.00	0.00	0.75	-0.23
PER	0.98	0.87	0.00	5.00	133	1.00	1.00	0.80	1.51
PSV	0.04	[0.19]	0.00	1.00	7	0.00	0.00	5.08	24.10

주의: [ ] 안의 값은 신뢰롭지 못한 값이므로 기대범위를 추정하는 데 사용할 수 없음. 흔히 이 변인들은 모수통계분석에 포함시키지 않음.

〈표 11-4〉 35개 변인의 빈도: 내향적인 정상성인 (N=199)

DEMOGRAPHY VARIABLES

MARITAL STATUS			AGE			RACE		
Single	47	24%	18~25	56	28%	White	172	86%
Lives w/S.O.	13	7%	26~35	75	38%	Black	16	8%
Married	99	50%	36~45	43	22%	Hispanic	5	3%
Separated	14	7%	46~55	11	6%	Asian	6	3%
Divorced	21	11%	56~65	10	5%			
Widowed	5	3%	OVER 65	4	2%	EUDCATION		
						UNDER 12	4	2%
SEX						12 Years	47	24%
Male	104	52%				13~15 Yrs	112	56%
Female	95	48%				16+ Yrs	36	18%

RATIOS, PERCENTAGES AND SPECIAL INDICES

STYLES			FORM QUALITY DERIVATIONS		
Introversive	199	100%	XA%>.89	167	84%
Pervasive	52	26%	XA%<.70	1	1%
Ambitent	0	0%	WDA%<.85	6	3%
Extratensive	0	0%	WDA%<.75	1	1%
Pervasive	0	0%	X+%<.55	3	2%
Avoidant	0	0%	Xu%>.20	40	20%
			X-%>.20	4	2%
D-SCORES			X-%>.30	1	1%
D Score> 0	47	24%			
D Score= 0	138	69%			
D Score< 0	14	7%			
D Score<-1	6	3%	FC:CF+C RATIO		
			FC>(CF+C)+2	53	27%
Adj D Score> 0	82	41%	FC>(CF+C)+1	89	45%
Adj D Score= 0	108	54%	(CF+C)>FC+1	9	5%
Adj D Score< 0	9	5%	(CF+C)>FC+2	4	2%
Adj D Score<-1	2	1%	S-Constellation Positive	0	0%
Zd>+3.0 (Overincorp)	33	17%	HVI Positive	6	3%
Zd<-3.0(Underincorp)	22	11%	OBS Positive	5	3%

PTI=5	0	0%	DEPI=7	0	0%	CDI=5	0	0%
PTI=4	0	0%	DEPI=6	1	1%	CDI=4	1	1%
PTI=3	1	1%	DEPI=5	9	5%			

MISCELLANEOUS VARIABLES

R<17	18	9%	(2AB+Art+Ay)>5	2	1%
R>27	25	13%	Populars<4	3	2%
DQv>2	40	20%	Populars>7	58	29%
S>2	28	14%	COP=0	29	15%
Sum T=0	35	18%	COP>2	97	49%
Sum T>1	18	9%	AG=0	67	34%
3r+(2)/R<.33	20	10%	AG>2	25	13%
3r+(2)/R>.44	52	26%	MOR>2	13	7%
Fr+rF>0	14	7%	Level 2 Sp.Sc.>0	16	8%
PureC>0	3	2%	GHR>PHR	187	94%
PureC>1	0	0%	Pure H<2	3	2%
Afr<.40	9	5%	Pure H=0	0	0%
Afr<.50	25	13%	p>a+1	3	2%
(FM+m)<Sum Shading	17	9%	Mp>Ma	16	8%

〈표 11-5〉 외향적인 정상성인의 기술통계치 (N=227)

VARIABLE	MEAN	SD	MIN	MAX	FREQ	MEDIAN	MODE	SK	KU
AGE	31.25	11.06	19.00	67.00	227	29.00	22.00	1.38	1.53
Years Educ	13.41	1.61	9.00	19.00	227	13.00	12.00	0.40	0.22
R	22.43	3.09	15.00	32.00	227	22.00	21.00	0.06	0.61
W	8.68	2.11	5.00	24.00	227	9.00	9.00	2.80	15.52
D	12.92	3.26	1.00	23.00	227	13.00	13.00	−0.59	1.50
Dd	0.82	[0.84]	0.00	3.00	130	1.00	0.00	0.65	−0.50
S	1.45	[0.87]	0.00	4.00	205	1.00	1.00	0.62	0.45
DQ+	7.11	1.91	3.00	17.00	227	7.00	6.00	1.21	3.33
DQo	14.00	2.44	7.00	22.00	227	14.00	15.00	−0.19	0.87
DQv	0.87	[1.00]	0.00	5.00	123	1.00	0.00	1.17	1.36
DQv/+	0.44	[0.61]	0.00	2.00	86	0.00	0.00	1.05	0.09
FQx+	0.86	0.83	0.00	4.00	138	1.00	0.00	0.65	−0.04
FQxo	16.70	2.74	10.00	23.00	227	17.00	17.00	−0.08	−0.15
FQxu	3.22	1.73	0.00	9.00	216	3.00	3.00	0.48	0.25
FQx−	1.49	1.09	0.00	7.00	198	1.00	1.00	1.49	4.28
FQxNone	0.17	[0.42]	0.00	3.00	35	0.00	0.00	2.85	10.50
MQ+	0.57	0.67	0.00	3.00	107	0.00	0.00	0.85	−0.02
MQo	2.36	1.02	0.00	5.00	226	2.00	3.00	0.18	−0.69
MQu	0.04	0.21	0.00	1.00	10	0.00	0.00	4.47	18.17
MQ−	0.02	[0.13]	0.00	1.00	4	0.00	0.00	7.38	52.95
MQNone	0.00	[0.00]	0.00	0.00	0	0.00	0.00	----	----
S	−0.19	[0.45]	0.00	3.00	40	0.00	0.00	2.56	8.09
M	2.99	0.92	1.00	6.00	227	3.00	3.00	0.12	0.52
FM	3.94	1.17	0.00	8.00	226	4.00	4.00	−0.08	0.52
m	1.13	0.96	0.00	6.00	172	1.00	1.00	1.27	3.31
FM+m	5.07	1.59	1.00	9.00	227	5.00	5.00	0.19	−0.15
FC	4.65	1.80	0.00	9.00	224	5.00	5.00	0.04	−0.11
CF	3.45	1.07	0.00	7.00	226	3.00	3.00	0.18	0.59
C	0.19	[0.47]	0.00	3.00	37	0.00	0.00	3.03	11.39
Cn	0.00	[0.00]	0.00	0.00	0	0.00	0.00	----	----
Sum Color	8.28	1.65	3.00	12.00	227	8.00	8.00	−0.14	0.03
WsumC	6.05	1.09	4.00	9.50	227	6.00	6.00	0.26	0.09
Sum C′	1.47	[1.04]	0.00	5.00	194	1.00	1.00	0.83	0.93
Sum T	1.04	[0.59]	0.00	4.00	201	1.00	1.00	1.27	4.75
Sum V	0.23	[0.61]	0.00	5.00	38	0.00	0.00	3.59	18.47
Sum Y	0.71	[0.77]	0.00	3.00	124	1.00	0.00	0.96	0.58
Sum Shading	3.46	1.61	0.00	10.00	225	3.00	3.00	1.03	1.56
Fr+rF	0.08	[0.37]	0.00	3.00	12	0.00	0.00	5.25	29.80
FD	1.18	[0.79]	0.00	5.00	191	1.00	1.00	0.92	2.44
F	7.66	1.87	3.00	12.00	227	8.00	8.00	−0.10	−0.35
(2)	8.46	1.67	5.00	12.00	227	8.00	8.00	0.20	−0.65
3r+(2)/R	0.39	0.07	0.27	0.61	227	0.38	0.33	0.90	0.55
Lambda	0.54	0.17	0.19	0.91	227	0.53	0.53	0.10	−0.51
EA	9.04	1.82	5.50	15.50	227	9.00	8.50	0.26	0.49
es	8.53	2.48	4.00	18.00	227	8.00	7.00	0.59	0.83
D Score	0.07	0.69	−3.00	2.00	227	0.00	0.00	−0.08	3.88
AdjD	0.15	0.68	−2.00	3.00	227	0.00	0.00	0.59	3.48
a (active)	5.73	1.81	0.00	11.00	226	6.00	5.00	0.21	−0.20
p (passive)	2.37	1.31	0.00	8.00	221	2.00	2.00	1.31	2.99
Ma	1.95	0.99	0.00	6.00	214	2.00	2.00	0.29	0.47
Mp	1.07	0.78	0.00	4.00	179	1.00	1.00	0.65	0.70
Intellect	1.96	1.44	0.00	7.00	201	2.00	1.00	1.12	1.42
Zf	11.83	2.31	8.00	27.00	227	11.00	11.00	1.92	9.10
Zd	1.57	2.74	−3.50	9.50	210	1.00	2.00	0.73	0.49
Blends	5.86	1.75	0.00	12.00	226	6.00	6.00	−0.02	0.87
Blends/R	0.26	0.08	0.00	0.57	226	0.26	0.26	0.01	2.22
Col−Shd Blends	0.70	[0.83]	0.00	5.00	116	1.00	0.00	1.33	2.75
Afr	0.71	0.16	0.27	1.09	227	0.71	0.91	0.18	−0.15

〈계속〉

VARIABLE	MEAN	SD	MIN	MAX	FREQ	MEDIAN	MODE	SK	KU
Populars	6.77	1.36	4.00	9.00	227	7.00	8.00	−0.36	−0.63
XA%	0.93	0.05	0.72	1.00	227	0.94	0.96	−1.01	1.99
WDA%	0.93	0.05	0.72	1.00	227	0.95	0.96	−1.00	2.12
X+%	0.78	0.09	0.38	1.00	227	0.79	0.86	−0.74	2.16
X−%	0.07	0.05	0.00	0.24	198	0.05	0.04	0.88	1.32
Xu%	0.14	0.07	0.00	0.35	216	0.14	0.14	0.22	0.18
Isolate/R	0.21	0.09	0.05	0.45	227	0.19	0.16	0.57	−0.37
H	2.41	0.90	1.00	6.00	227	2.00	2.00	0.47	0.75
(H)	1.18	0.90	0.00	6.00	170	1.00	1.00	0.69	2.50
HD	0.93	0.84	0.00	4.00	153	1.00	1.00	0.81	0.78
(Hd)	0.24	0.49	0.00	3.00	49	0.00	0.00	2.42	7.80
Hx	0.01	[0.13]	0.00	2.00	1	0.00	0.00	15.06	227.00
All H Cont	4.76	1.43	2.00	12.00	227	5.00	4.00	0.95	2.79
A	8.14	2.08	4.00	14.00	227	8.00	7.00	0.75	−0.17
(A)	0.21	[0.49]	0.00	3.00	42	0.00	0.00	2.75	9.48
Ad	2.21	[0.98]	0.00	5.00	219	2.00	2.00	0.02	−0.19
(Ad)	0.12	[0.40]	0.00	2.00	21	0.00	0.00	3.53	12.22
An	0.44	[0.67]	0.00	4.00	82	0.00	0.00	1.96	5.93
Art	1.15	0.87	0.00	5.00	176	1.00	1.00	0.76	1.69
Ay	0.34	[0.51]	0.00	2.00	72	0.00	0.00	1.10	0.08
Bl	0.35	[0.58]	0.00	3.00	68	0.00	0.00	1.58	2.22
Bt	2.97	1.30	0.00	6.00	220	3.00	3.00	0.09	−0.15
Cg	1.17	0.86	0.00	5.00	181	1.00	1.00	0.86	1.87
Cl	0.11	[0.32]	0.00	2.00	23	0.00	0.00	2.97	8.33
Ex	0.10	[0.30]	0.00	1.00	23	0.00	0.00	2.66	5.12
Fi	0.75	[0.88]	0.00	4.00	110	0.00	0.00	0.74	−0.51
Food	0.36	[0.58]	0.00	3.00	71	0.00	0.00	1.51	1.98
Ge	0.08	[0.28]	0.00	2.00	16	0.00	0.00	3.84	15.22
Hh	0.88	0.75	0.00	3.00	157	1.00	1.00	0.76	0.70
Ls	0.76	0.72	0.00	3.00	138	1.00	1.00	0.68	0.19
Na	0.37	[0.56]	0.00	2.00	74	0.00	0.00	1.23	0.56
Sc	1.12	[1.07]	0.00	6.00	150	1.00	0.00	1.08	2.29
Sx	0.05	[0.24]	0.00	2.00	11	0.00	0.00	4.91	26.09
Xy	0.04	[0.21]	0.00	1.00	10	0.00	0.00	4.47	18.17
Idio	1.53	1.28	0.00	5.00	170	1.00	1.00	0.59	−0.30
DV	0.53	[0.65]	0.00	3.00	102	0.00	0.00	0.93	0.20
INCOM	0.61	[0.76]	0.00	4.00	112	0.00	0.00	1.58	3.63
DR	0.37	[0.73]	0.00	4.00	60	0.00	0.00	2.29	6.03
FABCOM	0.23	[0.47]	0.00	2.00	47	0.00	0.00	1.91	2.93
DV2	0.00	[0.00]	0.00	0.00	0	0.00	0.00	----	----
INC2	0.00	[0.07]	0.00	1.00	1	0.00	0.00	15.06	227.00
DR2	0.00	[0.00]	0.00	0.00	0	0.00	0.00	----	----
FAB2	0.02	[0.15]	0.00	1.00	5	0.00	0.00	6.55	41.35
ALOG	0.05	[0.22]	0.00	1.00	11	0.00	0.00	4.23	16.06
CONTAM	0.00	0.00	0.00	0.00	0	0.00	0.00	----	----
Sum 6 Sp Sc	1.82	1.46	0.00	7.00	190	2.00	1.00	1.09	1.34
Lvl 2 Sp Sc	0.03	[0.16]	0.00	1.00	6	0.00	0.00	5.94	33.62
WSum6	4.21	4.23	0.00	22.00	190	3.00	2.00	1.80	4.08
AB	0.23	[0.47]	0.00	2.00	48	0.00	0.00	1.88	2.76
AG	1.15	1.19	0.00	5.00	145	1.00	0.00	1.00	0.46
COP	1.83	1.23	0.00	4.00	189	2.00	2.00	0.14	−0.91
CP	0.02	[0.15]	0.00	1.00	5	0.00	0.00	6.55	41.35
GOODHR	4.32	1.33	1.00	8.00	227	4.00	4.00	0.27	0.50
POORHR	1.51	1.33	0.00	8.00	168	1.00	1.00	1.02	1.89
MOR	0.71	[0.78]	0.00	4.00	121	1.00	0.00	1.01	0.97
PER	0.99	0.94	0.00	5.00	158	1.00	1.00	1.57	4.24
PSV	0.07	[0.27]	0.00	2.00	15	0.00	0.00	4.01	16.78

주의: [ ] 안의 값은 신뢰롭지 못한 값이므로 기대범위를 추정하는 데 사용할 수 없음. 흔히 이 변인들은 모수통계분석에 포함시키지 않음.

〈표 11-6〉 36개 변인의 빈도: 외향적인 정상성인 (N=227)

DEMOGRAPHY VARIABLES

MARITAL STATUS			AGE			RACE		
Single	73	32%	18~25	82	36%	White	176	78%
Lives w/S.O.	14	6%	26~35	90	40%	Black	27	12%
Married	99	44%	36~45	26	11%	Hispanic	19	8%
Separated	13	6%	46~55	18	8%	Asian	5	2%
Divorced	24	11%	56~65	7	3%			
Widowed	4	2%	OVER 65	4	2%	EUDCATION		
						UNDER 12	13	6%
SEX						12 Years	65	29%
Male	118	52%				13~15 Yrs	115	51%
Female	109	48%				16+ Yrs	34	15%

RATIOS, PERCENTAGES AND SPECIAL INDICES

STYLE			FORM QUALITY DERIVATIONS		
Introversive	0	0%	XA%>.89	168	74%
Pervasive	0	0%	XA%<.70	0	0%
Ambitent	0	0%	WDA%<.85	7	3%
Extratensive	227	100%	WDA%<.75	1	0%
Pervasive	59	26%	X+%<.55	2	1%
Avoidant	0	0%	Xu%>.20	41	18%
			X−%>.20	3	1%
D−SCORES			X−%>.30	0	0%
D Score> 0	36	16%			
D Score= 0	168	74%			
D Score< 0	23	10%			
D Score<−1	6	3%	FC:CF+C RATIO		
			FC>(CF+C)+2	67	30%
Adj D Score> 0	44	19%	FC>(CF+C)+1	102	45%
Adj D Score= 0	166	73%	(CF+C)>FC+1	36	16%
Adj D Score< 0	17	7%	(CF+C)>FC+2	11	5%
Adj D Score<−1	4	2%			
			S−Constellation Positive	0	0%
Zd>+3.0(Overincorp)	45	20%	HVI Positive	3	1%
Zd<−3.0(Underincorp)	3	1%	OBS Positive	1	0%

PTI=5	0	0%	DEPI=7	1	0%	CDI=5	0	0%
PTI=4	0	0%	DEPI=6	0	0%	CDI=4	6	3%
PTI=3	0	0%	DEPI=5	7	3%			

MISCELLANEOUS VARIABLES

R<17	14	6%	(2AB+Art+Ay)>5	8	4%
R>27	17	7%	Populars<4	0	0%
DQv>2	13	6%	Populars>7	81	36%
S>2	25	11%	COP=0	38	17%
Sum T=0	26	11%	COP>2	68	30%
Sum T>1	28	12%	AG=0	82	36%
3r+(2)/R<.33	36	16%	AG>2	36	16%
3r+(2)/R>.44	39	17%	MOR>2	5	2%
Fr+rF>0	12	5%	Level 2 Sp.Sc.>0	6	3%
PureC>0	37	16%	GHR>PHR	195	86%
PureC>1	4	2%	Pure H<2	34	15%
Afr<.40	2	1%	Pure H=0	0	0%
Afr<.50	14	6%	p>a+1	7	3%
(FM+m)<Sum Shading	30	13%	Mp>Ma	47	21%

〈표 11-7〉 양향적인 정상성인의 기술통계치 (N=116)

VARIABLE	MEAN	SD	MIN	MAX	FREQ	MEDIAN	MODE	SK	KU
AGE	31.13	9.36	19.00	62.00	116	30.00	30.00	1.30	2.14
Years Educ	13.09	1.54	9.00	18.00	116	13.00	12.00	0.33	0.76
R	20.84	4.99	14.00	38.00	116	20.00	20.00	1.21	1.96
W	7.86	2.17	3.00	18.00	116	8.00	7.00	0.95	3.74
D	11.53	3.82	0.00	20.00	115	12.00	14.00	−0.37	0.15
Dd	1.45	[2.49]	0.00	15.00	70	1.00	0.00	3.75	16.62
S	1.90	[1.65]	0.00	9.00	98	2.00	2.00	1.89	5.21
DQ+	6.73	1.87	2.00	13.00	116	7.00	8.00	−0.15	0.56
DQo	12.82	4.58	5.00	34.00	116	12.00	14.00	2.18	7.93
DQv	0.88	[1.25]	0.00	5.00	50	0.00	0.00	1.50	1.85
DQv/+	0.41	[0.70]	0.00	2.00	33	0.00	0.00	1.44	0.60
FQx+	0.57	0.83	0.00	4.00	47	0.00	0.00	1.70	3.61
FQxo	15.27	3.54	7.00	29.00	116	15.00	13.00	0.55	0.95
FQxu	3.16	2.10	0.00	13.00	110	3.00	2.00	1.93	6.78
FQx−	1.68	1.26	0.00	6.00	101	1.00	1.00	1.07	1.16
FQxNone	0.16	[0.47]	0.00	3.00	14	0.00	0.00	3.60	14.91
MQ+	0.26	0.59	0.00	3.00	23	0.00	0.00	2.68	7.87
MQo	3.28	1.44	0.00	8.00	114	3.00	3.00	0.54	0.86
MQu	0.25	0.51	0.00	2.00	25	0.00	0.00	1.94	3.01
MQ−	0.15	[0.36]	0.00	1.00	17	0.00	0.00	2.02	2.14
MQNone	0.01	[0.09]	0.00	1.00	1	0.00	0.00	10.77	116.00
S−	0.41	[0.82]	0.00	3.00	29	0.00	0.00	2.03	3.21
M	3.95	1.36	1.00	10.00	116	4.00	3.00	1.08	2.65
FM	3.85	1.33	1.00	9.00	116	4.00	4.00	0.43	1.22
m	1.48	1.08	0.00	4.00	90	2.00	2.00	0.31	−0.29
FM+m	5.34	1.69	2.00	10.00	116	5.00	5.00	0.19	0.18
FC	3.12	1.77	0.00	8.00	111	3.00	2.00	0.53	0.05
CF	1.91	1.13	0.00	5.00	105	2.00	1.00	0.20	−0.54
C	0.15	[0.40]	0.00	2.00	15	0.00	0.00	2.80	7.72
Cn	0.02	[0.13]	0.00	1.00	2	0.00	0.00	7.51	55.43
Sum Color	5.20	2.02	1.00	9.00	116	5.00	4.00	0.11	−0.59
WsumC	3.69	1.40	0.50	8.00	116	3.50	3.50	0.02	0.01
Sum C′	1.97	[1.38]	0.00	10.00	107	2.00	1.00	1.97	8.83
Sum T	0.94	[0.64]	0.00	4.00	92	1.00	1.00	0.87	3.85
Sum V	0.38	[0.77]	0.00	3.00	28	0.00	0.00	2.07	3.55
Sum Y	0.80	[1.42]	0.00	10.00	55	0.00	0.00	3.92	20.18
Sum Shading	4.09	2.95	1.00	23.00	116	3.00	3.00	3.16	15.33
Fr+rF	0.10	[0.35]	0.00	2.00	9	0.00	0.00	3.96	16.24
FD	1.29	[1.17]	0.00	5.00	84	1.00	1.00	1.08	1.39
F	6.96	2.56	2.00	17.00	116	7.00	7.00	0.91	2.36
(2)	7.89	2.76	1.00	13.00	116	8.00	7.00	−0.07	0.22
3r+(2)/R	0.40	0.11	0.03	0.63	116	0.40	0.50	−0.91	2.43
Lambda	0.52	0.19	0.13	0.92	116	0.50	0.50	0.11	−0.25
EA	7.64	2.53	2.00	18.00	116	7.50	7.50	0.51	1.52
es	9.42	3.65	4.00	31.00	116	9.00	9.00	2.60	11.17
D Score	−0.53	1.51	−10.00	2.00	116	0.00	0.00	−3.24	15.20
AdjD	−0.25	1.05	−5.00	2.00	116	0.00	0.00	−1.75	5.49
a (active)	6.37	1.87	2.00	12.00	116	6.00	6.00	0.55	0.58
p (passive)	2.93	1.48	0.00	6.00	109	3.00	2.00	0.28	−0.12
Ma	2.60	1.08	1.00	7.00	116	2.00	2.00	1.29	2.78
Mp	1.37	0.87	0.00	3.00	98	1.00	1.00	0.16	−0.61
Intellect	1.27	1.37	0.00	6.00	72	1.00	0.00	1.04	0.47
Zf	11.29	2.66	5.00	24.00	116	11.00	10.00	0.78	3.71
Zd	0.64	2.69	−6.50	8.00	108	0.50	1.00	0.38	0.16
Blends	5.34	2.01	1.00	10.00	116	5.00	5.00	−0.03	−0.55
Blends/R	0.26	0.11	0.05	0.67	116	0.26	0.26	0.69	1.14
Col−Shd Blends	0.33	[0.54]	0.00	2.00	34	0.00	0.00	1.40	1.05
Afr	0.63	0.16	0.27	1.29	116	0.60	0.60	0.54	1.83

〈계속〉

VARIABLE	MEAN	SD	MIN	MAX	FREQ	MEDIAN	MODE	SK	KU
Populars	6.43	1.53	3.00	10.00	116	6.00	8.00	−0.02	−0.37
XA%	0.91	0.07	0.57	1.00	116	0.93	0.95	−1.53	4.07
WDA%	0.92	0.07	0.54	1.00	116	0.94	1.00	−1.81	7.49
X+%	0.76	0.09	0.50	1.00	116	0.78	0.75	−0.46	1.02
X−%	0.08	0.07	0.00	0.43	101	0.06	0.04	1.76	5.67
Xu%	0.15	0.08	0.00	0.39	110	0.15	0.16	0.50	0.75
Isolate/R	0.18	0.09	0.00	0.47	111	0.17	0.13	0.25	0.07
H	2.55	1.23	0.00	7.00	113	3.00	3.00	0.85	2.25
(H)	1.32	0.99	0.00	4.00	87	1.00	2.00	0.29	−0.24
Hd	0.97	1.19	0.00	7.00	71	1.00	1.00	2.61	10.41
(Hd)	0.26	0.63	0.00	4.00	22	0.00	0.00	3.26	13.10
Hx	0.02	[0.13]	0.00	1.00	2	0.00	0.00	7.51	55.43
All H Cont	5.09	1.75	1.00	10.00	116	5.00	5.00	0.60	0.91
A	7.65	2.31	3.00	14.00	116	7.00	6.00	0.24	−0.51
(A)	0.27	[0.53]	0.00	3.00	27	0.00	0.00	2.24	6.11
Ad	2.10	[1.55]	0.00	9.00	107	2.00	2.00	1.83	5.45
(Ad)	0.11	[0.34]	0.00	2.00	12	0.00	0.00	3.12	9.84
An	0.57	[0.87]	0.00	4.00	45	0.00	0.00	1.69	2.68
Art	0.76	0.98	0.00	5.00	55	0.00	0.00	1.39	2.17
Ay	0.30	[0.48]	0.00	2.00	34	0.00	0.00	1.11	−0.16
Bl	0.18	[0.43]	0.00	2.00	19	0.00	0.00	2.32	4.91
Bt	1.94	1.14	0.00	4.00	100	2.00	2.00	−0.12	−0.72
Cg	1.43	0.93	0.00	4.00	98	1.00	1.00	0.33	−0.19
Cl	0.20	[0.42]	0.00	2.00	22	0.00	0.00	1.88	2.53
Ex	0.23	[0.44]	0.00	2.00	26	0.00	0.00	1.58	1.31
Fi	0.48	[0.70]	0.00	3.00	43	0.00	0.00	1.28	0.83
Food	0.16	[0.44]	0.00	2.00	16	0.00	0.00	2.74	7.17
Ge	0.03	[0.18]	0.00	1.00	4	0.00	0.00	5.17	25.16
Hh	0.76	0.87	0.00	3.00	61	1.00	0.00	0.97	0.19
Ls	0.72	0.79	0.00	3.00	65	1.00	0.00	1.07	1.04
Na	0.29	[0.56]	0.00	2.00	28	0.00	0.00	1.78	2.25
Sc	1.05	[1.28]	0.00	5.00	63	1.00	0.00	1.37	1.70
Sx	0.17	[0.58]	0.00	3.00	12	0.00	0.00	3.80	14.65
Xy	0.11	[0.37]	0.00	2.00	11	0.00	0.00	3.49	12.48
Idio	1.09	1.19	0.00	5.00	67	1.00	0.00	0.96	0.50
DV	0.61	[0.88]	0.00	4.00	49	0.00	0.00	1.62	2.41
INCOM	0.51	[0.75]	0.00	4.00	46	0.00	0.00	1.84	4.44
DR	0.46	[0.75]	0.00	3.00	39	0.00	0.00	1.78	2.90
FABCOM	0.37	[0.65]	0.00	2.00	32	0.00	0.00	1.54	1.07
DV2	0.01	[0.09]	0.00	1.00	1	0.00	0.00	10.77	116.00
INC2	0.03	[0.18]	0.00	1.00	4	0.00	0.00	5.17	25.16
DR2	0.02	[0.13]	0.00	1.00	2	0.00	0.00	7.51	55.43
FAB2	0.01	[0.09]	0.00	1.00	1	0.00	0.00	10.77	116.00
ALOG	0.03	[0.18]	0.00	1.00	4	0.00	0.00	5.17	25.16
CONTAM	0.00	0.00	0.00	0.00	0	0.00	0.000	----	----
Sum 6 Sp Sc	2.05	1.48	0.00	6.00	96	2.00	2.00	0.45	−0.31
Lvl 2 Sp Sc	0.07	[0.25]	0.00	1.00	8	0.00	0.00	3.44	10.05
WSum6	4.97	4.06	0.00	17.00	96	4.00	0.00	0.83	0.33
AB	0.10	[0.31]	0.00	1.00	12	0.00	0.00	2.63	5.05
AG	1.15	1.05	0.00	4.00	79	1.00	1.00	0.77	0.34
COP	1.82	1.25	0.00	4.00	94	2.00	2.00	0.08	−0.98
CP	0.00	[0.00]	0.00	0.00	0	0.00	0.00	----	----
GOODHR	4.37	1.65	0.00	10.00	115	4.00	4.00	0.32	0.92
POORHR	1.69	1.53	0.00	7.00	90	1.00	1.00	1.37	2.54
MOR	0.78	[0.99]	0.00	4.00	55	0.00	0.00	1.18	0.80
PER	0.94	0.88	0.00	5.00	77	1.00	1.00	1.14	2.85
PSV	0.04	[0.20]	0.00	1.00	5	0.00	0.00	4.55	19.11

주의: [ ] 안의 값은 신뢰롭지 못한 값이므로 기대범위를 추정하는 데 사용할 수 없음. 흔히 이 변인들은 모수통계분석에 포함시키지 않음.

〈표 11-8〉 36개 변인의 빈도: 양향적인 정상성인 (N=116)

DEMOGRAPHY VARIABLES

MARITAL STATUS			AGE			RACE		
Single	30	26%	18~25	35	30%	White	98	84%
Lives w/S.O.	12	10%	26~35	53	46%	Black	7	6%
Married	45	39%	36~45	21	18%	Hispanic	11	9%
Separated	4	3%	46~55	2	2%	Asian	0	0%
Divorced	22	19%	56~65	5	4%			
Widowed	3	3%	OVER 65	0	0%	EUDCATION		
						UNDER 12	10	9%
SEX						12 Years	36	31%
Male	52	45%				13~15 Yrs	61	53%
Female	64	55%				16+ Yrs	9	8%

RATIOS, PERCENTAGES AND SPECIAL INDICES

EB STYLE			FORM QUALITY DERIVATIONS		
Introversive	0	0%	XA%>.89	76	66%
Pervasive	0	0%	XA%<.70	1	1%
Ambitent	116	100%	WDA%<.85	10	9%
Extratensive	0	0%	WDA%<.75	1	1%
Pervasive	0	0%	X+%<.55	2	2%
Avoidant	0	0%	Xu%>.20	21	18%
			X−%>.20	8	7%
D−SCORES			X−%>.30	1	1%
D Score> 0	10	9%			
D Score= 0	69	59%			
D Score< 0	37	32%			
D Score<−1	12	10%	FC:CF+C RATIO		
			FC>(CF+C)+2	23	20%
Adj D Score> 0	16	14%	FC>(CF+C)+1	42	36%
Adj D Score= 0	72	62%	(CF+C)>FC+1	13	11%
Adj D Score< 0	28	24%	(CF+C)>FC+2	4	3%
Adj D Score<−1	11	9%			
			S−Constellation Positive	0	0%
Zd>+3.0(Overincorp)	20	17%	HVI Positive	8	7%
Zd<−3.0(Underincorp)	6	5%	OBS Positive	2	2%

PTI=5	0	0%	DEPI=7	1	1%	CDI=5	2	2%
PTI=4	0	0%	DEPI=6	2	2%	CDI=4	8	7%
PTI=3	0	0%	DEPI=5	6	5%			

MISCELLANEOUS VARIABLES

R<17	23	20%	(2AB+Art+Ay)>5	1	1%
R>27	8	7%	Populars<4	4	3%
DQv>2	11	9%	Populars>7	35	30%
S>2	24	21%	COP=0	22	19%
Sum T=0	24	21%	COP>2	36	31%
Sum T>1	15	13%	AG=0	37	32%
3r+(2)/R<.33	17	15%	AG>2	9	8%
3r+(2)/R>.44	35	30%	MOR>2	7	6%
Fr+rF>0	9	8%	Level 2 Sp.Sc.>0	8	7%
PureC>0	15	13%	GHR>PHR	95	82%
PureC>1	2	2%	Pure H<2	20	17%
Afr<.40	5	4%	Pure H=0	3	3%
Afr<.50	18	16%	p>a+1	1	1%
(FM+m)<Sum Shading	24	21%	Mp>Ma	14	12%

〈표 11-9〉 Lambda가 높은 정상성인의 기술통계치 (N=58)

VARIABLE	MEAN	SD	MIN	MAX	FREQ	MEDIAN	MODE	SK	KU
AGE	29.64	8.66	19.00	61.00	58	28.50	24.00	1.21	1.90
Years Educ	13.28	1.66	10.00	18.00	58	13.00	13.00	0.91	0.94
R	22.83	5.34	14.00	43.00	58	21.00	23.00	1.68	3.83
W	6.36	1.72	4.00	12.00	58	6.00	5.00	0.85	0.61
D	14.91	4.19	2.00	32.00	58	15.00	16.00	0.47	5.28
Dd	1.55	[2.65]	0.00	11.00	33	1.00	0.00	2.54	6.11
S	1.65	[1.72]	0.00	10.00	46	1.00	1.00	2.45	8.98
DQ+	5.55	1.72	1.00	10.00	58	6.00	6.00	0.07	0.53
DQo	16.21	4.34	6.00	36.00	58	16.00	16.00	1.90	7.78
DQv	0.91	[1.57]	0.00	6.00	22	0.00	0.00	1.89	2.79
DQv/+	0.16	[0.37]	0.00	1.00	9	0.00	0.00	1.95	1.89
FQx+	0.12	0.38	0.00	2.00	6	0.00	0.00	3.33	11.57
FQxo	15.88	3.24	8.00	24.00	58	16.00	16.00	0.13	0.71
FQxu	4.72	2.67	1.00	16.00	58	4.00	3.00	1.78	4.95
FQx−	1.95	1.47	0.00	8.00	51	2.00	1.00	1.29	3.53
FQxNone	0.16	[0.45]	0.00	2.00	7	0.00	0.00	3.04	8.94
MQ+	0.05	0.29	0.00	2.00	2	0.00	0.00	6.04	37.89
MQo	2.59	1.44	0.00	7.00	56	2.00	2.00	0.80	0.74
MQu	0.16	0.45	0.00	2.00	7	0.00	0.00	3.04	8.94
MQ−	0.02	[0.13]	0.00	1.00	1	0.00	0.00	7.61	58.00
MQNone	0.02	[0.13]	0.00	1.00	1	0.00	0.00	7.61	58.00
S−	0.28	[0.52]	0.00	2.00	14	0.00	0.00	1.76	2.37
M	2.83	1.49	1.00	7.00	58	3.00	2.00	0.80	0.18
FM	2.78	1.64	0.00	9.00	57	3.00	3.00	1.37	3.22
m	0.76	0.82	0.00	3.00	32	1.00	0.00	0.87	0.15
FM+m	3.53	2.06	0.00	12.00	57	3.00	3.00	1.67	4.75
FC	1.95	1.22	0.00	5.00	52	2.00	2.00	0.70	0.87
CF	1.95	1.29	0.00	4.00	48	2.00	3.00	−0.05	−1.08
C	0.12	[0.38]	0.00	2.00	6	0.00	0.00	3.33	11.57
Cn	0.03	[0.18]	0.00	1.00	2	0.00	0.00	5.23	26.35
Sum Color	4.05	1.63	1.00	7.00	58	4.00	3.00	0.16	−0.64
WsumC	3.10	1.36	0.50	5.50	58	2.75	4.00	0.06	−0.94
Sum C′	1.12	[0.94]	0.00	3.00	43	1.00	1.00	0.67	−0.25
Sum T	0.67	[0.71]	0.00	3.00	33	1.00	1.00	1.18	2.22
Sum V	0.12	[0.50]	0.00	3.00	4	0.00	0.00	4.66	22.88
Sum Y	0.41	[0.73]	0.00	3.00	18	0.00	0.00	2.01	4.19
Sum Shading	2.33	1.78	0.00	9.00	53	2.00	2.00	1.43	2.70
Fr+rF	0.28	[0.56]	0.00	2.00	13	0.00	0.00	1.93	2.88
FD	0.57	[0.68]	0.00	2.00	27	0.00	0.00	0.78	−0.48
F	12.72	2.80	7.00	23.00	58	12.00	11.00	1.24	3.08
(2)	8.38	2.71	3.00	21.00	58	8.00	8.00	1.74	7.27
3r+(2)/R	0.40	0.08	0.21	0.61	58	0.40	0.35	0.27	0.16
Lambda	1.33	0.38	1.00	2.33	58	1.16	1.00	1.53	1.29
EA	5.93	1.92	2.00	11.00	58	6.00	6.00	0.12	0.11
es	5.86	2.87	3.00	14.00	58	5.00	3.00	1.40	1.62
D Score	−0.07	0.90	−3.00	3.00	58	0.00	0.00	−0.92	5.52
AdjD	0.02	0.78	−2.00	3.00	58	0.00	0.00	−0.03	4.86
a (active)	4.57	2.15	1.00	10.00	58	4.50	5.00	0.72	0.63
p (passive)	1.79	1.32	0.00	7.00	50	2.00	1.00	1.10	2.75
Ma	2.02	1.28	0.00	6.00	54	2.00	2.00	1.11	2.02
Mp	0.81	0.81	0.00	3.00	35	1.00	1.00	0.78	0.18
Intellect	1.45	1.53	0.00	8.00	40	1.00	1.00	1.66	4.53
Zf	9.62	2.42	5.00	19.00	58	9.00	9.00	1.14	2.75
Zd	−1.12	2.66	−11.50	4.50	52	−1.25	−3.00	−0.78	2.95
Blends	3.07	1.68	1.00	7.00	58	3.00	2.00	0.48	−0.66
Blends/R	0.14	0.07	0.04	0.36	58	0.13	0.05	0.74	0.26
Col Shd Blends	0.24	[0.47]	0.00	2.00	13	0.00	0.00	1.75	2.28
Afr	0.56	0.18	0.27	1.26	58	0.54	0.67	0.80	1.61

〈계속〉

VARIABLE	MEAN	SD	MIN	MAX	FREQ	MEDIAN	MODE	SK	KU
Populars	6.31	1.22	4.00	9.00	58	6.00	5.00	0.27	−0.87
XA%	0.91	0.06	0.76	1.00	58	0.90	0.96	−0.39	−0.55
XDA%	0.92	0.06	0.78	1.00	58	0.94	0.96	−0.62	−0.36
X+%	0.71	0.09	0.40	0.85	58	0.71	0.65	−0.99	2.41
X−%	0.09	0.06	0.00	0.19	51	0.07	0.04	0.23	−1.03
Xu%	0.20	0.08	0.05	0.40	58	0.19	0.15	0.51	−0.17
Isolate/R	0.15	0.08	0.00	0.35	57	0.16	0.17	0.27	−0.30
H	2.29	1.18	0.00	5.00	56	2.00	2.00	0.58	0.21
(H)	0.98	0.83	0.00	3.00	41	1.00	1.00	0.61	0.01
HD	1.47	1.38	0.00	6.00	47	1.00	1.00	1.59	2.68
(Hd)	0.22	0.50	0.00	2.00	11	0.00	0.00	2.20	4.26
Hx	0.16	[0.59]	0.00	4.00	6	0.00	0.00	5.37	33.27
All H Cont	4.97	1.52	2.00	9.00	58	5.00	4.00	0.89	0.94
A	8.07	3.14	3.00	25.00	58	8.00	6.00	2.90	14.31
(A)	0.40	[0.62]	0.00	3.00	20	0.00	0.00	1.78	4.23
Ad	2.95	[1.43]	0.00	7.00	56	3.00	3.00	0.24	0.41
(Ad)	0.09	[0.28]	0.00	1.00	5	0.00	0.00	3.02	7.42
An	0.72	[0.85]	0.00	3.00	30	1.00	0.00	1.09	0.65
Art	0.76	0.96	0.00	3.00	29	0.50	0.00	1.24	0.68
Ay	0.38	[0.62]	0.00	3.00	19	0.00	0.00	1.87	4.59
Bl	0.14	[0.35]	0.00	1.00	8	0.00	0.00	2.15	2.74
Bt	1.97	1.14	0.00	5.00	54	2.00	2.00	0.43	−0.17
Cg	1.24	1.26	0.00	5.00	40	1.00	1.00	1.26	1.46
Cl	0.03	[0.18]	0.00	1.00	2	0.00	0.00	5.23	26.35
Ex	0.16	[0.37]	0.00	1.00	9	0.00	0.00	1.95	1.89
Fi	0.31	[0.57]	0.00	2.00	15	0.00	0.00	1.69	1.98
Food	0.12	[0.42]	0.00	2.00	5	0.00	0.00	3.67	13.26
Ge	0.07	[0.37]	0.00	2.00	2	0.00	0.00	5.23	26.35
Hh	1.00	0.97	0.00	3.00	38	1.00	1.00	0.82	−0.17
Ls	0.57	0.57	0.00	2.00	31	1.00	1.00	0.32	−0.84
Na	0.29	[0.50]	0.00	2.00	16	0.00	0.00	1.37	0.88
Sc	1.38	[1.30]	0.00	5.00	39	1.00	0.00	0.75	0.18
Sx	0.26	[0.74]	0.00	5.00	11	0.00	0.00	4.94	30.09
Xy	0.05	[0.22]	0.00	1.00	3	0.00	0.00	4.15	15.82
Idio	1.05	1.85	0.00	7.00	26	0.00	0.00	2.26	4.49
DV	0.38	[0.52]	0.00	2.00	21	0.00	0.00	0.88	−0.42
INCOM	0.67	[0.91]	0.00	4.00	29	0.50	0.00	2.02	5.14
DR	0.64	[0.67]	0.00	2.00	31	1.00	0.00	0.57	−0.66
FABCOM	0.22	[0.42]	0.00	1.00	13	0.00	0.00	1.35	−0.16
DV2	0.00	[0.00]	0.00	0.00	0	0.00	0.00	----	----
INC2	0.05	[0.22]	0.00	1.00	3	0.00	0.00	4.15	15.82
DR2	0.00	[0.00]	0.00	0.00	0	0.00	0.00	----	----
FAB2	0.02	[0.13]	0.00	1.00	1	0.00	0.00	7.61	58.00
ALOG	0.07	[0.26]	0.00	1.00	4	0.00	0.00	3.49	10.57
CONTAM	0.00	0.00	0.00	0.00	0	0.00	0.00	----	----
Sum 6 Sp Sc	2.05	1.26	0.00	7.00	55	2.00	1.00	1.20	3.02
Lvl 2 Sp Sc	0.07	[0.26]	0.00	1.00	4	0.00	0.00	3.49	10.57
WSum6	5.21	3.30	0.00	15.00	55	4.50	2.00	0.45	−0.16
AB	0.16	[0.49]	0.00	3.00	7	0.00	0.00	4.12	20.31
AG	0.71	1.01	0.00	4.00	24	0.00	0.00	1.37	1.19
COP	1.47	1.13	0.00	4.00	45	1.00	1.00	0.35	−0.75
CP	0.00	[0.00]	0.00	0.00	0	0.00	0.00	----	----
GOODHR	4.00	1.34	0.00	7.00	57	4.00	3.00	−0.13	0.74
POORHR	1.85	1.72	0.00	8.00	47	1.00	1.00	1.67	3.98
MOR	0.62	[0.67]	0.00	3.00	31	1.00	0.00	0.98	1.40
PER	0.40	0.82	0.00	5.00	17	0.00	0.00	3.56	17.37
PSV	0.19	[0.40]	0.00	1.00	11	0.00	0.00	1.62	0.66

주의: [　] 안의 값은 신뢰롭지 못한 값이므로 기대범위를 추정하는 데 사용할 수 없음. 흔히 이 변인들은 모수통계분석에 포함시키지 않음.

〈표 11-10〉 36개 변인의 빈도: Lambda가 높은 정상성인 (N=58)

DEMOGRAPHY VARIABLES

MARITAL STATUS		
Single	15	26%
Lives w/S.O.	10	17%
Married	27	47%
Separated	1	2%
Divorced	5	9%
Widowed	0	0%

SEX		
Male	26	45%
Female	32	55%

AGE		
18~25	22	38%
26~35	22	38%
36~45	12	21%
46~55	1	2%
56~65	1	2%
OVER 65	0	0%

RACE		
White	47	81%
Black	10	17%
Hispanic	1	2%
Asian	0	0%

EUDCATION		
UNDER 12	5	9%
12 Years	15	26%
13~15 Yrs	30	52%
16+ Yrs	8	14%

RATIOS, PERCENTAGES AND SPECIAL INDICES

STYLES		
Introversive	0	0%
Pervasive	0	0%
Ambitent	0	0%
Extratensive	0	0%
Pervasive	0	0%
Avoidant	58	100%

D-SCORES		
D Score > 0	7	12%
D Score = 0	45	78%
D Score < 0	6	10%
D Score < −1	5	9%
Adj D Score > 0	9	16%
Adj D Score = 0	43	74%
Adj D Score < 0	6	10%
Adj D Score < −1	4	7%
Zd > +3.0(Overincorp)	2	3%
Zd < −3.0(Underincorp)	8	14%

FORM QUALITY DEVATIONS		
XA% > .89	32	55%
XA% < .70	0	0%
WDA% < .85	6	10%
WDA% < .75	0	0%
X+% < .55	2	3%
Xu% > .20	27	47%
X−% > .20	0	0%
X−% > .30	0	0%

FC:CF+C RATIO		
FC > (CF+C)+2	8	14%
FC > (CF+C)+1	12	21%
(CF+C) > FC+1	12	21%
(CF+C) > FC+2	5	9%

S-Constellation Positive	0	0%
HVI Positive	1	2%
OBS Positive	0	0%

PTI=5	0	0%	DEPI=7	0	0%	CDI=5	0	0%
PTI=4	0	0%	DEPI=6	1	2%	CDI=4	6	10%
PTI=3	0	0%	DEPI=5	2	3%			

MISCELLANEOUS VARIABLES

R < 17	3	5%
R > 27	5	9%
DQv > 2	9	16%
S > 2	9	16%
Sum T=0	25	43%
Sum T > 1	4	7%
3r+(2)/R < .33	7	12%
3r+(2)/R > .44	14	24%
Fr+rF > 0	13	22%
PureC > 0	6	10%
PureC > 1	1	2%
Afr < .40	2	3%
Afr < .50	9	16%
(FM+m) < Sum Shading	16	28%

(2AB+Art+Ay) > 5	1	2%
Populars < 4	0	0%
Populars > 7	10	17%
COP=0	13	22%
COP > 2	12	21%
AG=0	34	59%
AG > 2	4	7%
MOR > 2	1	2%
Level 2 Sp.Sc. > 0	4	7%
GHR > PHR	49	84%
Pure H < 2	14	24%
Pure H=0	2	3%
p > a+1	0	0%
Mp > Ma	5	9%

〈표 11-11〉 1,390명의 정상아동과 청소년의 연령별 기술통계치: 5세 (N=90)

VARIABLE	MEAN	SD	MIN	MAX	FREQ	MEDIAN	MODE	SK	KU
R	17.64	1.44	14.00	20.00	90	18.00	18.00	−0.83	−0.25
W	9.97	1.65	7.00	12.00	90	9.00	11.00	0.24	−1.35
D	7.10	2.61	3.00	12.00	90	8.00	6.00	−0.83	−0.24
Dd	0.58	[0.65]	0.00	2.00	44	0.00	0.00	0.70	−0.53
S	1.40	[1.14]	0.00	3.00	64	1.00	0.00	0.14	−1.39
DQ+	5.47	1.43	2.00	8.00	90	5.50	4.00	0.35	−1.29
DQo	10.72	2.07	7.00	13.00	90	12.00	13.00	−1.25	0.05
DQv	1.37	[0.62]	0.00	4.00	83	1.00	1.00	0.36	−0.63
DQv/+	0.09	[0.29]	0.00	1.00	8	0.00	0.00	2.94	6.78
FQX+	0.00	0.00	0.00	0.00	0	0.00	0.00	----	----
FQXo	11.54	2.50	6.00	15.00	90	13.00	13.00	−0.70	−0.52
FQXu	3.59	1.96	1.00	7.00	90	4.00	1.00	0.13	−1.19
FQX−	1.46	0.64	0.00	3.00	86	1.00	1.00	0.04	−0.19
FQXNone	0.87	[0.62]	0.00	2.00	63	1.00	1.00	0.36	−0.63
MQ+	0.00	0.00	0.00	0.00	0	0.00	0.00	----	----
MQo	1.13	0.34	1.00	2.00	90	1.00	1.00	2.19	2.88
MQu	0.38	0.66	0.00	2.00	25	0.00	0.00	1.53	1.00
MQ−	0.19	[0.39]	0.00	1.00	17	0.00	0.00	1.62	0.63
MQNone	0.00	[0.00]	0.00	0.00	0	0.00	0.00	----	----
S−	0.91	[0.69]	0.00	3.00	62	1.00	1.00	0.45	−0.83
M	1.70	1.00	1.00	4.00	90	1.00	1.00	1.26	0.36
FM	5.00	0.95	4.00	7.00	90	5.00	4.00	0.32	−1.20
m	0.78	0.80	0.00	3.00	49	1.00	0.00	0.43	−1.32
FM+m	5.78	1.19	4.00	9.00	90	6.00	5.00	0.65	0.50
FC	0.71	0.46	0.00	1.00	64	1.00	1.00	−0.95	−1.13
CF	3.02	1.41	1.00	6.00	90	3.00	3.00	0.53	−0.20
C	0.67	[0.62]	0.00	2.00	63	1.00	1.00	0.36	−0.63
Cn	0.00	[0.00]	0.00	0.00	0	0.00	0.00	----	----
FC+CF+C+Cn	4.40	1.10	2.00	6.00	90	4.00	4.00	−0.39	−0.11
Wsum C	4.38	1.09	2.50	6.50	90	4.00	4.00	0.27	−0.73
Sum C′	0.63	[0.48]	0.00	1.00	57	1.00	1.00	−0.56	−1.72
Sum T	0.83	[0.48]	0.00	2.00	57	1.00	1.00	0.42	2.42
Sum V	0.00	[0.00]	0.00	0.00	0	0.00	0.00	----	----
Sum Y	0.36	[0.33]	0.00	2.00	20	0.00	0.00	−0.65	2.71
SumShd	1.77	0.97	0.00	2.00	57	2.00	2.00	−0.56	−1.72
Fr+rF	0.38	[0.45]	0.00	2.00	29	0.00	0.00	1.01	−1.00
FD	0.28	[0.63]	0.00	1.00	16	0.00	0.00	1.77	0.58
F	6.98	1.26	4.00	9.00	90	6.00	6.00	0.19	−0.35
PAIR	9.08	1.96	5.00	11.00	90	9.00	11.00	−0.91	−0.29
3r(2)/R	0.69	0.14	0.33	1.00	90	0.60	0.64	0.28	0.57
LAMBDA	0.86	0.15	0.36	1.25	90	0.75	0.60	0.76	−0.52
EA	5.08	1.34	2.50	8.50	90	5.50	5.00	−0.24	−0.75
es	7.04	1.14	5.00	9.00	90	7.00	7.00	0.10	−0.60
D	−0.24	0.43	−1.00	0.00	90	0.00	0.00	−1.21	−0.55
AdjD	−0.20	0.40	−1.00	0.00	90	0.00	0.00	−1.53	0.33
a (active)	6.28	0.95	5.00	8.00	90	6.00	6.00	0.38	−0.70
p (passive)	1.20	1.37	0.00	4.00	49	1.00	0.00	0.82	−0.60
Ma	1.42	0.67	1.00	3.00	90	1.00	1.00	1.32	0.47
Mp	0.28	0.45	0.00	1.00	25	0.00	0.00	1.01	−1.00
Intellect	0.17	0.38	0.00	1.00	90	0.00	0.00	1.82	1.34
Zf	10.08	2.18	8.00	14.00	90	10.00	14.00	0.15	−1.52
Zd	−1.13	2.60	−5.00	4.50	90	−1.75	−2.50	0.70	0.09
Blends	2.86	1.92	0.00	5.00	77	3.00	5.00	−0.21	−1.56
Col Shd Bl	0.18	[0.56]	0.00	1.00	5	0.00	0.00	1.81	−2.37
Afr	0.88	0.13	0.50	1.00	90	0.90	0.80	−0.65	−0.08
Popular	4.66	1.69	3.00	10.00	90	4.00	4.00	0.55	−0.94

〈계속〉

VARIABLE	MEAN	SD	MIN	MAX	FREQ	MEDIAN	MODE	SK	KU
XA%	0.88	0.05	0.78	1.00	90	0.88	0.83	0.43	−0.34
WDA%	0.91	0.06	0.78	1.00	90	0.91	0.94	−0.08	−0.73
X+%	0.67	0.10	0.47	0.83	90	0.68	0.78	−0.27	−0.68
X−%	0.08	0.04	0.00	0.17	86	0.07	0.11	−0.02	−0.16
Xu%	0.21	0.11	0.06	0.40	90	0.22	0.06	0.09	−1.44
Isolate/R	0.17	0.06	0.11	0.27	90	0.17	0.11	0.57	−0.88
H	2.19	0.50	1.00	3.00	90	2.00	2.00	0.38	0.34
(H)	1.46	0.50	1.00	2.00	90	1.00	1.00	0.18	−2.01
HD	0.36	0.48	0.00	1.00	32	0.00	0.00	0.61	−1.66
(Hd)	0.00	0.00	0.00	0.00	0	0.00	0.00	----	----
Hx	0.00	[0.00]	0.00	0.00	0	0.00	0.00	----	----
All H Cont	4.00	1.15	2.00	6.00	90	4.00	3.00	0.40	−0.90
A	10.69	2.32	6.00	14.00	90	11.00	12.00	−0.87	−0.28
(A)	0.37	[0.48]	0.00	1.00	33	0.00	0.00	0.56	−1.72
Ad	0.71	[0.60]	0.00	2.00	57	1.00	1.00	0.22	−0.57
(Ad)	0.00	[0.00]	0.00	0.00	0	0.00	0.00	----	----
An	0.00	[0.00]	0.00	0.00	0	0.00	0.00	----	----
Art	0.17	0.38	0.00	1.00	15	0.00	0.00	1.81	1.34
Ay	0.00	[0.00]	0.00	0.00	0	0.00	0.00	----	----
Bl	1.13	[0.46]	0.00	2.00	86	1.00	1.00	0.54	1.30
Bt	0.28	0.45	0.00	1.00	25	0.00	0.00	1.00	−1.00
Cg	3.73	1.35	2.00	6.00	90	3.00	3.00	0.61	−0.92
Cl	0.00	[0.00]	0.00	0.00	0	0.00	0.00	----	----
Ex	0.00	[0.00]	0.00	0.00	0	0.00	0.00	----	----
Fi	0.22	[0.51]	0.00	2.00	16	0.00	0.00	2.30	4.54
Food	0.00	[0.00]	0.00	0.00	0	0.00	0.00	----	----
Ge	0.00	[0.00]	0.00	0.00	0	0.00	0.00	----	----
Hh	0.00	0.00	0.00	0.00	0	0.00	0.00	----	----
Ls	2.68	0.63	2.00	4.00	90	3.00	3.00	0.38	−0.65
Na	0.00	[0.00]	0.00	0.00	0	0.00	0.00	----	----
Sc	0.12	[0.33]	0.00	1.00	11	0.00	0.00	2.34	3.58
Sx	0.00	[0.00]	0.00	0.00	0	0.00	0.00	----	----
Xy	0.00	[0.00]	0.00	0.00	0	0.00	0.00	----	----
Idiographic	0.14	0.35	0.00	1.00	13	0.00	0.00	2.05	2.28
DV	0.98	[1.05]	0.00	4.00	53	1.00	0.00	1.00	0.57
INCOM	0.96	[0.70]	0.00	2.00	66	1.00	1.00	0.06	−0.93
DR	0.04	[0.21]	0.00	1.00	4	0.00	0.00	4.49	18.63
FABCOM	0.89	[0.57]	0.00	2.00	70	1.00	1.00	−0.01	0.06
DV2	0.00	[0.00]	0.00	0.00	0	0.00	0.00	----	----
INC2	0.09	[0.29]	0.00	1.00	8	0.00	0.00	2.93	6.78
DR2	0.09	[0.29]	0.00	1.00	8	0.00	0.00	2.93	6.78
FAB2	0.22	[0.42]	0.00	1.00	20	0.00	0.00	1.35	−0.16
ALOG	0.41	[0.50]	0.00	1.00	37	0.00	0.00	0.36	−1.91
CONTAM	0.00	0.00	0.00	0.00	0	0.00	0.00	----	----
Sum 6 Sp Sc	3.68	1.92	1.00	8.00	90	4.00	5.00	0.16	−0.77
Lvl 2 Sp Sc	0.40	[0.58]	0.00	2.00	32	0.00	0.00	1.12	0.30
WSum6	11.08	4.68	4.00	19.00	90	12.00	4.00	−0.10	−1.05
AB	0.00	[0.00]	0.00	0.00	0	0.00	0.00	----	----
AG	1.23	0.67	0.00	3.00	82	1.00	1.00	0.60	0.74
COP	1.08	0.52	0.00	2.00	81	1.00	1.00	0.10	0.67
CP	0.00	[0.00]	0.00	0.00	0	0.00	0.00	----	----
GOODHR	3.59	0.98	1.00	6.00	90	3.50	3.00	0.03	1.46
POORHR	1.50	0.80	0.00	3.00	86	1.00	1.00	0.61	−0.40
MOR	0.78	[0.75]	0.00	2.00	53	1.00	0.00	0.38	−1.10
PER	0.00	0.00	0.00	0.00	0	0.00	0.00	----	----
PSV	0.63	[0.48]	0.00	1.00	57	1.00	1.00	−0.56	−1.72

주의: [ ] 안의 값은 신뢰롭지 못한 값이므로 기대범위를 추정하는 데 사용할 수 없음. 흔히 이 변인들은 모수통계분석에 포함시키지 않음.

〈표 11-11〉 6세 (N=80)

VARIABLE	MEAN	SD	MIN	MAX	FREQ	MEDIAN	MODE	SK	KU
R	18.91	0.98	14.00	20.00	80	19.00	20.00	−0.23	−1.25
W	10.79	1.17	7.00	10.00	80	11.00	9.00	−0.56	−1.16
D	7.94	1.01	7.00	11.00	80	7.00	8.00	−1.38	2.27
Dd	0.30	[0.46]	0.00	1.00	24	0.00	0.00	0.89	−1.24
S	0.79	[0.76]	0.00	3.00	51	1.00	1.00	1.09	1.67
DQ+	4.42	0.59	3.00	5.00	80	4.00	4.00	−0.46	−0.66
DQo	11.31	1.35	9.00	13.00	80	11.00	13.00	0.11	−1.45
DQv	2.54	[1.19]	1.00	5.00	80	3.00	3.00	0.14	−0.89
DQv/+	0.45	[0.64]	0.00	1.00	38	1.00	1.00	−1.18	−0.63
FQX+	0.00	0.00	0.00	0.00	0	0.00	0.00	----	----
FQXo	13.39	1.22	12.00	16.00	80	14.00	14.00	0.25	−0.92
FQXu	4.01	1.29	3.00	7.00	80	4.00	4.00	0.75	−0.32
FQX−	0.94	0.50	0.00	6.00	66	0.00	0.00	0.21	−2.01
FQXNone	0.74	[0.48]	0.00	2.00	68	1.00	1.00	−0.58	−1.70
MQ+	0.00	0.00	0.00	0.00	0	0.00	0.00	----	----
MQo	1.96	0.75	1.00	3.00	80	2.00	2.00	0.06	−1.22
MQu	0.00	0.00	0.00	0.00	0	0.00	0.00	----	----
MQ−	0.23	[0.67]	0.00	1.00	6	0.00	0.00	1.24	4.12
MQNone	0.00	[0.00]	0.00	0.00	0	0.00	0.00	----	----
S−	0.42	[0.78]	0.00	0.50	11	0.00	0.00	0.98	3.15
M	1.96	0.75	1.00	3.00	80	2.00	2.00	0.06	−1.22
FM	4.52	0.81	1.00	8.00	80	5.00	4.00	−1.25	2.76
m	1.40	1.48	0.00	4.00	51	1.00	0.00	0.81	−0.72
FM+m	5.92	0.99	2.00	10.00	80	8.00	8.00	1.11	0.35
FC	1.11	1.09	0.00	3.00	42	2.00	0.00	0.07	−1.72
CF	3.51	0.94	1.00	5.00	80	3.00	3.00	−0.36	0.83
C	0.94	[0.48]	0.00	2.00	68	1.00	1.00	−0.58	−1.70
Cn	0.06	[0.09]	0.00	1.00	1	0.00	0.00	4.15	35.81
FC+CF+C+Cn	5.56	1.63	1.00	7.00	80	6.00	6.00	−0.94	0.29
Wsum C	5.02	1.42	1.00	6.50	80	5.50	5.50	−1.23	1.26
Sum C′	0.58	[0.50]	0.00	1.00	46	1.00	1.00	−0.31	−1.95
Sum T	0.83	[0.22]	0.00	1.00	69	1.00	1.00	−1.21	6.12
Sum V	0.00	[0.00]	0.00	0.00	0	0.00	0.00	----	----
Sum Y	0.54	[0.48]	0.00	1.00	37	0.00	0.00	0.70	−1.55
SumShd	1.95	0.88	0.00	3.00	76	2.00	2.00	−0.18	−0.89
Fr+rF	0.28	[0.40]	0.00	2.00	17	0.00	0.00	1.83	0.35
FD	0.48	[0.68]	0.00	1.00	29	0.00	0.00	1.49	2.34
F	5.77	1.47	3.00	10.00	80	4.00	4.00	3.10	10.34
PAIR	9.61	1.79	5.00	12.00	80	10.00	11.00	−0.88	0.30
3r(2)/R	0.67	0.15	0.25	0.90	80	0.66	0.60	0.38	0.61
LAMBDA	0.79	0.17	0.18	1.50	80	0.78	0.65	−1.56	0.64
EA	6.98	1.42	2.00	8.50	80	6.00	5.00	0.85	1.77
es	7.87	1.00	8.00	11.00	80	7.00	6.00	0.13	−1.52
D	−0.41	0.59	−2.00	0.00	80	0.00	0.00	−1.11	0.28
AdjD	−0.21	0.41	−2.00	0.00	80	0.00	0.00	−1.43	0.05
a (active)	6.03	1.27	5.00	9.00	80	6.00	5.00	0.43	−1.17
p (passive)	1.85	1.90	1.00	6.00	80	2.00	1.00	0.51	−1.49
Ma	0.98	0.84	0.00	2.00	51	1.00	0.00	0.05	−1.59
Mp	0.99	1.35	0.00	3.00	29	0.00	0.00	0.70	−1.44
Intellect	0.96	0.51	0.00	2.00	80	1.00	1.00	−0.06	−0.93
Zf	10.15	1.44	6.00	12.00	80	11.00	9.00	−0.45	−1.21
Zd	−1.38	2.20	−5.00	1.00	80	0.00	0.00	−0.91	−0.93
Blends	2.16	0.49	1.00	3.00	80	2.00	2.00	0.38	0.64
Col Shd Bl	0.44	[0.64]	0.00	1.00	18	0.00	0.00	2.13	4.67
Afr	0.87	0.26	0.25	1.11	80	0.82	0.78	−0.76	−0.36
Popular	5.02	1.43	4.00	9.00	80	5.00	5.00	0.14	−0.70

〈계속〉

VARIABLE	MEAN	SD	MIN	MAX	FREQ	MEDIAN	MODE	SK	KU
XA%	0.93	0.04	0.84	1.00	80	0.95	0.95	0.04	−0.75
WDA%	0.93	0.04	0.84	1.00	80	0.95	0.95	−0.05	−0.82
X+%	0.70	0.06	0.60	0.80	80	0.70	0.60	−0.07	−0.92
X−%	0.03	0.03	0.00	0.13	45	0.05	0.00	0.42	−0.32
Xu%	0.23	0.07	0.07	0.35	80	0.22	0.22	0.43	−0.22
Isolate/R	0.23	0.09	0.06	0.39	80	0.22	0.15	0.22	−1.27
H	2.49	1.18	1.00	4.00	80	3.00	3.00	−0.18	−1.51
(H)	0.66	0.50	0.00	2.00	52	1.00	1.00	−0.38	−1.12
HD	0.58	0.63	0.00	2.00	40	0.50	0.00	0.63	−0.53
(Hd)	0.04	0.19	0.00	1.00	3	0.00	0.00	4.96	23.21
Hx	0.00	[0.00]	0.00	0.00	0	0.00	0.00	----	----
All H Cont	3.76	0.75	2.00	5.00	80	4.00	4.00	0.23	−0.83
A	8.03	1.34	2.00	10.00	80	8.00	8.00	−1.34	4.29
(A)	0.34	[0.48]	0.00	1.00	27	0.00	0.00	0.70	−1.55
Ad	1.11	[0.60]	0.00	3.00	76	1.00	1.00	2.18	5.90
(Ad)	0.01	[0.11]	0.00	1.00	1	0.00	0.00	8.94	80.00
An	0.01	[0.11]	0.00	1.00	1	0.00	0.00	8.94	80.00
Art	0.86	0.41	0.00	2.00	67	1.00	1.00	−0.96	1.83
Ay	0.00	[0.00]	0.00	0.00	0	0.00	0.00	----	----
Bl	0.30	[0.49]	0.00	2.00	23	0.00	0.00	1.22	0.28
Bt	1.52	0.64	0.00	2.00	74	2.00	2.00	−1.00	−0.04
Cg	0.03	0.16	0.00	1.00	2	0.00	0.00	6.20	37.40
Cl	0.14	[0.35]	0.00	1.00	11	0.00	0.00	2.14	2.67
Ex	0.25	[0.44]	0.00	1.00	20	0.00	0.00	1.17	−0.63
Fi	0.61	[0.52]	0.00	2.00	48	1.00	1.00	−0.18	−1.32
Food	0.59	[0.50]	0.00	1.00	47	1.00	1.00	−0.36	−1.92
Ge	0.05	[0.22]	0.00	1.00	4	0.00	0.00	4.20	16.12
Hh	1.17	0.65	0.00	3.00	73	1.00	1.00	0.93	1.71
Ls	0.96	0.19	0.00	1.00	77	1.00	1.00	−4.96	23.21
Na	0.78	[0.78]	0.00	2.00	45	1.00	0.00	0.41	−1.23
Sc	0.71	[0.66]	0.00	3.00	49	1.00	1.00	0.65	0.64
Sx	0.00	[0.00]	0.00	0.00	0	0.00	0.00	----	----
Xy	0.00	[0.00]	0.00	0.00	0	0.00	0.00	----	----
Idiographic	0.15	0.36	0.00	1.00	12	0.00	0.00	1.99	2.04
DV	0.06	[0.24]	0.00	1.00	5	0.00	0.00	3.68	11.87
INCOM	2.35	[0.58]	0.00	3.00	79	2.00	2.00	−0.60	1.86
DR	0.09	[0.33]	0.00	2.00	6	0.00	0.00	4.03	17.30
FABCOM	0.60	[0.49]	0.00	1.00	48	1.00	1.00	−0.41	−1.87
DV2	0.00	[0.00]	0.00	0.00	0	0.00	0.00	----	----
INC2	0.04	[0.19]	0.00	1.00	3	0.00	0.00	4.96	23.21
DR2	0.00	[0.00]	0.00	0.00	0	0.00	0.00	----	----
FAB2	0.00	[0.00]	0.00	0.00	0	0.00	0.00	----	----
ALOG	0.65	[0.48]	0.00	1.00	52	1.00	1.00	−0.64	−1.63
CONTAM	0.00	0.00	0.00	0.00	0	0.00	0.00	----	----
Sum 6 Sp Sc	3.79	1.35	1.00	6.00	80	4.00	5.00	−0.27	−1.21
Lvl 2 Sp Sc	0.04	[0.19]	0.00	1.00	3	0.00	0.00	4.96	23.21
WSum6	10.83	4.72	3.00	18.00	80	13.00	15.00	−0.55	−1.36
AB	0.00	[0.00]	0.00	0.00	0	0.00	0.00	----	----
AG	0.36	0.60	0.00	2.00	24	0.00	0.00	1.45	1.09
COP	1.84	0.56	0.00	3.00	74	2.00	2.00	−2.68	6.69
CP	0.00	[0.00]	0.00	0.00	0	0.00	0.00	----	----
GOODHR	3.68	0.98	2.00	5.00	80	3.00	3.00	0.20	−1.24
POORHR	1.14	0.73	0.00	3.00	69	1.00	1.00	0.80	1.10
MOR	0.08	[0.35]	0.00	2.00	4	0.00	0.00	4.88	23.92
PER	0.08	0.38	0.00	3.00	4	0.00	0.00	6.35	45.06
PSV	0.01	[0.11]	0.00	1.00	1	0.00	0.00	8.94	80.00

주의: [ ] 안의 값은 신뢰롭지 못한 값이므로 기대범위를 추정하는 데 사용할 수 없음. 흔히 이 변인들은 모수통계분석에 포함시키지 않음.

〈표 11-11〉 7세 (N=120)

VARIABLE	MEAN	SD	MIN	MAX	FREQ	MEDIAN	MODE	SK	KU
R	19.93	1.25	14.00	24.00	120	19.00	19.00	−0.10	−0.50
W	10.33	2.01	5.00	12.00	120	9.00	9.00	0.02	−1.34
D	9.09	2.86	7.00	15.00	120	9.00	7.00	0.07	−1.77
Dd	0.82	[0.32]	0.00	3.00	74	0.00	0.00	0.42	2.91
S	1.44	[1.06]	0.00	4.00	102	2.00	2.00	−0.49	−0.38
DQ+	6.48	0.80	6.00	9.00	120	6.00	6.00	0.11	−0.41
DQo	11.15	0.98	10.00	13.00	120	11.00	11.00	0.36	−0.92
DQv	1.63	[0.58]	0.00	3.00	89	2.00	1.00	0.28	−0.71
DQv/+	0.28	[0.45]	0.00	1.00	33	0.00	0.00	1.02	−0.98
FQX+	0.00	0.00	0.00	0.00	0	0.00	0.00	----	----
FQXo	14.37	1.46	12.00	18.00	120	15.00	14.00	0.24	−1.28
FQXu	2.08	0.69	1.00	3.00	120	2.00	2.00	−0.10	−0.86
FQX−	1.99	1.27	0.00	4.00	117	2.00	1.00	0.36	−1.18
FQXNone	1.10	[0.30]	0.00	3.00	72	1.00	1.00	2.70	5.38
MQ+	0.00	0.00	0.00	0.00	0	0.00	0.00	----	----
MQo	2.51	1.16	2.00	6.00	120	3.00	2.00	1.25	0.67
MQu	0.56	0.34	0.00	1.00	13	0.00	0.00	2.20	4.96
MQ−	0.45	[0.22]	0.00	2.00	28	0.00	0.00	2.18	11.75
MQNone	0.00	[0.00]	0.00	0.00	0	0.00	0.00	----	----
S−	0.12	[0.32]	0.00	1.00	14	0.00	0.00	2.42	3.91
M	3.02	1.22	2.00	6.00	120	3.00	2.00	1.15	0.12
FM	5.92	1.20	3.00	7.00	120	6.00	6.00	−1.11	0.14
m	1.06	0.40	0.00	2.00	114	1.00	1.00	0.52	3.35
FM+m	6.08	1.14	5.00	8.00	120	7.00	8.00	−0.08	−0.79
FC	2.17	0.93	1.00	4.00	120	2.00	2.00	0.27	−1.82
CF	3.19	0.98	1.00	6.00	120	3.00	3.00	−0.71	0.47
C	0.99	[0.30]	0.00	3.00	72	0.00	0.00	2.70	5.38
Cn	0.00	[0.00]	0.00	0.00	0	0.00	0.00	----	----
FC+CF+C+Cn	6.15	1.39	4.00	10.00	120	5.00	5.00	0.70	−1.11
Wsum C	4.97	1.14	3.00	7.00	120	4.00	4.00	0.16	−1.17
Sum C′	1.25	[0.86]	0.00	2.00	87	2.00	2.00	−0.51	−1.47
Sum T	0.93	[0.78]	0.00	2.00	110	1.00	1.00	0.42	4.14
Sum V	0.00	[0.00]	0.00	0.00	0	0.00	0.00	----	----
Sum Y	0.23	[0.42]	0.00	1.00	37	0.00	0.00	1.33	−0.23
SumShd	2.48	1.12	1.00	4.00	120	3.00	3.00	−0.05	−1.37
Fr+rF	0.30	[0.39]	0.00	2.00	22	0.00	0.00	2.70	5.38
FD	0.13	[0.70]	0.00	1.00	14	0.00	0.00	1.31	−2.94
F	7.62	1.60	3.00	10.00	120	7.00	8.00	−0.68	−0.31
PAIR	9.73	1.94	7.00	12.00	120	9.00	8.00	0.03	−1.75
3r(2)/R	0.65	0.12	0.33	0.90	120	0.62	0.60	0.14	0.28
LAMBDA	0.79	0.16	0.20	1.25	120	0.70	0.62	−0.17	−0.32
EA	7.48	1.04	4.00	9.00	120	8.00	7.00	−0.41	−1.07
es	8.56	1.67	4.00	12.00	120	8.00	7.00	0.01	−0.98
D	−0.53	0.67	−2.00	0.00	120	0.00	0.00	−0.92	−0.32
AdjD	−0.47	0.58	−2.00	0.00	120	0.00	0.00	−0.79	−0.35
a (active)	6.97	1.24	4.00	8.00	120	7.00	8.00	−1.00	−0.19
p (passive)	3.03	1.28	2.00	6.00	120	2.00	2.00	0.91	−0.50
Ma	2.82	0.87	2.00	5.00	120	3.00	2.00	0.84	−0.07
Mp	0.20	0.40	0.00	1.00	24	0.00	0.00	1.52	0.31
Intellect	0.27	0.44	0.00	1.00	120	0.00	0.00	1.07	−0.87
Zf	11.51	1.46	10.00	15.00	120	11.00	14.00	−0.08	−1.14
Zd	−1.04	2.41	−3.50	3.00	120	−1.00	−3.50	0.39	−1.46
Blends	5.11	0.65	3.00	7.00	120	4.00	5.00	−0.72	0.74
Col Shd Bl	0.36	[0.64]	0.00	1.00	20	0.00	0.00	2.12	8.35
Afr	0.79	0.09	0.45	0.83	120	0.67	0.75	0.02	−1.21
Popular	4.75	0.79	2.00	8.00	120	6.00	4.00	−0.35	−0.16

〈계속〉

VARIABLE	MEAN	SD	MIN	MAX	FREQ	MEDIAN	MODE	SK	KU
XA%	0.92	0.07	0.79	1.00	120	0.94	1.00	−0.31	−1.26
WDA%	0.92	0.07	0.79	1.00	120	0.94	1.00	−0.52	−0.99
X+%	0.81	0.05	0.70	0.89	120	0.82	0.86	−0.61	−0.33
X−%	0.08	0.07	0.00	0.21	87	0.06	0.00	0.33	−1.09
Xu%	0.11	0.03	0.05	0.15	120	0.11	0.11	−0.67	−0.56
Isolate/R	0.25	0.05	0.17	0.35	120	0.25	0.25	0.41	−1.08
H	1.67	0.79	1.00	3.00	120	1.00	1.00	0.65	−1.10
(H)	1.34	0.88	0.00	3.00	93	2.00	2.00	−0.28	−1.00
HD	0.38	0.49	0.00	1.00	45	0.00	0.00	0.52	−1.76
(Hd)	0.74	0.87	0.00	3.00	63	1.00	0.00	1.14	0.71
Hx	0.00	[0.00]	0.00	0.00	0	0.00	0.00	----	----
All H Cont	4.13	0.89	3.00	6.00	120	4.00	4.00	0.17	−0.94
A	9.26	0.77	8.00	10.00	120	9.00	10.00	−0.48	−1.16
(A)	1.18	[0.81]	0.00	2.00	90	1.00	2.00	−0.34	−1.39
Ad	0.68	[0.79]	0.00	2.00	57	0.00	0.00	0.65	−1.10
(Ad)	0.05	[0.22]	0.00	1.00	6	0.00	0.00	4.18	15.75
An	0.37	[0.48]	0.00	1.00	44	0.00	0.00	0.56	−1.72
Art	0.10	0.30	0.00	1.00	12	0.00	0.00	2.70	5.38
Ay	0.17	[0.37]	0.00	1.00	20	0.00	0.00	1.81	1.30
Bl	0.28	[0.45]	0.00	1.00	33	0.00	0.00	1.02	−0.98
Bt	2.11	0.56	1.00	3.00	120	2.00	2.00	0.03	0.12
Cg	1.15	0.36	1.00	2.00	120	1.00	1.00	1.98	1.97
Cl	0.00	[0.00]	0.00	0.00	0	0.00	0.00	----	----
Ex	0.00	[0.00]	0.00	0.00	0	0.00	0.00	----	----
Fi	0.48	[0.50]	0.00	1.00	57	0.00	0.00	0.10	−2.02
Food	0.20	[0.40]	0.00	1.00	24	0.00	0.00	1.51	0.31
Ge	0.00	[0.00]	0.00	0.00	0	0.00	0.00	----	----
Hh	0.00	0.00	0.00	0.00	0	0.00	0.00	----	----
Ls	1.00	0.00	1.00	1.00	120	1.00	1.00	----	----
Na	0.96	[0.77]	0.00	2.00	82	1.00	1.00	0.07	−1.31
Sc	1.54	[1.14]	0.00	4.00	96	1.00	1.00	0.39	−0.62
Sx	0.00	[0.00]	0.00	0.00	0	0.00	0.00	----	----
Xy	0.00	[0.00]	0.00	0.00	0	0.00	0.00	----	----
Idiographic	0.53	0.59	0.00	2.00	57	0.00	0.00	0.63	−0.53
DV	1.39	[0.49]	1.00	2.00	120	1.00	1.00	0.45	−1.83
INCOM	1.39	[0.58]	0.00	2.00	114	1.00	1.00	−0.33	−0.71
DR	0.46	[0.63]	0.00	2.00	46	0.00	0.00	1.06	0.06
FABCOM	0.29	[0.46]	0.00	1.00	35	0.00	0.00	0.92	−1.16
DV2	0.00	[0.00]	0.00	0.00	0	0.00	0.00	----	----
INC2	0.00	[0.00]	0.00	0.00	0	0.00	0.00	----	----
DR2	0.00	[0.00]	0.00	0.00	0	0.00	0.00	----	----
FAB2	0.08	[0.26]	0.00	1.00	9	0.00	0.00	3.26	8.83
ALOG	0.38	[0.49]	0.00	1.00	45	0.00	0.00	0.52	−1.76
CONTAM	0.01	0.09	0.00	1.00	1	0.00	0.00	10.95	120.00
Sum 6 Sp Sc	3.99	1.40	1.00	8.00	120	4.00	5.00	0.23	0.45
Lvl 2 Sp Sc	0.08	[0.26]	0.00	1.00	9	0.00	0.00	3.26	8.83
WSum6	9.18	5.66	1.00	29.00	120	10.00	4.00	0.85	0.69
AB	0.00	[0.00]	0.00	0.00	0	0.00	0.00	----	----
AG	1.20	0.40	1.00	2.00	120	1.00	1.00	1.51	0.31
COP	1.17	0.59	0.00	2.00	108	1.00	1.00	−0.05	−0.28
CP	0.00	[0.00]	0.00	0.00	0	0.00	0.00	----	----
GOODHR	3.82	1.16	2.00	5.00	120	4.00	5.00	−0.52	−1.19
POORHR	0.99	0.98	0.00	3.00	71	1.00	0.00	0.50	−0.95
MOR	1.64	[0.58]	1.00	3.00	120	2.00	2.00	0.22	−0.70
PER	1.22	0.57	1.00	3.00	120	1.00	1.00	2.51	4.94
PSV	0.54	[0.50]	0.00	1.00	65	1.00	1.00	−0.16	−2.01

주의: [ ] 안의 값은 신뢰롭지 못한 값이므로 기대범위를 추정하는 데 사용할 수 없음. 흔히 이 변인들은 모수통계분석에 포함시키지 않음.

〈표 11-11〉 8세 (N=120)

VARIABLE	MEAN	SD	MIN	MAX	FREQ	MEDIAN	MODE	SK	KU
R	18.73	2.46	14.00	23.00	120	18.00	16.00	0.21	−1.57
W	10.03	1.01	6.00	11.00	120	11.00	8.00	0.55	−1.05
D	7.00	1.28	7.00	11.00	120	7.00	7.00	0.41	−1.12
Dd	1.70	[0.84]	0.00	3.00	104	1.00	0.00	0.40	−1.47
S	1.73	[0.58]	1.00	3.00	119	2.00	2.00	0.08	−0.43
DQ+	6.80	1.74	4.00	10.00	120	6.00	6.00	0.64	−0.57
DQo	11.27	1.40	9.00	14.00	120	12.00	12.00	−0.04	−0.68
DQv	0.90	[0.62]	0.00	3.00	99	1.00	1.00	0.50	−0.59
DQv/+	0.17	[0.25]	0.00	1.00	19	0.00	0.00	3.56	11.07
FQX+	0.00	0.00	0.00	0.00	0	0.00	0.00	----	----
FQXo	13.22	1.83	10.00	17.00	120	13.00	12.00	0.44	−0.37
FQXu	3.47	1.37	2.00	6.00	120	4.00	2.00	0.24	−1.34
FQX−	1.72	0.76	1.00	4.00	120	2.00	1.00	0.53	−1.07
FQXNone	0.43	[0.48]	0.00	1.00	43	0.00	0.00	0.73	−1.53
MQ+	0.00	0.00	0.00	0.00	0	0.00	0.00	----	----
MQo	3.12	1.62	1.00	6.00	120	2.00	2.00	0.68	−0.97
MQu	0.20	0.40	0.00	1.00	24	0.00	0.00	1.54	0.38
MQ−	0.07	[0.25]	0.00	1.00	10	0.00	0.00	3.56	11.07
MQNone	0.00	[0.00]	0.00	0.00	0	0.00	0.00	----	----
S−	0.13	[0.34]	0.00	1.00	29	0.00	0.00	2.21	3.00
M	3.38	1.85	1.00	7.00	120	3.00	2.00	0.79	−0.49
FM	4.72	1.37	3.00	8.00	120	4.00	4.00	0.71	−0.30
m	0.57	0.50	0.00	3.00	57	0.00	0.00	0.14	−2.05
FM+m	5.28	1.56	3.00	8.00	120	5.00	4.00	0.20	−1.29
FC	1.80	0.84	1.00	3.00	120	2.00	1.00	0.40	−1.47
CF	2.73	0.78	1.00	4.00	120	3.00	3.00	−0.38	−0.01
C	0.43	[0.48]	0.00	1.00	43	0.00	0.00	0.73	−1.53
Cn	0.00	[0.00]	0.00	0.00	0	0.00	0.00	----	----
FC+CF+C+Cn	4.87	0.72	3.00	6.00	120	5.00	5.00	−0.90	1.37
Wsum C	4.13	0.77	3.00	6.00	120	4.00	3.50	0.80	0.22
Sum C′	1.30	[0.89]	0.00	3.00	102	1.00	1.00	0.92	−0.26
Sum T	1.08	[0.60]	0.00	2.00	107	1.00	1.00	0.76	2.58
Sum V	0.00	[0.00]	0.00	0.00	0	0.00	0.00	----	----
Sum Y	0.92	[0.85]	0.00	2.00	68	1.00	0.00	0.37	−1.54
SumShd	2.90	1.47	1.00	5.00	120	2.00	2.00	0.18	−1.46
Fr+rF	0.33	[0.48]	0.00	1.00	33	0.00	0.00	0.73	−1.53
FD	0.53	[0.34]	0.00	2.00	39	0.00	0.00	2.21	3.00
F	6.98	1.64	5.00	10.00	120	7.00	7.00	0.67	−0.58
PAIR	7.97	1.19	6.00	10.00	120	8.00	8.00	0.07	−0.60
3r(2)/R	0.62	0.12	0.30	0.90	120	0.67	0.60	0.28	0.39
Lambda	0.77	0.27	0.29	1.35	120	0.65	0.70	0.91	−0.21
EA	7.51	1.45	4.00	11.50	120	7.00	6.50	0.48	−0.31
es	8.18	2.51	4.00	12.00	120	7.00	6.00	0.07	−1.31
D	−0.22	0.64	−2.00	1.00	120	0.00	0.00	−1.38	2.44
AdjD	−0.15	0.61	−2.00	1.00	120	0.00	0.00	−1.82	4.40
a (active)	6.73	1.63	4.00	10.00	120	6.00	6.00	0.15	−0.34
p (passive)	1.93	1.30	0.00	5.00	112	2.00	1.00	0.89	0.20
Ma	3.12	1.66	1.00	6.00	120	3.00	2.00	0.52	−1.01
Mp	0.37	0.45	0.00	2.00	46	0.00	0.00	1.08	−0.86
Intellect	0.46	0.98	0.00	1.50	120	0.00	0.00	2.46	3.15
Zf	11.27	1.49	10.00	15.00	120	12.00	11.00	0.28	−1.27
Zd	−0.70	1.93	−4.50	5.00	120	−1.00	0.00	1.23	3.73
Blends	4.88	1.03	3.00	6.00	120	5.00	5.00	−0.54	−0.82
Col Shd Bl	0.30	[0.40]	0.00	1.00	34	0.00	0.00	1.54	0.38
Afr	0.69	0.09	0.36	0.90	120	0.68	0.63	0.64	0.00
Popular	5.68	0.80	3.00	7.00	120	6.00	6.00	−0.57	−1.22

〈계속〉

VARIABLE	MEAN	SD	MIN	MAX	FREQ	MEDIAN	MODE	SK	KU
XA%	0.89	0.06	0.75	0.95	120	0.89	0.94	−0.79	−0.05
WDA%	0.90	0.06	0.75	0.95	120	0.93	0.95	−1.29	0.86
X+%	0.71	0.07	0.58	0.81	120	0.71	0.63	0.01	−1.33
X−%	0.09	0.04	0.05	0.19	120	0.09	0.06	0.80	−0.29
Xu%	0.18	0.06	0.12	0.32	120	0.18	0.13	0.89	−0.16
Isolate/R	0.23	0.04	0.14	0.27	120	0.24	0.19	−0.64	−0.47
H	1.87	1.03	1.00	4.00	120	1.00	1.00	0.64	−1.07
(H)	1.47	0.62	1.00	3.00	120	1.00	1.00	0.98	−0.05
HD	0.27	0.44	0.00	1.00	32	0.00	0.00	1.06	−0.87
(Hd)	1.20	0.54	1.00	3.00	120	1.00	1.00	2.65	5.75
Hx	0.00	[0.00]	0.00	0.00	0	0.00	0.00	----	----
H+(H)+Hd+(Hd)	4.80	1.91	3.00	9.00	120	4.00	3.00	0.87	−0.45
A	9.27	1.44	7.00	12.00	120	9.00	8.00	0.34	−1.07
(A)	1.73	[0.58]	1.00	3.00	120	2.00	2.00	0.08	−0.46
Ad	0.33	[0.47]	0.00	1.00	40	0.00	0.00	0.71	−1.51
(Ad)	0.13	[0.34]	0.00	1.00	16	0.00	0.00	2.18	2.82
An	0.20	[0.40]	0.00	1.00	24	0.00	0.00	1.51	0.31
Art	0.00	0.00	0.00	0.00	0	0.00	0.00	----	----
Ay	0.00	[0.00]	0.00	0.00	0	0.00	0.00	----	----
Bl	0.33	[0.47]	0.00	1.00	40	0.00	0.00	0.71	−1.51
Bt	1.45	0.65	0.00	3.00	118	1.00	1.00	0.75	0.04
Cg	1.80	1.17	1.00	4.00	120	1.00	1.00	0.90	−0.93
Cl	0.13	[0.34]	0.00	1.00	16	0.00	0.00	2.18	2.82
Ex	0.00	[0.00]	0.00	0.00	0	0.00	0.00	----	----
Fi	0.33	[0.47]	0.00	1.00	40	0.00	0.00	0.71	−1.51
Food	0.20	[0.40]	0.00	1.00	24	0.00	0.00	1.51	0.31
Ge	0.00	[0.00]	0.00	0.00	0	0.00	0.00	----	----
Hh	0.15	0.36	0.00	1.00	18	0.00	0.00	1.98	1.97
Ls	0.93	0.25	0.00	1.00	112	1.00	1.00	−3.51	10.56
Na	0.80	[0.40]	0.00	1.00	96	1.00	1.00	−1.51	0.31
Sc	2.45	[0.62]	1.00	3.00	120	3.00	3.00	−0.66	−0.50
Sx	0.00	[0.00]	0.00	0.00	0	0.00	0.00	----	----
Xy	0.00	[0.00]	0.00	0.00	0	0.00	0.00	----	----
Idiographic	0.53	0.62	0.00	2.00	56	0.00	0.00	0.72	−0.43
DV	1.33	[0.70]	0.00	2.00	104	1.00	2.00	−0.57	−0.82
INCOM	2.07	[0.44]	1.00	3.00	120	2.00	2.00	0.31	2.04
DR	0.47	[0.62]	0.00	2.00	48	0.00	0.00	0.98	−0.05
FABCOM	0.55	[0.89]	0.00	3.00	42	0.00	0.00	1.60	1.65
DV2	0.07	[0.25]	0.00	1.00	8	0.00	0.00	3.51	10.56
INC2	0.13	[0.34]	0.00	1.00	16	0.00	0.00	2.18	2.82
DR2	0.00	[0.00]	0.00	0.00	0	0.00	0.00	----	----
FAB2	0.13	[0.34]	0.00	1.00	16	0.00	0.00	2.18	2.82
ALOG	0.73	[0.44]	0.00	1.00	88	1.00	1.00	−1.06	−0.87
CONTAM	0.00	0.00	0.00	0.00	0	0.00	0.00	----	----
Sum 6 Sp Sc	5.48	1.70	3.00	10.00	120	5.00	5.00	0.95	1.21
Lvl 2 Sp Sc	0.33	[0.47]	0.00	1.00	40	0.00	0.00	0.71	−1.51
WSum6	14.33	5.10	5.00	28.00	120	14.00	14.00	0.71	1.74
AB	0.00	[0.00]	0.00	0.00	0	0.00	0.00	----	----
AG	0.93	0.58	0.00	2.00	96	1.00	1.00	0.00	0.05
COP	1.93	1.00	1.00	4.00	120	2.00	1.00	0.54	−1.06
CP	0.00	[0.00]	0.00	0.00	0	0.00	0.00	----	----
GOODHR	4.98	2.29	1.00	9.00	120	4.00	4.00	0.48	−0.86
POORHR	0.68	0.83	0.00	3.00	56	0.00	0.00	0.83	−0.51
MOR	1.13	[0.34]	1.00	2.00	120	1.00	1.00	2.18	2.82
PER	0.33	0.47	0.00	1.00	40	0.00	0.00	0.71	−1.51
PSV	0.46	[0.78]	0.00	2.00	18	0.00	0.00	2.74	9.86

주의: [ ] 안의 값은 신뢰롭지 못한 값이므로 기대범위를 추정하는 데 사용할 수 없음. 흔히 이 변인들은 모수통계분석에 포함시키지 않음.

〈표 11-11〉 9세 (N=140)

VARIABLE	MEAN	SD	MIN	MAX	FREQ	MEDIAN	MODE	SK	KU
R	20.53	2.46	14.00	26.00	140	21.00	19.00	0.41	0.57
W	10.33	1.57	6.00	12.00	140	11.00	9.00	0.55	0.05
D	9.00	1.28	7.00	13.00	140	9.00	8.00	0.41	0.84
Dd	1.20	[0.84]	0.00	4.00	102	1.00	0.00	0.40	3.47
S	1.73	[0.58]	0.00	4.00	108	2.00	1.00	1.78	3.43
DQ+	6.40	1.94	3.00	12.00	138	7.00	6.00	0.64	2.57
DQo	11.67	1.80	7.00	14.00	140	11.00	10.00	−0.04	−0.68
DQv	1.61	[0.65]	0.00	4.00	72	1.00	0.00	0.50	−0.59
DQv/+	0.45	[0.65]	0.00	1.00	23	0.00	0.00	3.56	11.07
FQX+	0.26	0.31	0.00	1.00	5	0.00	0.00	4.18	13.67
FQXo	14.22	1.83	10.00	18.00	140	14.00	12.00	0.44	−0.37
FQXu	3.49	1.37	2.00	6.00	140	4.00	2.00	0.24	−1.34
FQX−	2.04	0.76	1.00	3.00	140	2.00	1.00	0.53	−1.07
FQXNone	0.38	[0.48]	0.00	2.00	31	0.00	0.00	0.73	−1.53
MQ+	0.00	0.00	0.00	0.00	0	0.00	0.00	----	----
MQo	3.12	1.62	1.00	6.00	140	2.00	2.00	0.68	−0.97
MQu	0.20	0.40	0.00	1.00	22	0.00	0.00	1.54	0.38
MQ−	0.37	[0.25]	0.00	2.00	7	0.00	0.00	3.27	10.61
MQNone	0.00	[0.00]	0.00	0.00	0	0.00	0.00	----	----
S−	0.13	[0.34]	0.00	1.00	29	0.00	0.00	2.21	3.00
M	3.12	1.85	1.00	7.00	140	3.00	2.00	0.79	−0.49
FM	4.22	1.47	3.00	9.00	140	4.00	4.00	0.71	0.64
m	0.67	0.58	0.00	3.00	66	0.00	0.00	0.14	3.65
FM+m	5.64	1.86	2.00	9.00	140	6.00	4.00	0.20	0.59
FC	1.89	0.86	0.00	3.00	131	2.00	1.00	0.40	2.47
CF	2.79	0.78	1.00	4.00	140	3.00	2.00	−0.38	2.01
C	0.43	[0.48]	0.00	2.00	22	0.00	0.00	0.73	2.53
Cn	0.00	[0.00]	0.00	0.00	0	0.00	0.00	----	----
FC+CF+C+Cn	4.15	0.72	3.00	9.00	140	6.00	5.00	−0.90	1.37
Wsum C	5.13	1.07	2.50	7.50	140	4.00	3.50	0.80	0.22
Sum C′	1.16	[0.79]	0.00	4.00	104	1.00	1.00	0.92	1.66
Sum T	0.97	[0.63]	0.00	2.00	123	1.00	1.00	0.24	3.58
Sum V	0.00	[0.00]	0.00	0.00	0	0.00	0.00	----	----
Sum Y	0.83	[0.85]	0.00	3.00	102	1.00	1.00	0.37	−1.76
SumShd	2.96	1.27	1.00	6.00	140	2.00	2.00	0.18	−1.46
Fr+rF	0.42	[0.43]	0.00	1.00	26	0.00	0.00	0.73	2.53
FD	0.63	[0.34]	0.00	1.00	64	0.00	0.00	2.45	3.13
F	9.14	1.84	5.00	11.00	140	8.00	8.00	0.67	−0.58
PAIR	8.97	1.69	5.00	12.00	140	9.00	8.00	0.07	−0.60
3r(2)/R	0.57	0.12	0.30	0.88	140	0.60	0.55	0.18	0.54
LAMBDA	0.81	0.37	0.29	1.45	140	0.85	0.70	0.91	0.21
EA	8.25	1.95	4.00	11.50	140	8.00	6.50	0.38	0.56
es	8.60	2.59	4.00	13.00	140	7.00	6.00	0.07	1.31
D	−0.18	0.54	−3.00	1.00	140	0.00	0.00	1.18	1.44
AdjD	−0.10	0.41	−2.00	1.00	140	0.00	0.00	−1.32	3.44
a (active)	6.26	1.23	3.00	11.00	140	7.00	6.00	0.12	0.30
p (passive)	2.51	1.40	0.00	5.00	76	2.00	1.00	0.89	0.70
Ma	2.72	1.36	1.00	6.00	134	3.00	2.00	0.52	−1.01
Mp	0.27	0.45	0.00	1.00	61	0.00	0.00	1.28	1.86
Intellect	1.03	0.98	0.00	1.00	140	0.00	0.00	2.68	10.89
Zf	11.16	1.54	7.00	15.00	140	11.00	11.00	0.28	0.47
Zd	0.40	2.03	−4.50	6.00	140	0.00	0.00	0.23	0.73
Blends	4.38	1.23	2.00	7.00	140	5.00	5.00	−0.44	−0.92
Col Shd Bl	0.90	[0.56]	0.00	3.00	59	0.00	0.00	1.04	0.34
Afr	0.79	0.13	0.38	1.05	140	0.76	0.68	−0.44	0.03
Popular	5.78	0.63	4.00	7.00	140	6.00	5.00	−0.52	−1.02

〈계속〉

VARIABLE	MEAN	SD	MIN	MAX	FREQ	MEDIAN	MODE	SK	KU
XA%	0.91	0.07	0.67	1.00	140	0.91	0.95	−2.07	7.52
WDA%	0.92	0.05	0.71	1.00	140	0.91	0.95	−1.80	5.89
X+%	0.74	0.07	0.61	0.85	140	0.77	0.79	−0.90	−0.22
X−%	0.09	0.06	0.05	0.25	140	0.07	0.09	−0.32	0.25
Xu%	0.17	0.07	0.10	0.33	140	0.18	0.15	0.81	−0.15
Isolate	0.16	0.05	0.06	0.32	140	0.14	0.17	−0.67	−0.34
H	2.87	1.03	0.00	6.00	138	2.00	2.00	0.66	−1.06
(H)	1.32	0.61	1.00	3.00	140	1.00	1.00	0.84	1.25
Hd	0.57	0.40	0.00	2.00	46	0.00	0.00	1.58	0.36
(Hd)	0.74	0.58	0.00	2.00	62	0.00	0.00	1.60	4.06
Hx	0.00	[0.00]	0.00	0.00	0	0.00	0.00	----	----
All H Cont	5.50	1.62	2.00	8.00	140	5.00	4.00	0.59	−0.41
A	8.28	1.59	5.00	13.00	140	9.00	8.00	0.35	0.06
(A)	0.73	[0.68]	0.00	3.00	101	1.00	1.00	0.28	1.63
Ad	0.53	[0.98]	0.00	2.00	80	1.00	1.00	−0.63	2.73
(Ad)	0.23	[0.39]	0.00	1.00	13	0.00	0.00	3.27	4.00
An	0.36	[0.60]	0.00	3.00	34	0.00	0.00	2.54	2.38
Art	0.32	0.71	0.00	2.00	31	0.00	0.00	1.38	3.09
Ay	0.13	[0.28]	0.00	1.00	11	0.00	0.00	3.94	8.28
Bl	0.33	[0.48]	0.00	1.00	28	0.00	0.00	1.03	1.33
Bt	1.45	0.65	0.00	3.00	129	1.00	1.00	0.97	1.10
Cg	1.84	1.08	1.00	4.00	133	1.00	1.00	0.92	1.92
Cl	0.16	[0.39]	0.00	1.00	40	0.00	0.00	2.01	3.34
Ex	0.26	[0.54]	0.00	1.00	21	0.00	0.00	1.93	4.06
Fi	0.69	[0.68]	0.00	1.00	68	0.00	0.00	0.33	2.73
Fd	0.18	[0.46]	0.00	1.00	15	0.00	0.00	2.54	4.38
Ge	0.00	[0.00]	0.00	0.00	0	0.00	0.00	----	----
Hh	0.59	0.36	0.00	1.00	49	0.00	0.00	2.11	2.07
Ls	0.93	0.59	0.00	3.00	107	1.00	1.00	−0.28	0.83
Na	0.70	[0.48]	0.00	2.00	96	1.00	1.00	−0.54	1.38
Sc	1.55	[0.72]	0.00	3.00	102	2.00	1.00	0.68	2.46
Sx	0.00	[0.00]	0.00	0.00	0	0.00	0.00	----	----
Xy	0.00	[0.00]	0.00	0.00	0	0.00	0.00	----	----
Idio	0.63	0.42	0.00	1.00	48	0.00	0.00	0.84	1.40
DV	1.01	[0.61]	0.00	2.00	97	1.00	1.00	−0.08	2.80
INCOM	1.37	[0.75]	0.00	3.00	81	1.00	1.00	0.32	2.18
DR	0.67	[0.72]	0.00	2.00	91	1.00	1.00	−0.73	2.00
FABCOM	1.05	[0.89]	0.00	3.00	102	1.00	1.00	0.63	1.68
DV2	0.07	[0.21]	0.00	1.00	6	0.00	0.00	1.56	12.07
INC2	0.11	[0.59]	0.00	1.00	7	0.00	0.00	1.27	11.40
DR2	0.00	[0.00]	0.00	0.00	0	0.00	0.00	----	----
FAB2	0.05	[0.39]	0.00	1.00	3	0.00	0.00	0.68	13.00
ALOG	0.61	[0.49]	0.00	1.00	56	0.00	0.00	1.08	3.86
CONTAM	0.00	0.00	0.00	0.00	0	0.00	0.00	----	----
Sum6 Sp Sc	5.95	2.16	1.00	9.00	140	6.00	6.00	0.74	0.52
Sum6 Sp Sc2	0.27	[0.51]	0.00	2.00	14	0.00	0.00	0.63	6.53
WSum6	13.06	4.72	3.00	26.00	140	12.00	11.00	0.92	0.86
AB	0.00	[0.00]	0.00	0.00	0	0.00	0.00	----	----
AG	1.37	0.78	0.00	4.00	128	2.00	1.00	0.67	1.11
COP	2.03	1.14	0.00	5.00	136	2.00	2.00	0.18	1.05
CP	0.00	[0.00]	0.00	0.00	0	0.00	0.00	----	----
GOODHR	4.11	1.42	1.00	8.00	140	4.00	4.00	0.17	−0.78
POORHR	1.86	1.02	0.00	5.00	140	1.00	1.00	1.62	6.02
MOR	0.87	[0.64]	0.00	4.00	116	1.00	1.00	−0.41	1.87
PER	1.16	0.78	0.00	6.00	99	1.00	1.00	0.73	−1.53
PSV	0.26	[0.61]	0.00	2.00	29	0.00	0.00	1.04	4.14

주의: [ ] 안의 값은 신뢰롭지 못한 값이므로 기대범위를 추정하는 데 사용할 수 없음. 흔히 이 변인들은 모수통계분석에 포함시키지 않음.

〈표 11-11〉 10세 (N=120)

VARIABLE	MEAN	SD	MIN	MAX	FREQ	MEDIAN	MODE	SK	KU
R	20.97	1.92	18.00	25.00	120	19.00	19.00	0.85	−0.39
W	9.52	0.87	9.00	12.00	120	9.00	9.00	1.59	1.46
D	10.10	1.48	8.00	13.00	120	10.00	9.00	0.31	−1.32
Dd	1.35	[0.44]	0.00	3.00	119	0.00	0.00	1.17	−0.64
S	1.48	[0.70]	1.00	3.00	107	1.00	1.00	1.12	−0.08
DQ+	7.68	0.96	3.00	9.00	120	8.00	7.00	−0.48	−0.18
DQo	12.07	1.78	9.00	17.00	120	12.00	11.00	0.08	0.01
DQv	0.53	[0.50]	0.00	2.00	64	1.00	1.00	−0.14	−2.02
DQv/+	0.38	[0.28]	0.00	1.00	36	0.00	0.00	3.05	7.45
FQX+	0.30	0.50	0.00	1.00	11	0.00	0.00	4.04	9.15
FQXo	15.80	1.98	13.00	21.00	120	15.00	15.00	0.81	0.33
FQXu	2.95	0.79	1.00	4.00	120	3.00	3.00	−0.54	0.12
FQX−	1.58	1.03	0.00	6.00	104	2.00	2.00	1.74	6.56
FQXNone	0.13	[0.34]	0.00	1.00	29	0.00	0.00	2.19	2.82
MQ+	0.08	0.21	0.00	1.00	2	0.00	0.00	4.80	13.25
MQo	3.23	1.48	1.00	6.00	120	3.00	3.00	0.22	−0.78
MQu	0.25	0.44	0.00	1.00	30	0.00	0.00	1.17	−0.64
MQ−	0.17	[0.37]	0.00	2.00	21	0.00	0.00	1.81	1.30
MQNone	0.00	[0.00]	0.00	0.00	0	0.00	0.00	----	----
S−	0.12	[0.32]	0.00	1.00	14	0.00	0.00	2.42	3.91
M	3.65	1.63	1.00	7.00	120	4.00	3.00	−0.04	−0.69
FM	5.53	1.46	3.00	7.00	120	6.00	7.00	−0.43	−1.38
m	1.08	0.28	1.00	2.00	120	1.00	1.00	3.05	7.45
FM+m	6.62	1.40	4.00	8.00	120	7.00	8.00	−0.56	−1.06
FC	2.55	0.96	1.00	4.00	120	2.00	2.00	0.44	−1.03
CF	3.68	1.29	2.00	6.00	120	3.50	5.00	0.14	−1.27
C	0.13	[0.34]	0.00	2.00	29	0.00	0.00	2.19	2.82
Cn	0.00	[0.00]	0.00	0.00	0	0.00	0.00	----	----
FC+CF+C+Cn	6.37	1.50	4.00	8.00	120	7.00	8.00	−0.41	−1.30
Wsum C	5.16	1.25	3.00	7.00	120	5.00	4.00	−0.23	−1.26
Sum C′	0.79	[0.85]	0.00	4.00	73	1.00	1.00	0.41	0.44
Sum T	0.98	[0.39]	0.00	2.00	106	1.00	1.00	−0.16	3.86
Sum V	0.02	[0.13]	0.00	1.00	2	0.00	0.00	7.65	57.43
Sum Y	0.43	[0.65]	0.00	2.00	34	0.00	0.00	0.82	−0.37
SumShd	1.83	1.32	1.00	6.00	120	3.00	4.00	0.06	−1.16
Fr+rF	0.35	[0.36]	0.00	1.00	36	0.00	0.00	1.98	1.97
FD	0.67	[0.58]	0.00	2.00	78	1.00	1.00	1.33	0.81
F	6.38	2.04	3.00	12.00	120	5.50	5.00	0.57	−0.73
PAIR	9.62	1.36	6.00	12.00	120	9.00	9.00	−0.29	0.09
3r(2)/R	0.54	0.07	0.29	0.68	120	0.52	0.47	−0.71	6.30
LAMBDA	0.49	0.23	0.19	1.11	120	0.36	0.36	0.90	−0.23
EA	8.81	1.36	4.00	11.00	120	9.00	7.00	−0.37	1.09
es	8.45	1.90	5.00	12.00	120	8.00	7.00	−0.33	−0.89
D	−0.15	0.44	−2.00	1.00	120	0.00	0.00	−1.89	5.07
AdjD	−0.12	0.49	−2.00	1.00	120	0.00	0.00	−1.17	3.81
a (active)	7.15	1.37	6.00	11.00	120	8.00	7.00	0.32	−0.74
p (passive)	3.27	0.66	1.00	4.00	120	2.00	2.00	1.46	1.91
Ma	2.82	1.09	1.00	5.00	120	3.00	3.00	−0.10	−0.63
Mp	0.98	0.83	0.00	3.00	88	1.00	1.00	0.93	0.76
Intellect	0.53	0.56	0.00	2.00	120	0.50	0.00	0.44	−0.81
Zf	13.52	1.19	11.00	16.00	120	13.50	13.00	−0.19	−0.27
Zd	−0.13	2.32	−5.00	5.00	120	0.00	−3.00	0.22	−0.35
Blends	5.80	1.05	3.00	7.00	120	6.00	7.00	−0.39	−0.70
Col Shd Blend	0.42	[0.13]	0.00	1.00	22	0.00	0.00	7.65	57.43
Afr	0.63	0.09	0.50	0.85	120	0.58	0.58	0.94	−0.05
Popular	6.07	0.84	3.00	7.00	120	6.00	6.00	−1.01	1.55s

〈계속〉

VARIABLE	MEAN	SD	MIN	MAX	FREQ	MEDIAN	MODE	SK	KU
XA%	0.92	0.04	0.75	1.00	120	0.91	0.95	−1.44	5.47
WDA%	0.93	0.04	0.78	1.00	120	0.95	0.95	−1.24	3.22
X+%	0.77	0.05	0.62	0.85	120	0.79	0.79	−0.85	1.39
X−%	0.07	0.05	0.00	0.25	104	0.07	0.05	1.46	5.42
Xu%	0.15	0.05	0.05	0.21	120	0.16	0.16	−0.43	−0.53
Isolate/R	0.19	0.03	0.14	0.26	120	0.19	0.16	0.67	−0.53
H	2.47	1.12	1.00	5.00	120	3.00	3.00	0.01	−0.83
(H)	1.48	0.74	0.00	2.00	102	2.00	2.00	−1.06	−0.37
HD	0.25	0.47	0.00	2.00	28	0.00	0.00	1.64	1.80
(Hd)	0.85	0.36	0.00	1.00	102	1.00	1.00	−1.98	1.97
Hx	0.00	[0.00]	0.00	0.00	0	0.00	0.00	----	----
All H Cont	5.05	1.64	2.00	8.00	120	6.00	6.00	−0.58	−0.59
A	8.92	1.18	7.00	11.00	120	9.00	9.00	0.54	−0.43
(A)	1.20	[0.77]	0.00	3.00	96	1.00	1.00	−0.14	−0.88
Ad	1.35	[1.08]	0.00	3.00	76	2.00	2.00	−0.25	−1.49
(Ad)	0.07	[0.25]	0.00	1.00	8	0.00	0.00	3.51	10.56
An	0.67	[0.57]	0.00	2.00	74	1.00	1.00	0.14	−0.66
Art	0.53	0.56	0.00	2.00	60	0.50	0.00	0.43	−0.81
Ay	0.00	[0.00]	0.00	0.00	0	0.00	0.00	----	----
Bl	0.60	[0.59]	0.00	2.00	66	1.00	1.00	0.36	−0.70
Bt	2.17	0.74	1.00	4.00	120	2.00	2.00	0.49	0.33
Cg	1.48	1.03	0.00	3.00	102	1.00	1.00	0.32	−1.10
Cl	0.08	[0.28]	0.00	1.00	10	0.00	0.00	3.05	7.45
Ex	0.08	[0.28]	0.00	1.00	10	0.00	0.00	3.05	7.45
Fi	0.75	[0.44]	0.00	1.00	90	1.00	1.00	−1.16	−0.64
Food	0.53	[0.50]	0.00	1.00	64	1.00	1.00	−0.13	−2.02
Ge	0.00	[0.00]	0.00	0.00	0	0.00	0.00	----	----
Hh	0.60	0.49	0.00	1.00	72	1.00	1.00	−0.41	−1.86
Ls	1.00	0.45	0.00	2.00	108	1.00	1.00	0.00	2.14
Na	0.30	[0.46]	0.00	1.00	36	0.00	0.00	0.88	−1.24
Sc	2.85	[0.40]	2.00	4.00	120	3.00	3.00	−1.16	1.62
Sx	0.00	[0.00]	0.00	0.00	0	0.00	0.00	----	----
Xy	0.00	[0.00]	0.00	0.00	0	0.00	0.00	----	----
Idiographic	0.08	0.28	0.00	1.00	10	0.00	0.00	3.05	7.45
DV	1.00	[0.00]	1.00	1.00	120	1.00	1.00	----	----
INCOM	1.35	[0.51]	1.00	3.00	120	1.00	1.00	1.01	−0.16
DR	0.08	[0.28]	0.00	1.00	10	0.00	0.00	3.05	7.45
FABCOM	0.35	[0.48]	0.00	1.00	42	0.00	0.00	0.63	−1.62
DV2	0.00	[0.00]	0.00	0.00	0	0.00	0.00	----	----
INC2	0.23	[0.43]	0.00	1.00	28	0.00	0.00	1.27	−0.38
DR2	0.02	[0.13]	0.00	1.00	2	0.00	0.00	7.64	57.43
FAB2	0.00	[0.00]	0.00	0.00	0	0.00	0.00	----	----
ALOG	0.37	[0.48]	0.00	1.00	44	0.00	0.00	0.56	−1.72
CONTAM	0.00	0.00	0.00	0.00	0	0.00	0.00	----	----
Sum 6 Sp Sc	3.40	1.10	2.00	6.00	120	3.00	3.00	1.29	0.85
Lvl 2 Sp Sc	0.25	[0.44]	0.00	1.00	30	0.00	0.00	1.16	−0.64
WSum6	8.22	3.79	3.00	17.00	120	7.00	7.00	1.07	0.65
AB	0.00	[0.00]	0.00	0.00	0	0.00	0.00	----	----
AG	1.57	0.62	1.00	3.00	120	1.50	1.00	0.61	−0.55
COP	1.73	0.84	1.00	4.00	120	2.00	2.00	1.41	1.94
CP	0.00	[0.00]	0.00	0.00	0	0.00	0.00	----	----
GOODHR	5.32	1.53	2.00	8.00	120	5.00	5.00	0.02	−0.72
POORHR	1.10	0.65	0.00	3.00	104	1.00	1.00	0.63	1.22
MOR	0.55	[0.62]	0.00	2.00	58	0.00	1.00	0.66	−0.50
PER	0.75	0.44	0.00	1.00	90	1.00	1.00	−1.16	−0.64
PSV	0.05	[0.22]	0.00	1.00	6	0.00	0.00	4.18	15.75

주의: [ ] 안의 값은 신뢰롭지 못한 값이므로 기대범위를 추정하는 데 사용할 수 없음. 흔히 이 변인들은 모수통계분석에 포함시키지 않음.

〈표 11-11〉 11세 (N=135)

VARIABLE	MEAN	SD	MIN	MAX	FREQ	MEDIAN	MODE	SK	KU
R	21.29	2.43	15.00	27.00	135	22.00	19.00	0.93	0.29
W	9.61	0.95	9.00	12.00	135	9.00	9.00	1.49	1.06
D	10.01	1.31	9.00	13.00	135	11.00	11.00	0.05	−1.09
Dd	1.67	[1.13]	0.00	4.00	128	0.00	0.00	2.12	3.75
S	1.75	[0.68]	1.00	3.00	135	2.00	2.00	0.36	−0.81
DQ+	8.07	1.22	6.00	10.00	135	8.00	7.00	0.10	−1.08
DQo	12.08	2.14	9.00	17.00	135	12.00	11.00	0.73	0.25
DQv	0.64	[0.88]	0.00	3.00	63	0.00	0.00	1.57	1.99
DQv/+	0.50	[0.69]	0.00	2.00	41	0.00	0.00	1.98	2.39
FQX+	0.21	0.38	0.00	1.00	9	0.00	0.00	3.08	11.42
FQXo	15.83	1.40	13.00	18.00	135	16.00	17.00	−0.29	−1.09
FQXu	3.18	1.26	1.00	6.00	135	3.00	3.00	0.52	0.49
FQX−	2.20	1.87	0.00	7.00	125	2.00	2.00	1.73	2.02
FQXNone	0.18	[0.27]	0.00	1.00	18	0.00	0.00	3.09	7.69
MQ+	0.11	0.45	0.00	1.00	3	0.00	0.00	4.24	13.85
MQo	3.59	1.38	1.00	6.00	135	4.00	3.00	−0.15	−0.69
MQu	0.33	0.47	0.00	1.00	44	0.00	0.00	0.75	−1.46
MQ−	0.20	[0.40]	0.00	1.00	27	0.00	0.00	1.52	0.30
MQNone	0.00	[0.00]	0.00	0.00	0	0.00	0.00	----	----
S−	0.31	[0.46]	0.00	1.00	52	0.00	0.00	0.82	−1.34
M	4.12	1.67	1.00	7.00	135	4.00	3.00	0.08	−0.56
FM	4.48	1.21	2.00	7.00	135	6.00	4.00	−0.51	−0.65
m	1.00	0.89	0.00	2.00	122	1.00	1.00	0.84	1.69
FM+m	5.48	1.21	4.00	8.00	135	7.00	7.00	−0.51	−0.65
FC	2.93	0.95	1.00	4.00	135	3.00	4.00	−0.19	−1.29
CF	3.43	1.13	2.00	6.00	135	4.00	4.00	0.10	−1.14
C	0.28	[0.27]	0.00	1.00	17	0.00	0.00	3.09	7.69
Cn	0.00	[0.00]	0.00	0.00	0	0.00	0.00	----	----
FC+CF+C+Cn	6.44	1.39	4.00	8.00	135	7.00	7.00	−0.57	−0.93
WsumC	4.02	1.15	2.50	8.00	135	5.00	4.00	−0.36	−1.06
Sum C′	1.06	[0.71]	0.00	2.00	105	1.00	1.00	−0.09	−0.99
Sum T	0.94	[0.47]	0.00	2.00	116	1.00	1.00	−0.20	1.55
Sum V	0.00	[0.00]	0.00	0.00	0	0.00	0.00	----	----
Sum Y	0.85	[0.70]	0.00	2.00	91	1.00	1.00	0.21	−0.92
SumShd	2.85	1.10	1.00	4.00	135	3.00	4.00	−0.32	−1.31
Fr+rF	0.21	[0.41]	0.00	1.00	29	0.00	0.00	1.40	−0.03
FD	0.91	[0.84]	0.00	2.00	92	0.00	0.00	0.59	−1.34
F	6.70	2.37	4.00	12.00	135	6.00	5.00	1.12	0.09
PAIR	9.90	1.08	7.00	12.00	135	10.00	10.00	−0.31	0.86
3r(2)/R	0.53	0.04	0.35	0.75	135	0.58	0.50	0.44	0.38
LAMBDA	0.68	0.22	0.27	1.50	135	0.69	0.60	0.89	−0.62
EA	8.14	1.37	7.00	12.00	135	8.00	7.00	0.57	−0.53
es	8.33	1.72	4.00	12.00	135	9.00	7.00	−0.22	−1.08
D	−0.09	0.29	−1.00	0.00	135	0.00	0.00	−2.92	6.63
AdjD	−0.06	0.34	−1.00	1.00	135	0.00	0.00	−1.00	5.32
a (active)	7.89	1.42	6.00	11.00	135	8.00	7.00	0.67	−0.27
p (passive)	2.79	1.60	2.00	8.00	135	2.00	2.00	2.08	3.12
Ma	2.81	1.01	1.00	5.00	135	3.00	3.00	0.29	−0.01
Mp	1.38	1.33	0.00	5.00	104	1.00	1.00	1.26	0.76
Intellect	0.77	0.65	0.00	2.00	135	1.00	1.00	0.26	−0.67
Zf	13.70	1.22	11.00	16.00	135	14.00	15.00	−0.30	−0.72
Zd	0.60	2.74	−4.50	4.50	135	1.00	4.50	−0.07	−1.15
Blends	6.04	1.41	3.00	8.00	135	6.00	7.00	−0.28	−1.05
Col Shd Bl	0.00	[0.00]	0.00	0.00	0	0.00	0.00	----	----
Afr	0.62	0.09	0.47	0.80	135	0.58	0.58	0.33	−0.90
Popular	6.06	0.86	4.00	9.00	135	7.00	5.00	−0.76	−0.78

〈계속〉

VARIABLE	MEAN	SD	MIN	MAX	FREQ	MEDIAN	MODE	SK	KU
XA%	0.90	0.07	0.74	1.00	135	0.91	0.91	−1.51	1.55
WDA%	0.92	0.04	0.78	1.00	135	0.95	0.95	−1.47	2.85
X+%	0.75	0.08	0.52	0.85	135	0.77	0.79	−1.65	2.46
X−%	0.10	0.07	0.00	0.26	125	0.09	0.09	1.41	1.41
Xu%	0.15	0.05	0.05	0.24	135	0.16	0.14	−0.34	−0.35
Isolate/R	0.20	0.05	0.14	0.37	135	0.18	0.17	2.06	4.31
H	2.80	1.27	1.00	5.00	135	3.00	3.00	0.22	−0.71
(H)	1.51	0.66	0.00	2.00	123	2.00	2.00	−1.00	−0.12
HD	0.52	0.66	0.00	2.00	58	0.00	0.00	0.89	−0.30
(Hd)	0.87	0.33	0.00	1.00	118	1.00	1.00	−2.28	3.25
Hx	0.00	[0.00]	0.00	0.00	0	0.00	0.00	———	———
All H Cont	5.70	1.80	2.00	9.00	135	6.00	6.00	−0.22	0.04
A	8.59	1.25	7.00	11.00	135	8.00	8.00	0.83	−0.19
(A)	1.00	[0.83]	0.00	2.00	89	1.00	0.00	0.00	−1.55
Ad	1.54	[0.95]	0.00	3.00	101	2.00	2.00	−0.75	−0.78
(Ad)	0.16	[0.36]	0.00	1.00	21	0.00	0.00	1.92	1.72
An	0.73	[0.64]	0.00	2.00	85	1.00	1.00	0.29	−0.66
Art	0.56	0.50	0.00	1.00	76	1.00	1.00	−0.25	−1.96
Ay	0.21	[0.59]	0.00	2.00	16	0.00	0.00	2.62	5.19
Bl	0.44	[0.57]	0.00	2.00	54	0.00	0.00	0.87	−0.24
Bt	2.10	0.67	1.00	4.00	135	2.00	2.00	0.65	1.16
Cg	1.60	0.99	0.00	3.00	122	1.00	1.00	0.26	−1.15
Cl	0.06	[0.24]	0.00	1.00	8	0.00	0.00	3.77	12.44
Ex	0.03	[0.17]	0.00	1.00	4	0.00	0.00	5.61	29.92
Fi	0.85	[0.36]	0.00	1.00	115	1.00	1.00	−2.00	2.04
Food	0.64	[0.48]	0.00	1.00	87	1.00	1.00	−0.61	−1.65
Ge	0.00	[0.00]	0.00	0.00	0	0.00	0.00	———	———
Hh	0.82	0.46	0.00	2.00	106	1.00	1.00	−0.65	0.55
Ls	1.28	0.61	0.00	2.00	124	1.00	1.00	−0.22	−0.58
Na	0.35	[0.48]	0.00	1.00	47	0.00	0.00	0.64	−1.61
Sc	2.96	[0.36]	2.00	4.00	135	3.00	3.00	−0.57	4.57
Sx	0.00	[0.00]	0.00	0.00	0	0.00	0.00	———	———
Xy	0.09	[0.29]	0.00	1.00	12	0.00	0.00	2.92	6.63
Idio	0.06	0.34	0.00	2.00	4	0.00	0.00	5.61	29.92
DV	1.21	[0.41]	1.00	2.00	135	1.00	1.00	1.46	0.13
INCOM	1.44	[0.63]	0.00	3.00	131	1.00	1.00	0.42	−0.07
DR	0.12	[0.32]	0.00	1.00	16	0.00	0.00	2.38	3.75
FABCOM	0.36	[0.48]	0.00	1.00	48	0.00	0.00	0.61	−1.65
DV2	0.00	[0.00]	0.00	0.00	0	0.00	0.00	———	———
INC2	0.12	[0.32]	0.00	1.00	16	0.00	0.00	2.38	3.75
DR2	0.03	[0.17]	0.00	1.00	4	0.00	0.00	5.61	29.92
FAB2	0.00	[0.00]	0.00	0.00	0	0.00	0.00	———	———
ALOG	0.24	[0.43]	0.00	1.00	33	0.00	0.00	1.20	−0.56
CONTAM	0.00	0.00	0.00	0.00	0	0.00	0.00	———	———
Sum 6 Sp Sc	3.51	1.09	2.00	6.00	135	3.00	3.00	0.58	−0.53
Lvl 2 Sp Sc	0.15	[0.36]	0.00	1.00	20	0.00	0.00	2.00	2.04
WSum6	7.73	3.04	3.00	16.00	135	8.00	7.00	0.77	1.10
AB	0.00	[0.00]	0.00	0.00	0	0.00	0.00	———	———
AG	1.42	0.57	1.00	3.00	135	1.00	1.00	0.93	−0.11
COP	1.56	0.50	1.00	2.00	135	2.00	2.00	−0.22	−1.98
CP	0.00	[0.00]	0.00	0.00	0	0.00	0.00	———	———
GOODHR	5.65	1.49	3.00	8.00	135	5.00	5.00	0.09	−0.83
POORHR	1.12	0.53	0.00	2.00	123	1.00	1.00	0.11	0.38
MOR	0.42	[0.57]	0.00	2.00	52	0.00	0.00	0.93	−0.11
PER	0.88	0.53	0.00	2.00	107	1.00	1.00	−0.11	0.38
PSV	0.04	[0.21]	0.00	1.00	6	0.00	0.00	4.47	18.26

주의: [ ] 안의 값은 신뢰롭지 못한 값이므로 기대범위를 추정하는 데 사용할 수 없음. 흔히 이 변인들은 모수통계분석에 포함시키지 않음.

〈표 11-11〉 12세 (N=120)

VARIABLE	MEAN	SD	MIN	MAX	FREQ	MEDIAN	MODE	SK	KU
R	21.40	2.05	14.00	23.00	120	20.00	22.00	−1.03	0.96
W	8.79	1.85	1.00	14.00	120	9.00	9.00	−1.94	7.05
D	10.85	1.96	1.00	13.00	120	11.00	12.00	−3.26	12.20
Dd	1.76	[1.11]	0.00	5.00	117	1.00	1.00	3.51	16.47
S	1.92	[0.76]	0.00	5.00	118	2.00	2.00	1.30	4.92
DQ+	8.16	1.90	2.00	10.00	120	8.00	10.00	−1.42	2.39
DQo	12.12	1.07	9.00	15.00	120	12.00	12.00	−0.13	1.90
DQv	1.03	[0.26]	0.00	2.00	72	1.00	1.00	0.65	2.43
DQv/+	0.38	[0.38]	0.00	2.00	16	0.00	0.00	3.62	13.45
FQX+	0.30	0.54	0.00	2.00	10	0.00	0.00	4.16	16.95
FQXo	15.34	2.32	5.00	17.00	120	16.00	17.00	−2.40	6.80
FQXu	3.77	0.89	1.00	5.00	120	4.00	3.00	−0.95	1.08
FQX−	1.95	1.04	1.00	7.00	120	2.00	2.00	3.71	16.47
FQXNone	0.43	[0.26]	0.00	2.00	42	0.00	0.00	2.65	7.43
MQ+	0.10	0.30	0.00	1.00	5	0.00	0.00	7.45	45.23
MQo	3.21	1.52	1.00	5.00	120	3.00	5.00	−0.33	−1.26
MQu	0.67	0.51	0.00	2.00	78	1.00	1.00	−0.32	−1.01
MQ−	0.22	[0.41]	0.00	1.00	26	0.00	0.00	1.39	−0.06
MQNone	0.02	[0.13]	0.00	1.00	2	0.00	0.00	7.65	57.43
S−	0.57	[0.62]	0.00	3.00	63	1.00	1.00	1.02	2.14
M	4.21	2.06	1.00	7.00	120	4.00	4.00	−0.22	−1.07
FM	5.02	1.66	0.00	9.00	118	6.00	4.00	−1.34	1.64
m	1.00	0.45	0.00	3.00	112	1.00	1.00	2.26	12.57
FM+m	6.02	1.70	1.00	9.00	120	7.00	7.00	−1.44	1.83
FC	2.87	1.17	0.00	4.00	106	3.00	3.00	−1.61	1.77
CF	3.14	1.40	0.00	5.00	112	3.00	3.00	−0.55	−0.30
C	0.39	[0.13]	0.00	1.00	38	0.00	0.00	1.65	7.43
Cn	0.00	[0.00]	0.00	0.00	0	0.00	0.00	---	---
FC+CF+C+Cn	6.03	2.29	0.00	8.00	119	7.00	7.00	−1.49	1.26
Wsum C	4.05	1.78	0.00	6.50	120	5.00	6.50	−1.17	0.69
Sum C′	1.08	[0.88]	0.00	3.00	99	1.00	1.00	0.38	−0.47
Sum T	0.88	[0.32]	0.00	1.00	106	1.00	1.00	−2.42	3.91
Sum V	0.07	[0.36]	0.00	2.00	4	0.00	0.00	5.27	26.16
Sum Y	1.01	[0.67]	0.00	2.00	108	2.00	2.00	−1.04	−0.13
SumShd	3.74	1.37	0.00	6.00	114	4.00	4.00	−0.98	1.25
Fr+rF	0.20	[0.13]	0.00	1.00	15	0.00	0.00	3.65	17.43
FD	1.48	[0.83]	0.00	2.00	94	2.00	2.00	−1.11	−0.61
F	5.84	1.65	5.00	13.00	120	5.00	5.00	2.75	7.47
PAIR	9.09	1.89	1.00	10.00	120	10.00	10.00	−2.89	9.00
3r(2)/R	0.54	0.08	0.10	0.50	120	0.55	0.50	−3.53	16.28
LAMBDA	0.66	0.58	0.29	4.25	120	0.70	0.50	5.18	30.28
EA	8.26	2.38	1.00	12.00	120	8.50	7.00	−1.38	1.99
es	8.97	2.59	1.00	13.00	120	8.00	6.00	−2.08	3.95
D	−0.21	0.53	−2.00	1.00	120	0.00	0.00	−1.17	2.25
AdjD	−0.11	0.67	−2.00	2.00	120	0.00	0.00	−0.04	1.74
a (active)	6.53	1.45	2.00	8.00	120	7.00	6.00	−1.34	2.04
p (passive)	4.00	2.01	0.00	8.00	118	3.00	2.00	0.50	−0.57
Ma	2.47	0.80	0.00	4.00	118	2.00	2.00	0.32	0.24
Mp	1.73	1.60	0.00	5.00	92	2.00	2.00	−0.06	−1.04
Intellect	1.05	0.59	0.00	4.00	120	1.00	1.00	2.96	12.69
Zf	13.14	1.96	5.00	16.00	120	14.00	14.00	−2.25	6.48
Zd	1.67	2.11	−4.50	5.00	120	1.50	1.50	−0.24	−0.26
Blends	6.67	2.29	0.00	9.00	118	7.00	8.00	−1.79	2.12
Col Shd Bl	0.05	[0.22]	0.00	1.00	6	0.00	0.00	4.18	15.75
Afr	0.65	0.11	0.21	0.67	120	0.69	0.67	−0.80	0.75
Popular	6.22	1.10	2.00	7.00	120	7.00	6.00	−1.53	2.56

〈계속〉

VARIABLE	MEAN	SD	MIN	MAX	FREQ	MEDIAN	MODE	SK	KU
XA%	0.90	0.06	0.59	0.95	120	0.91	0.91	−4.09	18.15
WDA%	0.93	0.05	0.67	1.00	120	0.95	0.95	−3.57	14.97
X+%	0.75	0.09	0.29	0.88	120	0.77	0.77	−3.32	14.09
X−%	0.10	0.06	0.05	0.41	120	0.09	0.09	4.04	19.33
Xu%	0.15	0.05	0.05	0.29	120	0.15	0.14	−0.27	2.29
Isolate/R	0.15	0.04	0.00	0.33	118	0.16	0.18	0.18	5.42
H	3.38	1.64	1.00	5.00	120	3.00	5.00	−0.36	−1.42
(H)	1.24	0.84	0.00	4.00	97	1.00	1.00	0.38	0.53
HD	0.59	0.69	0.00	3.00	61	1.00	0.00	1.36	2.75
(Hd)	0.78	0.41	0.00	1.00	94	1.00	1.00	−1.39	−0.06
Hx	0.00	[0.00]	0.00	0.00	0	0.00	0.00	---	---
All H Cont	6.00	2.56	2.00	11.00	120	5.00	5.00	−0.23	−1.18
A	7.70	1.29	4.00	13.00	120	8.00	7.00	0.65	4.48
(A)	0.48	[0.50]	0.00	1.00	57	0.00	0.00	0.10	−2.02
Ad	1.97	[0.45]	0.00	3.00	116	2.00	2.00	−2.43	11.96
(Ad)	0.00	[0.00]	0.00	0.00	0	0.00	0.00	---	---
An	1.14	[0.60]	0.00	2.00	106	1.00	1.00	−0.05	−0.27
Art	0.92	0.28	0.00	1.00	110	1.00	1.00	−3.05	7.45
Ay	0.03	[0.18]	0.00	1.00	4	0.00	0.00	5.26	26.16
Bl	0.26	[0.44]	0.00	1.00	31	0.00	0.00	1.11	−0.76
Bt	1.52	0.65	0.00	2.00	110	2.00	2.00	−1.03	−0.03
Cg	1.90	1.06	0.00	4.00	116	1.00	1.00	0.11	−1.63
Cl	0.02	[0.13]	0.00	1.00	2	0.00	0.00	7.64	57.43
Ex	0.00	[0.00]	0.00	0.00	0	0.00	0.00	---	---
Fi	0.97	[0.26]	0.00	2.00	114	1.00	1.00	−1.61	12.13
Food	0.87	[0.34]	0.00	1.00	104	1.00	1.00	−2.18	2.82
Ge	0.02	[0.13]	0.00	1.00	2	0.00	0.00	7.64	57.43
Hh	0.88	0.32	0.00	1.00	106	1.00	1.00	−2.41	3.91
Ls	1.36	0.61	0.00	2.00	112	1.00	1.00	−0.36	−0.65
Na	0.10	[0.35]	0.00	2.00	10	0.00	0.00	3.78	14.82
Sc	2.48	[0.87]	0.00	3.00	112	3.00	3.00	−1.72	2.12
Sx	0.02	[0.13]	0.00	1.00	2	0.00	0.00	7.64	57.43
Xy	0.00	[0.00]	0.00	0.00	0	0.00	0.00	---	---
Idio	0.15	0.51	0.00	3.00	12	0.00	0.00	4.02	17.31
DV	1.21	[0.55]	0.00	2.00	112	1.00	1.00	0.08	−0.13
INCOM	1.35	[0.58]	0.00	3.00	116	1.00	1.00	0.34	−0.10
DR	0.24	[0.43]	0.00	1.00	29	0.00	0.00	1.22	−0.52
FABCOM	0.26	[0.53]	0.00	2.00	26	0.00	0.00	1.95	2.99
DV2	0.03	[0.16]	0.00	1.00	3	0.00	0.00	6.16	36.58
INC2	0.18	[0.56]	0.00	3.00	13	0.00	0.00	3.54	12.65
DR2	0.03	[0.16]	0.00	1.00	3	0.00	0.00	6.16	36.58
FAB2	0.04	[0.20]	0.00	1.00	5	0.00	0.00	4.64	19.91
ALOG	0.00	[0.00]	0.00	0.00	0	0.00	0.00	---	---
CONTAM	0.00	0.00	0.00	0.00	0	0.00	0.00	---	---
Sum 6 Sp Sc	3.33	0.11	1.00	8.00	120	4.00	4.00	0.82	3.59
Lvl 2 Sp Sc	0.27	[0.68]	0.00	4.00	22	0.00	0.00	3.47	14.41
WSum6	6.86	3.85	2.00	26.00	120	7.00	3.00	2.32	9.04
AB	0.05	[0.22]	0.00	1.00	6	0.00	0.00	4.18	15.75
AG	1.08	0.66	0.00	2.00	99	1.00	1.00	−0.08	−0.65
COP	1.23	0.53	0.00	2.00	114	1.00	1.00	0.17	−0.19
CP	0.00	[0.00]	0.00	0.00	0	0.00	0.00	---	---
GOODHR	5.77	1.84	2.00	8.00	120	6.00	6.00	−0.65	−0.89
POORHR	1.01	0.98	0.00	7.00	97	1.00	1.00	3.97	22.18
MOR	0.17	[0.37]	0.00	1.00	20	0.00	0.00	1.81	1.30
PER	0.93	0.36	0.00	2.00	108	1.00	1.00	−0.88	4.40
PSV	0.03	[0.18]	0.00	1.00	4	0.00	0.00	5.26	26.16

〈표 11-11〉 13세 (N=110)

VARIABLE	MEAN	SD	MIN	MAX	FREQ	MEDIAN	MODE	SK	KU
R	21.20	3.30	14.00	33.00	110	20.00	20.00	1.07	3.51
W	8.57	2.15	1.00	14.00	110	9.00	9.00	−1.07	3.04
D	11.15	3.09	1.00	21.00	110	11.00	12.00	−0.25	3.08
Dd	1.46	[1.66]	0.00	6.00	93	1.00	1.00	2.74	7.81
S	1.33	[1.16]	0.00	7.00	106	2.00	1.00	1.93	5.93
DQ+	7.70	2.54	2.00	15.00	110	8.00	8.00	0.24	1.27
DQo	12.40	2.02	8.00	20.00	110	12.00	12.00	0.73	2.74
DQv	0.45	[0.99]	0.00	4.00	24	0.00	0.00	2.31	4.70
DQv/+	0.24	[0.57]	0.00	2.00	18	0.00	0.00	2.33	4.18
FQX+	0.20	0.59	0.00	3.00	14	0.00	0.00	3.25	10.63
FQXo	15.24	3.04	5.00	23.00	110	15.00	17.00	−0.70	2.09
FQXu	3.27	1.53	0.00	8.00	106	3.00	3.00	0.42	1.24
FQX−	2.00	1.42	0.00	7.00	108	2.00	2.00	2.15	4.81
FQXNone	0.07	[0.32]	0.00	2.00	6	0.00	0.00	4.81	23.90
MQ+	0.13	0.43	0.00	2.00	10	0.00	0.00	3.52	11.76
MQo	3.23	1.66	1.00	8.00	110	3.00	5.00	0.34	−0.38
MQu	0.54	0.66	0.00	3.00	51	0.00	0.00	1.23	2.00
MQ−	0.14	[0.51]	0.00	2.00	12	0.00	0.00	2.08	3.61
MQNone	0.02	[0.13]	0.00	1.00	2	0.00	0.00	7.31	52.42
S−	0.52	[0.81]	0.00	4.00	43	0.00	0.00	2.16	5.84
M	4.14	2.24	1.00	11.00	110	4.00	4.00	0.50	−0.01
FM	4.42	1.94	0.00	8.00	108	4.00	6.00	−0.25	−0.89
m	1.25	0.94	0.00	5.00	98	1.00	1.00	1.88	4.46
FM+m	5.67	2.10	1.00	11.00	110	6.00	7.00	−0.28	−0.34
FC	2.95	1.72	0.00	9.00	96	3.00	3.00	0.42	1.72
CF	2.70	1.50	0.00	5.00	102	3.00	3.00	−0.07	−0.98
C	0.07	[0.26]	0.00	1.00	8	0.00	0.00	3.34	9.30
Cn	0.00	[0.00]	0.00	0.00	0	0.00	0.00	---	---
FC+CF+C+Cn	5.73	2.61	0.00	10.00	110	6.50	8.00	−0.71	−0.33
Wsum C	4.29	1.94	0.00	7.50	110	4.75	6.50	−0.61	−0.49
Sum C′	1.20	[0.89]	0.00	3.00	87	1.00	1.00	0.48	−0.37
Sum T	0.97	[0.51]	0.00	3.00	90	1.00	1.00	0.64	4.99
Sum V	0.14	[0.48]	0.00	2.00	10	0.00	0.00	3.31	9.70
Sum Y	1.02	[0.81]	0.00	2.00	80	1.00	2.00	−0.22	−1.44
SumShd	3.34	1.44	0.00	6.00	104	4.00	4.00	−0.55	−0.07
Fr+rF	0.45	[0.23]	0.00	1.00	32	0.00	0.00	2.98	4.08
FD	1.27	[0.87]	0.00	3.00	82	2.00	2.00	−0.39	−1.25
F	6.90	2.52	3.00	13.00	110	6.00	5.00	0.93	−0.20
PAIR	8.64	2.30	1.00	14.00	110	9.50	10.00	−1.18	2.59
3r(2)/R	0.49	0.10	0.20	0.66	110	0.48	0.50	−1.84	4.97
LAMBDA	0.67	0.61	0.20	4.33	110	0.38	0.33	4.44	24.00
EA	8.43	2.69	1.00	15.00	110	9.00	7.50	−0.60	0.64
es	9.01	3.01	1.00	14.00	110	10.00	8.00	−0.83	−0.02
D	−0.09	0.82	−2.00	3.00	110	0.00	0.00	0.78	3.45
AdjD	0.10	0.84	−2.00	3.00	110	0.00	0.00	0.74	2.06
a (active)	6.23	1.89	2.00	11.00	110	6.00	6.00	−0.34	0.13
p (passive)	3.61	2.11	0.00	8.00	104	3.00	3.00	0.45	−0.49
Ma	2.49	1.30	0.00	8.00	106	2.00	2.00	1.80	6.06
Mp	1.67	1.44	0.00	5.00	84	2.00	2.00	0.12	−0.80
Intellect	1.22	0.95	0.00	4.00	110	1.00	1.00	1.24	1.45
Zf	12.64	3.02	5.00	23.00	110	13.00	11.00	0.05	2.17
Zd	1.37	2.27	−4.50	5.00	110	1.50	−0.50	−0.35	−0.40
Blends	5.81	2.43	0.00	9.00	108	7.00	7.00	−0.90	−0.34
Col Shd Blend	0.16	[0.37]	0.00	1.00	18	0.00	0.00	1.84	1.42s
Afr	0.69	0.15	0.28	1.00	110	0.58	0.67	0.10	0.52
Popular	6.19	1.34	2.00	9.00	110	7.00	6.00	−0.59	0.79

〈계속〉

VARIABLE	MEAN	SD	MIN	MAX	FREQ	MEDIAN	MODE	SK	KU
XA%	0.90	0.07	0.59	1.00	110	0.91	0.91	−2.84	9.41
WDA%	0.92	0.06	0.67	1.00	110	0.95	0.95	−2.55	8.57
X+%	0.74	0.11	0.29	1.00	110	0.77	0.77	−1.86	5.39
X−%	0.10	0.07	0.00	0.41	108	0.09	0.09	2.66	8.99
Xu%	0.16	0.07	0.00	0.33	106	0.15	0.14	−0.02	0.76
Isolate/R	0.16	0.06	0.00	0.33	108	0.16	0.18	0.58	1.30
H	3.09	1.72	1.00	8.00	110	3.00	5.00	0.41	−0.57
(H)	1.25	1.02	0.00	5.00	84	1.00	1.00	1.06	2.35
HD	0.68	0.83	0.00	3.00	55	0.50	0.00	1.23	1.11
(Hd)	0.56	0.53	0.00	2.00	60	1.00	1.00	0.11	−1.21
Hx	0.00	[0.00]	0.00	0.00	0	0.00	0.00	---	---
All H Cont	5.59	2.46	2.00	11.00	110	5.00	5.00	0.12	−1.03
A	7.96	1.81	4.00	13.00	110	8.00	7.00	0.62	0.65
(A)	0.37	[0.49]	0.00	1.00	41	0.00	0.00	0.53	−1.75
Ad	2.00	[0.81]	0.00	4.00	106	2.00	2.00	0.41	1.71
(Ad)	0.00	[0.00]	0.00	0.00	0	0.00	0.00	---	---
An	0.84	[0.69]	0.00	2.00	74	1.00	1.00	0.21	−0.89
Art	0.86	0.48	0.00	2.00	88	1.00	1.00	−0.36	0.78
Ay	0.11	[0.31]	0.00	1.00	12	0.00	0.00	2.54	4.55
Bl	0.19	[0.40]	0.00	1.00	21	0.00	0.00	1.59	0.55
Bt	1.74	0.98	0.00	5.00	98	2.00	2.00	0.43	1.35
Cg	1.62	1.10	0.00	4.00	98	1.00	1.00	0.47	−0.93
Cl	0.06	[0.23]	0.00	1.00	6	0.00	0.00	3.97	14.08
Ex	0.09	[0.29]	0.00	1.00	10	0.00	0.00	2.88	6.44
Fi	0.76	[0.54]	0.00	2.00	78	1.00	1.00	−0.11	−0.23
Food	0.62	[0.52]	0.00	2.00	66	1.00	1.00	−0.10	−1.15
Ge	0.04	[0.19]	0.00	1.00	4	0.00	0.00	5.02	23.65
Hh	1.07	0.81	0.00	4.00	90	1.00	1.00	1.34	2.87
Ls	1.10	0.97	0.00	6.00	84	1.00	1.00	2.27	10.32
Na	0.22	[0.50]	0.00	2.00	20	0.00	0.00	2.25	4.39
Sc	1.97	[1.14]	0.00	5.00	96	2.00	3.00	−0.17	−0.48
Sx	0.07	[0.42]	0.00	3.00	4	0.00	0.00	6.42	42.22
Xy	0.00	[0.00]	0.00	0.00	0	0.00	0.00	---	---
Idio	0.78	1.14	0.00	4.00	44	0.00	0.00	1.26	0.28
DV	1.01	[0.70]	0.00	3.00	86	1.00	1.00	0.31	0.06
INCOM	1.07	[0.79]	0.00	3.00	84	1.00	1.00	0.33	−0.33
DR	0.30	[0.66]	0.00	4.00	27	0.00	0.00	3.54	16.72
FABCOM	0.42	[0.71]	0.00	3.00	34	0.00	0.00	1.71	2.45
DV2	0.02	[0.13]	0.00	1.00	2	0.00	0.00	7.31	52.43
INC2	0.22	[0.60]	0.00	3.00	16	0.00	0.00	3.06	9.49
DR2	0.04	[0.19]	0.00	1.00	4	0.00	0.00	5.02	23.65
FAB2	0.07	[0.32]	0.00	2.00	6	0.00	0.00	4.81	23.91
ALOG	0.04	[0.19]	0.00	1.00	4	0.00	0.00	5.02	23.65
CONTAM	0.00	0.00	0.00	0.00	0	0.00	0.00	---	---
Sum 6 Sp Sc	3.18	1.86	0.00	11.00	108	3.00	2.00	2.01	6.04
Lvl 2 Sp Sc	0.35	[0.77]	0.00	4.00	24	0.00	0.00	2.73	8.42
WSum6	7.54	6.99	0.00	40.00	108	6.00	3.00	2.88	9.56
AB	0.13	[0.34]	0.00	1.00	14	0.00	0.00	2.26	3.20
AG	1.18	0.91	0.00	4.00	85	1.00	1.00	0.66	0.48
COP	1.65	1.22	0.00	6.00	100	1.00	1.00	1.58	3.11
CP	0.02	[0.13]	0.00	1.00	2	0.00	0.00	7.31	52.43
GOODHR	5.24	1.89	1.00	8.00	110	6.00	6.00	−0.25	−1.04
POORHR	1.31	1.21	0.00	7.00	88	1.00	1.00	2.16	7.57
MOR	0.49	[0.74]	0.00	3.00	40	0.00	0.00	1.42	1.38
PER	1.05	0.89	0.00	5.00	90	1.00	1.00	2.30	7.82
PSV	0.06	[0.23]	0.00	1.00	6	0.00	0.00	3.97	14.08

주의: [ ] 안의 값은 신뢰롭지 못한 값이므로 기대범위를 추정하는 데 사용할 수 없음. 흔히 이 변인들은 모수통계분석에 포함시키지 않음.

〈표 11-11〉 14세 (N=105)

VARIABLE	MEAN	SD	MIN	MAX	FREQ	MEDIAN	MODE	SK	KU
R	21.72	3.36	14.00	33.00	105	20.00	20.00	1.11	3.43
W	8.92	2.19	4.00	14.00	105	9.00	9.00	−1.01	2.83
D	11.13	3.16	1.00	21.00	105	11.00	10.00	−0.23	2.82
Dd	1.67	[1.70]	0.00	6.00	98	2.00	1.00	2.67	7.31
S	1.32	[1.09]	0.00	7.00	101	2.00	2.00	1.89	5.56
DQ+	7.81	2.55	2.00	15.00	105	8.00	8.00	0.33	1.36
DQo	12.69	2.06	8.00	20.00	105	12.00	12.00	0.73	2.58
DQv	0.58	[1.01]	0.00	4.00	27	0.00	0.00	2.23	4.30
DQv/+	0.65	[0.58]	0.00	2.00	48	0.00	0.00	2.25	3.79
FQX+	0.14	0.50	0.00	2.00	11	0.00	0.00	3.16	9.97
FQXo	15.17	3.09	5.00	23.00	105	15.00	15.00	−0.64	1.93
FQXu	3.27	1.56	0.00	8.00	101	3.00	3.00	0.42	1.10
FQX−	1.84	1.25	0.00	5.00	103	2.00	2.00	2.10	4.46
FQXNone	0.02	[0.53]	0.00	1.00	4	0.00	0.00	4.69	22.65
MQ+	0.11	0.44	0.00	2.00	6	0.00	0.00	3.42	11.04
MQo	3.21	1.66	1.00	8.00	105	3.00	1.00	0.43	−0.26
MQu	0.51	0.67	0.00	3.00	46	0.00	0.00	1.34	2.18
MQ−	0.13	[0.50]	0.00	2.00	11	0.00	0.00	2.18	4.01
MQNone	0.00	[0.00]	0.00	0.00	0	0.00	0.00	---	---
S−	0.39	[0.82]	0.00	3.00	31	0.00	0.00	2.24	6.00
M	4.06	2.24	1.00	11.00	105	4.00	4.00	0.59	0.16
FM	4.35	1.96	0.00	8.00	103	4.00	6.00	−0.17	−0.92
m	1.27	0.96	0.00	5.00	93	1.00	1.00	1.81	4.08
FM+m	5.62	2.14	1.00	11.00	105	6.00	7.00	−0.21	−0.42
FC	2.93	1.76	0.00	9.00	91	3.00	3.00	0.45	1.59
CF	2.70	1.53	0.00	5.00	97	3.00	3.00	−0.08	−1.05
C	0.10	[0.27]	0.00	1.00	9	0.00	0.00	3.14	7.67
Cn	0.00	[0.00]	0.00	0.00	0	0.00	0.00	---	---
FC+CF+C+Cn	5.71	2.67	1.00	10.00	105	7.00	8.00	−0.69	−0.44
Wsum C	4.29	1.98	0.50	7.50	105	5.00	6.50	−0.60	−0.58
Sum C′	1.11	[0.91]	0.00	3.00	82	1.00	1.00	0.44	−0.50
Sum T	0.99	[0.52]	0.00	3.00	85	1.00	1.00	0.66	4.71
Sum V	0.13	[0.50]	0.00	2.00	8	0.00	0.00	3.21	9.06
Sum Y	0.88	[0.84]	0.00	2.00	75	1.00	2.00	−0.14	−1.44
SumShd	3.10	1.47	0.00	6.00	99	4.00	4.00	−0.49	−0.19
Fr+rF	0.38	[0.43]	0.00	1.00	15	0.00	0.00	3.97	10.25
FD	1.24	[0.87]	0.00	3.00	71	1.00	2.00	−0.31	−1.30
F	6.96	2.56	3.00	13.00	105	6.00	5.00	0.87	−0.35
PAIR	8.59	2.34	1.00	14.00	105	9.00	10.00	−1.12	2.38
3r(2)/R	0.47	0.10	0.05	0.56	105	0.45	0.50	−1.79	4.60
LAMBDA	0.67	0.62	0.20	4.33	105	0.38	0.33	4.34	22.96
EA	8.34	2.70	1.00	15.00	105	9.00	7.50	−0.55	0.60
es	8.92	3.06	1.00	13.00	105	9.00	9.00	−0.76	−0.15
D	−0.09	0.84	−2.00	3.00	105	0.00	0.00	0.78	3.19
AdjD	0.09	0.86	−2.00	3.00	105	0.00	0.00	0.74	1.95
a (active)	6.20	1.92	2.00	11.00	105	6.00	7.00	−0.32	0.06
p (passive)	3.49	2.07	0.00	8.00	99	3.00	3.00	0.52	−0.35
Ma	2.59	1.32	0.00	8.00	101	2.00	2.00	1.81	5.93
Mp	1.49	1.36	0.00	5.00	89	2.00	2.00	0.17	−0.74
Intellect	1.23	0.97	0.00	4.00	105	1.00	1.00	1.18	1.22
Zf	12.56	3.06	5.00	23.00	105	13.00	14.00	0.12	2.11
Zd	1.27	2.26	−4.50	5.00	105	1.50	−0.50	−0.30	−0.38
Blends	5.74	2.46	0.00	9.00	103	7.00	7.00	−0.84	−0.47
Col Shd Blend	0.17	[0.38]	0.00	1.00	18	0.00	0.00	1.77	1.15
Afr	0.69	0.16	0.31	0.89	105	0.68	0.67	0.03	0.47
Popular	6.02	1.17	3.00	9.00	105	7.00	6.00	−0.53	0.67

〈계속〉

VARIABLE	MEAN	SD	MIN	MAX	FREQ	MEDIAN	MODE	SK	KU
XA%	0.90	0.07	0.59	1.00	105	0.91	0.91	−2.76	8.82
WDA%	0.92	0.06	0.67	1.00	105	0.94	0.95	−2.48	8.09
X+%	0.74	0.12	0.29	1.00	105	0.77	0.75	−1.80	5.01
X−%	0.10	0.07	0.00	0.41	103	0.09	0.05	2.59	8.43
Xu%	0.16	0.07	0.00	0.33	101	0.15	0.14	−0.03	0.61
Isolate/R	0.16	0.06	0.00	0.33	103	0.16	0.16	0.59	1.15
H	3.00	1.71	1.00	8.00	105	3.00	1.00	0.54	−0.35
(H)	1.23	1.03	0.00	5.00	79	1.00	1.00	1.13	2.44
HD	0.67	0.85	0.00	3.00	50	0.00	0.00	1.27	1.07
(Hd)	0.56	0.54	0.00	2.00	57	1.00	1.00	0.13	−1.19
Hx	0.00	[0.00]	0.00	0.00	0	0.00	0.00	---	---
All H Cont	5.46	2.44	2.00	11.00	105	5.00	5.00	0.22	−0.91
A	7.97	1.85	4.00	13.00	105	8.00	7.00	0.60	0.49
(A)	0.39	[0.49]	0.00	1.00	41	0.00	0.00	0.45	−1.83
Ad	2.00	[0.83]	0.00	4.00	101	2.00	2.00	0.40	1.50
(Ad)	0.00	[0.00]	0.00	0.00	0	0.00	0.00	---	---
An	0.84	[0.71]	0.00	2.00	69	1.00	1.00	0.24	−0.97
Art	0.85	0.50	0.00	2.00	83	1.00	1.00	−0.31	0.62
Ay	0.11	[0.32]	0.00	1.00	12	0.00	0.00	2.46	4.13
Bl	0.20	[0.40]	0.00	1.00	21	0.00	0.00	1.52	0.32
Bt	1.73	1.00	0.00	5.00	93	2.00	2.00	0.44	1.22
Cg	1.55	1.08	0.00	4.00	93	1.00	1.00	0.60	−0.69
Cl	0.06	[0.23]	0.00	1.00	6	0.00	0.00	3.87	13.24
Ex	0.10	[0.30]	0.00	1.00	10	0.00	0.00	2.79	5.94
Fi	0.75	[0.55]	0.00	2.00	73	1.00	1.00	−0.05	−0.32
Food	0.60	[0.53]	0.00	2.00	61	1.00	1.00	−0.01	−1.16
Ge	0.04	[0.19]	0.00	1.00	4	0.00	0.00	4.89	22.40
Hh	1.08	0.83	0.00	4.00	85	1.00	1.00	1.30	2.59
Ls	1.06	0.97	0.00	6.00	79	1.00	1.00	2.46	11.28
Na	0.23	[0.51]	0.00	2.00	20	0.00	0.00	2.17	4.01
Sc	1.93	[1.15]	0.00	5.00	91	2.00	3.00	−0.10	−0.48
Sx	0.08	[0.43]	0.00	3.00	4	0.00	0.00	6.27	40.17
Xy	0.00	[0.00]	0.00	0.00	0	0.00	0.00	---	---
Idio	0.82	1.16	0.00	4.00	44	0.00	0.00	1.19	0.11
DV	0.98	[0.69]	0.00	3.00	81	1.00	1.00	0.37	0.22
INCOM	1.05	[0.79]	0.00	3.00	79	1.00	1.00	0.39	−0.24
DR	0.30	[0.66]	0.00	4.00	25	0.00	0.00	3.60	16.99
FABCOM	0.44	[0.72]	0.00	3.00	34	0.00	0.00	1.64	2.19
DV2	0.02	[0.14]	0.00	1.00	2	0.00	0.00	7.13	49.92
INC2	0.22	[0.60]	0.00	3.00	15	0.00	0.00	3.06	9.40
DR2	0.03	[0.17]	0.00	1.00	3	0.00	0.00	5.74	31.57
FAB2	0.08	[0.33]	0.00	2.00	6	0.00	0.00	4.69	22.65
ALOG	0.04	[0.19]	0.00	1.00	4	0.00	0.00	4.89	22.40
CONTAM	0.00	0.00	0.00	0.00	0	0.00	0.00	---	---
Sum 6 Sp Sc	3.14	1.90	0.00	11.00	103	3.00	2.00	2.06	5.97
Lvl 2 Sp Sc	0.34	[0.78]	0.00	4.00	22	0.00	0.00	2.74	8.37
WSum6	7.52	7.14	0.00	40.00	103	6.00	3.00	2.84	9.12
AB	0.13	[0.34]	0.00	1.00	14	0.00	0.00	2.18	2.84
AG	1.20	0.92	0.00	4.00	81	1.00	1.00	0.63	0.36
COP	1.65	1.24	0.00	6.00	95	1.00	1.00	1.56	2.91
CP	0.02	[0.14]	0.00	1.00	2	0.00	0.00	7.13	49.92
GOODHR	5.14	1.87	1.00	8.00	105	6.00	6.00	−0.19	−1.03
POORHR	1.32	1.24	0.00	7.00	83	1.00	1.00	2.09	7.06
MOR	0.51	[0.75]	0.00	3.00	40	0.00	0.00	1.35	1.17
PER	1.06	0.91	0.00	5.00	85	1.00	1.00	2.24	7.32
PSV	0.06	[0.23]	0.00	1.00	6	0.00	0.00	3.87	13.24

주의: [ ] 안의 값은 신뢰롭지 못한 값이므로 기대범위를 추정하는 데 사용할 수 없음. 흔히 이 변인들은 모수통계분석에 포함시키지 않음.

〈표 11-11〉 15세 (N=110)

VARIABLE	MEAN	SD	MIN	MAX	FREQ	MEDIAN	MODE	SK	KU
R	21.94	4.21	14.00	32.00	110	21.00	20.00	0.94	1.14
W	8.87	2.20	3.00	20.00	110	9.00	9.00	1.57	9.58
D	11.42	3.66	0.00	20.00	109	12.00	12.00	-0.31	1.91
Dd	1.65	[1.31]	0.00	7.00	91	1.00	1.00	1.31	3.76
S	1.44	[1.31]	0.00	5.00	104	2.00	1.00	2.66	12.86
DQ+	7.88	2.02	2.00	13.00	110	8.00	8.00	-0.33	0.15
DQo	12.67	3.62	5.00	29.00	110	12.00	12.00	1.49	5.43
DQv	0.75	[1.29]	0.00	4.00	40	0.00	0.00	1.84	2.46
DQv/+	0.14	[0.42]	0.00	2.00	12	0.00	0.00	3.22	10.13
FQx+	0.36	0.70	0.00	3.00	27	0.00	0.00	1.81	2.20
FQxo	16.35	3.34	7.00	29.00	110	16.00	15.00	0.60	2.79
FQxu	3.08	1.57	0.00	11.00	108	3.00	3.00	1.37	5.75
FQx-	1.60	0.91	0.00	6.00	99	2.00	2.00	0.81	3.89
FQxNone	0.04	[0.25]	0.00	2.00	4	0.00	0.00	6.07	39.81
MQ+	0.25	0.57	0.00	3.00	22	0.00	0.00	2.46	6.34
MQo	3.54	2.01	0.00	8.00	108	3.00	1.00	0.20	-0.91
MQu	0.44	0.52	0.00	2.00	48	0.00	0.00	0.43	-1.36
MQ-	0.12	[0.32]	0.00	1.00	13	0.00	0.00	2.40	3.82
MQNone	0.00	[0.00]	0.00	0.00	0	0.00	0.00	---	---
S-	0.38	[0.57]	0.00	2.00	37	0.00	0.00	1.22	0.52
M	4.35	2.17	1.00	9.00	110	4.00	4.00	0.06	-0.97
FM	4.82	1.73	1.00	9.00	110	5.00	6.00	-0.20	-0.80
m	1.17	0.78	0.00	4.00	97	1.00	1.00	1.49	3.79
FM+m	5.99	1.78	2.00	10.00	110	6.00	7.00	-0.14	-0.67
FC	3.14	1.14	0.00	6.00	107	3.00	3.00	-0.56	0.76
CF	2.85	1.53	0.00	6.00	101	3.00	2.00	-0.11	-0.73
C	0.03	[0.16]	0.00	1.00	3	0.00	0.00	5.88	33.24
Cn	0.02	[0.13]	0.00	1.00	2	0.00	0.00	7.31	52.42
FC+CF+C+Cn	6.04	2.01	1.00	10.00	110	7.00	8.00	-0.62	-0.37
Wsum C	4.47	1.68	0.50	8.00	110	4.50	3.50	-0.33	-0.64
Sum C′	1.63	[1.35]	0.00	10.00	94	1.00	1.00	2.49	12.61
Sum T	1.06	[0.51]	0.00	3.00	101	1.00	1.00	2.62	13.12
Sum V	0.18	[0.49]	0.00	2.00	12	0.00	0.00	2.75	6.73
Sum Y	1.30	[1.27]	0.00	10.00	83	1.00	2.00	3.35	20.69
SumShd	4.17	2.55	0.00	23.00	109	4.00	4.00	4.04	27.31
Fr+rF	0.50	[0.45]	0.00	2.00	26	0.00	0.00	6.67	53.57
FD	1.33	[0.97]	0.00	5.00	83	1.50	2.00	0.35	0.78
F	6.48	2.71	2.00	17.00	110	5.00	5.00	1.31	2.02
PAIR	9.10	2.00	1.00	14.00	110	10.00	10.00	-1.37	4.47
3r(2)/R	0.44	0.10	0.05	0.79	110	0.45	0.50	-0.58	4.63
LAMBDA	0.65	0.22	0.14	1.71	110	0.36	0.33	2.27	8.94
EA	8.82	2.34	2.00	13.50	110	9.50	9.50	-0.69	0.39
es	9.16	3.40	4.00	17.00	110	10.00	9.00	2.13	12.31
D	-0.45	1.39	-10.00	2.00	110	0.00	0.00	-3.73	20.85
AdjD	-0.25	1.07	-5.00	2.00	110	0.00	0.00	-1.71	5.14
a (active)	6.99	1.73	3.00	12.00	110	7.00	8.00	0.18	0.32
p (passive)	3.36	1.93	0.00	9.00	106	3.00	3.00	0.75	0.31
Ma	2.58	1.44	1.00	7.00	110	2.00	2.00	0.96	0.38
Mp	1.77	1.46	0.00	5.00	81	2.00	2.00	0.48	-0.51
Intellect	1.04	0.83	0.00	4.00	110	1.00	1.00	1.59	3.76
Zf	12.68	2.59	5.00	23.00	110	13.00	13.00	0.01	2.61
Zd	1.03	2.96	-6.50	9.00	110	0.50	-0.50	0.17	0.11
Blends	6.34	2.16	1.00	12.00	110	7.00	7.00	-0.63	0.03
Col Shd Blend	0.22	[0.51]	0.00	2.00	19	0.00	0.00	2.35	4.69
Afr	0.65	0.18	0.27	1.29	110	0.67	0.67	0.97	1.69
Popular	6.33	1.23	3.00	9.00	110	7.00	7.00	-0.59	0.22

〈계속〉

VARIABLE	MEAN	SD	MIN	MAX	FREQ	MEDIAN	MODE	SK	KU
XA%	0.92	0.05	0.57	1.00	110	0.91	0.95	−3.35	23.67
WDA%	0.94	0.05	0.54	1.00	110	0.95	0.95	−4.34	32.40
X+%	0.78	0.07	0.50	1.00	110	0.77	0.75	−0.45	2.72
X−%	0.08	0.05	0.00	0.43	99	0.09	0.05	3.29	23.27
Xu%	0.14	0.06	0.00	0.37	108	0.15	0.14	0.45	1.97
Isolate/R	0.15	0.07	0.00	0.47	108	0.15	0.16	1.76	8.19
H	3.42	1.96	0.00	8.00	109	3.00	5.00	0.49	−0.51
(H)	1.05	0.90	0.00	4.00	75	1.00	1.00	0.52	−0.16
HD	0.57	0.82	0.00	4.00	48	0.00	0.00	1.96	5.02
(Hd)	0.54	0.50	0.00	1.00	59	1.00	1.00	−0.14	−2.01
Hx	0.00	[0.00]	0.00	0.00	0	0.00	0.00	---	---
All H Cont	5.57	2.28	1.00	9.00	110	5.00	5.00	−0.14	−0.95
A	7.98	1.96	3.00	15.00	110	8.00	7.00	0.54	1.91
(A)	0.36	[0.55]	0.00	3.00	37	0.00	0.00	1.55	3.35
Ad	2.08	[1.20]	0.00	9.00	102	2.00	2.00	2.25	11.70
(Ad)	0.06	[0.30]	0.00	2.00	4	0.00	0.00	5.79	34.15
An	0.93	[0.79]	0.00	3.00	73	1.00	1.00	0.24	−1.02
Art	0.86	0.63	0.00	4.00	82	1.00	1.00	1.00	4.67
Ay	0.14	[0.35]	0.00	1.00	15	0.00	0.00	2.14	2.67
Bl	0.22	[0.42]	0.00	1.00	24	0.00	0.00	1.38	−0.09
Bt	1.68	0.82	0.00	4.00	102	2.00	2.00	−0.04	−0.06
Cg	1.47	1.11	0.00	4.00	93	1.00	1.00	0.58	−0.80
Cl	0.09	[0.35]	0.00	2.00	8	0.00	0.00	4.11	17.53
Ex	0.12	[0.32]	0.00	1.00	13	0.00	0.00	2.39	3.82
Fi	0.69	[0.52]	0.00	2.00	73	1.00	1.00	−0.22	−0.72
Food	0.60	[0.51]	0.00	2.00	65	1.00	1.00	−0.20	−1.47
Ge	0.01	[0.10]	0.00	1.00	1	0.00	0.00	10.48	110.00
Hh	0.89	0.60	0.00	4.00	88	1.00	1.00	1.36	7.28
Ls	1.12	0.71	0.00	2.00	88	1.00	1.00	−0.17	−1.00
Na	0.12	[0.35]	0.00	2.00	12	0.00	0.00	3.02	9.12
Sc	1.70	[1.34]	0.00	6.00	77	2.00	3.00	0.02	−0.83
Sx	0.11	[0.44]	0.00	3.00	8	0.00	0.00	4.64	23.43
Xy	0.04	[0.19]	0.00	1.00	4	0.00	0.00	5.02	23.65
Idio	1.09	1.47	0.00	7.00	52	0.00	0.00	1.48	2.28
DV	0.98	[0.70]	0.00	3.00	84	1.00	1.00	0.34	0.03
INCOM	0.88	[0.74]	0.00	4.00	76	1.00	1.00	0.74	1.58
DR	0.13	[0.34]	0.00	1.00	14	0.00	0.00	2.26	3.20
FABCOM	0.23	[0.46]	0.00	2.00	23	0.00	0.00	1.87	2.73
DV2	0.03	[0.16]	0.00	1.00	3	0.00	0.00	5.88	33.24
INC2	0.01	[0.10]	0.00	1.00	1	0.00	0.00	10.48	110.00
DR2	0.01	[0.10]	0.00	1.00	1	0.00	0.00	10.48	110.00
FAB2	0.04	[0.19]	0.00	1.00	4	0.00	0.00	5.02	23.65
ALOG	0.06	[0.27]	0.00	2.00	5	0.00	0.00	5.36	31.19
CONTAM	0.00	0.00	0.00	0.00	0	0.00	0.00	---	---
Sum 6 Sp Sc	2.35	1.38	0.00	5.00	96	2.00	2.00	−0.19	−0.97
Lvl 2 Sp Sc	0.08	[0.28]	0.00	1.00	9	0.00	0.00	3.09	7.71
WSum6	4.71	3.33	0.00	15.00	96	4.00	3.00	0.60	0.27
AB	0.03	[0.16]	0.00	1.00	3	0.00	0.00	5.88	33.24
AG	1.15	0.91	0.00	4.00	82	1.00	1.00	0.53	−0.05
COP	1.54	0.97	0.00	5.00	98	1.00	1.00	0.74	0.98
CP	0.00	[0.00]	0.00	0.00	0	0.00	0.00	---	---
GOODHR	5.01	1.91	0.00	9.00	109	6.00	6.00	−0.38	−0.55
POORHR	1.57	1.22	0.00	6.00	75	1.00	1.00	2.00	4.33
MOR	0.54	[0.83]	0.00	4.00	41	0.00	0.00	1.73	3.06
PER	0.92	0.65	0.00	5.00	89	1.00	1.00	2.31	14.11
PSV	0.04	[0.19]	0.00	1.00	4	0.00	0.00	5.02	23.65

주의: [ ] 안의 값은 신뢰롭지 못한 값이므로 기대범위를 추정하는 데 사용할 수 없음. 흔히 이 변인들은 모수통계분석에 포함시키지 않음.

〈표 11-11〉 16세 (N=140)

VARIABLE	MEAN	SD	MIN	MAX	FREQ	MEDIAN	MODE	SK	KU
R	22.89	5.16	14.00	31.00	140	21.00	20.00	0.94	1.70
W	8.96	2.37	3.00	20.00	140	9.00	9.00	1.70	8.32
D	11.91	3.74	0.00	21.00	139	12.00	12.00	−0.23	1.41
Dd	2.02	[1.82]	0.00	7.00	121	2.00	1.00	3.49	15.11
S	1.24	[1.23]	0.00	5.00	132	2.00	2.00	2.70	14.04
DQ+	7.94	2.04	2.00	13.00	140	8.00	8.00	−0.28	−0.13
DQo	13.12	3.47	5.00	27.00	140	12.00	12.00	1.23	4.58
DQv	0.89	[1.35]	0.00	5.00	59	0.00	0.00	1.59	1.62
DQv/+	0.84	[0.53]	0.00	2.00	46	0.00	0.00	2.21	3.98
FQx+	0.54	0.83	0.00	3.00	48	0.00	0.00	1.26	0.31
FQxo	16.43	3.36	7.00	29.00	140	16.00	15.00	0.59	2.16
FQxu	3.19	1.56	0.00	11.00	138	3.00	3.00	1.18	4.32
FQx−	1.58	0.91	0.00	5.00	126	2.00	2.00	0.70	2.97
FQxNone	0.06	[0.26]	0.00	2.00	7	0.00	0.00	5.01	27.20
MQ+	0.35	0.64	0.00	3.00	38	0.00	0.00	1.96	3.75
MQo	3.50	2.01	0.00	8.00	138	3.00	1.00	0.29	−0.86
MQu	0.37	0.50	0.00	2.00	51	0.00	0.00	0.71	−1.07
MQ−	0.09	[0.29]	0.00	1.00	13	0.00	0.00	2.84	6.13
MQNone	0.00	[0.00]	0.00	0.00	0	0.00	0.00	---	---
S−	0.34	[0.55]	0.00	2.00	43	0.00	0.00	1.32	0.81
M	4.31	2.13	1.00	9.00	140	4.00	4.00	0.20	−0.88
FM	4.58	1.66	1.00	9.00	140	4.00	4.00	0.04	−0.73
m	1.14	0.80	0.00	4.00	117	1.00	1.00	1.10	2.43
FM+m	5.72	1.78	2.00	10.00	140	6.00	7.00	0.03	−0.73
FC	3.43	1.34	0.00	8.00	137	3.00	3.00	0.14	1.16
CF	2.78	1.45	0.00	6.00	130	3.00	3.00	−0.05	−0.59
C	0.04	[0.20]	0.00	1.00	6	0.00	0.00	4.56	19.10
Cn	0.01	[0.12]	0.00	1.00	2	0.00	0.00	8.27	67.44
FC+CF+C+Cn	6.26	2.08	1.00	11.00	140	7.00	8.00	−0.56	−0.16
Wsum C	4.56	1.66	0.50	8.00	140	5.00	3.50	−0.42	−0.49
Sum C′	1.15	[1.27]	0.00	6.00	118	1.00	1.00	2.48	13.59
Sum T	1.02	[0.48]	0.00	3.00	128	1.00	1.00	2.44	13.39
Sum V	0.19	[0.51]	0.00	2.00	20	0.00	0.00	2.64	6.03
Sum Y	1.04	[1.21]	0.00	5.00	95	2.00	1.00	3.25	20.79
SumShd	3.44	2.35	0.00	23.00	139	4.00	4.00	4.25	31.18
Fr+rF	0.48	[0.41]	0.00	3.00	32	0.00	0.00	6.27	48.14
FD	1.31	[0.93]	0.00	5.00	108	1.00	2.00	0.33	0.77
F	6.85	2.69	2.00	17.00	140	6.00	5.00	0.96	0.93
PAIR	9.04	2.00	1.00	14.00	140	9.00	10.00	−0.90	3.36
3r(2)/R	0.43	0.09	0.05	0.79	140	0.45	0.50	−0.32	3.89
LAMBDA	0.65	0.21	0.24	1.71	140	0.68	0.63	1.85	7.03
EA	8.87	2.23	2.00	13.50	140	9.00	8.50	−0.59	0.63
es	9.21	3.29	4.00	17.00	140	10.00	8.00	2.09	12.09
D	−0.31	1.31	−10.00	2.00	140	0.00	0.00	−3.70	22.64
AdjD	−0.11	1.04	−5.00	2.00	140	0.00	0.00	−1.56	5.47
a (active)	6.82	1.71	3.00	12.00	140	7.00	6.00	0.25	0.13
p (passive)	3.22	1.89	0.00	9.00	133	3.00	2.00	0.70	0.33
Ma	2.62	1.42	1.00	7.00	140	2.00	2.00	0.88	0.20
Mp	1.69	1.38	0.00	5.00	106	2.00	2.00	0.55	−0.32
Intellect	1.14	0.93	0.00	5.00	140	1.00	1.00	1.38	2.72
Zf	12.61	2.64	5.00	23.00	140	13.00	13.00	0.37	3.18
Zd	1.12	2.96	−6.50	9.00	140	0.75	−0.50	0.09	0.15
Blends	6.11	2.13	1.00	12.00	140	7.00	7.00	−0.44	−0.26
Col Shd Blends	0.24	[0.50]	0.00	2.00	28	0.00	0.00	2.08	3.56
Afr	0.65	0.17	0.27	1.29	140	0.67	0.67	0.80	1.61
Popular	6.46	1.27	3.00	10.00	140	7.00	7.00	−0.35	0.39

〈계속〉

VARIABLE	MEAN	SD	MIN	MAX	FREQ	MEDIAN	MODE	SK	KU
XA%	0.93	0.05	0.57	1.00	140	0.92	0.95	−3.12	22.84
WDA%	0.94	0.05	0.54	1.00	140	0.95	0.95	−3.80	29.25
X+%	0.78	0.07	0.50	1.00	140	0.78	0.75	−0.41	2.27
X−%	0.07	0.05	0.00	0.43	126	0.07	0.05	3.07	22.85
Xu%	0.15	0.06	0.00	0.37	138	0.15	0.15	0.45	1.42
Isolate/R	0.16	0.07	0.00	0.47	138	0.16	0.16	1.30	4.09
H	3.39	1.94	0.00	8.00	139	3.00	3.00	0.62	−0.28
(H)	1.07	0.89	0.00	4.00	97	1.00	1.00	0.36	−0.43
HD	0.59	0.81	0.00	4.00	62	0.00	0.00	1.79	4.08
(Hd)	0.46	0.50	0.00	1.00	64	0.00	0.00	0.17	−2.00
Hx	0.00	[0.00]	0.00	0.00	0	0.00	0.00	---	---
All H Cont	5.51	2.12	1.00	9.00	140	5.00	5.00	−0.06	−0.76
A	8.04	1.97	3.00	15.00	140	8.00	7.00	0.46	1.18
(A)	0.32	[0.54]	0.00	3.00	41	0.00	0.00	1.72	3.69
Ad	2.11	[1.15]	0.00	9.00	131	2.00	2.00	1.97	10.34
(Ad)	0.07	[0.33]	0.00	2.00	7	0.00	0.00	4.93	24.56
An	0.81	[0.79]	0.00	3.00	82	1.00	0.00	0.44	−0.97
Art	0.83	0.68	0.00	4.00	97	1.00	1.00	0.78	2.33
Ay	0.19	[0.41]	0.00	2.00	25	0.00	0.00	1.95	2.75
Bl	0.21	[0.43]	0.00	2.00	29	0.00	0.00	1.68	1.61
Bt	1.87	1.03	0.00	6.00	130	2.00	2.00	0.62	1.27
Cg	1.39	1.06	0.00	4.00	116	1.00	1.00	0.64	−0.57
Cl	0.11	[0.36]	0.00	2.00	14	0.00	0.00	3.32	11.31
Ex	0.11	[0.32]	0.00	1.00	16	0.00	0.00	2.45	4.06
Fi	0.63	[0.57]	0.00	2.00	82	1.00	1.00	0.19	−0.76
Food	0.51	[0.52]	0.00	2.00	70	0.50	0.00	0.13	−1.62
Ge	0.01	[0.12]	0.00	1.00	2	0.00	0.00	8.27	67.44
Hh	0.91	0.67	0.00	4.00	108	1.00	1.00	1.14	3.97
Ls	1.07	0.74	0.00	3.00	108	1.00	1.00	0.00	−0.87
Na	0.17	[0.42]	0.00	2.00	22	0.00	0.00	2.35	5.05
Sc	1.51	[1.31]	0.00	6.00	93	2.00	0.00	0.23	−0.82
Sx	0.11	[0.41]	0.00	3.00	11	0.00	0.00	4.57	23.67
Xy	0.04	[0.19]	0.00	1.00	5	0.00	0.00	5.05	23.93
Idiographic	1.31	1.45	0.00	7.00	81	1.00	0.00	1.07	1.04
DV	0.99	[0.71]	0.00	3.00	107	1.00	1.00	0.38	0.11
INCOM	0.83	[0.75]	0.00	4.00	91	1.00	1.00	0.81	1.34
DR	0.14	[0.37]	0.00	2.00	19	0.00	0.00	2.48	5.51
FABCOM	0.21	[0.45]	0.00	2.00	28	0.00	0.00	1.89	2.75
DV2	0.02	[0.15]	0.00	1.00	3	0.00	0.00	6.68	43.26
INC2	0.01	[0.12]	0.00	1.00	2	0.00	0.00	8.27	67.44
DR2	0.01	[0.09]	0.00	1.00	1	0.00	0.00	11.83	140.00
FAB2	0.04	[0.19]	0.00	1.00	5	0.00	0.00	5.05	23.93
ALOG	0.05	[0.25]	0.00	2.00	6	0.00	0.00	5.49	32.88
CONTAM	0.00	0.00	0.00	0.00	0	0.00	0.00	---	---
Sum 6 Sp Sc	2.30	1.34	0.00	5.00	125	2.00	2.00	−0.03	−0.92
Lvl 2 Sp Sc	0.08	[0.27]	0.00	1.00	11	0.00	0.00	3.16	8.14
WSum6	4.57	3.23	0.00	15.00	125	4.00	3.00	0.67	0.32
AB	0.06	[0.25]	0.00	1.00	9	0.00	0.00	3.59	11.06
AG	1.20	0.99	0.00	5.00	106	1.00	1.00	1.02	1.98
COP	1.60	1.10	0.00	5.00	120	1.00	1.00	0.68	0.45
CP	0.00	[0.00]	0.00	0.00	0	0.00	0.00	---	---
GOODHR	5.29	1.80	0.00	9.00	139	6.00	6.00	−0.21	−0.49
POORHR	1.16	1.29	0.00	6.00	96	1.00	1.00	1.67	2.67
MOR	0.58	[0.81]	0.00	4.00	59	0.00	0.00	1.56	2.57
PER	0.96	0.72	0.00	5.00	110	1.00	1.00	1.59	7.12
PSV	0.04	[0.20]	0.00	1.00	6	0.00	0.00	4.56	19.10

주의: [ ] 안의 값은 신뢰롭지 못한 값이므로 기대범위를 추정하는 데 사용할 수 없음. 흔히 이 변인들은 모수통계분석에 포함시키지 않음.

〈표 11-12〉 36개 변인의 빈도: 1,390명의 정상아동과 청소년 (5~10세)

	5세 (N=90)		6세 (N=80)		7세 (N=120)		8세 (N=120)		9세 (N=140)		10세 (N=120)	
	빈도	%	빈도	%	빈도	%	빈도	%	빈도	%	빈도	%
STYLES												
Introversive	0	0%	0	0%	6	5%	16	13%	23	16%	24	20%
Pervasive Introversive	0	0%	0	0%	0	0%	0	0%	1	0%	0	0%
Ambitent	24	27%	20	25%	42	35%	36	30%	48	40%	38	32%
Extratensive	54	60%	51	64%	58	48%	48	40%	49	35%	45	38%
Pervasive−Extratensive	48	53%	46	58%	40	33%	24	20%	15	11%	26	22%
Avoidant	12	13%	9	11%	14	12%	20	17%	20	14%	13	11%
EA−es DIFFERENCES: D−SCORES												
D Score > 0	0	0%	0	0%	0	0%	6	5%	7	5%	2	2%
D Score= 0	68	76%	51	64%	69	58%	90	75%	117	84%	100	83%
D Score > 0	22	24%	29	36%	51	43%	24	20%	16	11%	8	15%
D Score < −1	4	4%	4	5%	12	10%	8	7%	9	6%	2	2%
Adj D Score > 0	0	0%	0	0%	0	0%	6	5%	9	6%	6	5%
Adj D Score= 0	72	80%	63	79%	69	58%	98	82%	121	86%	96	80%
Adj D Score > 0	18	20%	17	21%	51	43%	16	13%	10	7%	18	15%
Adj D Score < −1	3	3%	4	5%	5	4%	8	7%	7	5%	2	2%
Zd > + 3.0 (Overincorp)	3	3%	0	0%	0	0%	8	7%	28	20%	30	25%
Zd < − 3.0 (Underincorp)	23	26%	27	34%	32	27%	19	16%	22	16%	19	16%
FORM QUALITY DEIVIATIONS												
XA% > .89	25	28%	41	51%	62	52%	56	47%	61	44%	66	47%
XA% < .70	14	16%	15	19%	12	10%	16	13%	18	13%	9	7%
WDA% < .85	14	16%	8	10%	18	15%	22	18%	24	17%	16	13%
WDA% < .75	4	4%	3	4%	0	0%	0	0%	3	2%	1	0%
X+% < .55	4	4%	0	0%	0	0%	3	3%	4	3%	3	3%
Xu% > .20	49	54%	55	69%	23	19%	32	27%	36	26%	22	18%
X−% > .20	3	3%	2	3%	6	5%	4	4%	4	3%	9	8%
X−% > .30	0	0%	0	0%	0	0%	0	0%	0	0%	0	0%
FC:CF+C RATIO												
FC > (CF+C) + 2	0	0%	0	0%	9	8%	1	1%	0	0%	1	1%
FC > (CF+C) + 1	0	0%	0	0%	12	10%	9	8%	10	7%	14	12%
(CF+C) > FC+1	87	97%	71	89%	17	14%	48	40%	30	21%	60	50%
(CF+C) > FC+2	43	48%	49	61%	11	9%	32	27%	19	14%	21	18%

〈계속〉

	5세 (N=90)		6세 (N=80)		7세 (N=120)		8세 (N=120)		9세 (N=140)		10세 (N=120)	
	빈도	%	빈도	%	빈도	%	빈도	%	빈도	%	빈도	%
CONSTELLATIONS & INDICES												
HVI Positive	0	0%	0	0%	0	0%	0	0%	0	0%	0	0%
OBS Positive	0	0%	0	0%	0	0%	0	0%	0	0%	0	0%
PTI=5	0	0%	0	0%	0	0%	0	0%	0	0%	0	0%
PTI=4	0	0%	0	0%	0	0%	0	0%	0	0%	0	0%
PTI=3	0	0%	0	0%	0	0%	0	0%	0	0%	0	0%
DEPI=7	0	0%	0	0%	0	0%	0	0%	0	0%	0	0%
DEPI=6	0	0%	0	0%	0	0%	0	0%	0	0%	0	0%
DEPI=5	0	0%	0	0%	0	0%	0	0%	0	0%	0	0%
CDI=5	1	1%	2	2%	3	3%	3	3%	0	0%	0	0%
CDI=4	11	12%	10	13%	13	11%	8	7%	9	6%	18	15%
MISCELLANEOUS VARIABLES												
R<17	17	19%	15	19%	14	12%	40	33%	21	15%	13	11%
R>27	0	0%	0	0%	0	0%	0	0%	0	0%	0	0%
S<2	21	23%	4	5%	37	31%	9	8%	12	9%	14	12%
Sum T=0	33	37%	11	14%	10	8%	8	7%	17	12%	14	12%
Sum T>1	0	0%	0	0%	2	2%	8	7%	12	9%	8	7%
3r+(2)/R<.33	0	0%	6	8%	0	0%	8	7%	7	5%	4	3%
3r+(2)/R>.44	86	96%	62	78%	82	68%	82	68%	99	71%	110	92%
PureC>1	53	59%	56	70%	12	10%	40	33%	28	20%	16	13%
Afr<.40	0	0%	12	15%	0	0%	1	1%	8	6%	2	2%
Afr<.50	13	14%	19	24%	9	8%	24	20%	16	11%	16	13%
(FM+m)<Sum Shading	0	0%	0	0%	2	2%	10	8%	14	10%	8	7%
Populars<4	6	7%	8	10%	3	3%	4	3%	0	0%	4	3%
COP=0	13	14%	13	16%	12	10%	6	5%	4	3%	6	5%
COP>2	6	6%	5	6%	16	13%	30	25%	37	26%	21	18%
AG=0	8	9%	40	50%	0	0%	24	20%	12	9%	3	3%
AG>2	4	4%	4	5%	3	3%	13	11%	19	14%	18	15%
MOR>2	3	3%	5	6%	6	5%	3	3%	11	8%	13	11%
Level 2 Sp.Sc.>0	32	36%	16	20%	19	16%	13	11%	14	10%	10	8%
GHR>PHR	79	88%	69	77%	93	78%	101	84%	98	70%	94	78%
Pure H<2	4	4%	24	30%	63	52%	32	27%	31	22%	36	30%
Pure H=0	1	1%	0	0%	0	0%	4	3%	2	1%	4	3%
p>a+1	7	8%	5	6%	16	13%	10	8%	19	14%	12	10%
Mp>Ma	9	10%	9	11%	11	9%	14	12%	17	12%	14	12%

〈표 11-12〉 35개 변인의 빈도: 1,390명의 정상아동과 청소년 (11~16세)

	11세 (N=135)		12세 (N=120)		13세 (N=110)		14세 (N=105)		15세 (N=110)		16세 (N=140)	
	빈도	%	빈도	%	빈도	%	빈도	%	빈도	%	빈도	%
STYLES												
Introversive	27	20%	24	20%	30	27%	28	27%	37	34%	46	33%
Pervasive Introversive	0	0%	8	6%	6	5%	6	6%	7	6%	11	8%
Ambitent	37	27%	47	39%	35	32%	32	30%	27	25%	28	20%
Extratensive	51	38%	33	28%	35	32%	35	33%	34	31%	52	37%
Pervasive Extratensive	14	10%	22	18%	18	16%	18	17%	18	16%	23	16%
Avoidant	21	16%	16	13%	10	9%	10	10%	12	10%	14	12%
EA−es DIFFERENCES: D−SCORES												
D Score > 0	0	0%	4	3%	14	13%	10	10%	9	8%	14	10%
D Score = 0	123	91%	90	75%	70	64%	69	66%	71	65%	110	79%
D Score < 0	12	9%	26	22%	26	24%	26	25%	30	27%	16	11%
D Score < −1	5	4%	3	3%	4	4%	3	3%	10	9%	9	6%
Adj D Score > 0	4	3%	14	12%	25	23%	21	20%	16	15%	17	12%
Adj D Score = 0	119	88%	80	67%	65	59%	70	67%	67	61%	86	61%
Adj D Score > 0	11	8%	26	22%	20	18%	14	13%	27	25%	12	9%
Adj D Score < −1	4	3%	2	2%	2	2%	2	2%	6	5%	7	5%
Zd > + 3.0 (Overincorp)	36	27%	34	28%	30	27%	21	20%	25	23%	30	21%
Zd < − 3.0 (Underincorp)	14	10%	20	17%	15	14%	16	15%	16	15%	14	10%
FORM QUALITY DEIVIATIONS												
XA% > .89	111	82%	110	92%	86	78%	81	77%	87	79%	114	81%
XA% < .70	0	0%	4	3%	4	4%	4	4%	2	2%	3	2%
WDA% < .85	6	4%	4	3%	8	7%	8	8%	2	2%	2	1%
WDA% < .75	0	0%	4	3%	4	4%	4	4%	1	1%	1	1%
X+% < .55	12	9%	6	5%	8	7%	8	8%	2	2%	3	2%
Xu% > .20	26	19%	16	13%	16	15%	17	15%	9	8%	16	11%
X−% > .20	18	13%	4	3%	6	5%	7	6%	2	2%	2	1%
X−% > .30	0	0%	2	2%	2	2%	2	2%	1	1%	1	1%
FC:CF+C RATIO												
FC > (CF+C) + 2	3	2%	8	7%	6	5%	4	4%	10	9%	18	13%
FC > (CF+C) + 1	17	13%	12	10%	12	11%	8	8%	20	18%	38	27%
(CF+C) > FC+1	45	33%	24	20%	19	17%	16	15%	23	21%	23	16%
(CF+C) > FC+2	14	10%	0	0%	3	3%	3	3%	2	2%	2	1%

〈계속〉

	11세 (N=135)		12세 (N=120)		13세 (N=110)		14세 (N=105)		15세 (N=110)		16세 (N=140)	
	빈도	%	빈도	%	빈도	%	빈도	%	빈도	%	빈도	%
CONSTELLATIONS & INDICES												
HVI Positive	5	4%	4	3%	3	3%	6	6%	0	0%	1	1%
OBS Positive	0	0%	0	0%	0	0%	0	0%	1	1%	1	1%
PTI=5	0	0%	0	0%	0	0%	0	0%	0	0%	0	0%
PTI=4	0	0%	0	0%	0	0%	0	0%	0	0%	0	0%
PTI=3	0	0%	2	2%	2	2%	2	2%	1	1%	1	1%
DEPI=7	0	0%	0	0%	0	0%	0	0%	0	0%	0	0%
DEPI=6	0	0%	0	0%	0	0%	0	0%	0	0%	0	0%
DEPI=5	0	0%	1	1%	1	1%	0	0%	0	0%	0	0%
CDI=5	0	0%	0	0%	0	0%	0	0%	1	1%	1	1%
CDI=4	12	9%	29	24%	22	20%	13	12%	16	15%	15	11%
MISCELLANEOUS VARIABLES												
R>17	4	3%	8	7%	10	9%	10	10%	12	11%	13	9%
R>27	0	0%	0	0%	4	4%	5	5%	8	7%	11	8%
S>2	18	13%	10	8%	16	15%	13	12%	17	15%	18	13%
Sum T=0	19	14%	14	12%	20	18%	17	16%	6	5%	12	9%
Sum T>1	11	8%	0	0%	4	4%	2	2%	9	8%	11	8%
3r+(2)/R<.33	0	0%	6	5%	18	16%	18	17%	7	6%	10	7%
3r+(2)/R>.44	123	91%	85	71%	62	56%	59	56%	49	45%	74	53%
Pure C>1	0	0%	0	0%	0	0%	0	0%	0	0%	0	0%
Afr<.40	0	0%	6	5%	8	7%	6	6%	5	5%	6	4%
Afr<.50	13	10%	45	38%	33	30%	24	23%	19	17%	21	15%
(FM+m)<Sum Shading	10	7%	12	10%	11	10%	9	9%	17	15%	20	14%
Populars<4	0	0%	4	3%	4	4%	1	1%	3	3%	4	3%
COP=0	6	4%	6	5%	10	9%	13	12%	12	11%	20	14%
COP>2	13	10%	19	16%	16	15%	18	17%	15	14%	24	17%
AG=0	5	4%	21	18%	25	23%	19	18%	28	25%	34	24%
AG>2	10	7%	15	13%	8	7%	10	10%	8	7%	11	8%
MOR>2	6	4%	6	5%	2	2%	5	5%	4	4%	5	4%
Level 2 Sp.Sc.>0	20	15%	22	18%	13	12%	9	9%	9	8%	7	5%
GHR>PHR	105	78%	109	91%	94	85%	89	85%	84	76%	111	79%
Pure H<2	27	20%	30	25%	28	25%	18	17%	23	21%	14	10%
Pure H=0	4	3%	0	0%	0	0%	0	0%	1	1%	1	1%
p>a+1	12	9%	10	8%	7	6%	13	12%	13	12%	15	11%
Mp>Ma	20	15%	18	15%	9	8%	8	8%	16	15%	17	12%

〈표 11-13〉 성인 외래환자의 기술통계치 (N=535)

VARIABLE	MEAN	SD	MIN	MAX	FREQ	MEDIAN	MODE	SK	KU
AGE	33.81	12.06	18.00	70.00	535	31.00	23.00	1.12	0.79
Years Educ	13.46	4.65	10.00	20.00	535	14.00	13.00	−0.67	1.39
R	20.25	5.49	14.00	41.00	535	19.00	16.00	1.21	1.03
W	7.88	3.36	1.00	24.00	535	7.00	7.00	0.60	0.82
D	9.11	5.21	0.00	30.00	525	8.00	4.00	0.94	0.65
Dd	3.26	[2.79]	0.00	16.00	465	3.00	1.00	1.39	3.04
S	2.11	[1.81]	0.00	10.00	416	2.00	0.00	0.88	0.95
DQ+	6.09	3.23	0.00	20.00	530	6.00	5.00	0.92	1.40
DQo	12.74	5.19	4.00	32.00	535	11.00	9.00	1.14	1.44
DQv	1.23	[1.50]	0.00	9.00	313	1.00	0.00	1.56	2.53
DQv/+	0.19	[0.56]	0.00	5.00	79	0.00	0.00	4.40	26.22
FQx+	0.58	1.35	0.00	7.00	112	0.00	0.00	2.41	4.69
FQxo	12.20	3.82	6.00	34.00	535	12.00	12.00	1.31	3.62
FQxu	3.80	2.48	0.00	12.00	512	3.00	3.00	0.91	0.43
FQx−	3.20	2.28	0.00	13.00	488	3.00	1.00	0.88	1.00
FQxNone	0.48	[0.85]	0.00	5.00	169	0.00	0.00	2.09	4.72
MQ+	0.44	1.05	0.00	4.00	99	0.00	0.00	2.35	4.26
MQo	2.38	1.65	0.00	9.00	486	2.00	1.00	0.79	0.63
MQu	0.58	0.80	0.00	5.00	227	0.00	0.00	1.43	2.19
MQ−	0.44	[0.73]	0.00	4.00	171	0.00	0.00	1.79	3.39
MQNone	0.00	[0.06]	0.00	1.00	2	0.00	0.00	16.30	264.98
S−	0.79	[1.00]	0.00	4.00	264	0.00	0.00	1.26	0.97
M	3.85	2.53	0.00	11.00	498	4.00	4.00	0.82	0.62
FM	2.56	1.85	0.00	13.00	477	2.00	2.00	0.96	1.71
m	1.28	1.27	0.00	7.00	346	1.00	0.00	1.00	1.01
FM+m	3.84	2.45	0.00	14.00	495	4.00	4.00	0.66	1.01
FC	1.37	1.35	0.00	7.00	388	1.00	1.00	1.36	1.99
CF	1.22	1.32	0.00	8.00	336	1.00	0.00	1.31	2.25
C	0.53	[0.88]	0.00	4.00	183	0.00	0.00	1.74	2.67
Cn	0.01	[0.11]	0.00	1.00	6	0.00	0.00	9.30	84.98
Sum Color	3.14	2.01	0.00	11.00	501	3.00	2.00	0.80	0.73
WSumC	2.71	1.91	0.00	10.00	501	2.50	1.50	1.04	1.59
Sum C'	1.01	[1.25]	0.00	7.00	303	1.00	0.00	1.60	2.72
Sum T	0.52	[0.84]	0.00	3.00	191	0.00	0.00	1.70	2.23
Sum V	0.44	[0.77]	0.00	3.00	153	0.00	0.00	1.67	1.80
Sum Y	1.02	[1.14]	0.00	7.00	328	1.00	0.00	1.48	3.02
Sum Shading	2.99	2.72	0.00	12.00	463	2.00	1.00	1.10	0.55
Fr+rF	0.19	[0.63]	0.00	6.00	63	0.00	0.00	5.07	33.65
FD	0.91	[1.02]	0.00	5.00	317	1.00	0.00	1.53	3.06
F	9.22	4.90	2.00	30.00	535	8.00	7.00	1.24	2.12
(2)	7.85	3.71	1.00	23.00	535	7.00	5.00	1.21	1.88
3r+(2)/R	0.41	0.14	0.12	1.25	535	0.40	0.33	1.04	3.88
Lambda	1.14	1.26	0.11	7.67	535	0.78	1.00	3.21	12.06
EA	6.56	3.46	0.00	19.00	533	6.00	7.50	0.99	1.23
es	6.83	4.19	1.00	23.00	535	6.00	5.00	0.65	−0.20
D Score	−0.09	1.34	−4.00	5.00	535	0.00	0.00	−0.20	2.26
AdjD	0.25	1.16	−3.00	5.00	535	0.00	0.00	0.53	2.49
a (active)	4.22	2.69	0.00	17.00	510	4.00	3.00	0.89	1.18
p (passive)	3.48	2.46	0.00	13.00	483	3.00	2.00	0.54	−0.31
Ma	2.06	1.81	0.00	8.00	430	2.00	2.00	1.10	0.91
Mp	1.80	1.49	0.00	8.00	409	2.00	2.00	0.88	1.32
Intellect	1.66	1.74	0.00	10.00	363	1.00	0.00	1.20	1.20
Zf	11.09	3.83	2.00	26.00	535	11.00	10.00	0.53	1.48
Zd	0.27	4.54	−14.00	13.00	521	−0.50	5.00	0.06	−0.33
Blends	3.12	2.42	0.00	13.00	458	3.00	1.00	0.61	−0.21
Blends/R	0.16	0.12	0.00	0.57	458	0.14	0.00	0.63	−0.13
Col−Shd Blends	0.63	[0.80]	0.00	4.00	247	0.00	0.00	1.24	1.28
Afr	0.58	0.19	0.13	1.25	535	0.55	0.50	1.31	1.84

〈계속〉

VARIABLE	MEAN	SD	MIN	MAX	FREQ	MEDIAN	MODE	SK	KU
Populars	5.73	2.17	0.00	10.00	529	6.00	4.00	−0.09	−0.61
XA%	0.82	0.11	0.50	1.00	535	0.82	0.94	−0.28	−0.36
WDA%	0.85	0.10	0.60	1.00	535	0.85	0.83	−0.46	−0.14
X+%	0.64	0.14	0.27	0.95	535	0.63	0.52	−0.16	−0.63
X−%	0.16	0.10	0.00	0.46	488	0.15	0.00	0.45	−0.30
Xu%	0.18	0.09	0.00	0.42	512	0.18	0.21	0.18	−0.49
Isolate/R	0.13	0.14	0.00	0.81	415	0.11	0.00	2.43	8.87
H	2.28	1.44	0.00	9.00	505	2.00	1.00	0.88	1.12
(H)	1.17	1.21	0.00	6.00	332	1.00	0.00	0.90	0.25
HD	1.45	1.53	0.00	8.00	393	1.00	1.00	1.97	4.82
(Hd)	0.55	0.86	0.00	5.00	189	0.00	0.00	1.62	2.83
Hx	0.03	[0.21]	0.00	2.00	11	0.00	0.00	8.01	67.67
All H Cont	5.44	2.79	0.00	16.00	519	5.00	4.00	0.62	0.36
A	7.62	2.70	2.00	20.00	535	7.00	5.00	0.68	0.24
(A)	0.32	[0.64]	0.00	3.00	134	0.00	0.00	2.40	6.30
Ad	1.94	[1.89]	0.00	11.00	431	2.00	1.00	1.75	3.68
(Ad)	0.11	[0.33]	0.00	2.00	52	0.00	0.00	3.19	10.17
An	0.78	[1.21]	0.00	11.00	238	0.00	0.00	2.66	11.95
Art	1.06	1.13	0.00	5.00	318	1.00	0.00	0.86	−0.01
Ay	0.18	[0.41]	0.00	2.00	93	0.00	0.00	1.99	2.94
Bl	0.22	[0.55]	0.00	3.00	89	0.00	0.00	2.91	9.13
Bt	1.09	1.21	0.00	5.00	321	1.00	0.00	1.11	0.50
Cg	1.68	1.70	0.00	8.00	359	1.00	0.00	1.00	0.57
Cl	0.16	[0.44]	0.00	2.00	67	0.00	0.00	2.90	7.88
Ex	0.15	[0.40]	0.00	2.00	73	0.00	0.00	2.63	6.56
Fi	0.29	[0.51]	0.00	2.00	142	0.00	0.00	1.48	1.26
Food	0.25	[0.50]	0.00	2.00	116	0.00	0.00	1.88	2.77
Ge	0.07	[0.37]	0.00	4.00	24	0.00	0.00	7.95	74.77
Hh	0.64	0.93	0.00	4.00	204	0.00	0.00	1.33	1.15
Ls	0.68	1.09	0.00	6.00	205	0.00	0.00	2.12	5.55
Na	0.22	[0.67]	0.00	4.00	79	0.00	0.00	4.09	18.61
Sc	0.51	[0.78]	0.00	5.00	201	0.00	0.00	2.17	7.50
Sx	0.58	[0.99]	0.00	5.00	188	0.00	0.00	2.06	4.40
Xy	0.12	[0.33]	0.00	1.00	66	0.00	0.00	2.29	3.29
Idio	1.09	1.24	0.00	6.00	309	1.00	0.00	1.16	1.04
DV	0.80	[1.04]	0.00	5.00	272	1.00	0.00	1.81	4.40
INCOM	0.98	[1.11]	0.00	6.00	310	1.00	0.00	1.23	1.34
DR	0.26	[0.77]	0.00	5.00	74	0.00	0.00	3.55	13.47
FABCOM	0.41	[0.66]	0.00	3.00	173	0.00	0.00	1.49	1.56
DV2	0.09	[0.30]	0.00	2.00	45	0.00	0.00	3.34	10.88
INC2	0.17	[0.47]	0.00	2.00	69	0.00	0.00	2.83	7.26
DR2	0.14	[0.74]	0.00	10.00	45	0.00	0.00	9.94	121.29
FAB2	0.26	[0.64]	0.00	3.00	94	0.00	0.00	2.70	7.03
ALOG	0.13	[0.42]	0.00	3.00	52	0.00	0.00	3.77	15.59
CONTAM	0.00	0.00	0.00	0.00	0	0.00	0.00	---	---
Sum 6 Sp Sc	3.24	2.91	0.00	21.00	484	3.00	1.00	1.83	5.74
Lvl 2 Sp Sc	0.66	[1.29]	0.00	11.00	200	0.00	0.00	4.07	24.14
WSum6	9.36	10.84	0.00	97.00	484	7.00	1.00	3.23	17.78
AB	0.21	[0.47]	0.00	3.00	98	0.00	0.00	2.43	6.75
AG	0.89	1.22	0.00	8.00	257	0.00	0.00	2.25	8.70
COP	0.97	1.10	0.00	6.00	304	1.00	0.00	1.38	2.76
CP	0.01	[0.09]	0.00	1.00	4	0.00	0.00	11.46	129.98
GOODHR	3.46	1.75	0.00	10.00	509	4.00	4.00	0.31	0.59
POORHR	2.58	2.15	0.00	12.00	466	2.00	2.00	1.44	2.83
MOR	1.06	[1.33]	0.00	7.00	314	1.00	0.00	1.69	2.70
PER	1.04	1.65	0.00	11.00	235	0.00	0.00	2.51	9.21
PSV	0.20	[0.58]	0.00	3.00	74	0.00	0.00	3.39	12.00

주의: [ ] 안의 값은 신뢰롭지 못한 값이므로 기대범위를 추정하는 데 사용할 수 없음. 흔히 이 변인들은 모수통계분석에 포함시키지 않음.

〈표 11-14〉 36개 변인의 빈도: 성인 외래환자 (N=535)

DEMOGRAPHIY VARIABLES

MARITAL STATUS			AGE			RACE		
Single	170	32%	18~25	154	29%	White	453	85%
Lives w/S.O.	32	6%	26~35	194	36%	Black	43	8%
Married	264	49%	36~45	102	19%	Hispanic	27	5%
Separated	28	5%	46~55	35	7%	Asian	12	2%
Divorced	37	7%	56~65	36	7%			
Widowed	4	1%	OVER 65	14	3%	EDUCATION		
						UNDER 12	58	11%
SEX						12 Years	148	28%
Male	208	39%				13~15 Yrs	224	42%
Female	327	61%				16+ Yrs	105	20%

RATIOS, PERCENTAGES AND SPECIAL INDICES

STYLE			FORM QUALITY DEVIATIONS		
Introversive	151	28%	XA%>.89	127	24%
Pervasive	113	21%	XA%<.70	62	12%
Ambitent	110	21%	WDA%<.85	249	47%
Extratensive	73	14%	WDA%<.75	79	15%
Pervasive	45	8%	X+%<.55	146	27%
Avoidant	201	38%	Xu%>.20	211	39%
			X−%>.20	164	31%
D−SCORES			X−%>.20	164	31%
D Score> 0	125	23%			
D Score= 0	262	49%			
D Score< 0	148	28%			
D Score<−1	55	10%			
			FC:CF+C RATIO		
Adj D Score> 0	168	31%	FC>(CF+C)+2 3	7	7%
Adj D Score= 0	277	52%	FC>(CF+C)+1	87	16%
Adj D Score< 0	90	17%	(CF+C)>FC+1	140	26%
Adj D Score<−1	27	5%	(CF+C)>FC+2	71	13%
			S−Constellation Positive	1	0%
Zd>+3.0(Overincorp)	159	30%	HVI Positive	61	11%
Zd<−3.0(Underincorp)	134	25%	OBS Positive	44	8%

PTI=5	3	1%	DEPI=7	2	0%	CDI=5	42	8%
PTI=4	3	1%	DEPI=6	24	4%	CDI=4	123	23%
PTI=3	7	1%	DEPI=5	82	15%			

MISCELLANEOUS VARIABLES

R<17	165	31%	(2AB+Art+Ay)>5	22	4%
R>27	65	12%	Populars<4	76	14%
DQv>2	89	17%	Populars>7	131	24%
S>2	206	39%	COP=0	231	43%
Sum T=0	344	64%	COP>2	40	7%
Sum T>1	56	10%	AG=0	278	52%
3r+(2)/R<.33	141	26%	AG>2	19	4%
3r+(2)/R>.44	166	31%	MOR>2	70	13%
Fr+rF>0	63	12%	Level 2 Sp.Sc.>0	200	37%
PureC>0	183	34%	GHR>PHR	328	61%
PureC>1	74	14%	Pure H<2	188	35%
Afr<.40	109	20%	Pure H=0	30	6%
Afr<.50	258	48%	p>a+1	158	30%
(FM+m)<Sum Shading	164	31%	Mp>Ma	170	32%

〈표 11-15〉 내향적 외래환자의 기술통계치 (N=151)

VARIABLE	MEAN	SD	MIN	MAX	FREQ	MEDIAN	MODE	SK	KU
AGE	30.81	8.62	18.00	57.00	151	29.00	29.00	0.65	−0.02
Years Educ	14.19	3.70	11.00	20.00	151	14.00	14.00	0.92	1.31
R	20.64	5.81	12.00	38.00	151	18.00	16.00	1.15	0.32
W	7.95	2.71	4.00	15.00	151	7.00	7.00	0.96	0.27
D	9.46	5.58	2.00	30.00	151	7.00	7.00	1.47	1.35
Dd	3.23	[2.23]	0.00	12.00	127	4.00	4.00	0.39	0.51
S	2.31	[1.59]	0.00	7.00	138	2.00	1.00	0.87	0.69
DQ+	8.62	3.44	3.00	20.00	151	8.00	8.00	0.94	0.15
DQo	11.31	3.94	5.00	30.00	151	11.00	11.00	1.63	5.61
DQv	0.52	[1.10]	0.00	7.00	40	0.00	0.00	2.83	9.91
DQv/+	0.19	[0.67]	0.00	5.00	18	0.00	0.00	5.49	35.51
FQx+	1.56	2.03	0.00	7.00	65	0.00	0.00	0.79	−1.02
FQxo	12.31	3.79	7.00	34.00	151	11.00	10.00	2.60	9.84
FQxu	3.87	3.01	0.00	11.00	139	3.00	2.00	0.81	−0.49
FQx−	2.72	2.00	0.00	13.00	141	3.00	1.00	1.54	4.65
FQxNone	0.18	[0.60]	0.00	5.00	17	0.00	0.00	4.76	29.44
MQ+	1.25	1.59	0.00	4.00	64	0.00	0.00	0.68	−1.26
MQo	3.37	1.63	1.00	9.00	151	3.00	2.00	0.71	0.22
MQu	0.93	0.99	0.00	3.00	87	1.00	0.00	0.75	−0.52
MQ−	0.79	[1.01]	0.00	4.00	68	0.00	0.00	1.06	0.40
MQNone	0.01	[0.11]	0.00	1.00	2	0.00	0.00	8.60	72.95
S−	0.99	[0.92]	0.00	4.00	107	1.00	1.00	1.31	2.01
M	6.36	2.30	4.00	11.00	151	6.00	6.00	0.78	−0.76
FM	2.95	1.95	0.00	13.00	147	3.00	2.00	1.60	4.20
m	1.60	1.30	0.00	5.00	106	2.00	2.00	0.36	−0.33
FM+m	4.55	2.35	1.00	13.00	151	4.00	4.00	1.21	2.41
FC	1.66	1.39	0.00	6.00	128	1.00	1.00	1.33	1.64
CF	1.02	0.76	0.00	3.00	117	1.00	1.00	0.70	0.64
C	0.22	[0.54]	0.00	3.00	25	0.00	0.00	2.68	7.30
Cn	0.01	[0.11]	0.00	1.00	2	0.00	0.00	8.60	72.95
Sum Color	2.91	1.81	0.00	8.00	139	2.00	2.00	0.71	0.38
WSumC	2.17	1.43	0.00	6.50	139	1.50	1.50	0.72	0.13
Sum C′	0.89	[1.09]	0.00	4.00	81	1.00	0.00	1.24	0.80
Sum T	0.72	[0.95]	0.00	3.00	72	0.00	0.00	1.36	0.96
Sum V	0.62	[0.89]	0.00	3.00	61	0.00	0.00	1.28	0.68
Sum Y	1.20	[1.00]	0.00	7.00	125	1.00	1.00	2.07	7.90
Sum Shading	3.44	2.59	0.00	12.00	146	2.00	2.00	0.86	−0.15
Fr+rF	0.18	[0.75]	0.00	6.00	16	0.00	0.00	6.54	47.92
FD	1.09	[0.90]	0.00	4.00	114	1.00	1.00	0.93	0.83
F	7.30	2.97	2.00	15.00	151	7.00	7.00	0.50	−0.36
(2)	9.07	4.44	3.00	23.00	151	8.00	6.00	1.33	1.21
3r+(2)/R	0.46	0.16	0.12	1.25	151	0.44	0.28	1.47	6.26
Lambda	0.57	0.21	0.11	0.92	151	0.63	0.33	−0.35	−0.89
EA	8.53	3.47	4.00	16.50	151	7.50	5.50	0.74	−0.54
es	7.99	3.56	2.00	18.00	151	7.00	5.00	0.61	−0.54
D Score	0.03	1.40	−4.00	5.00	151	0.00	0.00	1.08	3.50
AdjD	0.40	1.20	−3.00	5.00	151	0.00	0.00	1.67	4.63
a (active)	5.37	2.70	3.00	17.00	151	5.00	3.00	1.14	1.25
p (passive)	5.54	2.24	1.00	13.00	151	6.00	7.00	0.13	0.42
Ma	3.22	1.94	0.00	8.00	149	2.00	2.00	0.85	−0.23
Mp	3.15	1.43	1.00	8.00	151	3.00	4.00	1.05	2.18
Intellect	1.56	1.35	0.00	7.00	117	2.00	2.00	1.34	2.92
Zf	13.11	3.70	7.00	26.00	151	12.00	12.00	0.95	0.72
Zd	2.62	4.73	−12.00	10.00	151	3.50	5.00	−0.53	−0.12
Blends	4.15	2.29	0.00	8.00	139	4.00	3.00	0.02	−0.90
Blends/R	0.20	0.11	0.00	0.50	139	0.21	0.23	0.40	0.56
Col−Shd Blends	1.01	[0.92]	0.00	3.00	102	1.00	1.00	0.71	−0.23
Afr	0.53	0.19	0.13	1.25	151	0.48	0.50	1.59	4.20

〈계속〉

VARIABLE	MEAN	SD	MIN	MAX	FREQ	MEDIAN	MODE	SK	KU
Populars	7.09	1.90	2.00	10.00	151	8.00	8.00	−0.72	−0.38
XA%	0.87	0.08	0.54	1.00	151	0.85	0.84	−0.97	1.79
WDA%	0.88	0.07	0.63	1.00	151	0.88	0.85	−0.81	1.59
X+%	0.69	0.13	0.27	0.89	151	0.73	0.52	−0.84	0.20
X−%	0.13	0.08	0.00	0.46	141	0.12	0.16	0.93	2.18
Xu%	0.18	0.11	0.00	0.35	139	0.14	0.11	0.13	−1.15
Isolate/R	0.14	0.10	0.00	0.50	138	0.12	0.11	1.21	1.79
H	3.02	1.46	1.00	8.00	151	3.00	2.00	0.97	0.86
(H)	1.64	1.12	0.00	6.00	131	2.00	2.00	1.06	2.32
HD	1.74	1.90	0.00	8.00	106	2.00	2.00	1.66	2.55
(Hd)	0.44	0.68	0.00	2.00	51	0.00	0.00	1.24	0.23
Hx	0.00	[0.00]	0.00	0.00	0	0.00	0.00	---	---
All H Cont	6.84	2.65	3.00	14.00	151	7.00	7.00	0.58	−0.32
A	7.52	2.46	3.00	20.00	151	7.00	6.00	1.02	3.57
(A)	0.51	[0.95]	0.00	3.00	42	0.00	0.00	1.78	1.86
Ad	1.63	[1.17]	0.00	7.00	126	2.00	2.00	1.16	3.46
(Ad)	0.06	[0.29]	0.00	2.00	7	0.00	0.00	5.28	29.37
An	0.43	[0.79]	0.00	4.00	44	0.00	0.00	2.14	5.13
Art	0.99	0.91	0.00	3.00	93	1.00	0.00	0.23	−1.29
Ay	0.24	[0.44]	0.00	2.00	35	0.00	0.00	1.47	0.81
Bl	0.13	[0.44]	0.00	2.00	13	0.00	0.00	3.56	11.85
Bt	1.41	1.18	0.00	4.00	109	1.00	2.00	0.54	−0.35
Cg	2.29	1.80	0.00	8.00	117	2.00	2.00	0.52	−0.13
Cl	0.11	[0.39]	0.00	2.00	13	0.00	0.00	3.69	13.45
Ex	0.17	[0.38]	0.00	1.00	26	0.00	0.00	1.75	1.09
Fi	0.36	[0.53]	0.00	2.00	51	0.00	0.00	1.09	0.16
Food	0.11	[0.32]	0.00	1.00	17	0.00	0.00	2.47	4.19
Ge	0.05	[0.23]	0.00	1.00	8	0.00	0.00	4.03	14.44
Hh	0.99	1.02	0.00	3.00	80	1.00	0.00	0.31	−1.45
Ls	0.93	1.44	0.00	6.00	64	0.00	0.00	1.80	2.96
Na	0.13	[0.44]	0.00	3.00	16	0.00	0.00	4.37	22.89
Sc	0.85	[1.02]	0.00	5.00	83	1.00	0.00	1.81	4.97
Sx	0.58	[1.01]	0.00	4.00	48	0.00	0.00	1.86	3.09
Xy	0.28	[0.45]	0.00	1.00	42	0.00	0.00	1.00	−1.01
Idio	1.38	1.46	0.00	6.00	87	1.00	0.00	0.82	−0.06
DV	0.66	[0.77]	0.00	4.00	79	1.00	0.00	1.45	3.42
INCOM	1.25	[1.26]	0.00	4.00	94	1.00	0.00	0.70	−0.60
DR	0.19	[0.65]	0.00	3.00	15	0.00	0.00	3.62	12.37
FABCOM	0.51	[0.77]	0.00	3.00	56	0.00	0.00	1.46	1.53
DV2	0.03	[0.18]	0.00	1.00	5	0.00	0.00	5.27	26.13
INC2	0.25	[0.56]	0.00	2.00	29	0.00	0.00	2.13	3.52
DR2	0.33	[1.29]	0.00	10.00	23	0.00	0.00	6.16	42.17
FAB2	0.32	[0.57]	0.00	2.00	40	0.00	0.00	1.62	1.68
ALOG	0.10	[0.41]	0.00	3.00	11	0.00	0.00	5.32	32.33
CONTAM	0.00	0.00	0.00	0.00	0	0.00	0.00	---	---
Sum 6 Sp Sc	3.64	3.60	0.00	21.00	147	3.00	1.00	2.21	6.79
Lvl 2 Sp Sc	0.93	[1.90]	0.00	11.00	68	0.00	0.00	3.68	14.92
WSum6	11.55	15.06	0.00	97.00	147	8.00	1.00	3.09	13.40
AB	0.17	[0.51]	0.00	3.00	18	0.00	0.00	3.63	14.46
AG	1.48	1.50	0.00	8.00	112	1.00	2.00	2.31	7.91
COP	1.23	1.33	0.00	6.00	90	1.00	0.00	1.25	2.28
CP	0.00	[0.00]	0.00	0.00	0	0.00	0.00	---	---
GOODHR	4.37	1.57	0.00	10.00	149	4.00	3.00	0.48	1.08
POORHR	3.36	2.42	0.00	12.00	150	2.00	2.00	1.59	2.65
MOR	1.00	[1.05]	0.00	5.00	106	1.00	1.00	2.02	5.22
PER	0.82	1.17	0.00	4.00	62	0.00	0.00	1.33	0.84
PSV	0.05	[0.23]	0.00	1.00	8	0.00	0.00	4.03	14.44

주의: [ ] 안의 값은 신뢰롭지 못한 값이므로 기대범위를 추정하는 데 사용할 수 없음. 흔히 이 변인들은 모수통계분석에 포함시키지 않음.

〈표 11-16〉 36개 변인의 빈도: 내향적 외래환자 (N=151)

DEMOGRAPHY VARIABLES

MARITAL STATUS		
Single	56	37%
Lives w/S.O.	8	5%
Married	72	48%
Separated	6	4%
Divorced	9	6%
Widowed	0	0%

SEX		
Male	75	50%
Female	76	50%

AGE		
18~25	44	29%
26~35	67	44%
36~45	31	21%
46~55	7	5%
56~65	2	1%
OVER 65	0	0%

RACE		
White	129	85%
Black	9	6%
Hispanic	4	3%
Asian	9	6%

EDUCATION		
UNDER 12	8	5%
12 Years	23	15%
13~15 Yrs	83	55%
16+ Yrs	37	25%

RATIOS, PERCENTAGES AND SPECIAL INDICES

STYLE		
Introversive	151	100%
Pervasive	113	75%
Ambitent	0	0%
Extratensive	0	0%
Pervasive	0	0%
Avoidant	0	0%

D-SCORES		
D Score> 0	30	20%
D Score= 0	82	54%
D Score< 0	39	26%
D Score< −1	15	10%
Adj D Score> 0	46	30%
Adj D Score= 0	85	56%
Adj D Score< 0	20	13%
Adj D Score< −1	1	1%

Zd>+3.0(Overincorp)	89	59%
Zd<−3.0(Underincorp)	24	16%

FORM QUALITY DEVIATIONS		
XA%>.89	64	42%
XA%<.70	5	3%
WDA%<.85	33	22%
WDA%<.75	5	3%
X+%<.55	29	19%
Xu%>.20	55	36%
X−%>.20	14	9%
X−%>.30	5	3%

FC:CF+C RATIO		
FC>(CF+C)+2	21	14%
FC>(CF+C)+1	27	18%
CF+C)>FC+1	7	5%
(CF+C)>FC+2	4	3%

S−Constellation Positive	0	0%
HVI Positive	20	13%
OBS Positive	35	23%

PTI=5	0	0%	DEPI=7	2	1%	CDI=5	0	0%
PTI=4	3	2%	DEPI=6	10	4%	CDI=4	24	16%
PTI=3	3	2%	DEPI=5	10	7%			

MISCELLANEOUS VARIABLES

R<17	44	29%	(2AB+Art+Ay)>5	2	1%
R>27	24	16%	Populars<4	8	5%
DQv>2	10	7%	Populars >7	85	56%
S>2	60	40%	COP=0	61	40%
Sum T=0	79	52%	COP>2	22	15%
Sum T>1	20	13%	AG=0	39	26%
3r+(2)/R<.33	40	26%	AG>2	12	8%
3r+(2)/R>.44	75	50%	MOR>2	13	9%
Fr+rF>0	16	11%	Level 2 Sp.Sc.>0	68	45%
PureC>0	25	17%	GHR>PHR	108	72%
PureC>1	7	5%	Pure H<2	15	10%
Afr<.40	22	15%	Pure H=0	0	0%
Afr<.50	79	52%	p>a+1	75	50%
(FM+m)<Sum Shading	48	32%	Mp>Ma	62	41%

〈표 11-17〉 외향적 외래환자의 기술통계치 (N=73)

VARIABLE	MEAN	SD	MIN	MAX	FREQ	MEDIAN	MODE	SK	KU
AGE	33.60	10.47	22.00	56.00	73	29.00	28.00	1.25	0.27
Years Educ	12.89	3.22	10.00	19.00	73	13.00	13.00	0.81	−0.64
R	20.49	5.92	14.00	40.00	73	19.00	16.00	0.84	0.05
W	9.97	3.64	4.00	19.00	73	10.00	13.00	−0.20	−0.70
D	7.22	5.27	0.00	22.00	63	6.00	14.00	0.41	−0.78
Dd	3.30	[3.74]	0.00	11.00	61	2.00	1.00	1.34	0.35
S	2.51	[2.02]	0.00	7.00	56	4.00	4.00	0.16	−1.09
DQ+	5.19	2.29	1.00	12.00	73	5.00	3.00	0.44	−0.72
DQo	12.36	5.36	5.00	31.00	73	11.00	9.00	0.95	0.52
DQv	2.59	[1.82]	0.00	6.00	67	2.00	1.00	0.32	−1.31
DQv/+	0.36	[0.63]	0.00	3.00	22	0.00	0.00	2.26	6.53
FQx+	0.01	0.12	0.00	1.00	1	0.00	0.00	8.54	73.00
FQxo	12.69	3.61	7.00	24.00	73	12.00	11.00	0.65	0.92
FQxu	3.36	2.29	0.00	11.00	72	3.00	1.00	0.80	0.32
FQx−	3.27	2.07	0.00	6.00	71	2.00	2.00	0.34	−1.51
FQxNone	1.16	[1.17]	0.00	5.00	47	1.00	0.00	0.85	0.17
MQ+	0.01	0.12	0.00	1.00	1	0.00	0.00	8.54	73.00
MQo	1.80	1.80	0.00	7.00	61	1.00	1.00	1.91	3.50
MQu	0.30	0.46	0.00	1.00	22	0.00	0.00	0.88	−1.25
MQ−	0.00	[0.00]	0.00	0.00	0	0.00	0.00	---	---
MQNone	0.00	[0.00]	0.00	0.00	0	0.00	0.00	---	---
S−	0.55	[0.60]	0.00	2.00	36	0.00	0.00	0.59	−0.55
M	2.11	1.78	0.00	7.00	61	2.00	2.00	1.49	2.50
FM	2.77	1.30	1.00	7.00	73	2.00	2.00	0.48	−0.19
m	1.70	1.15	0.00	7.00	67	1.00	1.00	1.63	5.50
FM+m	4.47	2.06	1.00	14.00	73	5.00	5.00	1.19	5.01
FC	0.99	0.92	0.00	4.00	52	1.00	1.00	1.34	2.28
CF	2.60	1.68	0.00	6.00	62	3.00	2.00	0.33	−0.17
C	1.30	[1.23]	0.00	4.00	49	1.00	0.00	0.68	−0.48
Cn	0.00	[0.00]	0.00	0.00	0	0.00	0.00	---	---
Sum Color	4.89	1.74	3.00	9.00	73	4.00	4.00	1.22	0.56
WSumC	5.05	1.93	3.00	9.50	73	4.50	3.00	1.05	0.23
Sum C′	1.88	[1.62]	0.00	7.00	58	1.00	1.00	0.96	0.94
Sum T	0.47	[0.58]	0.00	2.00	31	0.00	0.00	0.79	−0.33
Sum V	0.64	[0.77]	0.00	2.00	34	0.00	0.00	0.71	−0.94
Sum Y	1.18	[1.21]	0.00	5.00	47	1.00	0.00	0.91	0.18
Sum Shading	4.16	2.52	1.00	12.00	73	4.00	5.00	1.05	1.12
Fr+rF	0.27	[0.73]	0.00	4.00	11	0.00	0.00	3.02	9.92
FD	1.20	[1.17]	0.00	5.00	50	1.00	1.00	0.88	0.16
F	7.86	3.47	3.00	19.00	73	7.00	6.00	1.21	0.56
(2)	6.84	3.39	1.00	13.00	73	8.00	8.00	0.05	−1.12
3r+(2)/R	0.36	0.14	0.13	0.75	73	0.38	0.38	−0.09	0.21
Lambda	0.64	0.22	0.23	0.93	73	0.60	0.93	−0.30	−0.93
EA	7.16	3.60	3.00	16.50	73	6.50	6.00	1.31	1.47
es	8.63	3.41	3.00	23.00	73	9.00	11.00	0.88	3.35
D Score	−0.30	1.44	−4.00	2.00	73	0.00	−1.00	−0.48	0.66
AdjD	0.04	1.34	−2.00	3.00	73	0.00	−1.00	0.78	−0.03
a (active)	4.03	1.62	2.00	8.00	73	3.00	5.00	0.58	−0.39
p (passive)	2.55	2.14	0.00	9.00	62	2.00	1.00	0.77	−0.21
Ma	1.07	1.42	0.00	5.00	40	1.00	0.00	1.71	2.48
Mp	1.04	0.89	0.00	3.00	47	1.00	2.00	0.04	−1.48
Intellect	2.29	2.26	0.00	7.00	50	1.00	0.00	0.50	−1.32
Zf	11.08	2.19	9.00	21.00	73	10.00	10.00	1.97	5.04
Zd	−0.74	3.73	−14.00	8.50	71	−0.50	−0.50	−0.22	2.50
Blends	3.77	1.96	0.00	11.00	72	4.00	4.00	0.77	1.48
Blends/R	0.19	0.10	0.00	0.44	72	0.14	0.14	0.56	−0.34
Col−Shd Blends	0.75	[0.81]	0.00	2.00	38	1.00	0.00	0.48	−1.32
Afr	0.66	0.13	0.32	0.92	73	0.64	0.64	1.41	2.55

〈계속〉

VARIABLE	MEAN	SD	MIN	MAX	FREQ	MEDIAN	MODE	SK	KU
Populars	5.19	1.88	2.00	10.00	73	5.00	5.00	−0.06	−0.63
XA%	0.78	0.10	0.60	1.00	73	0.76	0.76	−0.10	−0.65
WDA%	0.79	0.11	0.60	1.00	73	0.83	0.83	−0.44	−0.92
X+%	0.63	0.09	0.41	0.80	73	0.63	0.63	0.10	−0.36
X−%	0.16	0.10	0.00	0.40	71	0.13	0.21	1.12	1.17
Xu%	0.16	0.08	0.00	0.35	72	0.19	0.21	0.04	−0.76
Isolate/R	0.23	0.25	0.04	0.81	73	0.14	0.07	1.73	1.58
H	1.29	0.91	0.00	5.00	60	1.00	1.00	1.00	3.33
(H)	1.14	1.25	0.00	3.00	40	1.00	0.00	0.56	−1.36
HD	0.81	0.74	0.00	2.00	45	1.00	1.00	0.32	−1.09
(Hd)	0.36	0.56	0.00	2.00	23	0.00	0.00	1.32	0.83
Hx	0.06	[0.23]	0.00	1.00	4	0.00	0.00	3.99	14.35
All H Cont	3.59	2.01	0.00	7.00	63	4.00	4.00	−0.18	−0.39
A	7.04	2.14	4.00	14.00	73	6.00	6.00	0.70	0.20
(A)	0.37	[0.49]	0.00	1.00	27	0.00	0.00	0.55	−1.75
Ad	2.16	[2.72]	0.00	8.00	55	1.00	1.00	1.53	0.82
(Ad)	0.37	[0.54]	0.00	2.00	25	0.00	0.00	1.08	0.18
An	0.64	[1.12]	0.00	4.00	24	0.00	0.00	1.84	2.59
Art	1.52	1.41	0.00	5.00	50	1.00	0.00	0.51	−0.88
Ay	0.11	[0.36]	0.00	2.00	7	0.00	0.00	3.45	12.43
Bl	0.49	[0.90]	0.00	3.00	22	0.00	0.00	1.90	2.67
Bt	1.36	1.17	0.00	4.00	59	1.00	1.00	1.13	0.58
Cg	1.99	2.37	0.00	6.00	38	1.00	0.00	0.71	−1.14
Cl	0.21	[0.41]	0.00	1.00	15	0.00	0.00	1.48	0.22
Ex	0.30	[0.49]	0.00	2.00	21	0.00	0.00	1.24	0.38
Fi	0.23	[0.43]	0.00	1.00	17	0.00	0.00	1.29	−0.34
Food	0.26	[0.60]	0.00	2.00	13	0.00	0.00	2.18	3.48
Ge	0.04	[0.20]	0.00	1.00	3	0.00	0.00	4.72	20.86
Hh	0.88	1.26	0.00	4.00	30	0.00	0.00	1.31	0.73
Ls	0.81	1.01	0.00	6.00	40	1.00	0.00	2.23	8.62
Na	0.80	[1.37]	0.00	4.00	26	0.00	0.00	1.70	1.44
Sc	0.58	[0.80]	0.00	3.00	29	0.00	0.00	1.09	0.05
Sx	0.62	[0.86]	0.00	4.00	30	0.00	0.00	1.37	1.88
Xy	0.10	[0.30]	0.00	1.00	7	0.00	0.00	2.80	6.02
Idio	0.59	1.09	0.00	6.00	25	0.00	0.00	2.67	8.77
DV	1.78	[1.50]	0.00	5.00	60	2.00	2.00	1.06	0.48
INCOM	0.89	[0.57]	0.00	2.00	57	1.00	1.00	−0.02	0.12
DR	0.38	[0.83]	0.00	3.00	14	0.00	0.00	1.89	2.15
FABCOM	0.59	[0.70]	0.00	2.00	34	0.00	0.00	0.78	−0.60
DV2	0.14	[0.35]	0.00	1.00	10	0.00	0.00	2.15	2.72
INC2	0.06	[0.23]	0.00	1.00	4	0.00	0.00	3.99	14.35
DR2	0.10	[0.38]	0.00	2.00	5	0.00	0.00	4.19	17.63
FAB2	0.00	[0.00]	0.00	0.00	0	0.00	0.00	---	---
ALOG	0.32	[0.66]	0.00	2.00	15	0.00	0.00	1.88	2.04
CONTAM	0.00	0.00	0.00	0.00	0	0.00	0.00	---	---
Sum 6 Sp Sc	4.25	2.37	0.00	9.00	71	4.00	4.00	0.65	0.18
Lvl 2 Sp Sc	0.29	[0.61]	0.00	3.00	17	0.00	0.00	2.74	8.98
WSum6	9.71	4.68	0.00	20.00	71	11.00	12.00	−0.31	−0.36
AB	0.33	[0.47]	0.00	1.00	24	0.00	0.00	0.74	−1.49
AG	0.49	0.71	0.00	2.00	27	0.00	0.00	1.10	−0.13
COP	0.51	0.71	0.00	2.00	28	0.00	0.00	1.05	−0.22
CP	0.06	[0.23]	0.00	1.00	4	0.00	0.00	3.99	14.35
GOODHR	2.69	1.49	0.00	8.00	63	3.00	3.00	0.20	1.68
POORHR	1.27	1.23	0.00	4.00	47	1.00	0.00	0.75	−0.06
MOR	1.25	[1.48]	0.00	5.00	49	1.00	1.00	1.54	1.44
PER	1.63	1.51	0.00	4.00	20	1.00	0.00	0.38	−1.41
PSV	0.37	[0.57]	0.00	2.00	24	0.00	0.00	1.24	0.63

주의: [ ] 안의 값은 신뢰롭지 못한 값이므로 기대범위를 추정하는 데 사용할 수 없음. 흔히 이 변인들은 모수통계분석에 포함시키지 않음.

〈표 11-18〉 36개 변인의 빈도: 외향적인 성인 외래환자 (N=73)

DEMOGRAPHIY VARIABLES

MARITAL STATUS			AGE			RACE		
Single	36	49%	18~25	16	22%	White	58	79%
Lives w/S.O.	2	3%	26~35	39	53%	Black	8	11%
Married	21	29%	36~45	4	6%	Hispanic	6	8%
Separated	4	5%	46~55	6	8%	Asian	1	1%
Divorced	10	14%	56~65	8	11%			
Widowed	0	0%	OVER 65	0	0%	EDUCATION		
						Under 12	13	18%
SEX						12 Years	15	21%
Male	21	29%				13~15 Yrs	29	40%
Female	52	71%				16+ Yrs	16	22%

RATIOS, PERCENTAGES AND SPECIAL INDICES

STYLE			FORM QUALITY DEVIATIONS		
Introversive	0	0%	XA%>.89	8	11%
Pervasive	0	0%	XA%<.70	12	16%
Ambitent	0	0%	WDA%<.85	48	66%
Extratensive	73	100%	WDA%<.75	27	37%
Pervasive	45	62%	X+%<.55	12	16%
Avoidant	0	0%	Xu%>.20	29	40%
			X−%>.20	24	33%
D-SCORES			X−%>.30	6	8%
D Score> 0	17	23%			
D Score= 0	24	33%			
D Score< 0	32	44%			
D Score<−1	7	10%			
			FC:CF+C RATIO		
Adj D Score> 0	21	29%	FC>(CF+C)+2	0	0%
Adj D Score= 0	22	30%	FC>(CF+C)+1	0	0%
Adj D Score< 0	30	41%	(CF+C)>FC+1	65	89%
Adj D Score<−1	5	7%	(CF+C)>FC+2	36	49%
			S-Constellation Positive	1	1%
Zd>+3.0(Overincorp)	11	15%	HVI Positive	11	15%
Zd<−3.0(Underincorp)	16	22%	OBS Positive	2	3%

PTI=5	0	0%	DEPI=7	0	0%	CDI=5	12	16%
PTI=4	0	0%	DEPI=6	3	4%	CDI=4	14	19%
PTI=3	0	0%	DEPI=5	33	45%			

MISCELLANEOUS VARIABLES

R<17	28	38%	(2AB+Art+Ay)>5	4	5%
R>27	14	19%	Populars<4	19	26%
DQv>2	35	48%	Populars>7	4	5%
S>2	39	53%	COP=0	45	62%
Sum T=0	42	58%	COP>2	0	0%
Sum T>1	3	4%	AG=0	46	63%
3r+(2)/R<.33	20	27%	AG>2	0	0%
3r+(2)/R>.44	13	18%	MOR>2	12	16%
Fr+rF>0	11	15%	Level 2 Sp.Sc.>0	17	23%
PureC>0	49	67%	GHR>PHR	54	74%
PureC>1	28	38%	Pure H<2	44	60%
Afr<.40	13	18%	Pure H=0	13	18%
Afr<.50	33	45%	p>a+1	12	16%
(FM+m)<Sum Shading	19	26%	Mp>Ma	21	29%

〈표 11-19〉 양향적인 외래환자의 기술통계치 (N=110)

VARIABLE	MEAN	SD	MIN	MAX	FREQ	MEDIAN	MODE	SK	KU
AGE	37.08	15.22	18.00	70.00	110	34.00	23.00	1.01	−0.02
Years Educ	13.41	2.72	10.00	17.00	110	13.00	13.00	−1.85	10.69
R	18.91	4.44	14.00	35.00	110	18.00	16.00	1.19	1.01
W	8.80	3.19	4.00	24.00	110	9.00	7.00	1.60	5.53
D	7.03	3.89	2.00	19.00	110	7.00	4.00	0.98	0.32
Dd	3.08	[2.00]	0.00	11.00	100	3.00	4.00	0.66	1.26
S	2.08	[1.82]	0.00	9.00	79	2.00	0.00	0.77	0.77
DQ+	6.91	2.34	2.00	15.00	110	7.00	7.00	0.35	1.70
DQo	10.63	3.78	4.00	21.00	110	10.00	11.00	1.19	1.15
DQv	1.19	[1.25]	0.00	9.00	81	1.00	1.00	2.88	14.35
DQv/+	0.18	[0.39]	0.00	1.00	20	0.00	0.00	1.67	0.81
FQx+	0.48	0.80	0.00	4.00	39	0.00	0.00	2.20	6.09
FQxo	11.39	3.83	6.00	22.00	110	11.00	13.00	0.60	0.07
FQxu	3.51	2.02	0.00	12.00	107	3.00	2.00	1.17	2.82
FQx−	3.03	1.94	0.00	9.00	100	4.00	4.00	0.39	0.58
FQxNone	0.50	[0.65]	0.00	4.00	50	0.00	0.00	1.97	7.81
MQ+	0.28	0.54	0.00	3.00	27	0.00	0.00	2.16	5.65
MQo	2.79	1.22	0.00	7.00	108	3.00	3.00	0.07	0.29
MQu	0.56	0.89	0.00	5.00	37	0.00	0.00	1.79	4.27
MQ−	0.30	[0.53]	0.00	2.00	29	0.00	0.00	1.59	1.69
MQNone	0.00	[0.00]	0.00	0.00	0	0.00	0.00	−−−	−−−
S−	0.93	[1.20]	0.00	4.00	48	0.00	0.00	0.95	−0.29
M	3.93	1.51	0.00	10.00	108	4.00	4.00	1.00	4.36
FM	3.93	1.74	0.00	8.00	108	4.00	5.00	0.14	−0.34
m	1.58	1.32	0.00	6.00	82	2.00	2.00	0.78	0.74
FM+m	5.51	1.92	2.00	13.00	110	6.00	6.00	0.72	1.64
FC	1.98	1.66	0.00	7.00	87	2.00	2.00	0.84	0.35
CF	1.63	1.37	0.00	8.00	85	1.00	1.00	1.09	2.95
C	0.54	[0.77]	0.00	4.00	44	0.00	0.00	1.62	3.21
Cn	0.00	[0.00]	0.00	0.00	0	0.00	0.00	−−−	−−−
Sum Color	4.14	2.09	1.00	11.00	110	4.00	4.00	0.69	0.71
WSumC	3.42	1.66	1.50	10.00	110	3.50	3.50	1.44	3.39
Sum C′	1.47	[1.46]	0.00	5.00	82	1.00	1.00	1.19	0.60
Sum T	0.84	[1.06]	0.00	3.00	51	0.00	0.00	0.94	−0.49
Sum V	0.60	[0.94]	0.00	3.00	36	0.00	0.00	1.22	0.05
Sum Y	1.28	[1.20]	0.00	5.00	71	1.00	0.00	0.55	−0.51
Sum Shading	4.19	3.30	0.00	11.00	96	3.00	3.00	0.58	−0.77
Fr+rF	0.16	[0.43]	0.00	3.00	15	0.00	0.00	3.60	17.11
FD	1.18	[1.32]	0.00	5.00	75	1.00	1.00	1.69	2.70
F	5.53	2.42	2.00	12.00	110	5.00	4.00	1.22	0.50
(2)	6.81	2.70	4.00	16.00	110	5.00	5.00	0.98	0.41
3r+(2)/R	0.38	0.11	0.24	0.93	110	0.34	0.33	1.64	5.66
Lambda	0.43	0.20	0.15	0.92	110	0.36	0.36	0.97	0.08
EA	7.35	3.03	1.50	19.00	110	7.50	7.50	1.42	4.44
es	9.70	4.13	2.00	17.00	110	9.00	12.00	0.29	−1.10
D Score	−0.66	1.38	−4.00	2.00	110	0.00	0.00	−0.75	−0.01
AdjD	−0.11	1.31	−3.00	4.00	110	0.00	0.00	−0.27	1.01
a (active)	5.99	2.43	2.00	14.00	110	6.00	5.00	0.61	1.58
p (passive)	3.45	2.18	0.00	7.00	105	3.00	2.00	0.34	−1.10
Ma	2.56	1.71	0.00	7.00	95	2.00	2.00	0.48	−0.08
Mp	1.36	1.12	0.00	4.00	75	1.50	2.00	0.11	−1.23
Intellect	1.74	1.97	0.00	10.00	72	1.00	0.00	1.37	2.00
Zf	12.26	3.31	5.00	26.00	110	12.50	10.00	1.32	4.54
Zd	0.53	4.52	−6.50	13.00	106	−0.25	−3.50	0.37	−0.72
Blends	4.30	2.47	1.00	13.00	110	4.00	1.00	0.54	0.10
Blends/R	0.23	0.13	0.05	0.57	110	0.24	0.07	0.32	−0.77
Col−Shd Blends	0.69	[0.85]	0.00	4.00	54	0.00	0.00	1.36	2.38
Afr	0.56	0.21	0.18	1.10	110	0.58	0.48	1.24	0.71

〈계속〉

VARIABLE	MEAN	SD	MIN	MAX	FREQ	MEDIAN	MODE	SK	KU
Populars	5.14	2.50	0.00	10.00	104	5.00	5.00	−0.05	−0.57
XA%	0.81	0.12	0.60	1.00	110	0.83	0.89	−0.27	−0.87
WDA%	0.85	0.09	0.67	1.00	110	0.85	0.94	−0.17	−0.92
X+%	0.63	0.15	0.28	0.95	110	0.65	0.68	−0.03	−0.74
X−%	0.16	0.11	0.00	0.36	100	0.15	0.27	0.16	−1.25
Xu%	0.18	0.09	0.00	0.41	107	0.18	0.21	0.24	−0.52
Isolate/R	0.12	0.09	0.00	0.38	90	0.11	0.00	0.69	0.09
H	2.36	1.40	0.00	9.00	108	2.00	1.00	1.14	3.32
(H)	1.44	1.24	0.00	4.00	86	1.00	1.00	0.74	−0.50
HD	1.41	0.88	0.00	5.00	96	1.00	1.00	0.73	1.92
(Hd)	0.56	0.83	0.00	4.00	40	0.00	0.00	1.39	1.54
Hx	0.01	[0.10]	0.00	1.00	1	0.00	0.00	10.48	110.00
All H Cont	5.77	2.71	0.00	16.00	108	5.00	5.00	0.85	0.89
A	6.85	2.46	4.00	13.00	110	6.50	5.00	1.30	1.00
(A)	0.16	[0.37]	0.00	1.00	18	0.00	0.00	1.84	1.42
Ad	1.93	[1.58]	0.00	6.00	91	1.00	1.00	0.70	−0.27
(Ad)	0.06	[0.25]	0.00	1.00	7	0.00	0.00	3.62	11.35
An	0.74	[0.96]	0.00	5.00	57	1.00	0.00	2.05	5.91
Art	1.02	1.09	0.00	5.00	69	1.00	1.00	1.21	1.24
Ay	0.16	[0.36]	0.00	1.00	17	0.00	0.00	1.93	1.79
Bl	0.24	[0.45]	0.00	2.00	25	0.00	0.00	1.56	1.28
Bt	0.89	0.90	0.00	3.00	68	1.00	1.00	0.90	0.18
Cg	1.39	1.40	0.00	7.00	74	1.00	0.00	1.29	2.86
Cl	0.16	[0.36]	0.00	1.00	17	0.00	0.00	1.93	1.79
Ex	0.21	[0.53]	0.00	2.00	17	0.00	0.00	2.50	5.28
Fi	0.34	[0.53]	0.00	2.00	34	0.00	0.00	1.25	0.61
Food	0.23	[0.42]	0.00	1.00	25	0.00	0.00	1.32	−0.26
Ge	0.14	[0.68]	0.00	4.00	5	0.00	0.00	5.25	27.13
Hh	0.46	0.71	0.00	2.00	37	0.00	0.00	1.21	0.05
Ls	0.74	0.91	0.00	5.00	55	0.50	0.00	1.45	3.34
Na	0.15	[0.43]	0.00	3.00	14	0.00	0.00	3.78	18.75
Sc	0.11	[0.46]	0.00	4.00	9	0.00	0.00	6.33	49.31
Sx	0.62	[0.90]	0.00	3.00	47	0.00	0.00	1.61	1.91
Xy	0.05	[0.21]	0.00	1.00	5	0.00	0.00	4.42	17.90
Idio	1.25	1.01	0.00	6.00	93	1.00	1.00	1.59	3.92
DV	0.70	[1.04]	0.00	5.00	48	0.00	0.00	2.04	5.14
INCOM	0.66	[0.85]	0.00	3.00	53	0.00	0.00	1.46	1.78
DR	0.29	[0.88]	0.00	4.00	16	0.00	0.00	3.56	12.30
FABCOM	0.46	[0.70]	0.00	2.00	37	0.00	0.00	1.23	0.14
DV2	0.12	[0.38]	0.00	2.00	11	0.00	0.00	3.38	11.63
INC2	0.13	[0.41]	0.00	2.00	11	0.00	0.00	3.39	11.34
DR2	0.01	[0.10]	0.00	1.00	1	0.00	0.00	10.48	110.00
FAB2	0.13	[0.47]	0.00	2.00	8	0.00	0.00	3.61	11.64
ALOG	0.04	[0.19]	0.00	1.00	4	0.00	0.00	5.02	23.65
CONTAM	0.00	0.00	0.00	0.00	0	0.00	0.00	---	---
Sum 6 Sp Sc	2.52	2.83	0.00	11.00	81	1.00	0.00	1.67	2.78
Lvl 2 Sp Sc	0.38	[0.85]	0.00	4.00	25	0.00	0.00	2.69	7.77
WSum6	6.57	9.72	0.00	40.00	81	3.50	0.00	2.46	5.89
AB	0.28	[0.47]	0.00	2.00	30	0.00	0.00	1.24	0.23
AG	1.14	1.30	0.00	6.00	60	1.00	0.00	1.31	2.32
COP	1.45	1.33	0.00	5.00	70	2.00	2.00	0.51	−0.35
CP	0.00	[0.00]	0.00	0.00	0	0.00	0.00	---	---
GOODHR	3.93	1.62	0.00	10.00	108	4.00	5.00	0.12	1.13
POORHR	2.56	1.95	0.00	10.00	98	2.00	2.00	1.06	1.40
MOR	1.18	[1.38]	0.00	4.00	62	1.00	0.00	0.98	−0.30
PER	0.70	1.46	0.00	11.00	35	0.00	0.00	3.91	22.61
PSV	0.13	[0.43]	0.00	2.00	10	0.00	0.00	3.51	11.76

주의: [ ] 안의 값은 신뢰롭지 못한 값이므로 기대범위를 추정하는 데 사용할 수 없음. 흔히 이 변인들은 모수통계분석에 포함시키지 않음.

〈표 11-20〉 36개 변인의 빈도: 양향적 외래환자 (N=110)

DEMOGRAPHY VARIABLES

MARITAL STATUS			AGE			RACE		
Single	33	30%	18~25	31	28%	White	93	85%
Lives w/S.O.	12	11%	26~35	33	30%	Black	11	10%
Married	49	45%	36~45	22	20%	Hispanic	6	5%
Separated	5	5%	46~55	4	4%	Asian	0	0%
Divorced	11	10%	56~65	8	7%			
Widowed	0	0%	OVER 65	12	11%	EDUCATION		
						UNDER 12	9	8%
SEX						12 Years	38	35%
Male	38	35%				13~15 Yrs	46	42%
Female	72	65%				16+ Yrs	17	15%

RATIOS, PERCENTAGES AND SPECIAL INDICES

STYLE			FORM QUALITY DEVIATIONS		
Introversive	0	0%	XA%>.89	22	20%
Pervasive	0	0%	XA%<.70	19	17%
Ambitent	110	100%	WDA%<.85	52	47%
Extratensive	0	0%	WDA%<.75	20	18%
Pervasive	0	0%	X+%<.55	35	32%
Avoidant	0	0%	Xu%>.20	46	42%
			X−%>.20	43	39%
D−SCORES			X−%>.30	15	14%
D Score> 0	21	19%			
D Score= 0	39	35%			
D Score< 0	50	45%			
D Score<−1	25	23%	FC:CF+C RATIO		
			FC>(CF+C)+2	12	11%
Adj D Score> 0	31	28%	FC>(CF+C)+1	22	20%
Adj D Score= 0	50	45%	(CF+C)>FC+1	28	25%
Adj D Score< 0	29	26%	(CF+C)>FC+2	8	7%
Adj D Score<−1	16	15%			
			S−Constellation Positive	0	0%
Zd>+3.0(Overincorp)	31	28%	HVI Positive	22	20%
Zd<−3.0(Underincorp)	36	33%	OBS Positive	6	5%

PTI=5	3	3%	DEPI=7	0	0%	CDI=5	2	2%
PTI=4	0	0%	DEPI=6	3	3%	CDI=4	21	19%
PTI=3	0	0%	DEPI=5	13	12%			

MISCELLANEOUS VARIABLES

R<17	38	35%	(2AB+Art+Ay)>5	8	7%
R>27	6	5%	Populars<4	26	24%
DQv>2	12	11%	Populars>7	21	19%
S>2	46	42%	COP=0	40	36%
Sum T=0	59	54%	COP>2	16	15%
Sum T>1	28	25%	AG=0	50	45%
3r+(2)/R<.33	24	22%	AG>2	6	5%
3r+(2)/R>.44	25	23%	MOR>2	20	18%
Fr+rF>0	15	14%	Level 2 Sp.Sc.>0	25	23%
PureC>0	44	40%	GHR>PHR	74	67%
PureC>1	12	11%	Pure H<2	40	36%
Afr<.40	34	31%	Pure H=0	2	2%
Afr<.50	51	46%	p>a+1	16	15%
(FM+m)<Sum Shading	26	24%	Mp>Ma	21	19%

〈표 11-24〉 Lamda가 높은 외래환자의 기술통계치 (N=201)

VARIABLE	MEAN	SD	MIN	MAX	FREQ	MEDIAN	MODE	SK	KU
AGE	34.35	12.40	18.00	66.00	201	31.00	23.00	0.83	−0.15
Years Educ	12.88	4.13	10.00	20.00	201	12.00	12.00	−1.53	2.15
R	20.61	5.52	14.00	41.00	201	19.00	16.00	1.32	1.74
W	6.58	3.25	1.00	18.00	201	6.00	4.00	0.46	−0.35
D	10.66	4.97	4.00	25.00	201	10.00	14.00	0.68	0.09
Dd	3.38	[3.13]	0.00	16.00	177	2.00	1.00	1.56	3.59
S	1.84	[1.85]	0.00	10.00	143	1.00	0.00	1.36	2.75
DQ+	4.08	2.13	0.00	10.00	196	4.00	5.00	0.40	0.52
DQo	15.11	5.70	7.00	32.00	201	16.00	16.00	0.76	0.42
DQv	1.28	[1.42]	0.00	6.00	125	1.00	0.00	1.33	1.65
DQv/+	0.14	[0.51]	0.00	3.00	19	0.00	0.00	4.22	18.88
FQx+	0.10	0.58	0.00	4.00	7	0.00	0.00	6.25	38.85
FQxo	12.37	3.89	6.00	29.00	201	12.00	12.00	1.07	2.21
FQxu	4.06	2.30	0.00	12.00	194	3.00	3.00	0.87	0.59
FQx−	3.64	2.62	0.00	11.00	176	3.00	4.00	0.68	0.11
FQxNone	0.44	[0.83]	0.00	3.00	55	0.00	0.00	1.88	2.60
MQ+	0.08	0.45	0.00	3.00	7	0.00	0.00	5.94	34.98
MQo	1.63	1.35	0.00	8.00	166	1.00	1.00	0.97	1.21
MQu	0.44	0.57	0.00	2.00	81	0.00	0.00	0.87	−0.23
MQ−	0.41	[0.57]	0.00	2.00	74	0.00	0.00	1.02	0.07
MQNone	0.00	[0.00]	0.00	0.00	0	0.00	0.00	---	---
S−	0.66	[1.02]	0.00	4.00	73	0.00	0.00	1.42	0.91
M	2.56	1.79	0.00	11.00	178	2.00	2.00	0.76	1.23
FM	1.44	1.26	0.00	5.00	149	1.00	1.00	0.67	−0.44
m	0.72	1.07	0.00	5.00	91	0.00	0.00	2.01	4.38
FM+m	2.16	1.86	0.00	8.00	161	2.00	1.00	0.87	0.20
FC	0.96	1.05	0.00	5.00	121	1.00	0.00	1.27	1.70
CF	0.65	1.01	0.00	4.00	72	0.00	0.00	1.42	1.07
C	0.49	[0.81]	0.00	3.00	65	0.00	0.00	1.57	1.56
Cn	0.02	[0.14]	0.00	1.00	4	0.00	0.00	6.92	46.45
Sum Color	2.12	1.44	0.00	6.00	179	2.00	1.00	0.70	0.38
WSumC	1.87	1.46	0.00	7.00	179	1.50	1.00	0.84	0.48
Sum C′	0.53	[0.74]	0.00	3.00	82	0.00	0.00	1.46	1.94
Sum T	0.22	[0.53]	0.00	3.00	37	0.00	0.00	2.94	10.32
Sum V	0.13	[0.41]	0.00	2.00	22	0.00	0.00	3.19	9.94
Sum Y	0.69	[1.10]	0.00	6.00	85	0.00	0.00	2.40	7.17
Sum Shading	1.58	1.72	0.00	8.00	148	1.00	1.00	1.57	2.21
Fr+rF	0.17	[0.58]	0.00	3.00	21	0.00	0.00	3.73	13.95
FD	0.51	[0.70]	0.00	2.00	78	0.00	0.00	1.02	−0.26
F	13.18	4.82	7.00	30.00	201	12.00	11.00	1.24	1.81
(2)	7.88	3.43	3.00	21.00	201	7.00	6.00	0.94	0.70
3r+(2)/R	0.41	0.14	0.14	0.79	201	0.39	0.39	0.57	0.15
Lambda	2.14	1.59	1.00	7.67	201	1.75	1.00	2.23	4.58
EA	4.43	2.29	0.00	14.50	199	4.00	2.50	0.59	0.66
es	3.74	2.77	1.00	14.00	201	3.00	2.00	1.62	3.05
D Score	0.20	1.11	−4.00	2.00	201	0.00	0.00	−0.94	3.68
AdjD	0.42	0.89	−2.00	4.00	201	0.00	0.00	0.47	1.37
a (active)	2.45	1.94	0.00	13.00	176	2.00	2.00	1.37	3.63
p (passive)	2.28	1.79	0.00	7.00	165	2.00	2.00	0.74	−0.14
Ma	1.27	1.22	0.00	8.00	146	1.00	1.00	1.54	4.48
Mp	1.29	1.23	0.00	4.00	136	1.00	0.00	0.81	−0.08
Intellect	1.45	1.59	0.00	6.00	124	1.00	0.00	1.13	0.81
Zf	8.95	3.59	2.00	21.00	201	9.00	11.00	0.30	0.37
Zd	−1.26	3.92	−11.50	9.50	193	−1.00	−1.00	−0.06	−0.40
Blends	1.46	1.57	0.00	7.00	137	1.00	1.00	1.20	0.86
Blends/R	0.07	0.08	0.00	0.29	137	0.05	0.00	1.11	0.40
Col−Shd Blends	0.27	[0.46]	0.00	2.00	53	0.00	0.00	1.21	−0.10
Afr	0.48	0.20	0.23	1.13	201	0.50	0.46	1.07	0.73

〈계속〉

VARIABLE	MEAN	SD	MIN	MAX	FREQ	MEDIAN	MODE	SK	KU
Populars	5.21	1.78	1.00	10.00	201	5.00	4.00	0.33	−0.06
XA%	0.80	0.11	0.50	1.00	201	0.80	1.00	0.14	−0.11
WDA%	0.85	0.10	0.64	1.00	201	0.83	1.00	---	−0.76
X+%	0.61	0.13	0.33	0.89	201	0.60	0.52	0.11	−0.56
X−%	0.17	0.11	0.00	0.44	176	0.19	0.00	0.07	−0.66
Xu%	0.19	0.09	0.00	0.42	194	0.19	0.14	0.31	0.22
Isolate/R	0.09	0.11	0.00	0.36	114	0.06	0.00	1.10	0.24
H	2.03	1.33	0.00	5.00	186	2.00	1.00	0.55	−0.70
(H)	0.68	1.07	0.00	4.00	75	0.00	0.00	1.51	1.23
HD	1.49	1.66	0.00	8.00	146	1.00	1.00	1.78	3.46
(Hd)	0.69	1.04	0.00	5.00	75	0.00	0.00	1.46	1.90
Hx	0.05	[0.30]	0.00	2.00	6	0.00	0.00	6.11	36.98
All H Cont	4.89	2.64	0.00	15.00	197	4.00	3.00	0.74	0.63
A	8.33	3.00	2.00	16.00	201	8.00	7.00	0.16	−0.90
(A)	0.24	[0.45]	0.00	2.00	47	0.00	0.00	1.52	1.15
Ad	2.09	[2.09]	0.00	11.00	159	2.00	2.00	1.66	3.26
(Ad)	0.07	[0.25]	0.00	1.00	13	0.00	0.00	3.56	10.83
An	1.10	[1.50]	0.00	11.00	113	1.00	0.00	2.46	9.77
Art	0.98	1.14	0.00	4.00	106	1.00	0.00	0.90	−0.36
Ay	0.18	[0.41]	0.00	2.00	34	0.00	0.00	2.11	3.67
Bl	0.18	[0.48]	0.00	3.00	29	0.00	0.00	2.99	9.76
Bt	0.87	1.33	0.00	5.00	85	0.00	0.00	1.59	1.41
Cg	1.28	1.28	0.00	6.00	130	1.00	0.00	1.03	1.19
Cl	0.17	[0.52]	0.00	2.00	22	0.00	0.00	2.92	7.13
Ex	0.05	[0.24]	0.00	2.00	9	0.00	0.00	5.22	29.65
Fi	0.23	[0.49]	0.00	2.00	40	0.00	0.00	2.05	3.49
Food	0.35	[0.57]	0.00	2.00	61	0.00	0.00	1.39	0.97
Ge	0.05	[0.23]	0.00	2.00	8	0.00	0.00	5.61	34.47
Hh	0.39	0.71	0.00	4.00	57	0.00	0.00	2.19	5.93
Ls	0.40	0.82	0.00	3.00	46	0.00	0.00	1.93	2.59
Na	0.12	[0.36]	0.00	2.00	23	0.00	0.00	2.92	8.37
Sc	0.44	[0.57]	0.00	2.00	80	0.00	0.00	0.89	−0.20
Sx	0.55	[1.06]	0.00	5.00	63	0.00	0.00	2.50	6.37
Xy	0.06	[0.24]	0.00	1.00	12	0.00	0.00	3.74	12.14
Idio	0.98	1.17	0.00	4.00	104	1.00	0.00	0.95	−0.15
DV	0.61	[0.78]	0.00	2.00	85	0.00	0.00	0.81	−0.88
INCOM	0.99	[1.23]	0.00	6.00	106	1.00	0.00	1.33	1.75
DR	0.25	[0.76]	0.00	5.00	29	0.00	0.00	4.17	19.91
FABCOM	0.25	[0.48]	0.00	2.00	46	0.00	0.00	1.71	2.08
DV2	0.10	[0.29]	0.00	1.00	19	0.00	0.00	2.79	5.86
INC2	0.17	[0.48]	0.00	2.00	25	0.00	0.00	2.88	7.45
DR2	0.10	[0.34]	0.00	2.00	16	0.00	0.00	3.86	15.44
FAB2	0.39	[0.82]	0.00	3.00	46	0.00	0.00	2.20	3.89
ALOG	0.12	[0.37]	0.00	2.00	22	0.00	0.00	3.12	9.76
CONTAM	0.00	0.00	0.00	0.00	0	0.00	0.00	---	---
Sum 6 Sp Sc	2.97	2.39	0.00	11.00	185	2.00	1.00	1.27	1.76
Lvl 2 Sp Sc	0.75	[1.02]	0.00	4.00	90	0.00	0.00	1.37	1.13
WSum6	9.10	8.74	0.00	48.00	185	7.00	8.00	1.96	4.96
AB	0.15	[0.41]	0.00	2.00	26	0.00	0.00	2.82	7.69
AG	0.47	0.80	0.00	4.00	58	0.00	0.00	1.49	1.31
COP	0.68	0.67	0.00	3.00	116	1.00	1.00	0.67	0.25
CP	0.00	[0.00]	0.00	0.00	0	0.00	0.00	---	---
GOODHR	2.81	1.65	0.00	9.00	189	3.00	4.00	0.58	0.95
POORHR	2.48	2.06	0.00	11.00	171	2.00	2.00	1.22	1.82
MOR	0.96	[1.43]	0.00	7.00	97	0.00	0.00	1.95	3.80
PER	1.18	2.01	0.00	10.00	88	0.00	0.00	2.52	7.54
PSV	0.29	[0.78]	0.00	3.00	32	0.00	0.00	2.81	6.86

주의: [ ] 안의 값은 신뢰롭지 못한 값이므로 기대범위를 추정하는 데 사용할 수 없음. 흔히 이 변인들은 모수통계분석에 포함시키지 않음.

〈표 11-22〉 36개 변인의 빈도: Lamda가 높은 외래환자 (N=201)

DEMOGRAPHY VARIABLES

MARITAL STATUS			AGE			RACE		
Single	45	22%	18~25	63	31%	White	173	86%
Lives w/S.O.	10	5%	26~35	51	25%	Black	15	7%
Married	122	61%	36~45	49	24%	Hispanic	11	5%
Separated	13	6%	46~55	18	9%	Asian	2	1%
Divorced	7	3%	56~65	18	9%			
Widowed	4	2%	OVER 65	2	1%	EDUCATION		
						UNDER 12	28	14%
SEX						12 Years	72	36%
Male	74	37%				13~15 Yrs	66	33%
Female	127	63%				16+ Yrs	35	17%

RATIOS, PERCENTAGES AND SPECIAL INDICES

STYLE			FORM QUALITY DERIVATIONS		
Introversive	0	0%	XA%>.89	33	16%
Pervasive	0	0%	XA%<.70	26	13%
Ambitent	0	0%	WDA%<.85	116	58%
Extratensive	0	0%	WDA%<.75	27	13%
Pervasive	0	0%	X+%<.55	70	35%
Avoidant	201	100%	Xu%>.20	81	40%
			X-%>.20	83	41%
D-SCORES			X-%>.30	16	8%
D Score> 0	57	28%			
D Score= 0	117	58%			
D Score< 0	27	13%			
D Score<-1	8	4%	FC:CF+C RATIO		
			FC>(CF+C)+2	4	2%
Adj D Score> 0	70	35%	FC>(CF+C)+1	38	19%
Adj D Score= 0	120	60%	(CF+C)>FC+1	40	20%
Adj D Score< 0	11	5%	(CF+C)>FC+2	23	11%
Adj D Score<-1	5	2%			
			S-Constellation Positive	0	0%
Zd>+3.0(Overincorp)	28	14%	HVI Positive	8	4%
Zd<-3.0(Underincorp)	58	29%	OBS Positive	1	0%

PTI=5	0	0%	DEPI=7	0	0%	CDI=5	28	14%
PTI=4	0	0%	DEPI=6	8	4%	CDI=4	64	32%
PTI=3	4	2%	DEPI=5	26	13%			

MISCELLANEOUS VARIABLES

R<17	55	27%	(2AB+Art+Ay)>5	8	4%
R>27	21	10%	Populars<4	23	11%
DQv>2	32	16%	Populars>7	21	10%
S>2	61	30%	COP=0	85	42%
Sum T=0	164	82%	COP>2	2	1%
Sum T>1	5	2%	AG=0	143	71%
3r+(2)/R<.33	5	28%	AG>2	1	0%
3r+(2)/R>.44	53	26%	MOR>2	25	12%
Fr+rF>0	21	10%	Level 2 Sp.Sc.>0	90	45%
PureC>0	65	32%	GHR>PHR	92	46%
PureC>1	27	13%	Pure H<2	89	44%
Afr<.40	49	24%	Pure H=0	15	7%
Afr<.50	98	49%	p>a+1	55	27%
(FM+m)<Sum Shading	71	35%	Mp>Ma	66	33%

〈표 11-23〉 Lamda<1.0 인 입원한 우울환자의 기술통계치 (N=193)

VARIABLE	MEAN	SD	MIN	MAX	FREQ	MEDIAN	MODE	SK	KU
AGE	40.02	13.01	18.00	71.00	193	40.00	46.00	0.19	−0.80
Years Educ	11.83	6.02	10.00	20.00	193	12.50	12.00	−1.09	0.04
R	22.56	7.20	14.00	43.00	193	21.00	17.00	0.99	0.52
W	9.33	4.27	0.00	18.00	184	10.00	11.00	−0.52	0.52
D	9.75	5.94	1.00	27.00	193	8.00	4.00	0.95	0.76
Dd	3.49	[3.88]	0.00	14.00	157	2.00	0.00	1.67	2.07
S	2.24	[2.07]	0.00	9.00	148	2.00	0.00	0.97	0.74
DQ+	6.83	3.33	1.00	18.00	193	6.00	4.00	0.77	0.71
DQo	12.82	6.15	4.00	33.00	193	11.00	11.00	1.44	2.25
DQv	2.60	[2.10]	0.00	7.00	155	2.00	0.00	0.57	−0.52
DQv/+	0.31	[0.65]	0.00	3.00	42	0.00	0.00	2.10	3.71
FQx+	0.04	0.27	0.00	3.00	6	0.00	0.00	8.39	82.67
FQxo	11.65	3.79	5.00	20.00	193	11.00	11.00	0.21	−0.61
FQxu	5.49	3.20	1.00	13.00	193	6.00	2.00	0.51	−0.32
FQx−	4.35	2.82	0.00	11.00	180	4.00	2.00	0.53	−0.41
FQxNone	1.03	[1.31]	0.00	4.00	103	1.00	0.00	1.26	0.44
MQ+	0.03	0.19	0.00	2.00	4	0.00	0.00	8.13	72.02
MQo	2.65	1.50	0.00	6.00	185	2.00	2.00	0.55	−0.26
MQu	0.73	1.04	0.00	5.00	88	0.00	0.00	2.00	5.35
MQ−	0.52	[0.83]	0.00	4.00	67	0.00	0.00	1.76	3.39
MQNone	0.05	[0.22]	0.00	1.00	10	0.00	0.00	4.07	14.77
S−	0.84	[1.05]	0.00	4.00	96	0.00	0.00	1.19	0.84
M	3.98	2.10	1.00	9.00	193	4.00	4.00	0.59	−0.17
FM	3.97	2.92	0.00	14.00	187	3.00	2.00	1.82	4.11
m	1.89	2.15	0.00	11.00	139	1.00	0.00	2.14	6.29
FM+m	5.86	3.76	0.00	15.00	190	5.00	3.00	0.92	0.35
FC	1.75	1.98	0.00	11.00	124	1.00	0.00	1.59	3.73
CF	1.79	1.42	0.00	8.00	156	2.00	1.00	0.87	1.19
C	0.73	[1.01]	0.00	4.00	85	0.00	0.00	1.50	2.02
Cn	0.03	[0.16]	0.00	1.00	5	0.00	0.00	6.01	34.55
Sum Color	4.29	2.53	0.00	12.00	181	4.00	2.00	0.28	−0.33
WSumC	3.76	2.19	0.00	9.00	181	4.00	2.00	0.22	−0.78
Sum C′	2.44	[1.92]	0.00	8.00	158	2.00	1.00	0.61	−0.12
Sum T	0.90	[1.50]	0.00	7.00	84	0.00	0.00	2.43	6.34
Sum V	1.27	[1.29]	0.00	5.00	121	1.00	0.00	0.82	−0.04
Sum Y	2.03	[1.22]	0.00	4.00	170	2.00	3.00	−0.18	−1.20
Sum Shading	6.64	3.76	1.00	18.00	193	6.00	4.00	0.90	0.08
Fr+rF	0.12	[0.36]	0.00	2.00	21	0.00	0.00	3.04	9.24
FD	1.04	[1.14]	0.00	4.00	114	1.00	0.00	0.99	0.15
F	7.56	3.85	2.00	21.00	193	7.00	4.00	1.56	3.34
(2)	7.49	3.39	3.00	18.00	193	7.00	5.00	0.86	0.11
3r+(2)/R	0.36	0.14	0.16	0.67	193	0.33	0.21	0.56	−0.59
Lambda	0.52	0.21	0.15	0.95	193	0.50	0.50	0.14	−1.05
EA	7.74	3.64	2.00	18.00	193	6.50	5.00	0.80	0.26
es	12.51	5.08	4.00	27.00	193	12.00	9.00	0.52	0.31
D Score	−1.54	1.87	−6.00	3.00	193	−2.00	−2.00	−0.41	0.04
AdjD	−0.81	1.74	−6.00	3.00	193	−1.00	−1.00	−0.90	1.81
a (active)	5.80	3.05	0.00	14.00	186	6.00	6.00	0.22	−0.20
p (passive)	4.11	2.48	0.00	11.00	188	3.00	3.00	0.96	0.77
Ma	2.29	1.66	0.00	7.00	160	2.00	2.00	0.74	0.61
Mp	1.71	1.25	0.00	5.00	159	2.00	1.00	0.53	−0.15
Intellect	2.47	2.01	0.00	10.00	150	2.00	0.00	0.64	0.16
Zf	12.45	4.31	4.00	25.00	193	13.00	14.00	−0.02	−0.28
Zd	−1.16	5.05	−12.00	13.00	180	−0.50	−2.50	−0.08	−0.12
Blends	5.46	3.09	1.00	15.00	193	6.00	6.00	0.59	0.14
Blends/R	0.25	0.14	0.04	0.61	193	0.27	0.32	0.28	−0.37
Col−Shd Blends	1.19	[1.23]	0.00	5.00	127	1.00	1.00	1.21	1.21
Afr	0.46	0.16	0.16	0.94	193	0.40	0.36	0.65	0.04

〈계속〉

VARIABLE	MEAN	SD	MIN	MAX	FREQ	MEDIAN	MODE	SK	KU
Populars	5.42	2.00	2.00	8.00	193	5.00	8.00	−0.06	−1.26
XA%	0.76	0.10	0.59	1.00	193	0.77	0.71	0.25	−0.39
WDA%	0.80	0.10	0.57	1.00	193	0.79	0.71	0.22	−0.19
X+%	0.53	0.12	0.28	0.80	193	0.53	0.47	0.00	−0.51
X−%	0.19	0.10	0.00	0.41	180	0.17	0.13	0.13	−0.73
Xu%	0.24	0.11	0.04	0.47	193	0.25	0.32	−0.10	−0.75
Isolate/R	0.19	0.11	0.00	0.52	178	0.17	0.32	0.26	−0.41
H	1.96	1.34	0.00	7.00	179	2.00	1.00	1.13	1.75
(H)	1.10	0.91	0.00	3.00	144	1.00	1.00	0.68	−0.17
HD	1.23	1.38	0.00	6.00	115	1.00	0.00	1.17	1.15
(Hd)	0.71	0.90	0.00	4.00	93	0.00	0.00	1.43	2.24
Hx	0.03	[0.17]	0.00	1.00	6	0.00	0.00	5.44	27.95
All H Cont	5.00	2.50	1.00	15.00	193	5.00	7.00	0.96	1.52
A	7.91	3.06	3.00	14.00	193	8.00	8.00	0.37	−0.81
(A)	0.61	[1.16]	0.00	5.00	65	0.00	0.00	2.63	7.16
Ad	1.97	[1.65]	0.00	6.00	156	2.00	1.00	0.72	−0.41
(Ad)	0.25	[0.48]	0.00	2.00	44	0.00	0.00	1.73	2.15
An	0.84	[1.15]	0.00	5.00	92	0.00	0.00	1.65	2.73
Art	1.73	1.64	0.00	5.00	130	1.00	0.00	0.49	−1.13
Ay	0.29	[0.45]	0.00	1.00	55	0.00	0.00	0.96	−1.09
Bl	0.57	[1.19]	0.00	6.00	51	0.00	0.00	2.84	9.28
Bt	1.13	1.25	0.00	4.00	110	1.00	0.00	0.82	−0.53
Cg	1.79	1.48	0.00	8.00	161	1.00	1.00	1.18	2.10
Cl	0.35	[0.60]	0.00	2.00	54	0.00	0.00	1.54	1.29
Ex	0.11	[0.39]	0.00	2.00	16	0.00	0.00	3.76	13.99
Fi	0.64	[0.73]	0.00	3.00	100	1.00	0.00	1.07	1.10
Food	0.37	[0.63]	0.00	3.00	58	0.00	0.00	1.88	3.78
Ge	0.11	[0.33]	0.00	2.00	20	0.00	0.00	2.96	8.40
Hh	0.48	0.64	0.00	2.00	78	0.00	0.00	0.98	−0.12
Ls	1.18	1.21	0.00	5.00	118	1.00	0.00	0.88	0.27
Na	0.50	[0.73]	0.00	3.00	71	0.00	0.00	1.16	0.18
Sc	0.78	[1.23]	0.00	5.00	73	0.00	0.00	1.73	2.65
Sx	0.91	[1.41]	0.00	5.00	74	0.00	0.00	1.41	0.84
Xy	0.16	[0.41]	0.00	2.00	28	0.00	0.00	2.53	6.01
Idio	2.08	1.69	0.00	7.00	162	2.00	1.00	0.99	0.81
DV	0.78	[1.07]	0.00	6.00	91	0.00	0.00	2.11	7.02
INCOM	1.25	[1.18]	0.00	4.00	127	1.00	0.00	0.63	−0.55
DR	1.15	[1.63]	0.00	5.00	78	0.00	0.00	1.01	−0.59
FABCOM	0.61	[1.20]	0.00	5.00	59	0.00	0.00	2.52	6.25
DV2	0.29	[0.69]	0.00	4.00	38	0.00	0.00	3.21	12.36
INC2	0.74	[1.08]	0.00	5.00	88	0.00	0.00	1.81	3.19
DR2	0.84	[1.53]	0.00	6.00	66	0.00	0.00	2.02	3.23
FAB2	0.58	[0.90]	0.00	5.00	78	0.00	0.00	2.12	5.22
ALOG	0.17	[0.39]	0.00	2.00	32	0.00	0.00	2.02	2.92
CONTAM	0.00	0.00	0.00	0.00	0	0.00	0.00	---	---
Sum 6 Sp Sc	6.40	2.73	1.00	13.00	193	7.00	4.00	0.15	−0.60
Lvl 2 Sp Sc	2.44	[2.40]	0.00	12.00	159	2.00	1.00	1.41	2.02
WSum6	22.62	13.65	2.00	65.00	193	22.00	39.00	0.65	−0.14
AB	0.23	[0.62]	0.00	3.00	26	0.00	0.00	2.71	6.37
AG	0.71	1.06	0.00	4.00	75	0.00	0.00	1.44	1.24
COP	0.86	0.92	0.00	3.00	105	1.00	0.00	0.66	−0.71
CP	0.07	[0.25]	0.00	1.00	13	0.00	0.00	3.47	10.21
GOODHR	2.56	1.38	0.00	8.00	190	2.00	3.00	0.98	1.64
POORHR	3.35	2.20	0.00	8.00	176	3.00	5.00	0.37	−0.63
MOR	1.80	[2.00]	0.00	7.00	135	1.00	1.00	1.28	0.74
PER	1.98	2.09	0.00	8.00	133	1.00	0.00	0.90	−0.38
PSV	0.28	[0.66]	0.00	2.00	32	0.00	0.00	2.08	2.61

주의: [ ] 안의 값은 신뢰롭지 못한 값이므로 기대범위를 추정하는 데 사용할 수 없음. 흔히 이 변인들은 모수통계분석에 포함시키지 않음.

〈표 11-24〉 36개 변인의 빈도: Lamda<1.0 인 입원한 우울환자 (N=193)

DEMOGRAPHY VARIABLES

MARITAL STATUS			AGE			RACE		
Single	67	35%	18~25	37	19%	White	154	80%
Lives w/S.O.	0	0%	26~35	34	18%	Black	16	8%
Married	95	49%	36~45	42	22%	Hispanic	13	7%
Separated	12	6%	46~55	56	29%	Asian	10	5%
Divorced	16	8%	56~65	18	9%			
Widowed	3	2%	OVER 65	6	3%			

SEX		
Male	94	49%
Female	99	51%

EDUCATION		
UNDER 12	4	2%
12 Years	57	30%
13~15 Yrs	66	34%
16+ Yrs	66	34%

RATIOS, PERCENTAGES AND SPECIAL INDICES

STYLE		
Introversive	53	27%
Pervasive	21	11%
Ambitent	104	54%
Extratensive	36	19%
Pervasive	17	9%
Avoidant	0	0%

FORM QUALITY DEVIATIONS		
XA%>.89	15	8%
XA%<.70	39	20%
WDA%<.85	129	67%
WDA%<.75	55	28%
X+%<.55	102	53%
Xu%>.20	129	67%
X−%>.20	80	41%
X−%>.30	24	12%

D−SCORES		
D Score> 0	25	13%
D Score= 0	41	21%
D Score< 0	127	66%
D Score<−1	107	55%
Adj D Score> 0	39	20%
Adj D Score= 0	48	25%
Adj D Score< 0	106	55%
Adj D Score<−1	55	28%

FC:CF+C RATIO		
FC>(CF+C)+2	25	13%
FC>(CF+C)+1	37	19%
(CF+C)>FC+1	75	39%
(CF+C)>FC+2	36	19%

Zd>+3.0(Overincorp)	46	24%
Zd<−3.0(Underincorp)	57	30%
S−Constellation Positive	0	0%
HVI Positive	18	9%
OBS Positive	0	0%

PTI=5	1	1%	DEPI=7	19	9%	CDI=5	29	15%
PTI=4	5	3%	DEPI=6	54	28%	CDI=4	62	32%
PTI=3	12	6%	DEPI=5	66	34%			

MISCELLANEOUS VARIABLES

R<17	41	21%	(2AB+Art+Ay)>5	13	7%
R>27	49	25%	Populars<4	35	18%
DQv>2	90	47%	Populars >7	51	26%
S>2	72	37%	COP=0	88	46%
Sum T=0	109	56%	COP>2	9	5%
Sum T>1	39	20%	AG=0	118	61%
3r+(2)/R<.33	84	44%	AG>2	16	8%
3r+(2)/R>.44	54	28%	MOR>2	53	27%
Fr+rF>0	21	11%	Level 2 Sp.Sc.>0	159	82%
PureC>0	85	44%	GHR>PHR	60	31%
PureC>1	39	20%	Pure H<2	86	45%
Afr<.40	79	41%	Pure H=0	14	7%
Afr<.50	114	59%	p>a+1	48	25%
(FM+m)<Sum Shading	110	57%	Mp>Ma	57	30%

〈표 11-25〉 Lamda>0.99 인 입원한 우울환자의 기술통계치 (N=86)

VARIABLE	MEAN	SD	MIN	MAX	FREQ	MEDIAN	MODE	SK	KU
AGE	38.30	11.64	18.00	63.00	86	37.00	33.00	0.11	−0.68
YRS Educ	12.95	4.93	11.00	16.00	86	13.00	16.00	−1.79	2.18
R	24.55	11.21	14.00	55.00	86	21.50	16.00	1.49	1.39
W	6.39	2.91	1.00	14.00	86	6.00	7.00	0.74	0.89
D	11.57	6.16	4.00	30.00	86	10.00	7.00	1.15	1.09
Dd	6.58	[7.48]	0.00	30.00	83	4.00	4.00	1.96	3.36
S	2.93	[2.80]	0.00	10.00	78	2.00	1.00	1.61	1.77
DQ+	3.38	1.95	0.00	8.00	79	3.00	2.00	0.23	−0.47
DQo	18.61	9.85	7.00	46.00	86	14.50	13.00	1.36	1.41
DQv	2.34	[1.85]	0.00	8.00	74	2.00	1.00	0.98	1.14
DQv/+	0.22	[0.54]	0.00	2.00	14	0.00	0.00	2.41	4.84
FQx+	0.04	0.19	0.00	1.00	3	0.00	0.00	5.16	25.21
FQxo	12.87	5.27	4.00	28.00	86	11.00	17.00	1.02	0.90
FQxu	4.95	3.44	1.00	14.00	86	4.00	3.00	1.00	0.57
FQx−	5.87	4.31	1.00	18.00	86	5.00	2.00	1.42	1.64
FQxNone	0.81	[1.23]	0.00	6.00	42	0.00	0.00	2.68	9.03
MQ+	0.04	0.19	0.00	1.00	3	0.00	0.00	5.16	25.21
MQo	1.48	1.11	0.00	5.00	71	1.00	1.00	0.79	0.69
MQu	0.28	0.64	0.00	2.00	15	0.00	0.00	2.09	2.82
MQ−	0.58	[0.73]	0.00	2.00	38	0.00	0.00	0.83	−0.63
MQNone	0.00	[0.00]	0.00	0.00	0	0.00	0.00	---	---
S−	1.51	[1.55]	0.00	5.00	58	1.00	0.00	0.88	−0.33
M	2.37	1.70	0.00	6.00	74	2.00	2.00	0.56	−0.23
FM	1.64	2.03	0.00	8.00	55	1.00	0.00	1.78	3.24
m	0.92	1.05	0.00	3.00	45	1.00	0.00	0.78	−0.69
FM+m	2.56	2.73	0.00	11.00	68	1.00	1.00	1.67	3.03
FC	1.28	1.55	0.00	6.00	49	1.00	0.00	1.29	1.16
CF	0.94	1.06	0.00	3.00	46	1.00	0.00	0.73	−0.77
C	0.66	[1.00]	0.00	4.00	38	0.00	0.00	1.95	3.56
Cn	0.05	[0.21]	0.00	1.00	4	0.00	0.00	4.38	17.63
Sum Color	2.93	2.10	0.00	8.00	76	2.00	2.00	0.44	−0.59
WSum C	2.58	1.83	0.00	6.00	76	2.00	4.00	0.18	−1.24
Sum C′	1.31	[1.29]	0.00	4.00	54	1.00	0.00	0.47	−1.19
Sum T	0.81	[1.08]	0.00	4.00	39	0.00	0.00	1.24	0.89
Sum V	0.57	[0.91]	0.00	3.00	32	0.00	0.00	1.72	2.12
Sum Y	1.40	[1.77]	0.00	8.00	50	1.00	0.00	1.97	4.87
Sum Shading	4.09	3.30	0.00	16.00	83	3.00	2.00	1.67	3.86
Fr+rF	0.04	[0.19]	0.00	1.00	3	0.00	0.00	5.16	25.21
FD	0.36	[0.59]	0.00	2.00	26	0.00	0.00	1.43	1.06
F	14.43	6.28	7.00	33.00	86	12.00	9.00	1.51	2.24
(2)	6.71	4.85	1.00	21.00	86	6.00	7.00	1.63	2.54
3r+(2)/R	0.27	0.12	0.06	0.63	86	0.27	0.19	0.28	−0.35
Lambda	2.09	2.91	1.00	15.00	86	1.34	1.18	4.19	16.50
EA	4.95	2.19	0.00	9.00	82	5.50	6.00	−0.44	−0.52
es	6.65	4.72	1.00	17.00	86	4.00	4.00	0.81	−0.55
D Score	−0.67	1.39	−4.00	1.00	86	0.00	0.00	−1.00	---
AdjD	−0.22	0.91	−3.00	1.00	86	0.00	0.00	−1.15	1.72
a (active)	2.49	2.01	0.00	6.00	70	2.00	2.00	0.49	−1.04
p (passive)	2.50	2.15	0.00	7.00	69	2.00	2.00	0.74	−0.55
Ma	1.24	1.33	0.00	5.00	61	1.00	1.00	1.63	2.47
Mp	1.19	1.07	0.00	4.00	56	1.00	2.00	0.50	−0.26
Intellect	1.95	2.02	0.00	9.00	65	1.00	1.00	1.60	3.23
Zf	8.51	3.09	1.00	16.00	86	9.00	9.00	−0.23	0.93
Zd	0.04	3.91	−12.50	5.00	80	1.75	3.00	−1.34	1.83
Blends	1.90	1.65	0.00	6.00	63	2.00	0.00	0.51	−0.59
Blends/R	0.08	0.07	0.00	0.19	63	0.09	0.00	0.14	−1.30
Col−Shd Blends	0.45	[0.50]	0.00	1.00	39	0.00	0.00	0.19	−2.01
Afr	0.49	0.17	0.27	1.00	86	0.45	0.45	1.54	3.06

〈계속〉

VARIABLE	MEAN	SD	MIN	MAX	FREQ	MEDIAN	MODE	SK	KU
Populars	5.13	1.86	2.00	10.00	86	5.00	4.00	0.47	−0.21
XA%	0.73	0.11	0.47	0.90	86	0.73	0.73	−0.45	−0.30
WDA%	0.81	0.11	0.50	1.00	86	0.81	0.81	−0.81	1.11
X+%	0.54	0.11	0.27	0.81	86	0.50	0.65	−0.20	−0.08
X−%	0.23	0.09	0.06	0.44	86	0.23	0.13	0.28	−0.67
Xu%	0.20	0.09	0.04	0.38	86	0.21	0.24	−0.10	−0.72
Isolate/R	0.10	0.10	0.00	0.29	55	0.09	0.00	0.41	−1.11
H	1.87	1.41	0.00	5.00	81	1.00	1.00	1.15	0.26
(H)	0.98	1.25	0.00	6.00	52	1.00	1.00	2.39	7.39
HD	1.55	1.61	0.00	6.00	61	1.00	0.00	1.37	1.46
(Hd)	1.09	1.51	0.00	5.00	47	1.00	0.00	1.73	2.17
Hx	0.00	[0.00]	0.00	0.00	0	0.00	0.00	---	---
All H Cont	5.49	3.60	1.00	15.00	86	4.00	4.00	0.77	−0.15
A	7.41	3.75	3.00	17.00	86	6.00	5.00	1.49	1.13
(A)	0.29	[0.46]	0.00	1.00	25	0.00	0.00	0.93	−1.15
Ad	3.44	[4.27]	0.00	19.00	70	3.00	3.00	2.79	8.11
(Ad)	0.06	[0.24]	0.00	1.00	5	0.00	0.00	3.84	13.08
An	1.74	[2.26]	0.00	7.00	45	1.00	0.00	1.15	0.06
Art	1.40	1.80	0.00	9.00	62	1.00	1.00	2.79	9.28
Ay	0.30	[0.65]	0.00	2.00	17	0.00	0.00	1.94	2.29
Bl	0.38	[0.90]	0.00	3.00	14	0.00	0.00	2.06	2.70
Bt	0.74	1.27	0.00	5.00	34	0.00	0.00	2.27	5.14
Cg	1.59	1.29	0.00	5.00	71	1.00	1.00	1.11	1.24
Cl	0.09	[0.29]	0.00	1.00	8	0.00	0.00	2.85	6.28
Ex	0.22	[0.50]	0.00	2.00	16	0.00	0.00	2.21	4.27
Fi	0.20	[0.40]	0.00	1.00	17	0.00	0.00	1.54	0.40
Food	0.41	[0.66]	0.00	2.00	27	0.00	0.00	1.36	0.64
Ge	0.30	[0.70]	0.00	4.00	20	0.00	0.00	3.63	16.35
Hh	0.78	1.28	0.00	4.00	32	0.00	0.00	1.67	1.66
Ls	0.42	0.58	0.00	2.00	32	0.00	0.00	1.05	0.15
Na	0.35	[0.55]	0.00	2.00	27	0.00	0.00	1.28	0.74
Sc	0.40	[0.56]	0.00	2.00	31	0.00	0.00	1.04	0.12
Sx	0.48	[0.73]	0.00	2.00	29	0.00	0.00	1.19	−0.07
Xy	0.22	[0.60]	0.00	2.00	11	0.00	0.00	2.52	4.72
Idio	1.07	1.01	0.00	3.00	56	1.00	1.00	0.61	−0.70
DV	0.24	[0.55]	0.00	2.00	16	0.00	0.00	2.20	3.89
INCOM	0.98	[1.31]	0.00	6.00	47	1.00	0.00	2.13	5.64
DR	0.49	[0.66]	0.00	2.00	34	0.00	0.00	1.03	−0.09
FABCOM	0.28	[0.52]	0.00	2.00	21	0.00	0.00	1.73	2.19
DV2	0.09	[0.29]	0.00	1.00	8	0.00	0.00	2.85	6.28
INC2	0.40	[0.67]	0.00	2.00	25	0.00	0.00	1.45	0.78
DR2	0.07	[0.26]	0.00	1.00	6	0.00	0.00	3.43	10.05
FAB2	0.22	[0.54]	0.00	2.00	14	0.00	0.00	2.41	4.84
ALOG	0.06	[0.24]	0.00	1.00	5	0.00	0.00	3.84	13.08
CONTAM	0.00	0.00	0.00	0.00	0	0.00	0.00	---	---
Sum 6 Sp Sc	2.83	2.48	0.00	11.00	75	2.00	2.00	1.65	2.91
Lvl 2 Sp Sc	0.78	[1.08]	0.00	4.00	40	0.00	0.00	1.60	2.33
WSum6	8.80	9.02	0.00	34.00	75	6.00	6.00	1.60	1.96
AB	0.13	[0.43]	0.00	2.00	8	0.00	0.00	3.50	11.81
AG	0.17	0.54	0.00	3.00	11	0.00	0.00	3.90	17.10
COP	0.45	0.50	0.00	1.00	39	0.00	0.00	0.19	−2.01
CP	0.00	[0.00]	0.00	0.00	0	0.00	0.00	---	---
GOODHR	3.16	1.77	1.00	9.00	86	3.00	2.00	1.17	2.08
POORHR	2.69	2.43	0.00	7.00	62	2.00	0.00	0.38	−1.28
MOR	0.99	[0.73]	0.00	2.00	63	1.00	1.00	0.01	−1.08
PER	1.87	3.05	0.00	9.00	35	0.00	0.00	1.56	1.02
PSV	0.55	[0.76]	0.00	2.00	33	0.00	0.00	0.98	−0.56

주의: [ ] 안의 값은 신뢰롭지 못한 값이므로 기대범위를 추정하는 데 사용할 수 없음. 흔히 이 변인들은 모수통계분석에 포함시키지 않음.

〈표 11-26〉 36개 변인의 빈도: Lamda>0.99인 입원한 우울환자 (N=86)

DEMOGRAPHY VARIABLES

MARITAL STATUS			AGE			RACE		
Single	14	16%	18~25	18	21%	White	75	87%
Lives w/S.O.	0	0%	26~35	22	26%	Black	6	7%
Married	60	70%	36~45	26	30%	Hispanic	5	6%
Separated	1	1%	46~55	15	17%	Asian	0	0%
Divorced	6	7%	56~65	5	6%			
Widowed	5	6%	OVER 65	0	0%	EDUCATION		
						UNDER 12	3	3%
SEX						12 Years	24	28%
Male	10	12%				13~15 Yrs	26	30%
Female	76	88%				16+ Yrs	33	38%

RATIOS, PERCENTAGES AND SPECIAL INDICES

STYLE			FORM QUALITY DEVIATIONS		
Introversive	0	0%	XA%>.89	1	1%
Pervasive	0	0%	XA%<.70	26	30%
Ambitent	0	0%	WDA%<.85	47	55%
Extratensive	0	0%	WDA%<.75	14	16%
Pervasive	0	0%	X+%<.55	44	51%
Avoidant	86	100%	Xu%>.20	43	50%
			X-%>.20	46	53%
D-SCORES			X-%>.30	20	23%
D Score> 0	11	13%			
D Score= 0	47	55%			
D Score< 0	28	33%			
D Score<-1	25	29%	FC:CF+C RATIO		
			FC>(CF+C)+2	3	3%
Adj D Score> 0	14	16%	FC>(CF+C)+1	14	16%
Adj D Score= 0	50	58%	(CF+C)>FC+1	24	28%
Adj D Score< 0	22	26%	(CF+C)>FC+2	13	15%
Adj D Score<-1	8	9%			
			S-Constellation Positive	0	0%
Zd>+3.0(Overincorp)	9	10%	HVI Positive	5	6%
Zd<-3.0(Underincorp)	18	21%	OBS Positive	0	0%

PTI=50	0	0%	DEPI=7	0	0%	CDI=5	16	19%
PTI=4	0	0%	DEPI=6	8	9%	CDI=4	41	48%
PTI=3	0	0%	DEPI=5	48	56%			

MISCELLANEOUS VARIABLES

R<17	24	28%	(2AB+Art+Ay)>5	3	3%
R>27	20	23%	Populars<4	20	23%
DQv>2	33	38%	Populars>7	6	7%
S>2	37	43%	COP=0	47	55%
Sum T=0	47	55%	COP>2	0	0%
Sum T>1	22	26%	AG=0	75	87%
3r+(2)/R<.33	60	70%	AG>2	2	2%
3r+(2)/R>.44	7	8%	MOR>2	0	0%
Fr+rF>0	3	3%	Level 2 Sp.Sc.>0	40	47%
PureC>0	38	44%	GHR>PHR	42	49%
PureC>1	8	9%	Pure H<2	49	57%
Afr<.40	18	21%	Pure H=0	5	6%
Afr<.50	50	58%	p>a+1	12	14%
(FM+m)<Sum Shading	59	69%	Mp>Ma	33	38%

〈표 11-27〉 Lambda<1.0 인 입원한 정신분열병환자의 기술통계치 (N=200)

VARIABLE	MEAN	SD	MIN	MAX	FREQ	MEDIAN	MODE	SK	KU
AGE	29.15	11.02	18.00	66.00	200	25.00	21.00	1.37	1.22
Years Educ	12.86	4.16	11.00	19.00	200	14.00	12.00	−1.90	3.72
R	24.80	9.46	14.00	55.00	200	22.00	28.00	1.20	1.10
W	10.11	5.38	2.00	22.00	200	10.00	10.00	0.52	−0.33
D	9.62	6.91	0.00	32.00	196	9.00	4.00	1.08	1.22
Dd	5.07	[5.50]	0.00	21.00	192	3.00	2.00	1.97	3.07
S	2.99	[2.35]	0.00	10.00	176	2.00	1.00	0.83	0.12
DQ+	8.76	3.85	1.00	19.00	200	9.00	7.00	0.22	−0.26
DQo	14.35	8.42	3.00	42.00	200	12.00	13.00	1.74	2.45
DQv	1.49	[2.04]	0.00	8.00	128	1.00	0.00	2.05	3.69
DQv/+	0.20	[0.47]	0.00	2.00	34	0.00	0.00	2.34	4.87
FQx+	0.07	0.33	0.00	2.00	10	0.00	0.00	4.95	24.80
FQxo	9.32	3.72	2.00	20.00	200	9.00	8.00	0.31	−0.09
FQxu	5.37	3.37	1.00	14.00	200	4.00	3.00	0.70	−0.44
FQx−	9.35	5.79	1.00	27.00	200	7.00	7.00	1.26	1.15
FQxNone	0.69	[1.06]	0.00	4.00	86	0.00	0.00	1.93	3.40
MQ+	0.06	0.31	0.00	2.00	8	0.00	0.00	5.46	29.94
MQo	3.29	1.98	0.00	7.00	194	3.00	1.00	0.28	−0.98
MQu	1.34	1.26	0.00	5.00	148	1.00	1.00	1.24	1.46
MQ−	2.88	[2.67]	0.00	10.00	180	2.00	1.00	1.21	0.35
MQNone	0.12	[0.41]	0.00	3.00	20	0.00	0.00	4.46	24.71
S−	1.57	[1.69]	0.00	6.00	126	1.00	0.00	1.03	0.34
M	7.69	4.10	0.00	19.00	198	7.00	8.00	0.44	−0.05
FM	3.23	2.85	0.00	13.00	174	2.00	1.00	1.20	1.37
m	1.39	1.17	0.00	5.00	146	1.00	2.00	0.65	0.08
FM+m	4.62	3.26	0.00	15.00	188	4.00	3.00	1.01	0.78
FC	2.07	1.73	0.00	7.00	164	1.50	1.00	0.72	−0.25
CF	1.63	1.52	0.00	5.00	144	1.00	0.00	0.75	−0.47
C	0.44	[0.78]	0.00	3.00	62	0.00	0.00	1.99	3.57
Cn	0.02	[0.14]	0.00	1.00	4	0.00	0.00	6.90	46.20
Sum Color	4.16	2.73	0.00	11.00	186	4.00	4.00	0.59	−0.03
WSumC	3.33	2.45	0.00	10.50	186	3.00	2.00	0.82	0.38
Sum C′	2.03	[1.82]	0.00	7.00	162	1.50	1.00	0.92	−0.14
Sum T	0.66	[1.29]	0.00	7.00	76	0.00	0.00	3.32	12.74
Sum V	0.69	[1.19]	0.00	7.00	78	0.00	0.00	2.81	10.33
Sum Y	2.78	[2.87]	0.00	9.00	130	2.00	0.00	0.69	−0.81
Sum Shading	6.16	4.80	0.00	23.00	180	6.00	6.00	1.27	2.29
Fr+rF	0.27	[0.62]	0.00	2.00	36	0.00	0.00	2.11	2.98
FD	0.79	[1.07]	0.00	6.00	94	0.00	0.00	1.75	4.39
F	8.19	5.78	1.00	27.00	200	6.50	5.00	1.58	2.07
(2)	9.73	5.12	0.00	29.00	196	9.00	9.00	0.90	2.42
3r+(2)/R	0.42	0.17	0.00	0.75	196	0.41	0.33	−0.25	−0.24
Lambda	0.49	0.28	0.05	0.96	200	0.41	0.96	0.33	−1.25
EA	11.02	4.93	0.50	26.00	200	10.50	8.00	0.63	0.86
es	10.78	5.95	2.00	28.00	200	9.00	8.00	0.59	−0.40
D Score	0.12	2.10	−7.00	7.00	200	0.00	0.00	−0.39	2.56
AdjD	0.91	1.77	−4.00	7.00	200	0.00	0.00	0.42	0.94
a (active)	7.27	3.72	1.00	20.00	200	6.50	6.00	0.90	0.88
p (passive)	5.26	3.50	0.00	14.00	196	4.00	4.00	0.76	−0.33
Ma	4.61	2.86	0.00	19.00	194	4.00	6.00	1.40	4.93
Mp	3.26	2.67	0.00	9.00	172	2.00	1.00	0.66	−0.61
Intellect	1.84	3.32	0.00	28.00	112	1.00	0.00	5.22	37.55
Zf	14.70	4.91	6.00	26.00	200	13.00	13.00	0.87	−0.14
Zd	1.38	4.83	−9.00	13.50	196	2.00	0.50	0.06	−0.17
Blends	5.68	3.57	0.00	19.00	196	5.00	3.00	1.18	1.55
Blends/R	0.23	0.13	0.00	0.61	196	0.20	0.14	1.10	1.43
Col−Shd Blends	0.81	[1.25]	0.00	7.00	86	0.00	0.00	2.11	5.63
Afr	0.53	0.20	0.18	1.00	200	0.50	0.33	0.52	−0.54

〈계속〉

VARIABLE	MEAN	SD	MIN	MAX	FREQ	MEDIAN	MODE	SK	KU
Populars	4.96	2.04	1.00	10.00	200	5.00	6.00	0.21	−0.11
XA%	0.61	0.14	0.30	0.95	200	0.61	0.73	−0.17	−0.43
WDA%	0.67	0.13	0.38	1.00	200	0.70	0.71	−0.47	0.15
X+%	0.40	0.15	0.13	0.74	200	0.40	0.25	0.26	−0.68
X−%	0.36	0.13	0.05	0.67	200	0.33	0.25	0.17	−0.54
Xu%	0.21	0.10	0.05	0.43	200	0.21	0.27	0.28	−0.57
Isolate/R	0.18	0.14	0.00	0.54	176	0.14	0.11	0.99	0.46
H	3.81	2.45	0.00	9.00	176	4.00	5.00	0.27	−0.58
(H)	1.90	1.53	0.00	8.00	188	1.00	1.00	1.90	4.13
HD	1.62	2.09	0.00	8.00	124	1.00	0.00	1.81	2.96
(Hd)	0.88	0.98	0.00	4.00	114	1.00	0.00	1.16	1.30
Hx	0.27	[0.71]	0.00	4.00	32	0.00	0.00	3.01	9.64
All H Cont	8.21	3.94	2.00	21.00	200	8.00	8.00	0.66	0.84
A	8.51	4.15	2.00	27.00	200	7.00	7.00	2.02	6.22
(A)	0.62	[0.91]	0.00	3.00	78	0.00	0.00	1.32	0.68
Ad	2.42	[1.96]	0.00	8.00	156	2.00	0.00	0.50	−0.40
(Ad)	0.23	[0.57]	0.00	2.00	32	0.00	0.00	2.36	4.31
An	1.08	[1.39]	0.00	8.00	104	1.00	0.00	1.76	4.79
Art	0.83	1.52	0.00	7.00	72	0.00	0.00	2.42	5.94
Ay	0.21	[0.43]	0.00	2.00	40	0.00	0.00	1.80	2.24
Bl	0.34	[0.73]	0.00	5.00	50	0.00	0.00	3.35	16.13
Bt	0.87	1.11	0.00	4.00	100	0.50	0.00	1.31	1.09
Cg	2.31	1.89	0.00	9.00	174	2.00	1.00	1.22	1.74
Cl	0.41	[0.89]	0.00	4.00	46	0.00	0.00	2.50	6.34
Ex	0.08	[0.27]	0.00	1.00	16	0.00	0.00	3.12	7.81
Fi	0.44	[0.59]	0.00	2.00	78	0.00	0.00	0.97	−0.03
Food	0.25	[0.57]	0.00	3.00	40	0.00	0.00	2.84	9.33
Ge	0.24	[0.59]	0.00	2.00	32	0.00	0.00	2.31	3.93
Hh	0.39	0.83	0.00	3.00	48	0.00	0.00	2.30	4.44
Ls	0.65	0.99	0.00	4.00	78	0.00	0.00	1.57	1.87
Na	0.89	[1.11]	0.00	4.00	100	0.50	0.00	1.14	0.36
Sc	0.56	[0.77]	0.00	3.00	84	0.00	0.00	1.34	1.36
Sx	1.51	[2.24]	0.00	8.00	102	1.00	0.00	1.76	2.27
Xy	0.20	[0.55]	0.00	3.00	28	0.00	0.00	3.01	9.18
Idio	3.02	2.46	0.00	10.00	172	3.00	1.00	1.09	1.30
DV	1.00	[1.44]	0.00	7.00	98	0.00	0.00	2.12	5.40
INCOM	1.56	[1.54]	0.00	6.00	134	1.00	0.00	0.88	0.25
DR	1.11	[1.61]	0.00	7.00	102	1.00	0.00	2.02	4.15
FABCOM	0.69	[1.16]	0.00	5.00	70	0.00	0.00	1.80	2.62
DV2	0.38	[0.88]	0.00	5.00	48	0.00	0.00	3.42	13.83
INC2	1.48	[1.82]	0.00	7.00	118	1.00	0.00	1.43	1.42
DR2	1.92	[2.65]	0.00	10.00	124	1.00	0.00	1.67	1.89
FAB2	2.38	[2.13]	0.00	9.00	152	2.00	2.00	0.91	0.38
ALOG	1.21	[2.00]	0.00	14.00	94	0.00	0.00	3.27	16.04
CONTAM	0.17	0.43	0.00	2.00	30	0.00	0.00	2.52	5.92
Sum 6 Sp Sc	11.90	7.44	2.00	32.00	200	11.00	8.00	0.88	0.31
Lvl 2 Sp Sc	6.16	[5.48]	0.00	25.00	184	4.00	3.00	1.25	1.41
WSum6	52.31	38.94	4.00	173.00	200	35.00	23.00	1.16	0.92
AB	0.40	[1.47]	0.00	14.00	46	0.00	0.00	8.14	73.63
AG	1.62	2.00	0.00	9.00	122	1.00	0.00	1.67	2.97
COP	1.12	1.00	0.00	4.00	142	1.00	1.00	0.89	0.51
CP	0.05	[0.22]	0.00	1.00	10	0.00	0.00	4.16	15.47
GOODHR	3.14	2.00	0.00	9.00	188	3.00	3.00	0.81	0.83
POORHR	6.79	4.38	0.00	18.00	194	6.00	6.00	0.88	0.25
MOR	1.77	[1.82]	0.00	7.00	128	2.00	0.00	1.04	0.80
PER	1.69	2.61	0.00	15.00	120	1.00	0.00	3.10	12.14
PSV	0.08	[0.34]	0.00	2.00	12	0.00	0.00	4.53	20.83

주의: [ ] 안의 값은 신뢰롭지 못한 값이므로 기대범위를 추정하는 데 사용할 수 없음. 흔히 이 변인들은 모수통계분석에 포함시키지 않음

〈표 11-28〉 36개 변인의 빈도: Lambda<1.0 인 입원한 정신분열병환자 (N=200)

DEMOGRAPHY VARIABLES

MARITAL STATUS			AGE			RACE		
Single	136	68%	18~25	102	51%	White	190	95%
Lives w/S.O.	0	0%	26~35	54	27%	Black	8	4%
Married	54	27%	36~45	22	11%	Hispanic	2	1%
Separated	4	2%	46~55	12	6%	Asian	0	0%
Divorced	4	2%	56~65	8	4%			
Widowed	2	1%	OVER 65	2	1%	EDUCATION		
						UNDER 12	8	4%
SEX						12 Years	98	49%
Male	96	48%				13~15 Yrs	51	26%
Female	104	52%				16+ Yrs	43	22%

RATIOS, PERCENTAGES AND SPECIAL INDICES

STYLE			FORM QUALITY DEVIATIONS		
Introversive	142	71%	XA%>.89	2	1%
Pervasive	90	45%	XA%<.70	134	67%
Ambitent	38	19%	WDA%<.85	184	92%
Extratensive	20	10%	WDA%<.75	142	71%
Pervasive	16	8%	X+%<.55	168	84%
Avoidant	0	0%	Xu%>.20	100	50%
			X−%>.20	180	90%
D−SCORES			X−%>.30	118	59%
D Score> 0	68	34%			
D Score= 0	78	39%			
D Score< 0	54	27%			
D Score<−1	24	12%	FC:CF+C RATIO		
			FC>(CF+C)+2	34	17%
Adj D Score> 0	94	47%	FC>(CF+C)+1	52	26%
Adj D Score= 0	82	41%	(CF+C)>FC+1	52	26%
Adj D Score< 0	24	12%	(CF+C)>FC+2	38	19%
Adj D Score<−1	10	5%			
			S−Constellation Positive	2	1%
Zd>+3.0(Overincorp)	76	38%	HVI Positive	44	22%
Zd<−3.0(Underincorp)	50	25%	OBS Positive	0	0%

PTI=5	74	37%	DEPI=7	6	3%	CDI=5	6	3%
PTI=4	49	25%	DEPI=6	20	10%	CDI=4	22	11%
PTI=3	24	12%	DEPI=5	34	17%			

MISCELLANEOUS VARIABLES

R<17	42	21%	(2AB+Art+Ay)>5	14	7%
R>27	68	34%	Populars<4	50	25%
DQv>2	30	15%	Populars>7	14	7%
S>2	96	48%	COP=0	58	29%
Sum T=0	124	62%	COP>2	20	10%
Sum T>1	22	11%	AG=0	78	39%
3r+(2)/R<.33	48	24%	AG>2	52	26%
3r+(2)/R>.44	84	42%	MOR>2	60	30%
Fr+rF>0	36	18%	Level 2 Sp.Sc.>0	184	92%
PureC>0	62	31%	GHR>PHR	32	16%
PureC>1	16	8%	Pure H<2	34	17%
Afr<.40	62	31%	Pure H=0	24	12%
Afr<.50	90	45%	p>a+1	36	18%
(FM+m)<Sum Shading	100	50%	Mp>Ma	70	35%

〈표 11-29〉 Lambda>0.99 인 입원한 정신분열병 환자의 기술통계치 (N=128)

VARIABLE	MEAN	SD	MIN	MAX	FREQ	MEDIAN	MODE	SK	KU
AGE	30.19	21.28	18.00	179.00	128	23.50	19.00	5.48	36.55
Years Educ	11.69	5.22	10.00	18.00	128	12.00	12.00	−1.24	0.43
R	21.27	8.10	14.00	45.00	128	19.00	14.00	1.55	1.72
W	7.20	4.48	1.00	28.00	128	6.00	4.00	1.86	5.96
D	9.89	6.64	0.00	28.00	126	9.00	9.00	1.04	0.84
Dd	4.17	[3.51]	0.00	16.00	120	3.00	2.00	1.55	2.34
S	2.38	[2.24]	0.00	9.00	92	2.00	0.00	0.80	−0.04
DQ+	3.42	2.95	0.00	10.00	92	3.00	0.00	0.39	−0.82
DQo	16.34	7.01	6.00	36.00	128	15.50	11.00	1.11	0.89
DQv	1.30	[1.49]	0.00	9.00	82	1.00	0.00	2.33	9.44
DQv/+	0.20	[0.48]	0.00	2.00	22	0.00	0.00	2.33	4.86
FQx+	0.00	0.00	0.00	0.00	0	0.00	0.00	---	---
FQxo	8.92	3.60	4.00	18.00	128	8.00	8.00	0.99	0.15
FQxu	3.81	2.88	0.00	13.00	120	3.00	4.00	1.13	1.39
FQx−	8.03	4.31	1.00	23.00	128	8.00	8.00	1.18	2.24
FQxNone	0.50	[0.87]	0.00	4.00	40	0.00	0.00	1.89	3.52
MQ+	0.00	0.00	0.00	0.00	0	0.00	0.00	---	---
MQo	0.91	0.97	0.00	4.00	76	1.00	0.00	1.14	1.40
MQu	0.45	0.73	0.00	2.00	40	0.00	0.00	1.27	0.09
MQ−	0.95	[1.26]	0.00	7.00	70	1.00	0.00	2.34	7.91
MQNone	0.02	[0.13]	0.00	1.00	2	0.00	0.00	7.90	61.44
S−	1.64	[1.56]	0.00	6.00	86	1.50	0.00	0.76	−0.02
M	2.33	2.04	0.00	10.00	100	2.00	0.00	1.06	1.61
FM	1.34	1.69	0.00	6.00	70	1.00	0.00	1.24	0.71
m	0.72	1.07	0.00	5.00	56	0.00	0.00	1.83	3.35
FM+m	2.06	2.40	0.00	9.00	86	1.00	0.00	1.38	1.33
FC	0.75	0.77	0.00	3.00	72	1.00	0.00	0.67	−0.35
CF	0.83	1.06	0.00	4.00	64	0.50	0.00	1.24	0.61
C	0.28	[0.65]	0.00	3.00	24	0.00	0.00	2.42	5.34
Cn	0.09	[0.39]	0.00	2.00	8	0.00	0.00	4.27	17.68
Sum Color	1.95	1.83	0.00	10.00	100	2.00	1.00	1.57	4.21
WSumC	1.63	1.71	0.00	10.00	100	1.25	0.00	2.13	7.38
Sum C′	0.77	[1.09]	0.00	5.00	60	0.00	0.00	1.81	3.37
Sum T	0.06	[0.24]	0.00	1.00	8	0.00	0.00	3.65	11.56
Sum V	0.16	[0.37]	0.00	1.00	20	0.00	0.00	1.91	1.70
Sum Y	0.89	[1.50]	0.00	7.00	56	0.00	0.00	2.39	5.87
Sum Shading	1.88	2.07	0.00	10.00	86	1.50	0.00	1.59	3.20
Fr+rF	0.03	[0.18]	0.00	1.00	4	0.00	0.00	5.45	28.17
FD	0.17	[0.42]	0.00	2.00	20	0.00	0.00	2.39	5.26
F	14.28	5.43	7.00	32.00	128	13.00	10.00	1.29	1.70
(2)	6.38	4.90	0.00	21.00	114	6.00	0.00	1.14	1.48
3r+(2)/R	0.29	0.18	0.00	0.71	114	0.32	0.00	−0.08	−0.93
Lambda	3.49	4.76	1.00	29.00	128	1.80	1.11	3.57	13.99
EA	3.95	2.73	0.00	12.00	124	3.50	2.00	1.07	0.63
es	3.94	3.39	0.00	13.00	110	3.00	2.00	1.00	0.42
D Score	−0.02	0.95	−3.00	3.00	128	0.00	0.00	−0.08	3.26
AdjD	0.16	0.84	−2.00	3.00	128	0.00	0.00	0.51	2.31
a (active)	2.34	2.14	0.00	8.00	96	2.00	2.00	0.94	0.44
p (passive)	2.09	2.04	0.00	10.00	98	2.00	2.00	1.56	3.03
Ma	1.17	1.30	0.00	5.00	72	1.00	0.00	0.90	0.02
Mp	1.20	1.35	0.00	6.00	84	1.00	1.00	1.59	2.58
Intellect	1.11	1.71	0.00	9.00	64	0.50	0.00	2.38	6.67
Zf	9.47	4.13	2.00	23.00	128	10.50	11.00	0.45	0.29
Zd	0.46	3.77	−6.00	9.00	124	0.75	1.50	0.08	−0.98
Blends	1.20	1.42	0.00	6.00	72	1.00	0.00	1.37	2.05
Blends/R	0.06	0.06	0.00	0.21	72	0.04	0.00	0.76	−0.57
Col−Shd Blends	0.28	[0.63]	0.00	3.00	26	0.00	0.00	2.44	5.87
Afr	0.49	0.18	0.27	1.25	128	0.48	0.27	1.36	3.43

〈계속〉

VARIABLE	MEAN	SD	MIN	MAX	FREQ	MEDIAN	MODE	SK	KU
Populars	3.67	1.81	1.00	8.00	128	4.00	4.00	0.30	−0.62
XA%	0.60	0.13	0.28	0.89	128	0.60	0.53	0.18	0.57
WDA%	0.65	0.14	0.35	0.88	128	0.67	0.50	−0.39	−0.57
X+%	0.43	0.11	0.14	0.77	128	0.41	0.36	0.78	1.54
X−%	0.38	0.14	0.05	0.72	128	0.39	0.47	−0.18	0.55
Xu%	0.17	0.10	0.00	0.42	120	0.18	0.07	0.48	−0.09
Isolate/R	0.11	0.10	0.00	0.43	92	0.06	0.00	0.83	−0.07
H	1.67	1.78	0.00	9.00	90	1.00	0.00	1.64	3.56
(H)	0.91	0.97	0.00	3.00	76	1.00	0.00	0.93	−0.05
HD	1.73	1.99	0.00	9.00	82	1.00	0.00	1.68	3.45
(Hd)	0.56	1.06	0.00	6.00	42	0.00	0.00	2.87	10.49
Hx	0.03	[0.18]	0.00	1.00	4	0.00	0.00	5.45	28.17
All H Cont	4.88	3.55	0.00	19.00	118	4.00	3.00	1.12	2.51
A	8.17	3.44	3.00	19.00	128	8.00	5.00	0.84	0.36
(A)	0.55	[1.14]	0.00	7.00	40	0.00	0.00	3.45	15.41
Ad	1.42	[1.82]	0.00	10.00	76	1.00	0.00	2.10	6.50
(Ad)	0.16	[0.51]	0.00	3.00	14	0.00	0.00	3.89	16.52
An	1.19	[1.52]	0.00	6.00	76	1.00	0.00	1.70	2.46
Art	0.56	0.83	0.00	3.00	46	0.00	0.00	1.14	−0.05
Ay	0.23	[0.70]	0.00	5.00	22	0.00	0.00	5.13	31.81
Bl	0.34	[0.78]	0.00	5.00	32	0.00	0.00	3.79	18.92
Bt	0.81	1.22	0.00	5.00	58	0.00	0.00	2.02	4.34
Cg	1.05	1.41	0.00	7.00	72	1.00	0.00	2.22	5.98
Cl	0.23	[0.46]	0.00	2.00	28	0.00	0.00	1.74	2.18
Ex	0.13	[0.33]	0.00	1.00	16	0.00	0.00	2.29	3.32
Fi	0.17	[0.45]	0.00	2.00	18	0.00	0.00	2.71	6.88
Food	0.36	[0.88]	0.00	4.00	26	0.00	0.00	2.93	8.61
Ge	0.06	[0.24]	0.00	1.00	8	0.00	0.00	3.65	11.56
Hh	0.44	1.36	0.00	6.00	18	0.00	0.00	3.38	10.32
Ls	0.30	0.88	0.00	5.00	20	0.00	0.00	3.86	15.95
Na	0.36	[0.74]	0.00	3.00	30	0.00	0.00	2.15	4.02
Sc	0.48	[0.71]	0.00	2.00	46	0.00	0.00	1.13	−0.11
Sx	1.06	[1.64]	0.00	5.00	50	0.00	0.00	1.30	0.16
Xy	0.13	[0.33]	0.00	1.00	16	0.00	0.00	2.29	3.32
Idio	1.66	2.03	0.00	9.00	82	1.00	0.00	1.83	3.73
DV	0.83	[1.24]	0.00	6.00	62	0.00	0.00	2.16	5.01
INCOM	1.41	[1.47]	0.00	6.00	90	1.00	1.00	1.37	1.65
DR	0.58	[0.79]	0.00	2.00	50	0.00	0.00	0.90	−0.79
FABCOM	0.48	[0.62]	0.00	2.00	54	0.00	0.00	0.88	−0.21
DV2	0.42	[1.19]	0.00	9.00	36	0.00	0.00	6.05	41.90
INC2	0.64	[1.13]	0.00	4.00	42	0.00	0.00	1.88	2.73
DR2	1.48	[3.05]	0.00	14.00	50	0.00	0.00	2.80	7.91
FAB2	0.64	[1.13]	0.00	6.00	44	0.00	0.00	2.35	6.90
ALOG	0.27	[0.65]	0.00	3.00	22	0.00	0.00	2.53	5.86
CONTAM	0.13	0.42	0.00	2.00	12	0.00	0.00	3.49	11.83
Sum 6 Sp Sc	6.88	5.96	0.00	31.00	118	5.00	3.00	1.92	4.34
Lvl 2 Sp Sc	3.19	[4.30]	0.00	18.00	88	2.00	0.00	2.05	4.11
WSum6	26.31	28.35	0.00	129.00	118	18.00	6.00	2.01	4.03
AB	0.16	[0.54]	0.00	3.00	12	0.00	0.00	3.79	14.57
AG	0.50	0.89	0.00	3.00	36	0.00	0.00	1.58	1.22
COP	0.33	0.69	0.00	3.00	28	0.00	0.00	2.11	3.70
CP	0.03	[0.18]	0.00	1.00	4	0.00	0.00	5.45	28.17
GOODHR	1.73	1.41	0.00	5.00	100	1.50	1.00	0.62	−0.27
POORHR	3.84	3.08	0.00	17.00	118	4.00	1.00	1.39	3.60
MOR	0.81	[1.30]	0.00	5.00	54	0.00	0.00	2.00	3.57
PER	1.08	2.30	0.00	11.00	52	0.00	0.00	3.27	10.94
PSV	0.28	[0.52]	0.00	2.00	32	0.00	0.00	1.65	1.91

주의: [ ] 안의 값은 신뢰롭지 못한 값이므로 기대범위를 추정하는 데 사용할 수 없음. 흔히 이 변인들은 모수통계분석에 포함시키지 않음.

〈표 11-30〉 36개 변인의 빈도: Lambda>0.99 인 입원한 정신분열병 환자 (N=128)

DEMOGRAPHY VARIABLES

MARITAL STATUS			AGE			RACE		
Single	82	64%	18~25	70	55%	White	120	94%
Lives w/S.O.	0	0%	26~35	24	19%	Black	4	2%
Married	36	28%	36~45	22	17%	Hispanic	4	3%
Separated	2	2%	46~55	8	6%	Asian	0	0%
Divorced	8	6%	56~65	2	2%			
Widowed	0	0%	OVER 65	2	2%	EDUCATION		
						UNDER 12	23	18%
SEX						12 Years	64	50%
Male	72	56%				13~15 Yrs	19	15%
Female	56	44%				16+ Yrs	22	17%

RATIOS, PERCENTAGES AND SPECIAL INDICES

STYLE			FORM QUALITY DEVIATIONS		
Introversive	0	0%	XA%>.89	0	0%
Pervasive	0	0%	XA%<.70	110	86%
Ambitent	0	0%	WDA%<.85	114	89%
Extratensive	0	0%	WDA%<.75	94	73%
Pervasive	0	0%	X+%<.55	110	86%
Avoidant	128	100%	Xu%>.20	36	28%
			X−%>.20	114	89%
D−SCORES			X−%>.30	100	78%
D Score> 0	22	17%			
D Score= 0	80	63%			
D Score< 0	26	20%			
D Score<−1	4	3%	FC:CF+C RATIO		
			FC>(CF+C)+2	0	0%
Adj D Score> 0	30	23%	FC>(CF+C)+1	4	3%
Adj D Score= 0	82	64%	(CF+C)>FC+1	22	17%
Adj D Score< 0	16	13%	(CF+C)>FC+2	8	6%
Adj D Score<−1	4	3%			
			S−Constellation Positive	0	0%
Zd>+3.0(Overincorp)	36	28%	HVI Positive	10	8%
Zd<−3.0(Underincorp)	28	22%	OBS Positive	0	0%

PTI=5	10	8%	DEPI=7	0	0%	CDI=5	14	11%
PTI=4	26	20%	DEPI=6	10	8%	CDI=4	56	44%
PTI=3	56	44%	DEPI=5	18	14%			

MISCELLANEOUS VARIABLES

R<17	42	33%	(2AB+Art+Ay)>5	2	2%
R>27	18	14%	Populars<4	60	47%
DQv>2	20	16%	Populars>7	2	2%
S>2	50	39%	COP=0	100	78%
Sum T=0	120	94%	COP>2	2	2%
Sum T>1	0	0%	AG=0	92	72%
3r+(2)/R<.33	70	55%	AG>2	6	5%
3r+(2)/R>.44	32	25%	MOR>2	10	8%
Fr+rF>0	4	3%	Level 2 Sp.Sc. >0	88	69%
PureC>0	24	19%	GHR>PHR	16	13%
PureC>1	10	8%	Pure H<2	72	56%
Afr<.40	40	31%	Pure H=0	38	30%
Afr<.50	68	53%	p>a+1	20	16%
(FM+m)<Sum Shading	48	38%	Mp>Ma	44	34%

제3부
기호화 연습

제 12 장
기호화 연습

이 장은 다양한 기호와 점수를 정확하게 채점하는 것을 연습하기 위한 300개의 반응을 포함하고 있다. 이 장은 8개의 부분으로 구성되어 있고 각 부분에는 25~50개의 반응들로 구성되어 있다. 300개의 반응을 완전히 채점하면 약 15개의 반응 프로토콜을 채점하는 것과 같고 이처럼 많은 연습을 함으로써 로르샤하 초보자는 채점에 대한 어려움이 줄어들고 자신감을 가질 수 있을 것이다.

각 부분의 반응들은 난이도와 복잡성 수준에 따라 네 가지 수준으로 분류할 수 있다. 어떤 종류의 질문이 중요한지를 나타내기 위해 많은 반응들을 더 추가하였다.

1부와 2부는 75개의 반응을 포함하고 있는데 상당히 직접적인 반응들이다. 여기에는 모든 로르샤하 반응의 약 50%를 차지하는 다양한 종류의 반응들을 제시하였다. 기본적인 채점범주, 즉 반응영역, 발달질, 결정인, 반응내용, 평범반응, 조직화 활동 점수 및 특수점수들의 채점을 연습하는 데 필요한 반응을 선택한 것이다. 이러한 반응을 통해 연습함으로써 다양한 결정인을 쉽게 구별할 수 있고 검사를 자연스럽게 실시할 수 있는 기술을 익힐 수 있을 것이다.

3부와 4부는 더 어렵고 복잡한 60개의 반응을 포함하고 있다. 그중 처음 두 부분은 혼합반응이 많고 특수점수를 채점해야 하는 반응들이 많다. 뿐만 아니라 로르샤하 반응의 중요한 부분을 차지하는 반응유형의 예들을 포함하고 있다.

5부와 6부는 3, 4부와는 대조적으로 기호화를 결정하기가 더 어려운 90개의 반응을 포함하고 있다. 여기 나오는 반응들은 앞에 나온 반응들보다 덜 어려울 수 있으나 특수점수를 채점해야 하는 반응이 더 많다. 7부와 8부는 로르샤하를 실시하는 모든 사람에게 혼란을 가져다주는 70개의 반응을 포함하고 있다.

실제 채점한 결과는 부록에 제시하였다. 또 부록에는 영역, 발달질, 결정인, 형태질, 조직활동 및 특수점수를 결정하는 데 필요한 결정도(decision tree)를 제시하였다. 이 결정도는 기본적인 결정규칙을 나타낸 것이므로 이것을 사용하면 채점하는 데 매우 유용할 것이다.

한 번에 몇 개의 반응을 기호화한 뒤에 부록에 제시되어 있는 정답과 비교하는 것이 가장 좋다. 자신의 채점과 정답이 서로 다를 경우 오류를 줄이기 위해서 이 책의 내용들을 다시 검토하면 도움이 될 것이다. 특정 부분에서 오류가 많다면 그 부분과 관련된 내용을 다시 읽어보고 다시 채점해 보는 것이 바람직할 것으로 생각된다.

CF, C 및 FC, CF와 FY 및 YF를 채점할 때 채점자 간에 일치하지 않을 수 있다는 점을 기억해야 한다. 이러한 불일치 중 일부분은 아직 해결할 수 없는 문제이지만 대부분은 관련된 기준을 신중하게 검토하고 세심하게 적용하면 해결할 수 있을 것이다.

어떤 반응을 FT나 TF 중 어느 것으로 채점할지를 결정할 때 생기는 불일치보다 훨씬 더 중요한 것은 기호화를 누락시키는 것이다(omission error). 어느 것도 바람직한 것은 아니지만 기호화를 누락시키는 실수를 범하면 구조적 요약이나 수검자의 여러 가지 심리적 특성에 대한 잘못된 결과를 유도하거나 왜곡시킬 가능성이 높다.

처음 6부까지의 반응들은 채점을 실습하기 위한 내용이고 마지막 두 부분은 연습한 것을 검증하는 좋은 기회가 될 것이다. 7, 8부의 70개 반응을 정확하게 기호화한 사람이면 실제 프로토콜의 채점을 통해서 수검자의 현저한 반응특징을 파악할 수 있다는 자신감을 가질 수 있을 것이다.

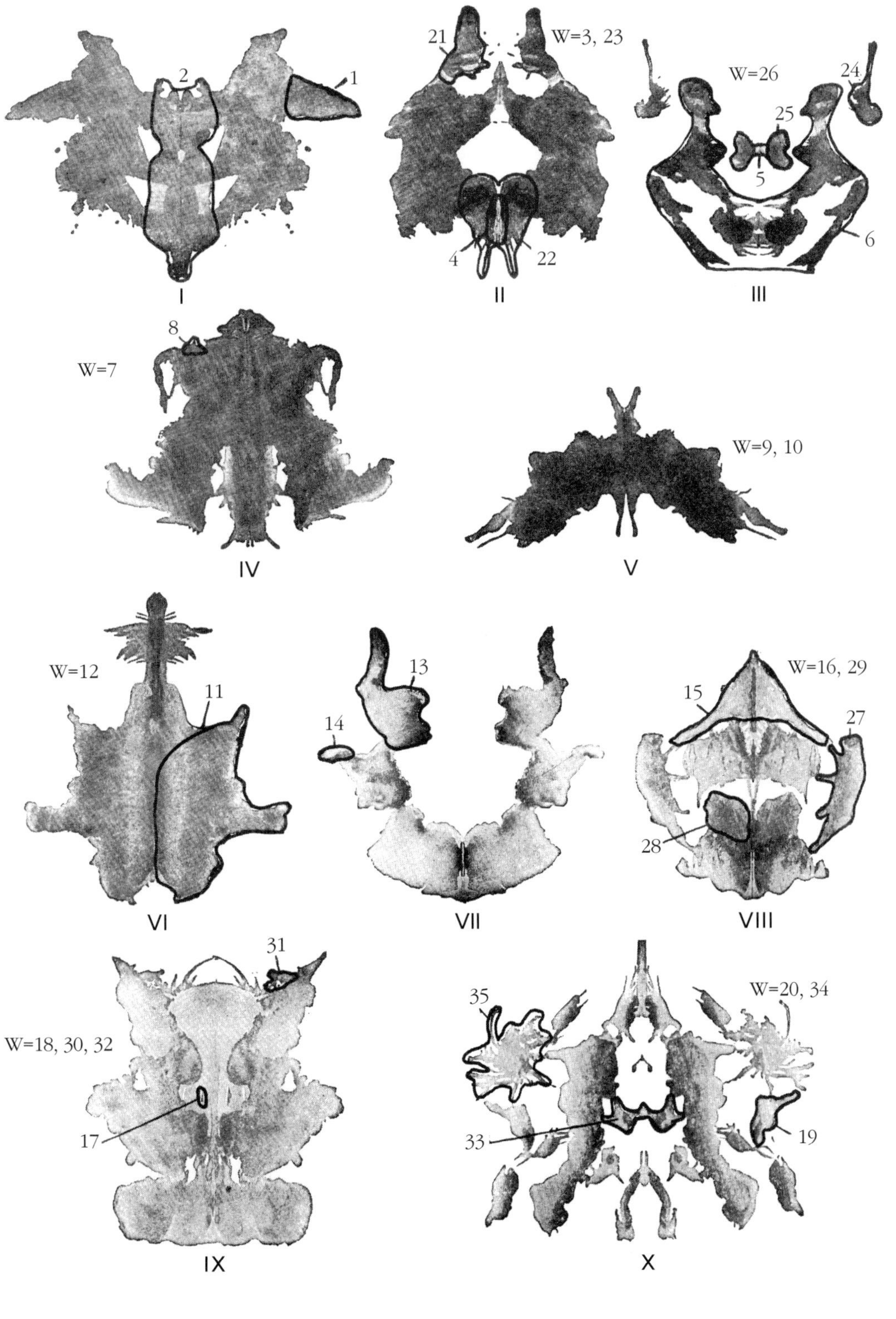

2
1
I
21
W=3, 23
4
22
II
W=26
24
25
5
6
III
8
W=7
IV
W=9, 10
V
W=12
11
VI
13
14
VII
W=16, 29
15
27
28
VIII
31
W=18, 30, 32
17
IX
35
W=20, 34
33
19
X

제1부

카드	반응	질문	기호화
I <	1. 카드를 이쪽으로 돌린다면 이 부분은 상록수 같군요.	검: (수검자의 반응 반복) 수: 음. 이것은 진짜 상록수나무 모양이에요. 매우 웅장해 보이는 가문비나무처럼 생긴 상록수요.	
I	2. 가운데 부분에 한 여자가 손을 들고 있네요.	검: (수검자의 반응 반복) 수: 두 손을 들고 흔들고 있는 것처럼 보이네요. 그리고 여기가 여자의 다리이고 여기가 몸이에요.	
II	3. 전체가 얼굴 같아요.	검: (수검자의 반응 반복) 수: 네. 빨간 부분이 눈이고 여기(검은 부분)가 뺨이고 흰 부분이 입이예요. 딱 얼굴 모양이네요.	
II	4. 이 부분은 양초 같아요.	검: (수검자의 반응 반복) 수: 네. 이것은 양초 같이 길고 가늘어요. 그리고 이것은 촛농 같은데 아래로 떨어지고 있어요. 아래 부분은 초 받침대 같아요.	
III	5. 이것은 나비 같네요.	검: (수검자의 반응 반복) 수: 여기가 날개와 몸이에요. 날고 있네요. 날개는 밖으로 뻗고 있어요.	
III	6. 두 사람이 뭔가를 드는 것 같아요.	검: (수검자의 반응 반복) 수: 두 사람이 있네요. 등을 구부리고, 여기가 다리고, 팔을 뻗어 무언가 무거운 것을 들고 있어요. 얼굴은 찡그리고 손으로는 이것을 붙잡고 있어요.	
IV	7. 한 그루 나무 같아요.	검: (수검자의 반응 반복) 수: 이것은 일반적인 나무 모양인데, 가지는 뭔가가 누르는 것처럼 아래로 축 늘어져 있어요. 여기가 줄기고요.	
IV	8. 이 작은 부분은 모자 같아요.	검: (수검자의 반응 반복) 수: 윗부분이 모자 같아요.	
V	9. 이것은 앞으로 막 날아가려는 박쥐 같아요.	검: (수검자의 반응 반복) 수: 날개를 뻗치고 있고, 가운데 부분은 몸통이에요.	
V	10. 글쎄요. 이것은 일종의 신체기관 같군요.	검: (수검자의 반응 반복) 수: 그래요. 어떤 종류의 신체기관이에요. 검: 왜 그렇게 보이는지 잘 모르겠군요. 좀 더 설명해 주세요. 검: 어떤 신체기관인지 잘 모르겠지만 내 몸속의 내부기관 같은, 아마도 위장인 것 같아요. 위장같이 생겼어요.	
VI <	11. 잠수함 같아요.	검: (수검자의 반응 반복) 수: 멋진 잠수함이군요. 여기 뱃머리가 길고 윗부분은 전망탑 같은데 이것은 잠망경의 윗부분인 것 같아요. 가만히 있네요.	

카드	반응	질문	기호화
VI ∨	12. 이것은 물고기나 가오리 같은 바다생물 같아요.	검: (수검자의 반응 반복) 수: 이것은 긴 머리와 평평한 몸을 가지고 있고 여기가 입이에요. 가오리가 헤엄치고 있는 것 같아요.	
VII	13. 윗부분에 있는 두 천사가 서로 이야기를 나누고 있어요.	검: (수검자의 반응 반복) 수: 얼굴, 눈, 코, 입이 있고 서로 이야기를 나누고 있는 천사 같아요.	
VII	14. 이것은 달리고 있는 두 마리의 동물 같아요.	검: (수검자의 반응 반복) 수: 바로 여기 조그마한 부분이 머리이고, 나머지 부분은 몸이에요. 정말 빨리 달리고 있어요.	
VIII	15. 이 윗부분은 남자의 상체 같아요. 팔을 밖으로 뻗고 있어요.	검: (수검자의 반응 반복) 수: 윗부분에 머리가 있고 팔은 뭔가를 잡으려는 듯 양쪽으로 뻗고 있어요. 검: 제가 그렇게 볼 수 있도록 설명해 주세요. 수: 이것은 남자 같고 여기가 머리와 팔이에요.	
VIII	16. 산 양쪽에서 두 마리의 동물이 기어오르는 것 같아요.	검: (수검자의 반응 반복) 수: 양쪽에 동물이 있고 머리 다리 몸이 있어요. 뒷다리가 크고 힘이 있어 보여요. 아래쪽에 있는 바위를 짚고 가장자리를 타고 기어오르는 것 같아요.	
IX	17. 전체가 호수 같아요.	검: (수검자의 반응 반복) 수: 어떤 호수는 폭이 좁고 기다랗게 생겼어요. 폭이 좁고 긴 호수가 연상돼요.	
IX	18. 전체가 산 위에 떠 있는 구름 같고 여기가 아랫부분이에요.	검: (수검자의 반응 반복) 수: 이 윗부분(D3+ D1)은 뚜렷한 형체가 없는 구름 같아요. 검: 산 위에 있다고 말했죠? 수: 네. 산 위에 구름이 떠 있으면서 산을 덮고 있어요. 여기가 산의 아랫부분(D6)이에요. 윗부분은 구름으로 덮여 있어요.	
X	19. 농구장에서 공을 넣기 위해 점프하고 있는 사람 같아요.	검: (수검자의 반응 반복) 수: 바로 여기예요(D15). 팔을 올리고 공을 넣기 위해 공중에 떠 있어요. 검: 잘 모르겠는데요. 수: 여기에 사람이 있고 몸과 팔은 위를 향하고 공을 넣고 있어요. 검: 그러면 공은…. 수: 팔 끝 부분에 있어요.	
X	20. 아하! 이 전체가 7월의 4일(미국독립기념일)의 폭죽 같아요.	검: (수검자의 반응 반복) 수: 네. 폭죽이에요. 모두 터지고 있네요.	

카드	반응	질문	기호화
		검: 무엇이 폭죽처럼 보이는지 잘 모르겠네요. 수: 불꽃이 바깥쪽으로 향하고 있고 색깔이 매우 화려하고 폭죽이 터질 때 보이는 불꽃같아요.	
II	21. 제 생각에 이 빨간 부분은 폐 같아요.	검: (수검자의 반응 반복) 수: 이것을 보니 폐가 연상돼요. 폐에는 피가 있어서 빨간색이고, 제 생각에는 폐가 이렇게 생긴 것 같아요.	
II	22. 이것은 피네요.	검: (수검자의 반응 반복) 수: 네. 여기 빨간색 부분이 피처럼 보여요. 보세요. 색깔이 붉잖아요.	
II	23. 두 사람이 있네요, 얼굴, 손이고 모자를 쓰고 있어요.	검: (수검자의 반응 반복) 수: 이것은 두 사람 같아요. 머리가 여기 있고 붉은 모자를 쓰고 있고 나머지는 몸이에요. 보세요. 팔과 다리가 있어요.	
III	24. 이것은 고기 덩어리들 같아요.	검: (수검자의 반응 반복) 수: 이것은 요리에 넣을 고기 같아요. 양쪽에 있네요. 요리하려고 팬에 넣기 직전 고기 조각들처럼 붉은색이네요.	
III <	25. 이 붉은색 부분을 보니 밸런타인 카드가 생각나요.	검: (수검자의 반응 반복) 수: 밸런타인 카드 같아요. 검: 무엇이 그렇게 보이는지 잘 모르겠네요. 수: 이것은 하트 모양이고 밸런타인 카드는 하트 모양이에요. 저도 이렇게 생긴 카드를 보낸 적이 있어요.	
III	26. 사람들이 파티에서 춤을 추고 있어요.	검: (수검자의 반응 반복) 수: 네. 여기 두 사람이 있고요 몸과 머리가 있고 춤을 추고 있는 것 같아요. 이 빨간색은 매우 화려한 파티 장식품 같아요.	
VIII	27. 이것은 남근 같아요.	검: (수검자의 반응 반복) 수: 모양이 그렇고 제가 알기로는 남근의 색깔도 이런 것 같아요.	
VIII	28. 여기 꽃이 있어요.	검: (수검자의 반응 반복) 수: 이 아름다운 색이 꽃을 연상시켜요. 이것은 꽃봉우리 같아요. 대개 봉우리는 둥근 모양이에요.	
VIII	29. 이것은 꽃병 같은데, 분홍색 부분을 손잡이로 본다면 꼭 이 집트산 꽃병 같아요.	검: (수검자의 반응 반복) 수: 손잡이와 모양으로 보아 꽃병 같고 여러 색으로 만들어진 것 같아요. 예쁘네요.	
IX	30. 매우 예쁘네요. 분홍색, 초록색, 주황색이 있군요.	검: (수검자의 반응 반복) 수: 이 색깔이 너무 예쁘네요. 분홍색, 주황색, 녹색이에요.	

카드	반응	질문	기호화
IX	31. 이것은 총 같아요. 아주 작은 주황색 부분이 그렇군요.	검: (수검자의 반응 반복) 수: 여기 이 부분이 서부영화에 나오는 화려한 총 같이 구부러진 손잡이가 있고 조준하는 끝 부분은 작고 긴 총부리가 있어요. 방아쇠는 여기 있고 양쪽에 하나씩 있어요.	
IX	32. 이것은 짓눌린 새의 내부 같아요.	검: (수검자의 반응 반복) 수: 색깔이 매우 화려해요. 분홍색은 신체기관이고 나머지도 몸의 내부예요. 이것이 왜 그런지는 저도 잘 모르겠지만, 만약 새를 짓누른다면 이렇게 보일 거예요.	
X	33. 중간 부분은 특이한 브래지어 같아요.	검: (수검자의 반응 반복) 수: 만약 브래지어를 위로 들어올리면 이것과 같은 모양이 될 거예요. 푸른색이라 특별한 것처럼 보여요. 검: 특별하다고요? 수: 네. 푸른색은 특별해 보여요. 흰색이라면 그렇게 보이지 않겠죠.	
X	34. 이것은 페인트 얼룩 같네요. 너무 추상적이에요. 마치 예술가가 세상의 아름다운 색을 표현하려고 했던 것 같아요.	검: (수검자의 반응 반복) 수: 모두 붓으로 그린 것 같은데, 푸른색, 녹색, 노란색, 분홍색으로 칠한 것 같네요. 모두가 예쁘고 색깔이 세상을 얼마나 아름답게 만들 수 있는지를 표현하려는 그림 같아요.	
X	35. 파란 부분이 두 마리의 게 같아요.	검: (수검자의 반응 반복) 수: 푸른색 부분은 여러 개의 다리를 가진 게 같군요. 게는 푸른색이 아니고 갈색이거나 녹색인 것 같은데, 메릴랜드에서는 푸른 게(blue crab)라고 부르기는 하지만. 잘 모르겠지만 게가 푸른색은 아닐 것 같아요, 어쨌든 여기서 푸른 게를 본 것은 아니고, 단지 게를 본 거예요. 푸른색은 생각하지 않고요.	

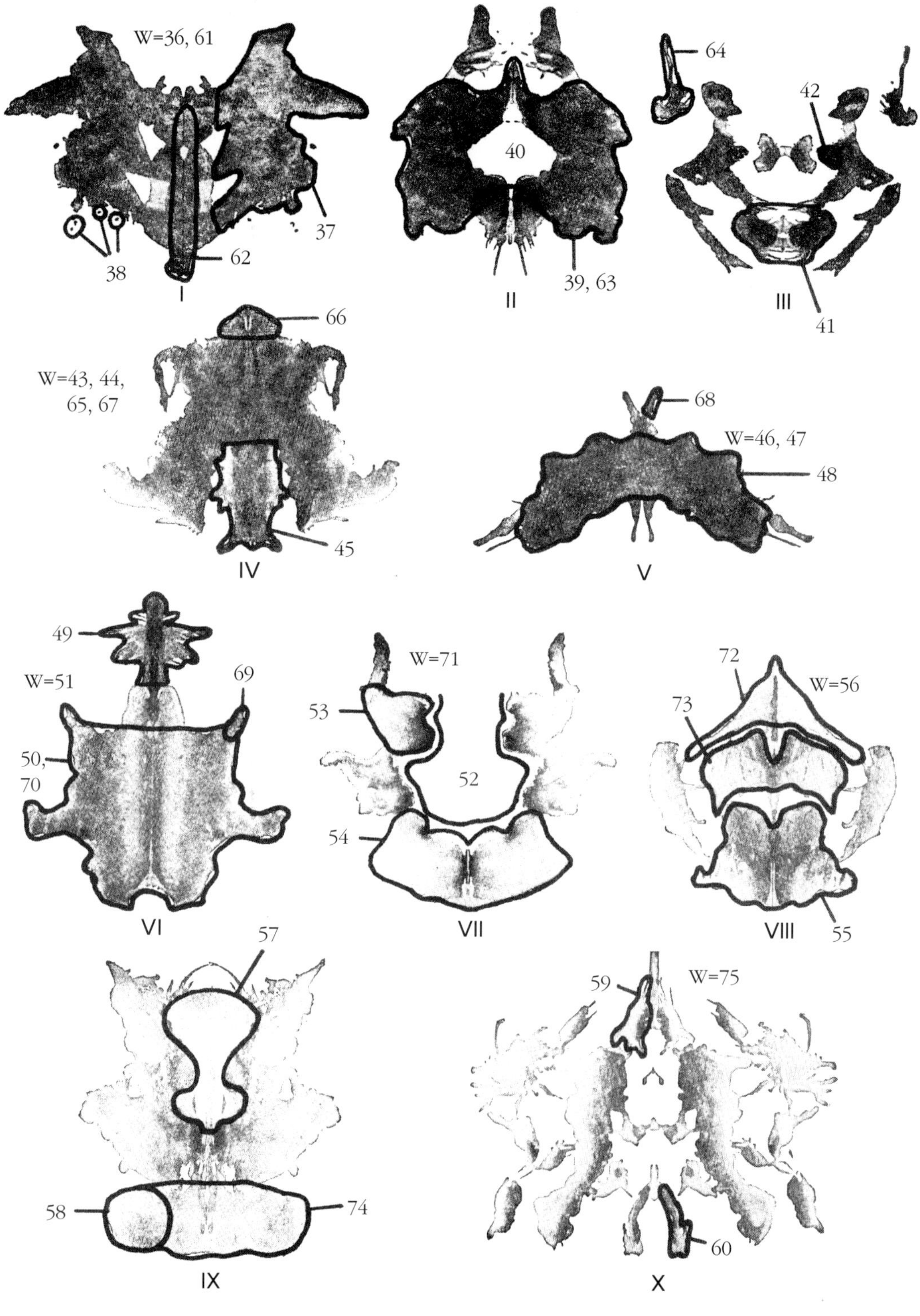
W=36, 61
37
38
62
I
40
39, 63
II
64
42
41
III
66
W=43, 44,
65, 67
45
IV
68
W=46, 47
48
V
49
W=51
69
50,
70
VI
W=71
53
52
54
VII
72
W=56
73
55
VIII
57
58
74
IX
59
W=75
60
X

제2부

카드	반응	질문	기호화
I	36. 얼굴 같아요, 크고 흰 이를 가진 멍청한 얼굴이에요.	검: (수검자의 반응 반복) 수: 큰 이와 눈을 보세요. 진짜 얼굴이 아니라, 볼과 웃기게 생긴 큰 귀를 가진 가면 같아요.	
I	37. 양쪽에 구름이 있어요.	검: (수검자의 반응 반복) 수: 어둡고 밝은 검은색이 폭풍우 구름을 연상시켜요. 검: 양쪽 다 말입니까? 수: 네(가리키며). 하나는 여기에 또 하나는 여기에 있어요.	
I	38. 이것은 여러 개의 석탄조각들 같아요.	검: (수검자의 반응 반복) 수: 석탄처럼 검은색이에요. 작고 둥근 모양이고요.	
II	39. 검은색은 두 마리의 작은 곰 같고 서로 코를 맞대고 있어요.	검: (수검자의 반응 반복) 수: 여기 검은 부분이 곰 같은데, 여기는 머리, 귀, 앞발, 몸이 있고 뒷다리도 있어요. 검: 곰들이 코를 맞대고 있다고 했나요? 수: 네. 서로 냄새를 맡는 것 같아요.	
II	40. 한 개의 눈송이 같아요.	검: (수검자의 반응 반복) 수: 가운데 부분이요, 눈송이처럼 모든 면이 같아요. 눈송이는 같잖아요. 알다시피 모든 눈이 흰색이잖아요. 아마도 눈송이는 사면체나 육면체인 것 같아요.	
III	41. 엑스레이 같아요.	검: (수검자의 반응 반복) 수: 엑스레이처럼 모두 검은 색이에요. 잘은 모르겠지만 가슴 부위인 것 같아요. 제게는 엑스레이처럼 보여요.	
III	42. 이것은 젤리빈* 같아요.	검: (수검자의 반응 반복) 수: 검은색 젤리빈처럼 둥글게 생겼어요. 하나가 있네요. 레이건은 이것을 책상 위에 항상 가지고 있었대요. 아마 젤리빈을 무지 좋아했나 봐요. 저는 별로 좋아하지 않아요. 특히 검은색 젤리빈은 별로예요.	
IV	43. 이것은 그냥 잉크 같아요.	검: (수검자의 반응 반복) 수: 이것은 잉크 뭉치 같아요. 어떤 부분은 다른 부분보다 더 말라 있고, 여기 중간 부분은 더 진하고 가장자리 부분은 좀 흐리네요.	
IV	44. 아마도 밤하늘의 구름 같아요.	검: (수검자의 반응 반복) 수: 밤에 하늘을 보면 구름이 이렇게 검게 보여요. 이런 구름을 밤에 본 적이 있는 것 같아요.	

*역주: 콩처럼 생긴 젤리과자

카드	반응	질문	기호화
IV	45. 이 부분은 물고기 같아요.	검: (수검자의 반응 반복) 수: 머리는 여기 아래에 있고, 나머지는 줄무늬 모양의 몸이에요. 어두운 부분이 줄무늬 같군요.	
V	46. 박쥐 같아요.	검: (수검자의 반응 반복) 수: 네. 날개와 머리가 있고 박쥐처럼 검은색이에요.	
V	47. 바깥으로 퍼져나가는 연기의 물결 같군요.	검: (수검자의 반응 반복) 수: 색깔이 없는 연기처럼 보여요. 뿜어져 나오는 연기처럼 퍼져나가는 것 같아요.	
V ∨	48. 이쪽으로 보면 가슴을 찍은 엑스레이 같아요.	검: (수검자의 반응 반복) 수: 바로 이 부분이 가슴뼈처럼 대칭이고 엑스레이처럼 모두 검은색과 회색이에요.	
VI	49. 아마도 이것은 토템 막대기인 것 같아요.	검: (수검자의 반응 반복) 수: 막대기 아래에 땅이 있고, 토템 모양처럼 날개가 있고, 어두운 표시들이 그려 있어요. 이것은 우리가 서부를 여행할 때 많이 봤던 거예요.	
VI	50. 이 부분은 오래된 철 주전자 같이 보여요. 저의 할머님도 이것과 비슷한 것을 사용하셨어요.	검: (수검자의 반응 반복) 수: 이 아랫부분은 누구나 가지고 있는 오래된 주전자와 같은 모양이고, 손잡이가 달려 있어요. 온통 검은색이고 검은색의 음영이 서로 다른 것을 보니 오랫동안 사용한 것으로 생각되는군요.	
VI ∨	51. 이것은 죽은 사람의 뇌를 연상시켜요. 뇌간 같은 것도 있군요.	검: (수검자의 반응 반복) 수: 죽은 뇌처럼 어둡게 보여요. 살아 있는 뇌는 전체가 동일한 색이지만, 이것은 여러 가지 음영을 띠고 있네요. 이런 것을 그림에서 본 적이 있어요. 둥글고 여기 아래에 있는 뇌간 같아요.	
VII ∨	52. 아이들이 만든 눈사람 같아요.	검: (수검자의 반응 반복) 수: 눈처럼 하얗네요. 뭔지는 잘 모르겠지만 아랫부분이 더 작고 윗부분은 더 동그랗게 생겼어요.	
VII	53. 이것은 작은 두 얼굴 같네요.	검: (수검자의 반응 반복) 수: 이 회색 부분은 사람의 얼굴 같아요. 단발머리를 묶고 눈은 들어가 있어요. 코는 튀어나와 있어요. 여기는 튼튼한 아래턱이고요. 양쪽에 하나씩 있네요.	
VII	54. 구릿빛이 나는 한 쌍의 아기 신발 같네요	검: (수검자의 반응 반복) 수: 어린아이 신발 같네요. 검: 구릿빛이 난다고요? 수: 구릿빛이 나서 반짝거리는 것 같아요.	

카드	반응	질문	기호화
VIII	55. 횃불처럼 뭔가 타고 있네요.	검: (수검자의 반응 반복) 수: 네. 불타는 것 같아요. 불빛처럼 주황색을 띠고 있고 횃불이 연상되는 것처럼 어떤 모양이 있어요.	
VIII	56. 아! 죽은 게 같고 속이 드러나 보이네요.	검: (수검자의 반응 반복) 수: 네. 죽은 게 같아요. 검: 왜 그렇게 보이는지 잘 모르겠군요. 수: 모양이 그렇잖아요. 검: 어떤 점에서 죽은 것처럼 보이나요? 수: 흰 다리들이 있고(DS3), 안에는 온갖 색들이 있네요. 껍질이 뜯겨져 나가고, 여러 가지 색깔이 있는 내부가 보이는 것 같아요.	
IX	57. 흰 부분은 소금통 같아요.	검: (수검자의 반응 반복) 수: 이것은 뿌리는 양념통 같이 생겼고 이 안에 소금이 있어요. 검은 색깔이었다면 후추통 같이 보였을 거예요. 소금은 하얗고 후추는 검기 때문에 누구든지 잘 구분할 수 있어요.	
IX	58. 둥근 사과처럼 보여요.	검: (수검자의 반응 반복) 수: 네. 이것은 사과처럼 둥글고 빨갛네요. 검: 둥글다고요? 수: 사과나 체리같이 동그랗고 제 생각에는 사과 같네요.	
X	59. 회색 빛이 도는 두 개의 바위 같네요.	검: (수검자의 반응 반복) 수: 회색은 바위 색깔을 연상시키고 둥글게 생겼지만 완전히 둥근 것은 아니고 바위 같아요.	
X	60. 낚싯바늘 같아요.	검: (수검자의 반응 반복) 수: 낚싯바늘 모양이고 금속처럼 빛나네요. 검: 빛이 난다고 했나요? 수: 색의 음영이 다르니까 그렇게 보이네요.	
I	61. 박쥐 같군요. 날고 있어요.	검: (수검자의 반응 반복) 수: 모두 검은색이고 날개는 밖으로 뻗어 있으며 중간에 몸체가 있어요.	
I	62. 역시 질 같군요.	검: (수검자의 반응 반복) 수: 중간 부분이 갈라져 있는 질 부분처럼 보이네요. 검: 당신이 말한 것처럼 잘 보이지 않는데요. 더 설명해 주세요. 수: 여기 보세요(손가락으로 부위를 그려 봄). 검: 갈라져 있다고 했나요? 수: 중간에 어두운 선이 있잖아요. 열려 있는 것 같아요.	

카드	반응	질문	기호화
II	63. 두 마리의 장난감 곰이 서서 코를 맞대고 있는 것 같아요.	검: (수검자의 반응 반복) 수: 이것은 두 마리의 작은 장난감 곰 같고, 머리와 코, 털을 가지고 있어요. 코를 서로 맞댄 채 자리에 앉아 있어요. 검: 털을 가지고 있다고요? 수: 여기 색들을 보세요. 털이 있는 것처럼 보이잖아요.	
III	64. 이 빨간 부분은 음악가가 표시해 놓은 음표 같아요.	검: (수검자의 반응 반복) 수: 음표 모양처럼 생겼어요. 만화에서 음악을 연주하고 있음을 나타낼 때 이런 모양으로 하잖아요.	
IV	65. 일종의 벨벳 같아요.	검: (수검자의 반응 반복) 수: 부드러워 보이고 여러 무늬가 있는 것을 보세요. 코트나 모자는 아니고 일종의 벨벳 같군요.	
IV	66. 여기 꽃이 있군요	검: (수검자의 반응 반복) 수: 꽃이네요, 가운데서 부드러운 꽃잎이 나와 있네요. 검: 무엇 때문에 부드러워 보이는지 잘 모르겠네요. 수: 여기 색깔 있는 부분 때문에 부드러워 보여요.	
IV	67. 이것은 초코 아이스크림 콘을 연상시키네요. 저는 초콜릿 광이에요.	검: (수검자의 반응 반복) 수: 아랫부분이 콘이에요. 제 생각에 초콜릿을 싫어하는 사람도 이 맛에 빠져들게 되면 바닐라나 호도 아이스크림보다는 초콜릿 아이스크림을 더 좋아할 것 같아요. 검: 나는 아직 그렇게 보이지 않는군요. 좀 더 설명해 주세요. 수: 이것은 초콜릿 아이스크림 같고 양쪽에 아이스크림을 쌓아올린 것 같아요. 검: 어째서 초콜릿 아이스크림이라고 생각했나요? 수: 초콜릿처럼 끈적끈적하게 보여요.	
V	68. 애벌레의 머리처럼 생겼군요.	검: (수검자의 반응 반복) 수: 털이 많은 애벌레 모양이에요. 검: 흐릿하다고요? 수: 이 반점의 얼룩이 애벌레처럼 털이 많아 보여요.	
VI	69. 이 작은 부분은 강아지의 앞발이나 토끼의 발 같아요.	검: (수검자의 반응 반복) 수: 이 부분이 강아지의 발이나 토끼의 발 같아요. 검: 왜 그렇게 보았는지 잘 모르겠군요. 수: 모양과 색깔이 토끼 발의 털 같아요.	
VI	70. 아랫부분은 털 같고, 아마 양탄자일 거예요. 아주 부드러운 털 같네요.	검: (수검자의 반응 반복) 수: 잉크 모양으로 봐서 분명히 털인 것 같아요(카드를 문지르며). 재미 있는 모양을 하고 있는 양탄자 같네요.	

카드	반응	질문	기호화
VII	71. 돌 위에 쪼그리고 앉아 있는 두 명의 인디언 소년 같아요.	검: (수검자의 반응 반복) 수: 두 명이 있습니다. 머리와 코, 턱, 목이 있고 앉아 있을 때와 같은 몸의 모양이며 손은 뒤로 하고 있어요. 각자 머리 위에는 인디언 깃털 같은 것을 꽂고 있고 얼굴은 어려 보여요. 아이들이 게임을 하거나 함께 특별한 뭔가를 하고 있는 것 같아요.	
VIII	72. 얼음일 것 같아요.	검: (수검자의 반응 반복) 수: 색깔이 혼합되어 있어서 마치 얼음처럼 보이고 너무 차가워서 손을 대면 얼어붙을 것 같아요.	
VIII	73. 중간에는 깃발이 있고, 깃대 위에 매달린 것 같아요.	검: (수검자의 반응 반복) 수: 양쪽에 사각형 모양이 달려 있고 중간에 기둥이 있고 천과 같은 재질 느낌을 주네요. 검: 천 같다고요? 수: 그림이 천처럼 부드러운 느낌을 줘요.	
IX	74. 솜으로 된 공 같아요(카드를 가리키며).	검: (수검자의 반응 반복) 수: 전체 4개가 있고 양쪽에 2개씩 있어요. 부드러운 솜과 같은 느낌을 줘요.	
X	75. 조그만 점들은 모두 섬 같고 흰 부분은 물 같아요.	검: (수검자의 반응 반복) 수: 여러 개의 섬들이 있고 흰 것은 물이고 섬들 사이에 물이 있어요.	

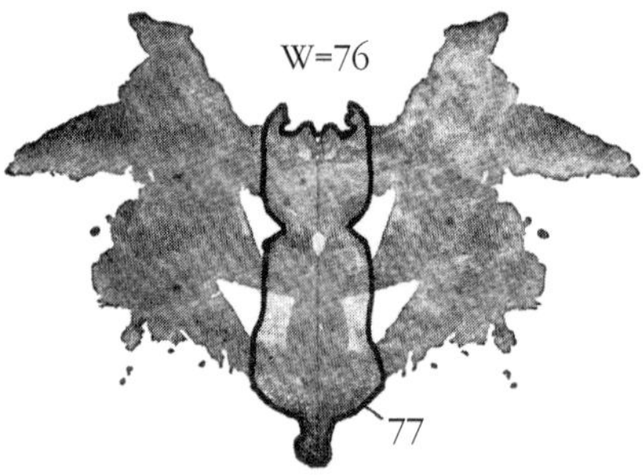

I

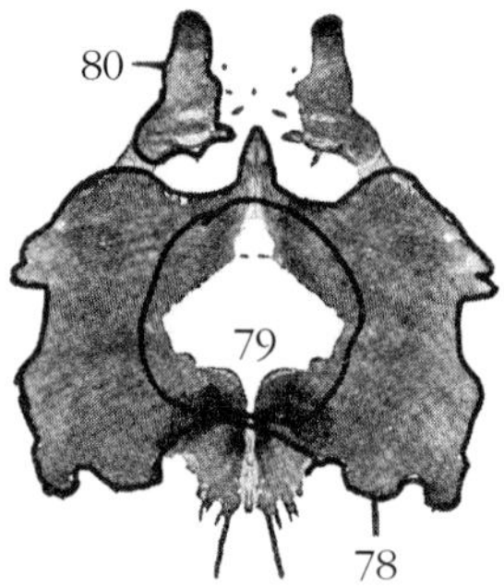

II

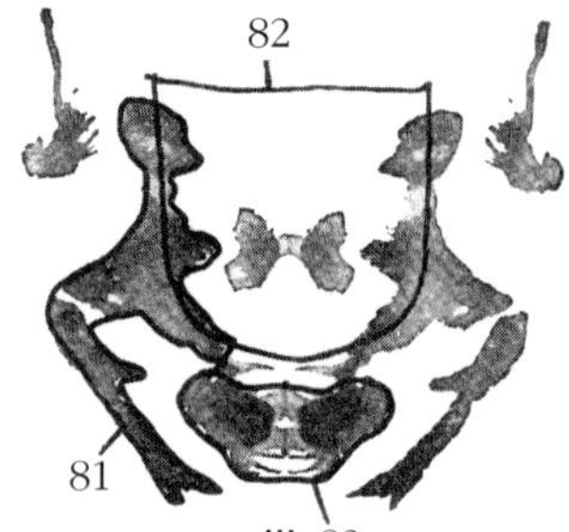

III

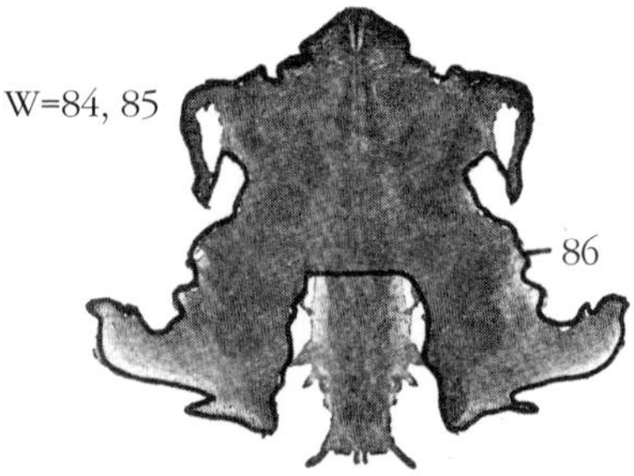

IV

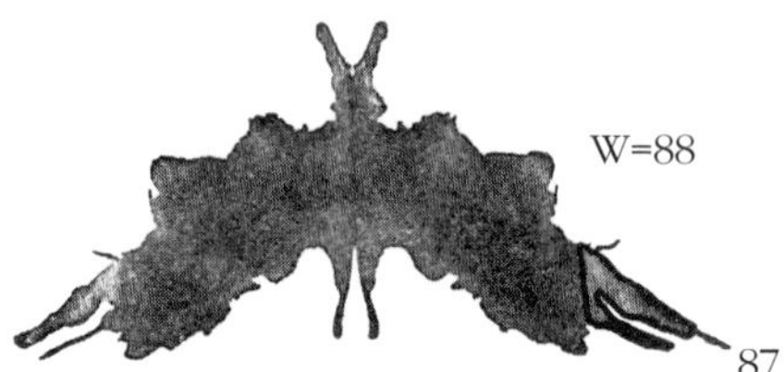

V

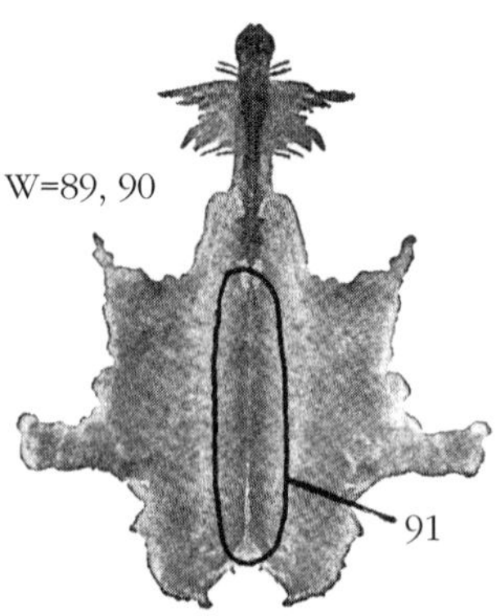

VI

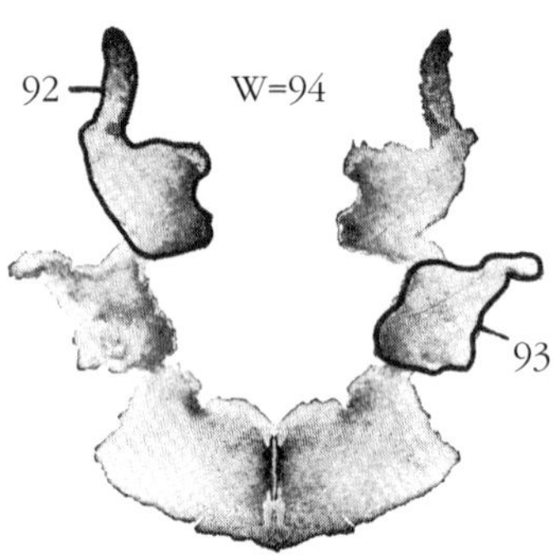

VII

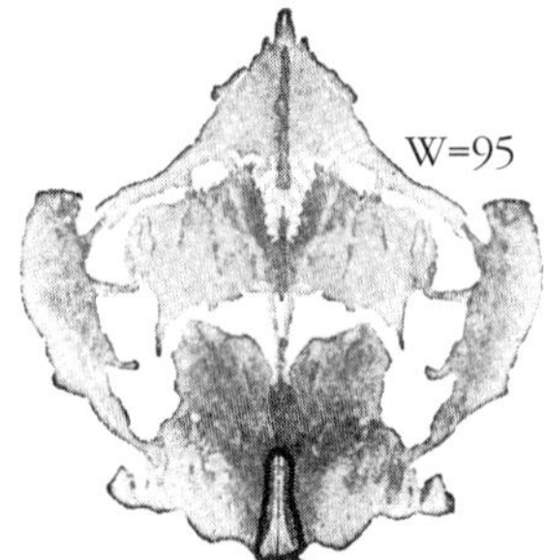

VIII

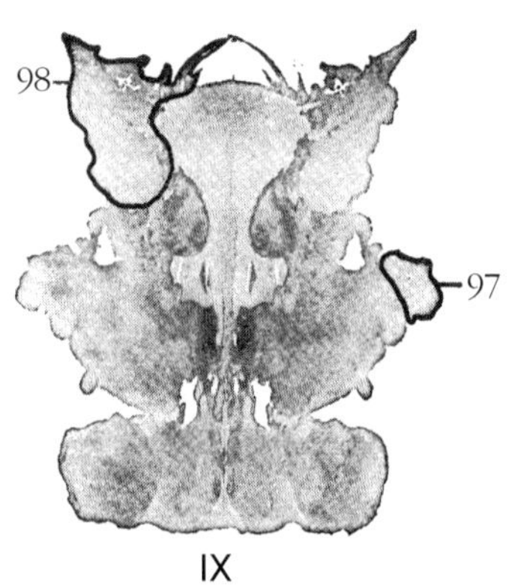

IX

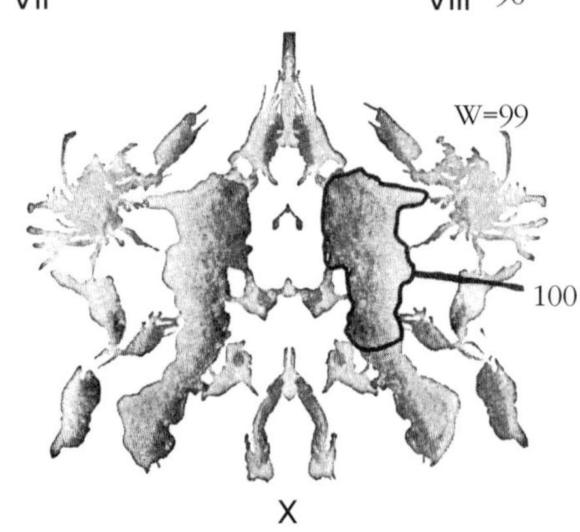

X

제3부

카드	반응	질문	기호화
I	76. 이것은 게 같아요.	검: (수검자의 반응 반복) 수: 중간 부분이 몸이고 바깥쪽이 팔과 다리예요. 이것을 보니 게가 연상돼요.	
I	77. 이 부분은 여자예요. 드레스를 입고 있군요.	검: (수검자의 반응 반복) 수: 여기가 여자의 머리와 몸이고 허리는 가늘어요. 밝은 부분은 드레스이고, 좀 더 어두운 부분은 예쁘고 큰 엉덩이에요.	
II	78. 색깔을 생각하지 않는다면 이 부분은 골반뼈 같아요.	검: (수검자의 반응 반복) 수: 중간 부분이 비어 있는 골반 같아요. 검: 중간 부분이 비어 있다고요? 수: 흰 부분에는 아무것도 없어요. 마치 골반이 빈 것 같아요. 이것이 등뼈로 올라가는 거죠.	
II	79. 중간 부분에 구멍이 있고 그곳에 물이 고여 있는 것 같아요.	검: (수검자의 반응 반복) 수: 흰 부분은 물이고 이 구멍 안에 물이 고여 있어요. 양쪽에서 물이 안쪽으로 흘러들게 되어 있는 것 같아요. 검: 왜 그렇게 보였는지 잘 모르겠는데요. 수: 색깔이 서로 달라 깊이감이 느껴지는 것 같아요.	
II	80. 이것은 주름진 두 개의 벙어리 장갑 같아요.	검: (수검자의 반응 반복) 수: 윗부분이 둥근 것이 벙어리 장갑 모양이에요. 검: 주름져 있다고 했죠? 수: 이 옅은 부분이 주름진 것 같고 안쪽으로 들어간 모습인데 주름진 것 같아요.	
III	81. 여기 한 사람이 있고 여기 있는 사람은 거울에 비친 모습이에요.	검: (수검자의 반응 반복) 수: 머리, 팔, 몸, 다리가 있고 이쪽에는 그 사람의 모습이 비치고 있어요.	
III ∨	82. 동굴 앞에 거대한 빨간 나비가 있어요.	검: (수검자의 반응 반복) 수: 빨간색 부분은 나비이고 흰 부분은 동굴이에요. 동굴 옆에 검은색이 있어요. 그리고 나비가 그 앞에 있는 것 같아요. 검: 거대한 나비라고 했죠? 수: 확실히 거대한 나비처럼 크게 보여요.	
III	83. 사람 얼굴 중의 코 부분 같아요.	검: (수검자의 반응 반복) 수: 이것이 코이고, 콧구멍이 보이는 것 같지 않아요? 검: 콧구멍이요? 수: 좀 더 어두운 부분이 코 안쪽인 것 같아요.	

카드	반응	질문	기호화
IV ∨	84. 온통 주름이 잡힌 나뭇잎 같아요.	검: (수검자의 반응 반복) 수: 이 전체가 온통 주름이 잡힌 커다란 나뭇잎 같아요. 검: 주름이 잡혔다고요? 수: 주름져 있는 것처럼 더 어두워 보이는 부분은 들어가 있고, 나뭇잎이 떨어져 죽은 후 변해 가는 모습 같아요.	
IV	85. 공상과학영화에 나오는 것과 같은 괴물을 우리가 쳐다보고 있는 것 같아요.	검: (수검자의 반응 반복) 수: 여기가 다리이고 이상하게 생긴 머리, 뚱뚱하고 크게 생긴 것 같고 우뚝 서 있어요. 우리는 그것을 밑에서 올려다 보고 있어요.	
IV	86. 보세요. 추하게 생겼군요. 이상한 팔을 가진 개구리 같아요.	검: (수검자의 반응 반복) 수: 조그만 머리와 큰 발, 이상하게 생긴 팔을 가진 개구리 같아요. 온 몸이 울퉁불퉁해요. 검: 울퉁불퉁하다고요? 수: 색깔을 보니 그런 생각이 떠올라요.	
V	87. 이것은 무엇을 잡아먹으려는 두 마리의 악어 같군요.	검: (수검자의 반응 반복) 수: 바로 이 끝 부분, 여기는 윗 이빨, 아랫 이빨, 머리, 입은 뭔가를 삼키려는 듯 벌리고 있어요.	
V	88. 텐트 안에 한 소년이 있어요.	검: (수검자의 반응 반복) 수: 전체가 투명한 텐트인 것 같고 소년의 모습이 비치고 있는데 머리와 몸도 보여요. 끝 부분에 있는 버팀목이 텐트를 지탱하고 있네요. 검: 어떤 점에서 투명하다고 보았나요? 수: 텐트를 통해 볼 수 있고 아마도 그 뒤에는 빛이 있어서 어두운 부분이 나타나고 있는 것 같아요. 어쨌든 텐트 속을 들여다볼 수 있는 것 같아요.	
VI	89. 잘 모르겠지만 뭔가 깊은 것을 생각나게 해요.	검: (수검자의 반응 반복) 수: 깊이가 있는 것 같아요. 가운데로 갈수록 색깔이 더 어두워지니까 더 깊어 보이고 아주 깊은 곳 같아요.	
VI <	90. 물가에 있는 나무들이 물위에 비친 모습이에요.	검: (수검자의 반응 반복) 수: 물위에 비친 그림자네요. 이쪽도 마찬가지군요. 모양을 보면 나무 같네요. 어떤 것은 작고 어떤 것은 크군요.	
VI	91. 가운데는 강 같고 주변은 골짜기 같아요.	검: (수검자의 반응 반복) 수: 이것은 강 주변 땅이고 나무들이 많군요. 검: 좀 더 자세히 설명해 주세요. 수: 가운데로 갈수록 색이 진해지니까 골짜기 같아요.	

카드	반응	질문	기호화
VII	92. 머리를 묶은 소녀의 머리 같군요. 작은 흑인 소녀 같아요.	검: (수검자의 반응 반복) 수: 코, 이마, 머리 묶은 것이에요. 검: 작은 흑인 소녀라고 했죠? 수: 색이 검은색이니까요.	
VII	93. 두 개의 염소 머리 같아요.	검: (수검자의 반응 반복) 수: 여기와 여기. 염소 같아요. 뿔, 입, 코가 있어요.	
VII	94. 물에 젖은 비스킷 조각들이에요.	검: (수검자의 반응 반복) 수: 부풀어 있는 것 같아요. 그림자가 있는 부분은 더 두꺼워 보이네요.	
VIII <	95. 양 옆에 있는 야생동물이 물에 비친 모습 같아요.	검: (수검자의 반응 반복) 수: 여기 동물이 서 있네요. 머리, 다리 4개, 이것은 바위덤불 같고, 파란 부분은 물 같아요. 검: 비친 모습 같다고 했죠? 수: 이쪽 아랫부분이 물이고 다른 한 부분은 물에 비친 모습이에요.	
VIII	96. 여성의 질 같이 보여요. 드러난 살결 속에 있는 부분이 모두 분홍색이에요.	검: (수검자의 반응 반복) 수: 이곳이 질 부분이에요. 갈라진 부분의 색깔이 더 진하기 때문에 깊어 보이고 주름져 있는 것 같아요. 제 눈에는 질처럼 보이는군요. 색깔도 그렇고요.	
IX	97. 두 개의 덤불 같아요.	검: (수검자의 반응 반복) 수: 몇 그루의 관목이나 덤불 같은 종류네요.	
IX	98. 윗부분에 두 명의 마녀가 있는데 뒤쪽으로 기대어 크게 웃고 있는 것 같아요.	검: (수검자의 반응 반복) 수: 주황색 옷을 입고 있는데 모자가 뾰족하고 손톱이 길고 코는 우스꽝스럽게 구부러져 있고 몸은 뚱뚱해요. 뒤쪽으로 기울어져 있고 뭔가를 보고 크게 웃고 있거나 서로 이야기를 나누고 있는 것 같아요.	
X ∨	99. 아름다운 꽃다발 같군요.	검: (수검자의 반응 반복) 수: 색깔이 모두 다른 종류예요. 분홍, 파랑, 노랑 각기 다른 꽃으로 만든 꽃다발 같아요. 여기 아랫부분은 하나로 묶여져 있어요(D11). 아마도 분홍색은 글라디올러스이고 파란색은 에스터 같아요. 무척 예쁘군요.	
X	100. 악마의 홰장처럼 보여요.	검: (수검자의 반응 반복) 수: 홰장처럼 생겼어요. 전 이런 것을 잘 알아요. 악마의 내면에 대해서 연구했거든요. 검: 이것이 악마라는 걸 어떻게 알았죠? 수: 분홍색이 고르지 않아서 음영이 생기잖아요. 그걸 보면 그 사람이 악마라는 것을 알 수 있어요.	

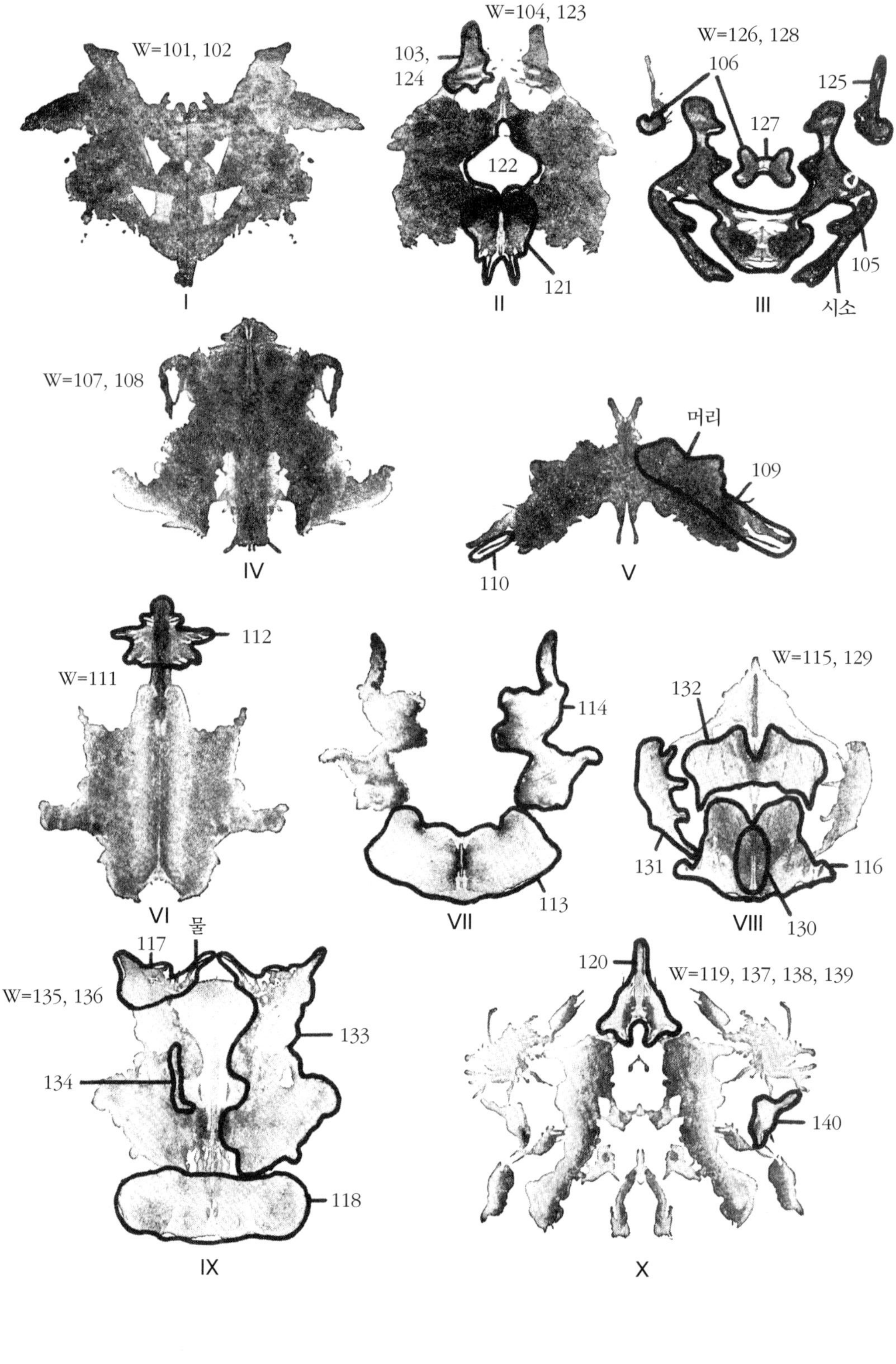
W=101, 102
I
W=104, 123
103,
124
122
121
II
W=126, 128
106
125
127
105
III
시소
W=107, 108
IV
머리
109
110
V
112
W=111
VI
114
113
VII
W=115, 129
132
131
116
130
VIII
117
물
W=135, 136
133
134
118
IX
120
W=119, 137, 138, 139
140
X

제4부

카드	반응	질문	기호화
I	101. 눈이 4개 달린 개의 얼굴 같군요. 화가 나 있군요.	검: (수검자의 반응 반복) 수: 개의 머리, 귀, 눈이 4개이고, 이상하게 생겼군요. 개가 화가 났을 때 흔히 그렇듯이 으르렁대는 것처럼 입을 벌리고 있어요.	
I	102. 신화에 등장하는 것처럼 가운데는 여신, 양옆에는 한 쌍의 날개가 달린 동물이 있어요.	검: (수검자의 반응 반복) 수: 여신은 팔을 위로 든 채 서 있고, 두 날개가 달린 동물들은 마치 여신 주위에는 다리를 감춘 채 서 있어요. 동물들은 여신이 시키는 일을 하려는 듯 여신의 종 같아요. 검: 이것이 동물이라고 하였죠? 수: 여신의 양 옆에 있어요. 날개를 보세요. 이 아랫부분은 뒷다리, 앞다리, 머리가 있어요. 여신이 팔을 위로 들고 있으니까 뛰어오르라는 신호인 것 같아요. 동물들이 점프하려고 해요.	
II	103. 닭처럼 보이는군요. 달리고 있어요.	검: (수검자의 반응 반복) 수: 위에 빨간 부분이 닭처럼 보여요. 둥근 몸과 작은 다리가 마치 달리고 있는 것 같아요. 이쪽에 있는 것도 똑같이 보여요.	
II	104. 두 사람이 불을 쬐려고 모닥불 옆에 앉아 있어요.	검: (수검자의 반응 반복) 수: 두 사람이 구부리고 앉아 있고 빨간 모자를 썼어요. 등이 굽었고 두 손을 붙잡고 불을 쬐려고 불 위로 손을 내밀고 있어요. 검: 왜 모닥불처럼 보이는지 잘 모르겠군요. 수: 불처럼 빨간색이고 모양은 불꽃이 피어오르는 것 같아요.	
III	105. 두 사람이 시소에 앉아 있는데 모터가 달려 있어서 그냥 앉아 있기만 하면 되요.	검: (수검자의 반응 반복) 수: 이 부분이 머리이고 몸은 여기 아랫부분인 시소에 앉아 있어요. 엔진(D7)이 상하로 움직이고 있어요. 검: 정확히 사람인지는 잘 모르겠군요. 수: 여기가 머리, 다리는 웅크리고 있는 듯 판 위에 걸쳐 있어요.	
III	106. 동물 피가 많이 있어요.	검: (수검자의 반응 반복) 수: 여기와 여기에 조금(D2), 아랫부분(D3)에는 많이 있어요. 검: 왜 동물의 피라고 생각하세요? 수: 모두 빨간색이지만 사람의 피와 같은 빨간색은 아니에요. 그러니까 동물의 피일 거예요.	
IV	107. 이것을 보니 분노가 떠올라요.	검: (수검자의 반응 반복) 수: 이유는 모르겠지만 분노가 떠올라요. 전체가 다 그래요. 검: 나는 그렇게 보이지 않는데요. 수: 모르겠어요. 특별한 건 없어요. 그냥 분노라는 생각이 들어요.	

카드	반응	질문	기호화
IV	108. 어떤 남자가 모터사이클을 타고 있어요.	검: (수검자의 반응 반복) 수: 여기는 머리, 몸 그리고 다리가 있어요. 검: 모터사이클은 어디에 있나요? 수: 이 아랫부분에 있어요. 바퀴가 보이죠? 이건 핸들일 거예요.	
V	109. 누워 있는 사람 모양이에요.	검: (수검자의 반응 반복) 수: 누워 있는 사람의 윤곽 같아요. 틀림없이 밤일 거예요. 검: 사람인지 분명하지 않은데요? 수: 머리, 다리, 몸 부분이에요. 검: 밤이라고 하셨죠? 수: 그림자 같군요. 온통 검은 색이고 그래서 밤일 거라고 생각했죠.	
V	110. 벌레가 기어가고 있어요.	검: (수검자의 반응 반복) 수: 예. 벌레처럼 길고 가늘게 생겼어요. 저쪽으로 기어가는 것 같아요. 이 부분은 아주 작군요. 제게는 그렇게 보여요.	
VI	111. 값비싼 폭격기 같군요.	검: (수검자의 반응 반복) 수: 레이더에 잡히지 않도록 만들어서 비용이 많이 들었을 거예요. 앞으로 날고 있어요. 날개가 우습게 생겼고 앞부분은 뾰족해요.	
VI	112. 수달 같은 작은 동물이 물에서 튀어나오는 것 같아요.	검: (수검자의 반응 반복) 수: 물이 튀는 것처럼 보여요. 검: 어떻게 보았는지 더 설명해 주세요. 수: 여기 수달이 물속에서 금방 튀어나온 것처럼 물이 튀는 것 같아요. 여기 머리, 눈, 수염이 있어요.	
VII	113. 이 부분은 나비가 바람에 떠 있는 것 같아요.	검: (수검자의 반응 반복) 수: 가운데 부분은 몸이에요. 앞으로 날려는 것처럼 날개를 펴고 있어요. 바람이 불어서 그렇게 되는 것 같아요.	
VII	114. 어린 두 소녀가 함께 놀고 있어요.	검: (수검자의 반응 반복) 수: 무릎을 구부리고 있어요. 다른 곳에 무엇을 숨기고 그걸 맞추는 놀이를 하고 있는 것처럼 한쪽 팔을 등 뒤로 하고 있네요. 보세요. 머리, 코, 팔이 있어요. 머리는 하나로 묶었네요.	
VIII	115. 어떤 야생동물협회의 상징 같아요.	검: (수검자의 반응 반복) 수: 양옆은 곰이고 이것은 산 같아요. 곰들이 그 위에 서 있고 사람의 손이 그걸 향해 아래로 뻗어 있어요. 사람과 동물 간의 조화를 상징하는 것 같아요.	
VIII	116. 아랫부분은 사람의 얼굴 같아요. 웃고 있는 광대 얼굴이에요.	검: (수검자의 반응 반복) 수: 바로 여기(손으로 지적) 맨 윗부분은 눈이고 아래의 이 부분은	

카드	반응	질문	기호화
		미소 짓는 모습이에요. 행복해 보이는 얼굴이군요. 검 : 광대라고 말했죠? 수 : 광대얼굴처럼 모두 주황색과 분홍색 잉크로 칠해져 있어요.	
IX	117. 두 생명체가 서로 물총을 쏘고 있는 것 같아요.	검: (수검자의 반응 반복) 수: 생명체의 윗쪽 반은 어깨 윗부분인 것 같고 손에는 총이 있어요. 서로 물총을 쏘고 있는 것 같아요.	
IX	118. 구름이 흘러가고 있는 것 같네요.	검: (수검자의 반응 반복) 수: 구름처럼 둥근 모양이에요. 조용한 날에 하늘에 떠 있는 것 같아요. 검: 구름처럼 둥글다고 했죠? 수: 모양이 퉁퉁해 보이고 음영이 나타난 것은 마치 구름이 두꺼워 보일 때와 같군요.	
X	119. 죽은 두 마리 주위를 기어다니고 있는 벌레들이에요.	검: (수검자의 반응 반복) 수: 저한테는 그냥 벌레들처럼 보여요. 각기 다른 벌레들이 여기 커다란 두 마리 곁에서 기어다니고 있어요. 게, 거미. 그 외 다른 벌레들도 있어요. 검: 죽었다고 말했죠? 수: 예. 이것은 죽은 동물의 죽은 부분처럼 모두 빨간색이에요. 검: 나는 그렇게 보이지 않는군요. 좀 더 설명해 주세요. 수: 파란색은 게(D1)처럼 생겼어요. 다른 게들은 이 아래에 있어요. 여기 아래쪽에는 아마도 개미나 벌레들(D5)인 것 같아요.	
X	120. 외투 두 벌이 옷걸이에 걸려 있어요.	검: (수검자의 반응 반복) 수: 회색 부분은 두 벌의 외투인데 중간에 있는 옷걸이에 걸려 있어서 다소 형태가 분명치 않군요.	
II ∨	121. 당황한 듯이 보이는 빨간 머리의 남자 같군요.	검: (수검자의 반응 반복) 수: 눈, 코, 무척 당황한 것 같네요. 볼이 빨갛잖아요. 손을 얼굴 양옆으로 올리고 있어요.	
II	122. 로켓이 발사되는 광경이에요.	검: (수검자의 반응 반복) 수: 흰 부분은 로켓이고 이 부분은 배기가스가 분출되는 것 같아요. 검: 어째서 배기가스가 분출되는 것 같나요? 수: 불꽃이에요. 보세요. 불처럼 빨갛잖아요.	
II	123. 서커스에서 곰 두 마리가 코 위에 뭔가를 올려 놓고 균형을 맞추고 있어요.	검: (수검자의 반응 반복) 수: 중간 부분은 곰들이 뭔가를 들고 균형을 맞추고 있고 이것은 곰의 머리와 몸이에요.	

카드	반응	질문	기호화
		검: 서커스라고 말했죠? 수: 곰들은 연기를 하고 있어요. 빨간색은 밑에서 비쳐주는 조명 같고, 아시다시피 곰들이 연기를 하는 동안 돋보이게 해 줘요.	
II	124. 막 피어나려는 꽃 같군요.	검: (수검자의 반응 반복) 수: 위에 있는 빨간색은 두 개의 꽃 같아요. 막 피어나려는 것 같아요. 두 개의 빨간 꽃이에요.	
III	125. 냉장고 안에 걸려 있는 소갈비 두 뭉치 같아요.	검: (수검자의 반응 반복) 수: 소의 갈비 부분인데, 냉장고에 걸려 있어요. 그렇게 걸려 있어요. 검: 왜 그렇게 보이는지 잘 모르겠네요. 수: 날고기처럼 붉은색이고 모양은 소갈비 같아요. 매달려 있는 것처럼 그려져 있군요.	
III	126. 두 여자가 가구를 옮기고 새롭게 장식을 하고 있어요.	검: (수검자의 반응 반복) 수: 하이힐을 신은 두 명의 여자가 가구를 옮기고 있어요. 검: 장식을 새로 하고 있다고 말했죠? 수: 예. 배경에 붉은 색의 장식물 또는 그림 같은 것이 있어서 아파트나 방을 새롭게 꾸미고 있다고 생각했어요.	
III	127. 중간 부분에 빨간 벌레가 날고 있어요.	검: (수검자의 반응 반복) 수: 빨간 색이고 나비 같네요. 날고 있는 것처럼 날개가 펼쳐져 있어요.	
III	128. 광대의 얼굴이에요. 웃고 있어요.	검: (수검자의 반응 반복) 수: 코가 빨갛고 귀도 빨간색이에요. 얼굴 부분은 거의 다 하얗게 칠했어요. 이건 눈과 입이고 웃고 있는 것 같네요.	
VIII	129. 동물 두 마리가 산을 기어오르고 있어요. 예쁘네요.	검: (수검자의 반응 반복) 수: 여기에 네 개의 다리와 머리가 있고 가운데는 바위나 산처럼 보여요. 검: 예쁘다고 그랬죠? 수: 예. 산에 있는 여러 색깔의 바위와 덤불이 예쁘군요.	
VIII	130. 아랫부분이 화산의 내부 같아요.	검: (수검자의 반응 반복) 수: 마치 비행기에서 화산을 내려다보는 것 같아요. 용암이 끓는 둥근 웅덩이 같아요. 이것이 용암의 색 같군요. 검: 끓고 있다고요? 수: 끓는 용암처럼 마구 움직이는 것 같아요. 검: 비행기에서 내려다보는 것 같다고 하셨죠? 수: 예. 예전에 하와이에 갔을 때 그런 경험이 있는데, 이 그림처럼	

카드	반응	질문	기호화
		보였어요. 선생님도 이 그림처럼 화산을 곧바로 들여다볼 수 있을 거예요. 실제로 이렇게 작진 않았지만 높이 떠 있기 때문에 작은 것처럼 보였어요.	
Ⅷ	131. 분홍색 호랑이 같군요.	검: (수검자의 반응 반복) 수: 내게는 호랑이로 보여요. 머리, 다리, 꼬리 같군요. 그런데 실제로 분홍색 호랑이를 본 적은 없어요.	
Ⅷ	132. 커다란 새가 날개를 펄럭이고 있어요. 진짜 새는 아니고 전설에나 나오는 새 같군요.	검: (수검자의 반응 반복) 수: 커다랗고 네모난 날개와 푸른색을 보니 전설에나 나오는 종류인 것 같고 날개를 펄럭이고 있어요.	
Ⅸ <	133. 모터사이클을 탄 남자가 언덕을 오르고 있어요. 머리를 핸들 위로 구부리고 있는 것을 볼 수 있어요.	검: (수검자의 반응 반복) 수: 녹색 부분은 남자이고 여기는 바퀴처럼 보여요. 앞쪽에 나와 있는 것은 모래 같아요. 온통 주황색 같고 모래 색깔은 언덕을 오를 때면 볼 수 있는 그런 색깔이에요. 이 사람은 무척 빨리 달리는 듯 머리를 앞으로 구부리고 있어요.	
Ⅸ >	134. 악어인데 양쪽에 한 마리씩 있고 풀밭에 누워 있어요.	검: (수검자의 반응 반복) 수: 이쪽 부분에 숨어 있는 듯 머리와 어깨 부분만 조금 보이네요. 몸 전체 부분은 거의 다 풀로 덮여 있기 때문에 조금만 보이네요.	
Ⅸ	135. 이것을 보니 행복과 만족이 연상돼요.	검: (수검자의 반응 반복) 수: 예쁜 색깔들이 행복과 만족을 연상시켜요. 평화스러운 그림을 보면 나 자신에 대해서도 좋은 느낌을 갖게 되요.	
Ⅸ <	136. 수면에 비친 정글의 모습 같군요.	검: (수검자의 반응 반복) 수: 여러 색이 섞여 있는 정글의 모습 같아요. 나무와 덤불이 있고 이 위쪽에는 분홍색의 어떤 것들이 있어요. 여러 색이 섞여 있고 이 중간에 있는 파란 부분은 물인 것 같아요. 여기 아랫부분은 전체가 수면에 비친 것 같아요.	
Ⅹ	137. 벌레들이 파티를 즐기고 있어요.	검: (수검자의 반응 반복) 수: 장난을 치고 음식을 즐기며 모두 춤추고 있어요. 파란 것은 거미 같고 조그마한 녹색 벌레들과 게와 개미가 있어요. 그리고 나머지는 나뭇잎 같군요.	
Ⅹ	138. 불꽃놀이 같네요.	검: (수검자의 반응 반복) 수: 피날레인 것 같아요. 여러 불꽃이 한꺼번에 터져서 아름다운 광경이에요. 검: 왜 그렇게 보이는지 잘 모르겠네요. 수: 여러 색깔의 불꽃이 터지고 있어요. 누군가가 아주 멋지게 기획한 불꽃놀이에요. 전문가가 만든 것을 쳐다보고 있는 것 같군요.	

카드	반응	질문	기호화
X ∨	139. 중국인 창녀의 얼굴 같아요. 관심을 끌려고 파란 귀걸이를 흔들고 있군요.	검: (수검자의 반응 반복) 수: 눈썹(D10)과 눈(D2)이 치켜 올라가고 입(D3)은 조그마해요. 사람들의 시선을 끌기 위해 파란 귀걸이를 앞뒤로 흔들고 있어요. 물론 턱수염(D11)이 있고요. 검: 중국인이라고 했죠? 수: 중국인 창녀는 턱수염이 있어요.	
X	140. 새가 앉아 있는데, 내가 보기에는 슬퍼 보이네요.	검: (수검자의 반응 반복) 수: 새 모양이군요. 노란색의 검은방울새(goldfinch) 같아요. 날고 있지는 않고 그 자리에 그냥 앉아 있어요. 검: 슬픈 것 같다고 말했죠? 수: 예. 슬퍼하는 것처럼 살짝 기울어져 있어요. 그리 즐거운 하루는 아니었나 보군요.	

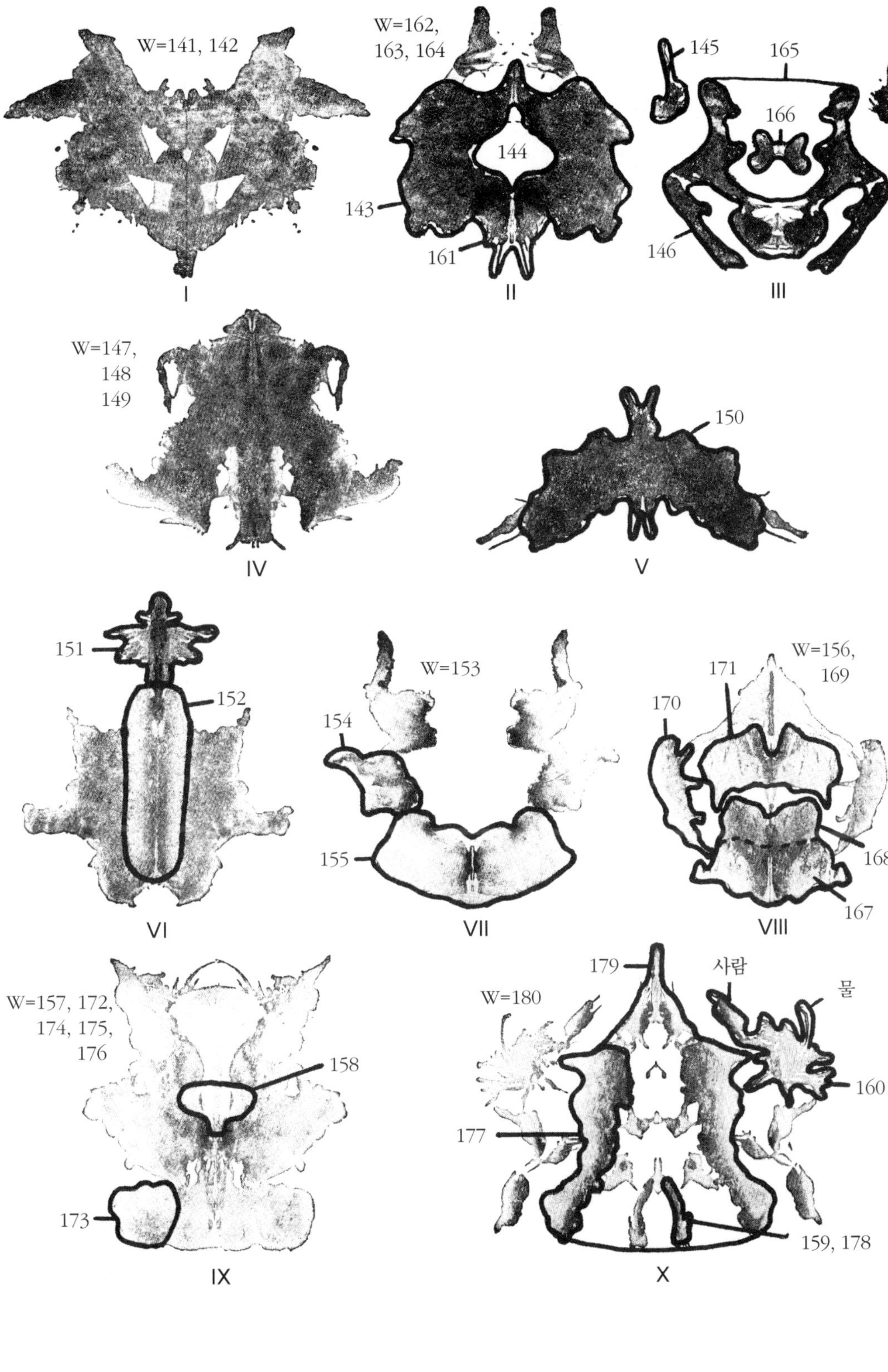
W=141, 142
I
W=162,
163, 164
144
143
161
II
145
165
166
146
III
W=147,
148
149
IV
150
V
151
152
VI
W=153
154
155
VII
W=156,
169
171
170
168
167
VIII
W=157, 172,
174, 175,
176
158
173
IX
179
사람
물
W=180
160
177
159, 178
X

제5부

카드	반응	질문	기호화
I	141. 나비가 날고 있어요.	검: (수검자의 반응 반복) 수: 이 부분은 몸, 손 그리고 이 바깥 부분은 날개예요. 안쪽에는 점이 있어요. 하얀 점이 무늬 같군요.	
I	142. 공중에 연 같은 물체가 날고 있는 것 같아요.	검: (수검자의 반응 반복) 수: 이 전체가 선이 있고 검은 줄이 아래로 드리워져 있어요. 중국의 연 같아요. 새나 용 같은 모양의 연이에요. 검: 어디에 끈이 있는지 잘 모르겠군요. 아래로 드리워져 있다고 말했죠? 수: 바로 이 부분이 더 어두운 끈인 것 같아요. 색이 더 어둡기 때문에 앞부분보다 아래로 드리워진 듯 보여요.	
II	143. 털이 있는 푸들이 서로 키스하면서 사랑을 표현하고 있어요.	검: (수검자의 반응 반복) 수: 여기 어두운 부분들을 보세요. 푸들 강아지의 털뭉치 같아요. 여기는 코, 귀여운 귀가 있어요. 깊이 사랑하고 있어요. 아마도 싸웠다가 서로 화해하는 것 같아요.	
II	144. 예쁜 사람이 중간에서 발끝으로 서서 돌고 있어요.	검: (수검자의 반응 반복) 수: 발가락은 여기 아래에 있고 손에는 회색 장갑을 끼고 팔을 위로 올리고 있어요. 이건 불룩한 치마예요(흔적들).	
III	145. 소녀의 머리카락이 뒤엉켜 있어요.	검: (수검자의 반응 반복) 수: 음영이 생겨서 머리카락처럼 보여요. 여기는 머리카락처럼 울퉁불퉁하죠. 아래로 드리워져 있고 끝이 말려서 아래로 축 늘어져 있어요.	
III	146. 두 사람이 아주 시커먼 흙더미를 파내고 있어요.	검: (수검자의 반응 반복) 수: 여기와 여기, 그리고 팔은 아래로 뻗어 있고 목은 앞으로 구부리고 있어요. 머리, 코가 있고 등은 잡아당긴 것처럼 굽어져 있군요. 발은 아래쪽에 든든하게 서 있고 어딘가에 사용하려고 흙더미를 옮기는 일을 하고 있는 것 같아요.	
IV	147. 쫙 펼쳐진 소가죽인데 말리고 있는 것 같아요.	검: (수검자의 반응 반복) 수: 손질이 잘 되어 있어요. 앞발, 엉덩이, 등뼈 있는 부분은 아주 선명해요. 여기 더 어두운 부분을 보세요. 바로 이 부분이에요. 검: 왜 소가죽으로 보이는지 잘 모르겠군요. 수: 모양이 그렇게 생겼어요.	
IV	148. 해면이 물속에서 팽창하고 있어요.	검: (수검자의 반응 반복) 수: 물속에서 팽창하고 있어요. 중간 부분이 본래 해면인데 바깥쪽으	

카드	반응	질문	기호화
		로 팽창되었고 떠 있는 것 같고 가운데 검은 점들은 구멍이에요. 검: 구멍이라고요? 수: 예. 검은 점들은 구멍처럼 보여요.	
IV	149. 이것을 보니 사악함이 떠오르는군요. 편협함과 증오심이랄까.	검: (수검자의 반응 반복) 수: 온통 검은색이군요. 증오심, 전쟁, 권리의 침해, 그런 것들을 상징하는 것 같아요.	
V	150. 나비의 그림자 같군요.	검: (수검자의 반응 반복) 수: 뭔가 날아가고 있는 모양이에요. 끝 부분은 아니고요. 검: 그림자라고 했죠? 수: 그림자처럼 온통 검은색이잖아요. 자세한 부분은 볼 수 없어요.	
VI	151. 불인 것 같아요. 성냥을 켤 때 생기는 불꽃 같아요.	검: (수검자의 반응 반복) 수: 이건 성냥 같고 불을 붙였을 때처럼 불꽃이 탁 켜지고 이것처럼 다양한 주황색으로 보이죠. 검: 주황색이라고요? 수: 예. 불빛의 농도가 달라요. 거의 흰색 같지만 주황색이에요.	
VI	152. 근육 조직이 연상돼요.	검: (수검자의 반응 반복) 수: 근섬유처럼 근육 수축을 연상시키는 결 모양으로 보이고 척추를 따라 감싼 듯한 어떤 것을 연상시켜요. 바로 여기를 보세요. 검: 근육 수축처럼 보인다고요? 수: 이 근육은 긴장된 것처럼 보이고 수축되었을 때와 같아요.	
VII	153. 두 천사가 구름 위에 앉아 있어요.	검: (수검자의 반응 반복) 수: 이 구름은 후광을 가졌고, 얼굴과 여기 뒷쪽에 날개가 마주보고 있고 바닥은 구름처럼 회색이고 여기에 천사가 앉아 있어요.	
VII	154. 두 마리의 개 머리 같아요.	검: (수검자의 반응 반복) 수: 이 부분은 개의 머리 같고 뿔 같은 것을 가졌거나 뭔가를 앞쪽으로 내밀고 있는 것 같아요. 검: 어디가 그렇게 보입니까? 수: 여기(D3)가 그래요. 코와 눈 그리고 위에 뿔이 있어요.	
VII	155. 양의 뒷부분, 엉덩이 같아요.	검: (수검자의 반응 반복) 수: 양털처럼 부드러워 보이고 가장자리 쪽은 양처럼 보이고 어두운 부분이 똥구멍인 것을 볼 수 있어요. 검: 어떻게 양털처럼 부드러워 보이는지 잘 모르겠네요. 수: 여기 색깔이 양털처럼 보이네요.	

카드	반응	질문	기호화
VIII	156. 저쪽으로 가고 있는 상선으로 보여요.	검: (수검자의 반응 반복) 수: 크고 화려한 배가 틀림없어요. 여기 돛대(중간 부분)와 선체(D2)가 있어요. 검: 저쪽으로 가고 있다고 말했죠? 수: 예. 저쪽으로 가거나 배가 나아가고 있는 것처럼 멀리 있는 것 같아요.	
IX	157. 폭발이 일어나서 무언가가 지옥으로 떨어졌어요.	검: (수검자의 반응 반복) 수: 중간 부분이 폭발하고 있고 불과 연기가 퍼져나가고 있어요. 검: 어디가 그렇게 보입니까. 불과 연기라고 말했지요? 수: 분명히 주황색은 불이고 그래서 녹색 부분은 연기일 거라 생각돼요. 진짜 연기 같지는 않고 이것은 푸르지만 보통 연기는 푸르지 않아요. 아마 폭발 때문에 색깔이 그렇게 되었고 이것은 중간 뒤쪽으로 둘러 있는 것 같아요. 검: 중간 뒤쪽으로 둘러 있다고요? 수: 예. 이 부분은 연기와 불로 덮여 있기 때문에 안쪽으로 되돌아가고 건물이나 어떤 둥근 것으로 둘러싸여 있는 것 같아요.	
IX	158. 창문을 통해 어딘가를 쳐다보고 있는 작은 얼굴 같아요.	검: (수검자의 반응 반복) 수: 얼굴이 작고 흰 것은 몰래 엿보고 있는 눈이고 이 부분은 반투명해서 그것을 통해 볼 수 있어요. 사람이 그 뒤에 숨어 있어요. 검: 왜 반투명하게 보이는지 잘 모르겠군요. 수: 잘 모르겠어요. 제가 보기에는 색깔에서 추측할 수 있듯이 약간 파랗고 얼굴 전체는 볼 수 없어요. 어떤 반투명 물질을 통해 보이는 것처럼 약간 불투명하게 보여요.	
X	159. 기어가는 두 마리 뱀처럼 보여요.	검: (수검자의 반응 반복) 수: 기어갈 때처럼 몸이 구부러져 있고 정원에 있는 뱀이 틀림없는 것 같아요. 검: 정원에 있는 뱀이라고요? 수: 예. 이것처럼 보통 뱀은 푸른색이 돈다고 생각되는군요.	
X	160. 어떤 사람이 물속으로 뛰어들고 있어요.	검: (수검자의 반응 반복) 수: 녹색이 사람인데, 이 사람이 큰 웅덩이 물로 뛰어들고 있어요. 푸른색이 물이고 물이 파래요. 검: 어떻게 이것을 사람으로 봤는지 잘 모르겠군요. 수: 바로 여기(D12)예요. 뛰어들려는 것처럼 팔을 들고 있어요.	
II	161. 우주선이 우주를 날고 있어요.	검: (수검자의 반응 반복) 수: 흰색은 우주선이고 빨간 것은 배출하는 것인데 주변에 둘러싸여 있어요. 검은 것은 우주를 나타내요.	

카드	반응	질문	기호화
II	162. 아마도 죽은 동물의 신체 일부 같아요.	검: (수검자의 반응 반복) 수: 여기가 신체기관 같고 여기에 털이 있어요. 검: 나도 그렇게 볼 수 있도록 더 설명해 주세요. 수: 신체기관은 이것처럼 붉고 이것은 동물의 털 부분이에요. 검: 왜 그것이 털처럼 보입니까? 수: 이 안에 있는 선들이 털 모양을 나타내니까요.	
II	163. 두 사람이 어떤 춤을 추면서 좋은 시간을 보내고 있어요.	검: (수검자의 반응 반복) 수: 그들은 빨간 모자와 신발을 신고 폴카나 어떤 춤을 추려고 서로 손을 잡고 있어요. 머리를 보세요. 모자가 특이하죠. 검: 좋은 시간을 보내고 있다고요? 수: 그들은 정말로 행복해 보여요.	
II	164. 어떤 사람의 얼굴인데 입을 벌리고 있어요.	검: (수검자의 반응 반복) 수: 흰 것이 입이고 혀를 내밀고 있으며 이 위에 있는 흰 것은 눈이에요. 검: 어디가 혀인지 잘 모르겠군요. 수: 이 붉은색은 혀처럼 붉고 앞으로 내밀고 있어요. 아랫입술을 위로 말아 올리는 것처럼 보이고 그래서 색깔이 더 진하게 보여요. 혀를 내밀고 있는 것처럼 보여요.	
III	165. 어떤 종류의 작품으로 보이는데 윗부분이 그렇게 보이네요.	검: (수검자의 반응 반복) 수: 여기에 손과 검은 눈이 있고 빨간 것은 폐 같은데 색깔이 붉군요. 그러나 가슴은 희고 우주에서 온 것처럼 묘하게 생겼어요.	
III	166. 중간 부분이 나비 같아요.	검: (수검자의 반응 반복) 수: 예쁜 나비 모양 같고 날개와 몸을 보세요. 검: 예쁘다고요? 수: 예쁜 빨간색이에요.	
VIII	167. 꼭대기 부분에 용암이 있는데 매우 뜨거워요.	검: (수검자의 반응 반복) 수: 이것은 불꽃처럼 보이고 용암이 끓고 있는 것처럼 색깔이 혼합되어 있어요. 검: 끓고 있다는 말이 무슨 뜻인지 잘 모르겠군요. 수: 여러 색깔이 있잖아요. 분홍색, 주황색이 서로 다른 음영을 보이며 끓고 있는 것처럼 보여요.	
VIII	168. 이 부분은 셔벗이에요. 오렌지, 산딸기 등 여러 종류의 셔벗이에요.	검: (수검자의 반응 반복) 수: 누군가가 오렌지와 산딸기를 함께 섞어 한 국자 정도 떠 놓은 거예요. 검: 한 국자라고요?	

카드	반응	질문	기호화
		수: 예. 한 국자 정도의 양이지만 둘이 서로 섞여 있네요.	
Ⅷ	169. 나뭇잎 같은데, 잎이 떨어진 모양 같아요.	검: (수검자의 반응 반복) 수: 꼭대기에 있고 둥근 것이 자작나무 잎 같아요. 색깔 때문에 떨어진 잎처럼 보이고 색깔이 혼합되어 있어요. 이것은 핼러윈 또는 추수감사절에 선생님이 교실 창문에 놓아둔 것 같아요. 예쁘네요.	
Ⅷ	170. 이 옆에 있는 것이 립스틱을 연상시켜요.	검: (수검자의 반응 반복) 수: 립스틱 자국처럼 분홍색이고 내가 휴지에 립스틱 자국 냈을 때 같네요.	
Ⅷ	171. 푸른 옷 같아요.	검: (수검자의 반응 반복) 수: 중간 부분이 푸른색 옷 같고 푸른색 밸벳처럼 부드러워요. 검: 부드럽다고요? 수: 부드러워 보이고 일종의 푸른 밸벳처럼 색깔이 그렇게 생각되는군요.	
Ⅸ	172. 어떤 정글 뒤쪽에 있는 폭포 같아요.	검: (수검자의 반응 반복) 수: 중간에 많은 나무와 잎 사이로 폭포가 떨어지는 것처럼 보이고 푸르스름한 물이 떨어지면서 물보라를 뿜어내는 것 같아요. 그 앞에 녹색의 큰 나무가 있고 주황색 부분은 바위 같아요.	
Ⅸ >	173. 갓 태어난 아기의 얼굴 같고 아직도 주름져 있어요.	검: (수검자의 반응 반복) 수: 이마, 코, 작은 턱이 있어요. 갓 태어난 것처럼 분홍색이에요. 검: 주름져 있다고 말했죠? 수: 여기에 있는 작은 선들이 주름진 것을 나타내고 약간 들어가 보이네요.	
Ⅸ	174. 현대 미술가의 그림 같아요.	검: (수검자의 반응 반복) 수: 누군가가 이 위에다가 녹색, 흰색, 분홍색 그리고 주황색 페인트를 칠한 것 같아요. 현대 미술품 같아요.	
Ⅸ	175. 심한 두통이 느껴져요.	검: (수검자의 반응 반복) 수: 모든 색깔이 함께 혼합되어 있고 주황색은 고통을 증가시키고 빨간색이 바로 고통의 근원이에요. 초록색은 남겨져 있는 거예요. 만약 편두통이나 월경 전 증후군이 생긴다면 이렇게 심한 불쾌감을 느낄 거예요.	
Ⅳ	176. 환상적인 램프네요, 도자기 같고 모두 다른 색깔이에요.	검: (수검자의 반응 반복) 수: 분홍색 받침, 위에 하얀 도자기가 있고, 나머지는 환상적으로 장식을 해 놓은 것 같아요.	

카드	반응	질문	기호화
X	177. 분홍색이 상처의 딱지 같군요.	검: (수검자의 반응 반복) 수: 이것은 상처가 난 다음 아물기 시작하는 것과 같고 상처가 굳어지기 시작할 때처럼 분홍색이에요. 검: 굳어지기 시작한다고요? 수: 예. 색깔이 일정하지 않고 어떤 것은 밝은 분홍색, 어떤 것은 어두운 분홍색이에요.	
X	178. 녹색 애벌레 같아요.	검: (수검자의 반응 반복) 수: 두 마리가 있는데, 양쪽에 짧은 다리가 있고 머리 있는 쪽이 굽어져 있어요.	
X	179. 이것은 얼굴 같군요.	검: (수검자의 반응 반복) 수: 여기 윗부분은 회색 모자이고 양쪽에 긴 붉은 머리가 있고 이것은 눈처럼 보여요. 파란 안경을 쓰고 이 밑에는 수염이 있어요.	
X	180. 조각그림의 퍼즐 같군요.	검: (수검자의 반응 반복) 수: 기본적으로 이것은 색깔이 매우 화려하고, 색깔을 매우 다양하게 변화를 주었어요. 이것을 보니 아주 모양이 재미난 퍼즐이 생각나요.	

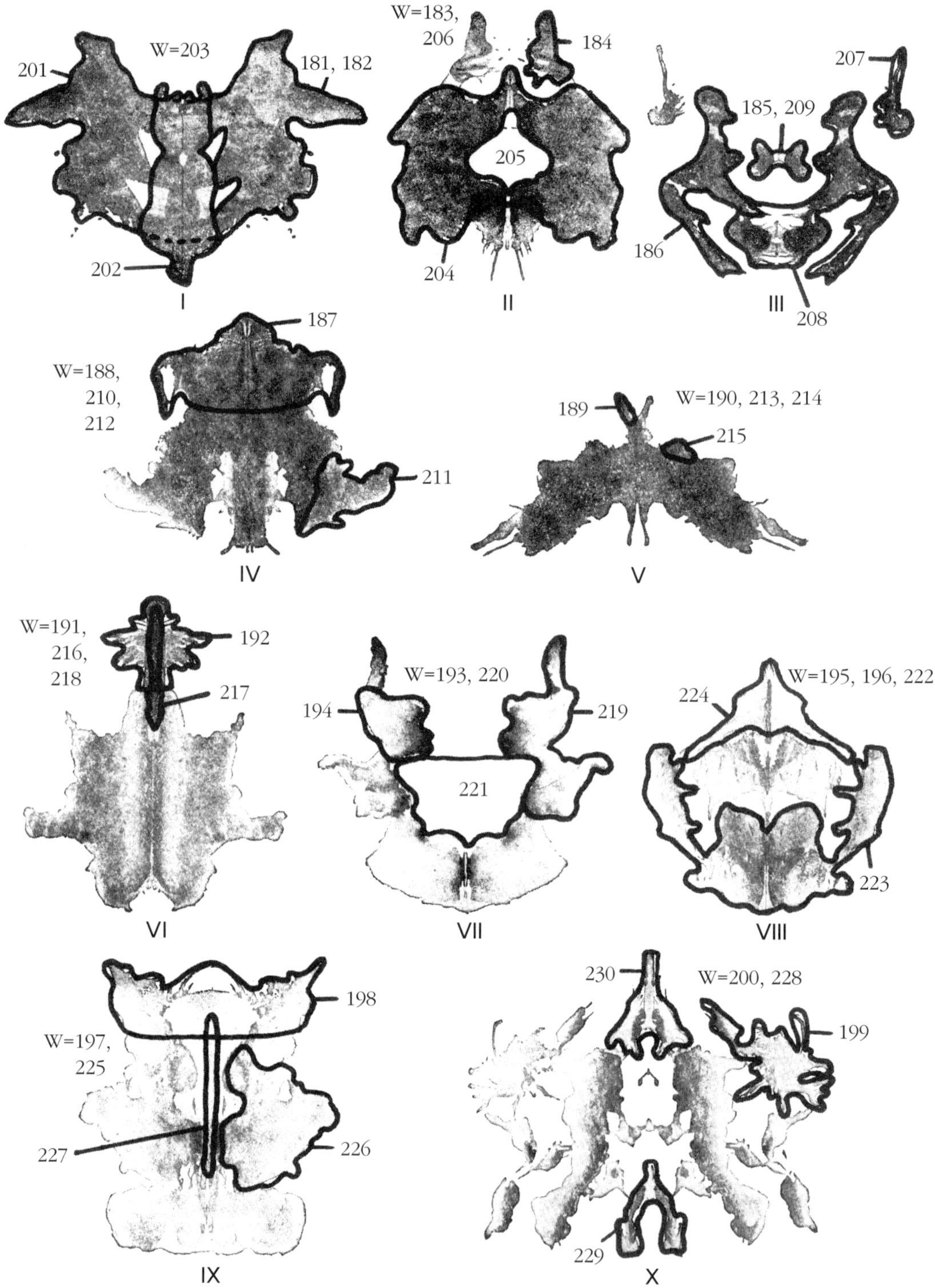
W=203
201
181, 182
202
I
W=183,
206
184
205
204
II
207
185, 209
186
III
208
187
W=188,
210,
212
211
IV
189
W=190, 213, 214
215
V
W=191,
216,
218
192
217
VI
W=193, 220
194
219
221
VII
W=195, 196, 222
224
223
VIII
198
W=197,
225
227
226
IX
230
W=200, 228
199
229
X

제6부

카드	반응	질문	기호화
I	181. 어떤 사람이 거울에 비친 자신의 모습을 보고 있어요.	검: (수검자의 반응 반복) 수: 코, 익살스러운 입, 배가 있어요. 한쪽 다리로 서 있고 재미있게 모자와 스카프를 했고 이쪽에도 똑같은 모습이에요.	
I <	182. 이것은 서 있는 아기 코끼리처럼 보여요.	검: (수검자의 반응 반복) 수: 코, 머리, 발, 짧은 꼬리, 등에 있는 혹, 거대한 귀가 있어요. 검: 아기 코끼리라고요? 수: 작은 것을 보니 분명히 아기 코끼리일 거라는 생각이 드네요.	
II	183. 다리를 숨기고 있는 두 마리의 코끼리 같은데, 모자를 쓰고 있군요.	검: (수검자의 반응 반복) 수: 서커스를 하는 것처럼 코끼리의 발은 여기 빨간색 통 위에 있고 다리는 뒤로 젖히고 있는 것 같고 통은 코끼리의 앞쪽에 있어요. 뒤로 젖힐 때 다리도 같이 젖히고 있어요.	
II <	184. 서로 침을 튀기고 있는 두 마리 새의 머리처럼 보여요.	검: (수검자의 반응 반복) 수: 생김새가 새의 얼굴 같고, 입, 코의 모양 같아요. 서로 침을 튀기고 있어요. 날아가면서 침이 튀는 것을 볼 수 있어요.	
III	185. 순결시험(virginal exam)을 준비하는 여자 같아요.	검: (수검자의 반응 반복) 수: 여자는 다리를 U자형으로 벌렸고 검사받을 준비를 하고 있어요. 여자의 부위가 여기 있고 뒤쪽은 성기 부위예요. 뒷쪽에 있는 것이 더 작은 것을 볼 수 있어요.	
III	186. 인사하는 것을 연습하고 있는 웨이터 같아요.	검: (수검자의 반응 반복) 수: 보통 웨이터처럼 검은색 옷을 입고 있고 거울을 보면서 자신을 점검해 보고 있어요. 거울에 비친 모습이 여기 보이네요.	
IV	187. 매우 부드러운 털을 가진 귀가 큰 개의 윤곽인데, 단지 머리만 그렇게 보여요.	검: (수검자의 반응 반복) 수: 여기에 코(D3)와 큰 귀가 있고 어떤 종류인지는 모르겠지만, 위에서 내려다본 모습이라 얼굴은 볼 수 없어요. 검: 매우 부드러운 털이라고 말했죠? 수: 색깔이 부드러운 털 느낌을 주고 큰 털뭉치처럼 보이는군요. 그런데 코와 귀의 윤곽만 볼 수 있어요.	
IV <	188. 기름 덩어리처럼 보여요.	검: (수검자의 반응 반복) 수: 예. 매우 검고 기름투성이고 끈적끈적해 보여요. 검: 기름투성이고 끈적끈적한 것 같다고요? 수: 예, 이런 것이 당신에게 묻는다면 만지고 싶지도 않을 거예요.	
V	189. 이것은 남자의 성기를 연상시켜요.	검: (수검자의 반응 반복) 수: 바로 이 부분(흔적들)이 남자의 성기 같군요. 발기된 것처럼 보이고 그렇게 되면 이런 모습이 돼요.	

카드	반응	질문	기호화
V	190. 나비 같아요. 날개가 펼쳐져 있고 날고 있는 것 같아요.	검: (수검자의 반응 반복) 수: 나는 것처럼 날개를 펴고 있고 아래를 내려다보고 있는 것처럼 원근효과가 나타나는 것 같아요. 검: 원근효과라고요? 수: 예. 뒤에 있는 다리가 더 가까워 보이고 앞으로 날아가면서 모서리를 쳐다보는 것처럼 더 커 보이는군요.	
VI	191 공중에서 모터보트를 내려다 보고 있는 것 같아요.	검: (수검자의 반응 반복) 수: 여기 위에 있는 검은 부분(D2)이 모터보트 같아요. 물살을 가로지르며 빨리 앞으로 나아가면서 흔적이 남아 크게 물이 튀는 것처럼 보여요. 물결이 왼쪽 뒤에 있고 물에 자국을 낸 것 같군요(중간에 흔적). 여기는 배가 아래로 침몰하는 것처럼 어두워 보이고 보트가 빠른 속도로 나아가는 것 같아요.	
VI <	192. 뭔가 비친 모습 같고 호숫가에 모닥불이 있어요.	검: (수검자의 반응 반복) 수: 불길이 솟아오르는 것 같고 여기 아래에 호수에 비치는군요.	
VII ∨	193. 두 명의 소녀가 춤을 추고 있고 서로 등을 돌리고 있지만 머리를 맞대고 춤추는 것처럼 보여요.	검: (수검자의 반응 반복) 수: 보조를 맞춰 춤추는 것 같고 앞쪽으로 팔을 뻗고 한 발로 춤을 추며 머리는 뒤로 젖혀서 거의 맞닿을 듯이 보이는군요.	
VII	194. 누군가가 거울을 보면서 그 속에 비친 영상을 보고 있어요.	검: (수검자의 반응 반복) 수: 여기와 여기 둘 다 똑같아요. 이 부분은 사람이고 왼쪽의 것은 거울에 비친 얼굴상이네요. 코와 턱을 보세요.	
VIII	195. 마법사가 사용하는 수정공 같아요.	검: (수검자의 반응 반복) 수: 컵의 손잡이가 둥글게 생겼고 옆면과 꼭대기 부분도 둥글게 보이네요. 이런 모양들이 전체적으로 둥그런 구(공) 같은 느낌을 주네요. 검: 어떻게 수정공처럼 보이는지 확실하지 않군요. 수: 그래요. 이것 모두가 이상한 색깔이고 밝은 주황색, 푸른색, 분홍색, 안에는 흰색 등 다양한 색깔들이 있어요.	
VIII <	196. 이것은 비버(beaver)가 서 있는 것처럼 보이고 여기 아래에 비친 모습이 있어요.	검: (수검자의 반응 반복) 수: 비버가 여기 있고 머리, 다리, 그렇게 서 있고 여기 아래에 모두 비치고 있어요. 아니면 뭔가를 기다리고 있는 것 같고 여기 아래에 비치고 있어요. 어떤 종류의 관목과 바위, 물체가 있네요.	
IX	197. 제 생각에는 해초 종류 같군요.	검: (수검자의 반응 반복) 수: 깊은 물에 있는 해조류 또는 어떤 것의 형태처럼 보여요.	

카드	반응	질문	기호화
		검: 좀 더 설명해 주세요. 수: 전체가 깊은 인상을 주잖아요. 검: 당신이 그렇게 보았다는 것은 알겠지만 나도 그렇게 볼 수 있도록 설명해 주세요. 수: 많은 색깔이 있고 물밑에서 자라나는 식물, 해초 또는 해조류 같은 것들이에요.	
IX	198. 우주선이 불꽃을 내며 떠오르고 있어요.	검: (수검자의 반응 반복) 수: 우주선은 둥근 모양이고 여기 흰 부분(원), 그리고 양쪽에서 불꽃이 나오는 것 같아요. 검: 왜 불꽃처럼 보이나요? 수: 여기(D3)가 양쪽으로 터지는 것 같고 우주선은 여기를 통과하고 이 큰 주황색 불꽃은 양쪽으로 앞쪽과 뒤쪽으로 각각 터지고 있어요. 중간에서부터 올라오는 것 같군요.	
X	199. 이것은 사마귀를 잡아먹으려고 공격하는 바닷가재 같군요.	검: (수검자의 반응 반복) 수: 집게발을 가진 파란 바닷가재이고 앞 집게발은 뒤에 있는 집게발보다 더 크고 힘이 더 센 것 같아요. 먹잇감인 사마귀를 움켜쥐려고 집게발을 내밀고 있고 여기 녹색 부분에 작은 머리, 더듬이가 있고 이것처럼 녹색이군요.	
X ∨	200. 이렇게 거꾸로 보면, 식물책에 있는 것처럼 꽃을 그려 놓은 것 같아요.	검: (수검자의 반응 반복) 수: 이거는 세부적인 부분들을 살펴볼 수 있도록 그린 것 같아요. 어떤 부분들끼리는 더 가깝게 그려져 있어 여러 가지 관계를 볼 수가 있고, 여기는 마치 측면인 것처럼 더 크게 그려져 있어요. 그리고 여기는 수술과 줄기가 있고요(누가 그렸는지 모르지만), 다른 부분들을 나타내기 위해 여러 가지 색깔을 사용했어요.	
I	201. 박쥐 같아요.	검: (수검자의 반응 반복) 수: 우리 동네에서 박쥐가 날아다니는 것을 보았는데 바로 이런 것 같았어요. 그렇지만 여기 밑부분(흔적들)은 아니에요. 박쥐 같네요. 검: 왜 박쥐로 보았나요? 수: 이것은 몸, 머리, 날개 그리고 작은 손이 있어요.	
I	202. 중간 부분은 달팽이 같아요.	검: (수검자의 반응 반복) 수: 예. 달팽이처럼 회색이고 여기가 몸이고 이것은 뿔인 것 같네요.	
I	203. 핼러윈 때 파낸 것 같은 호박 얼굴 모양이네요.	검: (수검자의 반응 반복) 수: 여기 두 눈, 입, 이빨 모양을 파내었고 핼러윈 호박 모양이 보통 이렇게 생겼고 그늘져 보여요. 검: 그늘져 보인다고요?	

카드	반응	질문	기호화
		수: 어두운 부분이 그늘진 인상을 주네요.	
II	204. 서로 입 맞추는 것처럼 머리를 맞대고 있는 두 마리의 강아지 같아요.	검: (수검자의 반응 반복) 수: 여기 머리, 귀가 있고 서로 입을 맞추고 있어요. 부드러운 털을 가진 두 마리 강아지 같아요. 검: 무엇이 부드러운 털 같이 보이나요? 수: 이런 선들이 털 같이 부드럽게 보이네요.	
II	205. 부상당한 사람의 상처에서 꺼낸 파편 같아요.	검: (수검자의 반응 반복) 수: 제가 군대에 있을 때 이러한 것을 많이 봤고 이러한 파편들로 인해 부상당하는 것을 보았어요.	
II ∨	206. 나비 같아요.	검: (수검자의 반응 반복) 수: 양쪽이 똑같고, 머리, 더듬이가 있고 소리 없이 날갯짓을 하는 것 같아요.	
III	207. 빨간 것은 피 색깔이고 진짜 피 같아요. 말랐군요.	검: (수검자의 반응 반복) 수: 이건 형태가 없어요. 피가 꼭 형태가 없는 것은 아니지만 이건 피가 났을 때 어떤 형태라도 될 수 있을 것 같아요.	
III ∨	208. 꿈틀거릴 것 같은 거미를 내려다본 것 같아요.	검: (수검자의 반응 반복) 수: 꼭대기에서 아래를 내려다보는 것 같아요. 눈, 두 개의 큰 반점, 날카로운 턱, 머리 뒤쪽에 있는 몸, 어깨, 끝 부분에는 발톱이 있어요. 검은색이고 나에게로 기어올 것 같아요. 나는 거미를 싫어해요.	
III	209. 이것은 폐처럼 보이고 모두 빨간색이니까 폐임에 틀림없어요.	검: (수검자의 반응 반복) 수: 형태가 폐와 같고 윗부분은 둥글고 아랫부분은 기관(氣管)이 연결된 작은 부분이 있어요. 폐에서 볼 수 있는 것처럼 서로 다른 음영의 붉은색을 띠고 있어요.	
IV	210. 나무 밑둥치에 앉아 있는 원숭이 같아요.	검: (수검자의 반응 반복) 수: 크고 부드러운 털을 가진 원숭이예요. 머리, 팔, 다리, 큰 발이 있고 발 밑에서 올려다보는 것처럼 보이기 때문에 뒤로 몸을 기대고 있는 것처럼 보여요. 머리는 뒤로 젖히고 나무 밑둥치는 중간에 있어요. 검: 털처럼 보인다구요? 수: 네, 여기 이렇게 그늘져 있는 것들이 털처럼 보여요.	
IV	211. 진흙 속에 두 발이 있어요.	검: (수검자의 반응 반복) 수: 오른쪽 여기에 발가락, 뒤꿈치, 두 개의 큰 발이 있고 발 위에는 진흙 또는 더러운 것이 묻어 있는 듯 어두워 보이고 사람의 아랫부분, 즉 발 부분을 볼 수 있어요.	

카드	반응	질문	기호화
IV	212. 털이 있는 동물처럼 보여요.	검: (수검자의 반응 반복) 수: 소라게 종류인 것 같고, 털이 있고, 모양이 그렇게 보여요. 검: 털이 있다고요? 수: 밝고 어두운 부분이 털의 재질같이 보이고 소라게가 자신을 보호하기 위해 털을 가진 것처럼 보여요.	
V	213. 모기가 누군가를 물기 위해 아래로 덮치고 있어요.	검: (수검자의 반응 반복) 수: 예. 모기처럼 검은색이고 누군가를 물기 위해 아래로 날아가려는 것처럼 날갯짓을 하고 있어요.	
V	214. 토끼가 운동을 하고 있어요.	검: (수검자의 반응 반복) 수: 바벨을 들어올리고 있는 것 같아요. 검: 나도 그렇게 볼 수 있도록 설명해 주세요. 수: 토끼는 중간에 있고, 귀(상단), 작고 마른 다리가 있고 양쪽에 하나씩 바벨을 들어올리려고 하고 있어요. 꽤 무거워 보이는군요. 검: 꽤 무거워 보인다고요? 수: 예. 토끼보다 바벨이 더 커요.	
V	215. 갈색 오물이 조금 쌓인 것 같아요.	검: (수검자의 반응 반복) 수: 이것은 갈색 오물 같고 작은 퇴적물의 형태처럼 보이네요. 검: 무엇 때문에 갈색 오물로 보입니까? 수: 다양한 갈색 빛깔이 나기 때문이에요.	
VI	216. 뭔가 총알이 지나간 것처럼 보이네요. 아마 동물인 것 같아요.	검: (수검자의 반응 반복) 수: 이곳으로 지나간 총알을 실제 볼 수 있고 나머지는 동물의 가죽 같아요. 얼룩진 점들을 보면 털이란 것을 알 수 있지만 이 총알 때문에 모양이 변했고 그냥 봐서는 잘 모를 거예요.	
VI	217. 여자 코브라. 코브라인데 여자인 것 같고 날씬한 허리를 가졌어요.	검: (수검자의 반응 반복) 수: 뱀의 몸처럼 날씬하고 길게 생겼고 코브라처럼 보여요. 검: 여자 코브라요? 수: 여자의 몸과 날씬한 허리, 여기 다리가 보이고 여자 배 같아요. 그래서 여자 코브라라고 말했어요.	
VI ∨	218. 이것은 거울같이 생각됩니다.	검: (수검자의 반응 반복) 수: 손거울이고 손잡이 부분과 거울이에요. 그러나 깨졌군요. 검: 깨졌다고요? 수: 여기에 있는 어두운 선들 모두가 깨진 것 같거나 부서진 것 같아요.	
VII	219. 좀 전에 봤던 두 여자 같아요. 지금은 그들이 무언가에 대해 언쟁하고 있어요.	검: (수검자의 반응 반복) 수: 신체의 상반신 부분이고 손은 주먹을 쥐고 있으며 여기는 입이고 외치는 것처럼 보이네요. 찌푸렸을 때처럼 여기 이마가 나와 있	

카드	반응	질문	기호화
		고 웃기는 모습이에요. 토끼 귀를 가진 것처럼 보이지만 어쨌든 뭔가에 대해 언쟁하고 있고 여기에 작은 코와 눈썹이 있어요(가리키며).	
VII ∨	220. 두 마리의 춤추는 코끼리 머리 위에 나비가 있어요.	검: (수검자의 반응 반복) 수: 이 부분이 코끼리가 춤을 추고 있는 거예요. 코와 다리가 있고 여기 머리 위에 있는 것이 나비 같아요. 여기 날개가 있고, 이것이 왜 이 윗부분에 있는지는 잘 모르겠지만 아마도 춤이 그런 것 같아요.	
VII	221. 치아 교정기 같아요.	검: (수검자의 반응 반복) 수: 치아교정기 같아요. 나는 이것을 밤에 끼어요. 내 것처럼 하얗고 모양도 같아요. 검: 치아 교정기가 무엇입니까? 수: 잠잘 때 치아가 삐걱거리는 것을 방지해 주는 것이에요. 치과의사가 만들어 준 거예요.	
VIII	222. 두 마리 동물이 동양의 어떤 산을 오르고 있어요.	검: (수검자의 반응 반복) 수: 여기와 여기(D1), 사자나 호랑이 같은 동물이에요. 다리, 머리가 있고 나머지는 산이에요. 검: 동양의 산이란 무슨 말인가요? 수: 예. 이것처럼 꼭대기 부분이 있고 중국에서는 이렇게 생긴 지붕, 모자, 이렇게 생긴 산을 볼 수 있어요.	
VIII	223. 여자의 자궁 위에 서 있는 두 남자 같아요.	검: (수검자의 반응 반복) 수: 여기 두 남자의 다리와 남근이 있어요. 검: 여자의 자궁 위에 서 있다고 그랬죠? 수: 예. 이런 것은 매우 끔찍해요. 여기 아래에 있는 여자의 자궁을 보세요. 모양도 자궁 같고 색깔도 분홍색이잖아요.	
VIII	224. 나뭇가지 끝 부분에 작은 손을 가진 전나무예요.	검: (수검자의 반응 반복) 수: 윗부분에 자리잡고 있고 푸른색 전나무예요. 이것은 전나무의 모양을 가지고 있어요. 검: 나뭇가지 끝에 작은 손이 있다고 말했죠? 수: 예. 이것이 작은 손처럼 보이고 손이라고 말하기는 어렵지만 나뭇가지에 있는 손 같다는 말이에요. 작은 손가락처럼 손의 형태를 지녔어요.	
IX	225. 무너지는 소리 같아요. 소리가 무척 커요.	검: (수검자의 반응 반복) 수: 예, 이것을 보았을 때 엄청나게 큰 소리가 생각났어요. 검: 그럴 수도 있다는 생각이 드는군요. 그렇지만 무엇 때문에 그런 인상을 받았나요?	

카드	반응	질문	기호화
		수: 색깔이 모두 다르고 위대한 화가는 종종 색깔로서 소리를 나타내거든요. 이러한 색깔은 헨델, 라흐마니노프 또는 번스타인 같은 사람들이 무너지는 굉음을 나타내려고 사용했던 색깔 같아요.	
IX	226. 누에고치 속에 두 마리의 메뚜기가 들어 있어요. 서로 쳐다보고 있어요.	검: (수검자의 반응 반복) 수: 여기에 머리, 눈(S)이 있고 아직 날개는 펴지 않았고 여전히 누에고치 속에 들어 있어요. 두 마리인데 녹색이며 서로 쳐다보고 있고 실제 움직이지는 않아요. 단지 쳐다보고만 있어요.	
IX	227. 중간 부분은 척추뼈예요.	검: (수검자의 반응 반복) 수: 예. 이것은 뼈 같고 똑바로 곧게 올라가고 있기 때문에 척추임에 틀림없어요. 이것은 척추가 올라가는 길이에요.	
X	228. 망원경을 통해 보는 것처럼 많은 세균이 있고 모두 다른 색깔이에요.	검: (수검자의 반응 반복) 수: 작은 것들이 모여 있는 것 같고 현미경 없이는 볼 수 없어요. TV에서 이런 것들을 본 적 있고 모든 종류의 세균들이 이처럼 색깔이 모두 다르고 당신의 피 속에도 이런 것들이 들어 있어요.	
X ∨	229. 날개를 가진 사람 같아요.	검: (수검자의 반응 반복) 수: 중간에 사람이 있고 다리, 머리, 여기는 날고 있는 것처럼 날개가 있어요. 제 눈에는 그렇게 보이지만 실제로 이런 사람을 본 적은 없어요.	
X	230. 이 윗부분은 두개골 안에 칼을 찔러 넣은 것 같아요.	검: (수검자의 반응 반복) 수: 칼을 찔러 넣은 것을 제외한 이 모든 부분이 두 개골이에요. 모서리 쪽에 약간 젖혀 있는 부분은 칼 무게로 끝 부분이 약간 잘리거나 두개골 안쪽으로 밀어 넣어진 것 같아요.	

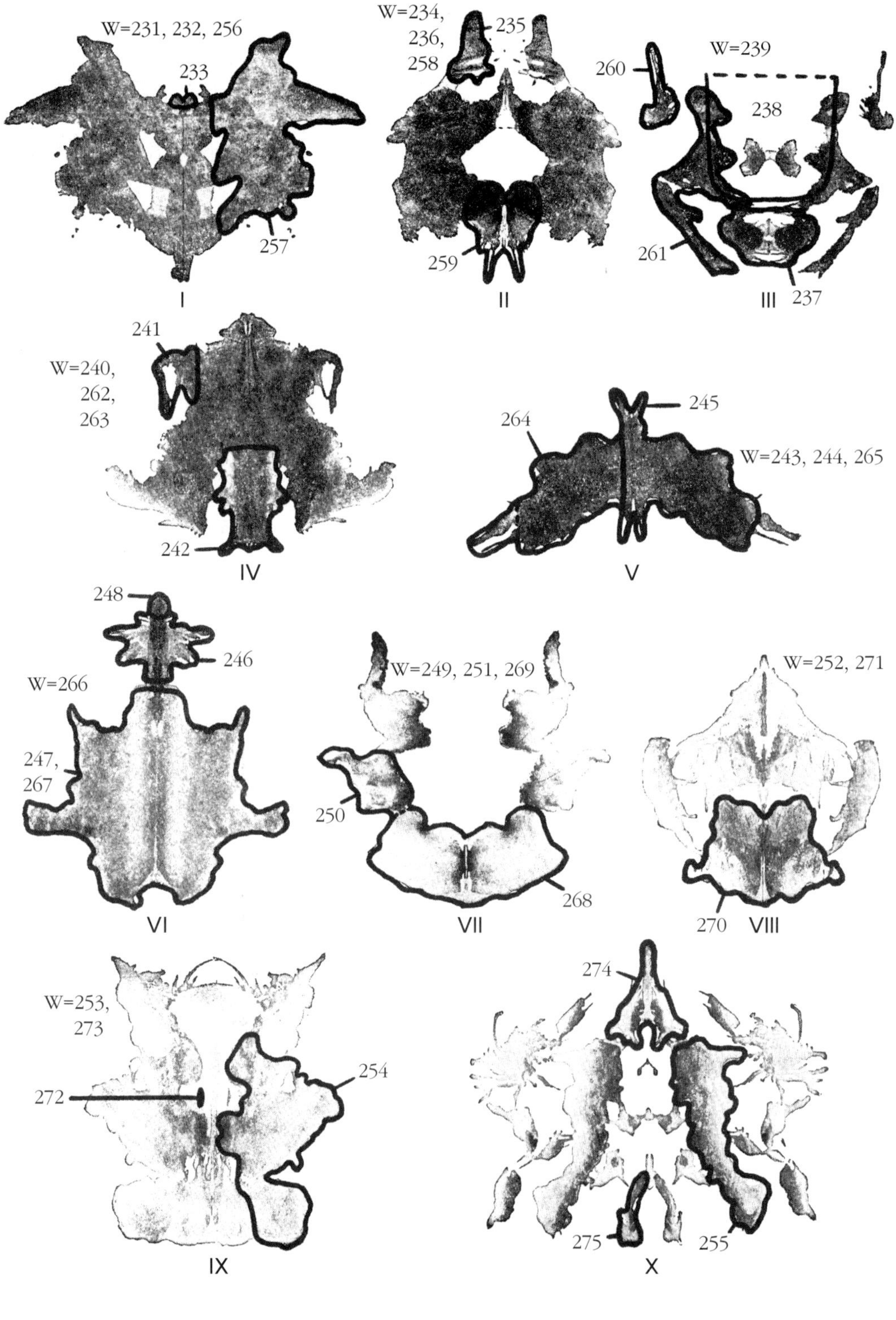
W=231, 232, 256
233
257
I
W=234,
236,
258
235
259
II
W=239
260
238
261
III
237
241
W=240,
262,
263
242
IV
245
264
W=243, 244, 265
V
248
246
W=266
247,
267
VI
W=249, 251, 269
250
268
VII
W=252, 271
270
VIII
W=253,
273
254
272
IX
274
275
255
X

제7부

카드	반응	질문	기호화
I	231. 이것은 힘차게 날고 있는 박쥐예요.	검: (수검자의 반응 반복) 수: 여기가 날개가 펄럭이는 부분이고 중간은 몸체이며 여기는 얼굴이고 흰 부분이 입과 눈인 박쥐예요.	
I	232. 날고 있는 마법의 새 같아요.	검: (수검자의 반응 반복) 수: 이것은 날개와 몸이고 날개는 날고 있는 것처럼 바깥으로 펼쳐져 있어요. 검: 마법의 새라고 했습니까? 수: 예. 이 새의 날개에는 특별한 모양의 흰 무늬가 있어요. 이 하얀 삼각형들은 해로운(black) 마법보다 좋은(white) 마법을 나타내요.	
I	233. 이것은 아프리카 여왕의 젖가슴 같아요.	검: (수검자의 반응 반복) 수: 크고 검은색이고 육감적인 여자의 젖가슴인 것 같아요. 검: 아프리카 여왕의 젖가슴이라 말했죠? 수: 위에 있으니까 여왕의 젖가슴인 것 같아요.	
II	234. 입을 벌리고 있는 사람의 얼굴이에요.	검: (수검자의 반응 반복) 수: 여기가 빨간 눈이고 이 흰 부분은 입이며 검은 부분은 얼굴의 나머지 부분이에요. 또한 여기 빨간색이 혀인데 입에서 쑤욱 빼낸 모습 같아요.	
II <	235. 생 간의 일부인 것 같고 여기 아랫부분에 반사되어 있어요.	검: (수검자의 반응 반복) 수: 모두 빨간색인데 생 간의 일부 같고 여기 아랫부분도 생 간이 반사된 모습이에요. 저는 간을 전혀 좋아하지 않고 차라리 스테이크나 육질 좋은 돼지갈비 조각으로 보고 싶어요. 그러나 그런 것들이 아니라 생 간이네요.	
II	236. 하나 묶인 곰들이 싸우고 있고 도처에 피가 묻어 있어요.	검: (수검자의 반응 반복) 수: 여기가 발, 머리, 몸이고 싸우고 있어요. 머리에서 피가 흘러나와 꼬리 쪽으로 흐르네요. 끔찍한 싸움으로 둘 다 매우 심한 상처를 입은 것 같아요.	
III	237. 이 부분은 간디처럼 생긴 얼굴 같아요.	검: (수검자의 반응 반복) 수: 크고 검은 눈과 볼, 이마가 잘려나간 것 같지만 그래도 이 얼굴을 간디라고 말할 수 있어요.	
III ∨	238. 숲 속 나무 사이로 나비가 날고 있고 길이 온통 눈으로 덮여 있는 겨울 같아요.	검: (수검자의 반응 반복) 수: 흰 부분은 숲을 통과하는 길인 것 같고 빨간 나비는 중간 아랫부분에서 날고 있으며 양쪽에는 나무가 있어요.	

카드	반응	질문	기호화
		검: 길이 온통 눈으로 덮여 있다고 했지요? 수: 예. 흰 눈이 있는 겨울처럼 아랫부분에 있는 길이 더 넓어진 것을 볼 수 있어요. 검: 더 넓어졌다고요? 수: 예. 여기가 더 커 보이네요.	
III	239. 이것은 3월 15일(Ides of March)을 나타내는 것 같아요.	검: (수검자의 반응 반복) 수: 그 날은 시저가 암살당한 날인데, 이것은 그 살인자를 묘사한 거예요. 검: 정확하게 잘 모르겠군요. 수: 이것은 추상화인데 두 명의 살인자가 몸을 찌르는 것을 보여주네요. 그들은 죽은 시체에 박혀 있는 칼에 기대어 있고 빨간 부분은 그날에 흘린 피를 표현한 것이에요.	
IV	240. 이 세상에 존재하지 않는 세계지도 같군요.	검: (수검자의 반응 반복) 수: 이것은 자기 자신의 세계를 뜻해요. 해안선이 있고 흰 부분은 호수이고 중간 부분을 가로지르는 선은 고속도로예요.	
IV >	241. 숲 중간에 있는 호수군요.	검: (수검자의 반응 반복) 수: 아주 높은 곳에서 내려다보는 것 같은데 흰 부분이 호수이고 주변에는 많은 나무들이 둘러져 있어요. 검: 많은 나무들이 있다고요? 수: 호수 주변에 있는 여러 색깔들이 나무의 꼭대기를 나타내는데 나무들의 키가 똑같지는 않아요.	
IV	242. 여성스러운 질 같아요.	검: (수검자의 반응 반복) 수: 이 부분을 보세요. 질처럼 안으로 들어가 있어요. 검: 왜 그렇게 보이는지 잘 모르겠군요. 수: 중간 부분이 좀 더 어둡고 더 깊어 보여요.	
V	243. 토끼나비(buunyfly) 같아요.	검: (수검자의 반응 반복) 수: 중간에 토끼가 있는데 몸체와 큰 귀, 이것은 나비 날개가 펼쳐져 있는 것 같고 중간에는 몸이 있어요. 나비처럼 어둡고 이것은 더듬이 같아요.	
V <	244. 아! 죽은 사람이 걸려 있는 것처럼 옆에 있는 모습은 끔찍하군요.	검: (수검자의 반응 반복) 수: 함께 묶여 있는 것처럼 머리 위로 팔이 들어올려져 있고 배는 부풀어져 있고 다리는 밑으로 매달려 있는 매우 흉칙한 그림이에요. 이렇게 보이는 것과는 다른 의미를 가졌다면 좋았을 거예요.	
V	245. 사슴의 머리를 가진 새 같아요.	검: (수검자의 반응 반복) 수: 이 끝 부분은 생각하지 말고 이 부분만 보면 날고 있는 것처럼 날	

카드	반응	질문	기호화
		개가 펼쳐져 있는 것 같아요. 검: 사슴의 머리를 가졌다고 말했죠? 수: 예. 정말 이상한 새에요. 여기 머리 위에 뿔이 있는 것을 보세요.	
VI	246. 조금 전에 본 나비와 똑같아요.	검: (수검자의 반응 반복) 수: 이것은 날개이고 여기는 깃털이 거의 없어요. 날개를 바깥으로 펴고 있고 지금 날고 있는 것 같아요.	
VI	247. 제가 어렸을 때 사냥을 했던 동물의 가죽이 생각나요.	검: (수검자의 반응 반복) 수: 짐승 모양 같군요. 여기 발이 밖으로 나와 있고 머리는 제대로 잘리지 않았군요. 대충 한 것 같아요. 가장자리가 모두 너덜너덜하고 별 쓸모없이 보이네요.	
VI	248. 이것은 어떤 물건이나 사람을 막 치려고 하는 주먹 같네요.	검: (수검자의 반응 반복) 수: 둥글게 생긴 모양이고 누군가를 치려고 할 때의 주먹 같아요.	
VII	249. 연기가 피어오르는 것 같아요.	검: (수검자의 반응 반복) 수: 연기가 연상되는군요. 색깔의 여러 명암을 보면 연기가 온통 피어오르는 것 같아요.	
VII	250. 두 마리의 동물이 서로 얼굴을 보고 웃고 있어요. 우스꽝스런 코를 가졌어요.	검: (수검자의 반응 반복) 수: 두 마리의 황소나 암소예요. 눈과 우스꽝스런 코, 입을 보세요. 반대 방향으로 얼굴을 돌리고 있지만 몸은 서로 붙어 있어요. 단지 일부만 보이고 다리는 보이지 않아요.	
VII ∨	251. CAT를 촬영한 후의 제 딸의 뇌 같아요.	검: (수검자의 반응 반복) 수: CAT 사진에서 피가 응고된 부분에 나타난 어두운 부분인 것 같아요. 특정한 형태는 없지만 큰 영역과 작은 영역이 있어요. 검: 무엇이 CAT 사진 같은지 잘 모르겠군요. 수: 머리에 피가 응고된 것인데, 희고 검은 덩어리가 있어요. 어떤 것은 작고 어떤 것은 커요.	
VIII <	252. 서핑보드로 파도타기를 하고 있는 핑크 판다곰 같아요.	검: (수검자의 반응 반복) 수: 여기 판다곰 있어요. 분홍색이에요. 마치 파도를 타고 있는 것처럼 서핑보드 위에 똑바로 서 있어요. 이 아래 물속에 모든 것이 비치고 있어요. 검: 핑크 판다곰이라고 말했지요? 수: 예. 만화에 나와요. 검: 어떤 것이 서핑보드와 물인지 잘 모르겠군요. 수: 글쎄요. 당신은 잘 볼 수 없겠지만 이 주황색 부분이 서핑보드일 거예요. 푸른색은 온통 물이고 이 회색 부분이 파도인데 물마루가 막 떨어지는 것 같아요.	

카드	반응	질문	기호화
IX	253. 고양이 얼굴인데, 분홍색으로 칠해져 있어요.	검: (수검자의 반응 반복) 수: 주황색 부분은 고양이 귀이고 중간이 코이며(D8) 하얀 점들(DdS29)이 눈이에요. 분홍색 리본을 달고 있거나 색이 칠해져 있어요.	
IX <	254. 오토바이를 타고 있는 여자예요.	검: (수검자의 반응 반복) 수: 여자가 핸들 위에 구부리고 있고 여기에 머리와 몸이 보이죠. 이 분홍색은 배기가스나 다른 어떤 것 같아요. 검: 배기가스나 다른 어떤 것이라고요? 수: 배기가스가 아니고 아마 여자 뒤에서 먼지가 일어나는 것 같아요. 막 흙을 파니까 여자 뒤에 구름이 있는 것처럼 많은 먼지가 일어나고 있어요.	
X	255. 이것은 거대한 분홍색 벌레예요.	검: (수검자의 반응 반복) 수: 예. 여기와 여기를 보면 작은 다리들이 달려 있어요. 제 눈에는 벌레처럼 보이네요. 검: 거대한 벌레라고 말했죠? 수: 분명히 거대한 벌레처럼 엄청나게 커요.	
I	256. 갑각류 동물 같은데 전체가 다 그런 것은 아니고 죽은 동물의 일부 같군요.	검: (수검자의 반응 반복) 수: 바다동물인 것 같은데 여기에 골격의 일부와 몸이 있어요. 아마도 게인 것 같은데 이것은 집게발 같네요. 죽은 것 같군요. 검: 왜 죽은 것처럼 보이는지 잘 모르겠군요. 수: 글쎄요. 검은색이고 이 안에 구멍을 파 놓았어요.	
I <	257. 이것은 달을 보고 짖는 코요테 같아요.	검: (수검자의 반응 반복) 수: 여기에 다리, 꼬리, 머리가 있군요. 큰 귀를 가지고 있고 밤에 짖을 때처럼 머리가 위로 향해 있어요. TV에서 이런 특별한 모습을 보았어요.	
II	258. 닭머리를 가진 두 명의 뚱뚱한 여자가 손뼉을 치고 있어요.	검: (수검자의 반응 반복) 수: 이들은 서로 얘기하고 손뼉을 마주치고 있어요. 여기 손이 있고 큰 엉덩이를 가졌고 크고 뚱뚱한 여자예요. 허리는 날씬하네요. 검: 머리가 닭머리 같다고 하셨죠? 수: 예. 이 부리를 보세요. 정말 이상하게 생겼어요.	
II	259. 글쎄요. 이 밑부분이 빨간색이라 질 같이 보이네요.	검: (수검자의 반응 반복) 수: 그것처럼 빨갛고 기본적으로 형태가 그래요. 질의 입구처럼 여기가 더 연하고 당신도 속이 어떻게 생겼는지 알 거예요.	
III ∨	260. 양 옆에 있는 빨간색이 마치 피가 흘러내리는 것 같아요.	검: (수검자의 반응 반복) 수: 예. 양쪽에서 피가 흘러내리고 막 떨어지는 것 같아요. 여기 밑	

카드	반응	질문	기호화
		으로 내려오는 선을 보세요. 검: 왜 피라고 봤는지 잘 모르겠군요. 수: 피처럼 온통 빨간색이에요.	
III	261. 두 마리의 개 같은데, 양쪽에 있는 것이 똑같아요.	검: (수검자의 반응 반복) 수: 뾰족한 코(snozzle)를 가진 개인데 꼬리가 없지만 아마도 있을 거예요. 발이 여기 있고 꼬리가 잘렸고, 다리가 있고, 이 위가 머리인 푸들 같아요. 이런 종류를 본 적 있는데 뭐라고 부르는지는 잘 모르겠어요.	
IV	262. 막대기 끝에 걸려 있는 한 쌍의 사냥꾼 부츠 같군요.	검: (수검자의 반응 반복) 수: 예. 늙은 사냥꾼이 신었던 큰 털부츠 같아요. 중간에 막대기 끝에 걸려 있는 부츠가 보이죠. 발 부분을 보세요. 끈이 여기 위에 걸려 있어요(D4). 검: 털이라고 말했지요? 수: 예. 가장자리가 울퉁불퉁한 털 같군요. 부츠의 겉모양은 투박해요.	
IV	263. 빼낸 썩은 이 같군요.	검: (수검자의 반응 반복) 수: 예. 치아 모양 같은데 입 안쪽에 있는 어금니 같아요. 그런데 썩은 것처럼 온통 검고 충치 구멍이 보여요. 검: 충치 구멍이 어떤 것인지 잘 모르겠군요. 수: 이 어두운 부분이 부식된 것처럼 충치 구멍으로 보여요.	
V	264. 이 옆부분은 너무 오랫동안 구운 칠면조 다리 같아요.	검: (수검자의 반응 반복) 수: 전 정말 칠면조 고기, 특히 다리를 좋아하지 않아요. 만약 먹는다면 가슴살만 먹어요. 이것은 정말 맛이 없어 보이네요. 검: 왜 칠면조 다리로 보이는지 모르겠군요. 수: 그냥 모양이 비슷해요. 검: 너무 오래 구운 것 같다고 하셨죠? 수: 예. 새까맣게 타버렸어요. 새까맣게 타버린 칠면조 다리 같군요.	
V ∨	265. 나비 같군요. 위쪽으로 날개를 뻗고 있는 회색나비예요.	검: (수검자의 반응 반복) 수: 날개가 위로 향해져 있을 때는 정말 아름답게 보여요. 대칭적인 모양, 더듬이, 날씬한 몸체, 작은 발과 다양한 색깔을 지니고 있어요. 검: 다양한 색깔이라고요? 수: 날개가 여러 회색 빛깔로 칠해져 있어요.	
VI	266. 트럭에 치여 죽은 고양이 같아요. 우리는 그것을 sailcat이라고 부르곤 했어요.	검: (수검자의 반응 반복) 수: 완전히 납작해졌군요. 여기가 수염, 팔, 다리이고 기름 자국이 있어요. 제가 어렸을 때 텍사스에서 많은 트럭이 고양이 위로 지	

카드	반응	질문	기호화
		나간 다음 완전히 납작해질 때까지 기다렸다가 도로에서 그것을 떼어내어 sail했죠. 그래서 우리는 그것을 sailcats라고 부르곤 했어요. 검: 기름 자국이라고 했지요? 수: 예. 여기 온통 검은 점들이 있어요.	
VI ∨	267. 동물 가죽 같아요.	검: (수검자의 반응 반복) 수: 어떤 동물의 털가죽 같은데 큰 물소가죽이나 다른 어떤 것으로 보여요. 검: 왜 그렇게 보이는지 잘 모르겠군요. 수: 가죽 모양이에요. 다리가 있는 곳이 여기이고 말리려고 방금 쫙 펼쳐서 걸어놓은 것 같아요. 검: 털가죽처럼 보인다고 하셨죠? 수: 예. 털가죽이 그렇듯이 가장자리 둘레가 울퉁불퉁해요.	
VII ∨	268. 윗부분은 산산이 부서진 큰 바위 같군요.	검: (수검자의 반응 반복) 수: 바위처럼 회색이고 어두운 점은 갈라지기 시작하는 바위 틈새예요. 틈새가 갈라져서 부서지고 있는 곳이 보이죠. 두 개로 부서지기 직전 같이 생각되는군요.	
VII	269. 이것은 나비인데, 두 개의 장난감 토끼를 날개로 옮기고 있어요.	검: (수검자의 반응 반복) 수: 예. 나비가 큰 날개, 날씬한 몸체를 가졌어요. 나비 날개 위에 있는 두 마리의 토끼는 날개 위에서 날고 있는 것 같고 귀여운 코와 긴 귀 그리고 작은 발을 가지고 있어요. 검: 장난감 토끼라고 하셨죠? 수: 진짜 토끼로는 보이지 않아요.	
VIII	270. 아랫부분은 꽃 같아요.	검: (수검자의 반응 반복) 수: 윗부분은 꽃잎이고 중간은 줄기 부위예요. 양쪽에 있는 것은 꽃잎 모양으로 너무 연약해 보여서 거의 만질 수가 없어요. 검: 연약하게 보인다고 했지요? 수: 제가 보기에는 매우 연약하게 보이고 모양은 부서지기 쉬운 것으로 보여요.	
VIII	271. 아! 아름답고 오래된 돛단배 같아요. 그 위로 햇빛이 비치고 있어요.	검: (수검자의 반응 반복) 수: 점점 멀어지면서 항해하는 것처럼 먼 곳에 있어요. 자세히 보면 중간에 매우 화려한 돛대가 있고 거대한 분홍빛 돛이 양쪽으로 나와 있어요. 중심 돛은 파랗고 꼭대기 부분은 회색이에요. 선체가 주황색처럼 보이는 것은 햇빛이 모든 색깔을 과장시킨 탓 일 거예요.	

카드	반응	질문	기호화
IX	272. 이것은 정자인데, 작고 흰색이고 두 마리임에 틀림없어요.	검: (수검자의 반응 반복) 수: 정자가 하얗듯이 이것도 흰색이에요. 내가 그것을 본 적 있는데 정자는 크기가 작아요.	
IX ∨	273. 이것은 내가 술에 완전히 취했을 때와 같고, 그때의 모든 감정들이 떠오르는 것 같아요.	검: (수검자의 반응 반복) 수: 이것은 내가 매우 취했을 때처럼 중간 부분에 있는 잠재의식이 위로 뚫고 올라온 현실의 모든 경험들을 보여 주네요. 예쁜 색깔들은 모두 그런 감정들을 나타내고요.	
X	274. 여기 윗부분은 두 마리의 회색 공룡이 막대기에 기대어 서 있는 것 같아요.	검: (수검자의 반응 반복) 수: 매우 지쳐 있는 것 같아요. 이상하게 생긴 더듬이와 다리를 가졌고 여기 중간에 있는 이 막대기에 기대어 있어요.	
X ∨	275. 논쟁을 벌인 두 해마가 서로 뒤돌아서 있어요. 서로에게 화가 난 것처럼 매우 완강해 보이는군요.	검: (수검자의 반응 반복) 수: 해마의 모양이고 역시 녹색이에요. 그렇지만 서로 화난 것처럼 완강해 보이는군요. 아마도 논쟁을 벌인 다음 서로 쳐다보기를 원하지 않는 것 같아요.	

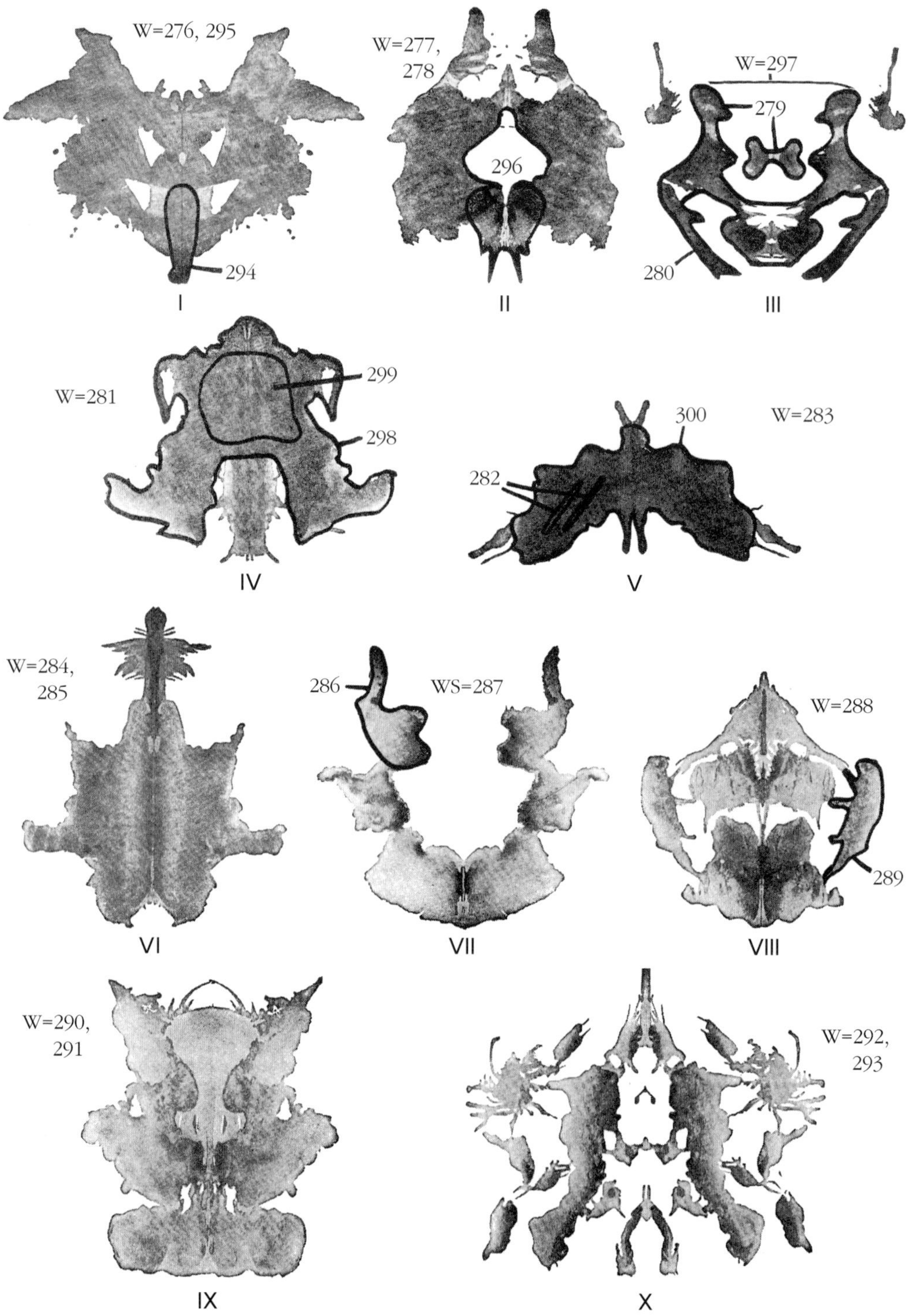
W=276, 295
294
I
W=277,
278
296
II
W=297
279
280
III
W=281
299
298
IV
300
W=283
282
V
W=284,
285
VI
286
WS=287
VII
W=288
289
VIII
W=290,
291
IX
W=292,
293
X

제8부

카드	반응	질문	기호화
I	276. 망토를 입은 누군가가 바람 속에 서 있는데 공중에 손은 있지만 머리는 없어요.	검: (수검자의 반응 반복) 수: 몸이 여기 있고 뚱뚱하게 보이지만 그렇게 뚱뚱하지는 않아요. 작은 허리와 큰 상반신, 여자가 벨트를 하고 있는데 중간에 버클은 연하게 칠해져 있어요. 연하고 어두운 부분을 보세요. 여기 다리가 있고 깃은 있지만 머리는 없어요. 검: 바람 속에 서 있다고 하셨죠? 수: 이것 모두가 바람에 날리고 있는 망토예요. 그것은 찢어졌고 가장자리는 모두 너덜너덜해요.	
II	277. 입을 다친 어떤 불쌍한 고양이가 고통스러운지 입을 벌리고 있어요. 입과 귀에서 피가 흘러나와요.	검: (수검자의 반응 반복) 수: 누군가의 두개골이 골절된 것처럼 입과 귀에서 피가 흘러나오고 있어요. 귀는 피로 온통 붉고 흰 부분은 입인데 고통스러운 듯 벌리고 있어요. 이것은 입에서 피가 더 많이 쏟아져 나오는 것이에요. 검: 고양이라고 했지요? 수: 예. 고양이나 개일 거예요. 아마도 뾰족한 귀를 가진 것을 보니 고양이 같은데 확실히 말하기는 어렵네요.	
II	278. 두 마녀가 빨간 신발을 신고 있고 어떤 마술을 부리고 있어요.	검: (수검자의 반응 반복) 수: 빨간 모자와 신을 신고 있으며 주문을 외우는 것처럼 서로 손을 맞잡고 있어요. 주위에 검은 옷이 이리저리 끌리고 있고 손을 맞잡고는 등을 구부리고 있어요. 검: 주문을 외우고 있다고 했나요? 수: 예. 그렇다고 생각했는데 아마도 서로 속삭이고 있는 것 같군요.	
III	279. 이 나비를 잡으려고 애쓰는 두 사람 같아요.	검: (수검자의 반응 반복) 수: 여기 빨간 나비가 있고 가까이 사람들이 있어요. 여기 두 사람의 머리, 다리가 보이고 그물을 가지고 나비를 쫓고 있지만 나비가 너무 빨리 날고 있어요.	
III ∨	280. 크고 빨간 코를 가진 개의 얼굴 같은데, 입은 벌려져 있어요.	검: (수검자의 반응 반복) 수: 여기 빨간 색을 바깥쪽은 제외하고 나머지 부분이 그렇군요. 이것이 눈, 이 빨간 부분(D3)은 큰 코이고 입은 벌려져 있어서 이빨이 보여요. 검: 이빨이 보인다고요? 수: 예. 날카롭고 뾰족한 이빨이에요.	
IV	281. 이것을 보니 우울하게 느껴져요.	검: (수검자의 반응 반복) 수: 어둠처럼 검고 얼룩이 있네요.	

카드	반응	질문	기호화
		검: 나는 그렇게 보기 어렵군요. 수: 이것은 어떤 느낌을 줘요. 모든 것이 처량하고 우울할 때처럼 끔찍한 느낌이에요.	
V	282. 이 선들은 보기 흉한데 수술 이후 생긴 흉터 같아요.	검: (수검자의 반응 반복) 수: 더 어둡고 연한 선들이 흉터 같아요. 제가 잘 아는 사람이 수술을 받았는데 그 사람의 흉터가 이것과 같아요. 왜 그렇게 보이는지는 잘 모르겠어요. 오히려 다른 것으로 보는 것이 더 나을 텐데. 요즈음 제가 정신이 없는 것 같아요.	
V	283. 번데기에서 나오는 나방이 나비로 변하는 것 같아요.	검: (수검자의 반응 반복) 수: 예. 여전히 여러 빛깔의 검정색이 있고 날개와 모든 것이 아직 완전히 갖춰지지는 않았어요. 검: 번데기에서 나온다고 말했죠? 수: 예. 중간 부분이 번데기인데 있잖아요, 껍질이, 보세요. 막 뚫고 나온 것 같은 날개예요. 지금은 나방 같지만, 곧 나비가 될 것이고, 다른 색을 가지게 될 거예요. 지금 나가려고 애쓰는 것 같아요.	
VI	284. 서 있는 예수, 그리고 그의 그림자가 이상하게 드리워져 있어요.	검: (수검자의 반응 반복) 수: 팔은 밖으로 뻗고 활짝 펴진 긴 옷을 입고 있어요. 그 뒤에 있는 빛은 예수 앞쪽으로 거대한 그림자처럼 온통 어두운 회색이에요. 앞쪽에는 평원에 펼쳐져 있는데 이것은 재림에 관한 메시지를 나타내고 있어요. 검: 메시지요? 수: 잘은 모르겠지만 이렇게 큰 것은 어느 누구도 심판을 피할 수 없다는 사실을 나타내는 바로 그 증거예요.	
VI	285. 이 땅콩버터에 갇힌 불쌍한 곤충 같군요.	검: (수검자의 반응 반복) 수: 날개 달린 곤충인데 작은 머리와 수염을 가지고 있어요. 이 땅콩버터에서 빠져나가려고 날개를 빠르게 퍼덕이고 있어요. 검: 무엇이 땅콩버터처럼 보이나요? 수: 반점이 땅콩버터처럼 끈적거리고 달라붙는 것처럼 보여요. 곤충이 먹으려고 하다가 붙어버렸어요.	
VII	286. 어떤 여자가 거울을 들여다보며 자신의 비친 모습을 쳐다보고 있어요.	검: (수검자의 반응 반복) 수: 거의 똑같아 보이지만 이쪽 것이 좀 더 흐릿하게 보이네요. 가장자리 주변의 어두움이 더욱 뚜렷하고 여기 가장자리가 더욱 그러해요. 그러니까 이쪽이 실물이고 이것은 거울에 비친 상이에요.	

카드	반응	질문	기호화
VII	287. 정글을 내려다보는 것 같네요. 석호가 있는 섬에 높이가 서로 다른 나무들이 보여요.	검: (수검자의 반응 반복) 수: 서로 다른 층과 색들이 보이네요. 섬이 석호 쪽으로 경사가 져 있고, 섬 바깥쪽으로는 더 높은 것 같아요. 어떤 나무들은 다른 것들보다 더 높은 것 같은 인상이 들어요. 검: 석호는요? 수: 여기 흰 부분이 석호 같아요.	
VIII ∨	288. 사악한 미소와 큰 귀를 가진 공산주의자의 못생긴 얼굴 같아요.	검: (수검자의 반응 반복) 수: 울퉁불퉁한 이마를 가졌고 여기 분홍색은 눈이고 흰 부분은 입인데 입 꼬리가 올라가게 웃고 있지만, 사악해 보여요. 양쪽에 있는 분홍색 머리도 똑같이 그렇게 보여요. 검: 이마가 울퉁불퉁해 보인다고요? 수: 움푹 들어간 것 같아요. 그 부분에 있는 색이 울퉁불퉁하게 거칠어 보이게 해요. 검: 공산주의자의 얼굴이라고 하셨죠? 수: 분홍색 머리를 가지고 있잖아요. 그래서 공산주의자들을 빨갱이라고 부르잖아요.	
VIII	289. 여름에 볼 수 있는 카멜레온이 연상되네요.	검: (수검자의 반응 반복) 수: 이런 것들은 계절에 따라 색깔이 변하잖아요. 검: 무슨 뜻인지 잘 모르겠군요. 수: 이런 것들은 하찮은 동물이고, 돌아다니면서 계절에 따라서 색이 변해요. 다리와 머리를 보세요. 색이 붉은 것을 보니 여름임에 틀림없어요.	
IX	290. 한밤에 전부 불이 켜진 분수대처럼 보이네요.	검: (수검자의 반응 반복) 수: 중간에 있는 부분에서 물줄기가 솟아오르는 것 같고, 바깥쪽은 모두 물이고, 바깥쪽으로 떨어지는 것처럼 물보라가 날리고 있어요. 색색의 불빛들이 모두 켜져 있고 분홍색 부분은 분수대처럼 보이네요.	
IX	291. 나무 밑에 숨어있는 두 마리 작은 새의 그림이에요.	검: (수검자의 반응 반복) 수: 여기 하나, 여기에도 하나 있는데(D3) 두 마리 모두 주황색이네요. 아마 꾀꼬리일 것 같아요. 크고 형형색색의 나무 밑에 등을 기대고 있는데 큰 초록색 잎과 거대한 분홍색 꼭대기가 보이죠. 정말 상상력이 풍부한 예술가가 그린 것 같군요. 새들이 나무 밑에 등을 기대고 있으니 나뭇잎이 새의 일부를 가리고 있어요.	
X	292. 주문을 쏟아내고 있는 마법사예요.	검: (수검자의 반응 반복) 수: 위에 있는 회색 부분이 얼굴이고 분홍색 부분이 옷이에요. 다른	

카드	반응	질문	기호화
		모든 것들은 마법사가 자신의 앞과 옆에다 쏟아낸 주문들이에요. 다른 색으로 되어 있는 것은 각각이 다른 의미가 있다는 것을 나타내요. 검: 서로 다른 주문이라뇨? 수: 각각의 주문에 의미가 있지만 무슨 의미인지는 잘 모르겠어요.	
X	293. 이상한 머리장식을 한 스트립쇼 댄서예요. 긴 옷은 바깥쪽으로 날리고 있고 작은 펜던트를 아래에 달고 있어요. 파란색 브래지어와 초록색 G모양의 끈을 달고 있네요. 그녀가 누구인지 알 수가 없어요. 몸이 보이지 않으니까.	검: (수검자의 반응 반복) 수: 여기 윗부분(D11)이 머리장식이고 핑크색 부분은 옷이 열린 것이에요. 화려한 푸른색 장식을 붙잡고 있는데, 노란색과 갈색 장식이 달려 있고, 선풍기처럼 공중에서 격렬하게 움직이고 있어요. 이것이 펜던트이고 브래지어, G자 모양의 초록색 끈이에요. 댄서가 춤을 추고 있고 모든 것이 움직이고 있지만 실제로 얼굴이나 몸은 볼 수 없어요. 그러니까 그녀가 누군지는 알 수 없지요.	
I >	294. 한밤에 물에 떠 있는 악어인데 여기 밑에 그의 모습이 비치고 있어요.	검: (수검자의 반응 반복) 수: 악어 머리가 보이죠. 혹이 있는 길고 돌출된 코 끝에 입이 있고, 이것은 물에 비친 것이에요. 음영은 그림자처럼 보여요. 밤같이 보이지 않아요?	
I	295. 전체가 사악함을 나타내려는 추상적인 그림 같군요.	검: (수검자의 반응 반복) 수: 인간의 모든 사악함을 나타내는 얼굴이에요. 심술궂게 보이는 입, 텅 비어 있는 흰 눈, 울퉁불퉁한 뺨 모양, 윗부분에 각각 올라와 있는 뿔들을 보세요. 예술가는 인간이 얼마나 사악하고 썩어 있는가를 나타내고 싶었던 것 같아요. 인간들이 서로를, 그리고 인간들과 접촉하는 모든 것들을 타락시키지만 너무나 어리석어 자신들이 지구를 파괴시킨 것을 결코 깨닫지 못할 거예요.	
II	296. 흰 샹들리에에서 터져 나오는 붉은 빛이에요.	검: (수검자의 반응 반복) 수: 중간에 샹들리에가 있고 붉은 빛이 그 아래에 있는데 아마도 빨간 전구인 것 같아요. 그런데 불을 켠 순간 빛이 밖으로 터져 나온 것 같아요.	
III	297. 어떤 것을 흉내내고 있는 두 어릿광대예요.	검: (수검자의 반응 반복) 수: 얼굴 때문에 광대라고 했는데 가면을 쓴 것 같고 흰 깃을 달고 있으며 주변에는 빨간 장식이 있어요. 검: 어떤 것을 흉내내고 있다고요? 수: 가면이 닭 같은데 아마 닭 흉내를 내고 있는 것 같아요.	
IV	298. 늙고 큰 고릴라가 발을 당신 쪽으로 내밀고 납작하게 누워 있어요.	검: (수검자의 반응 반복) 수: 고릴라인데 온통 털로 덮여 있고 저 쪽으로 발을 내밀고 팔은 여기 있고 머리는 뒤로 젖히고 있어요.	

카드	반응	질문	기호화
		검: 온통 털이라고 했는데 무엇이 그렇게 보입니까? 수: 그늘진 부분이 털로 보여요. 검: 납작하게 누워 있다고 하셨죠? 수: 큰 발이 이런 식으로 나와 있고 머리가 뒤로 젖혀져 있기 때문에 고릴라가 누워 있다고 생각했어요.	
IV	299. 중간 부분은 진흙펄 한 복판에 깊은 도랑이 파여 있는 것처럼 보여요.	검: (수검자의 반응 반복) 수: 이 펄이나 다른 어떤 곳의 중간에 도랑이 있는데 정말 어둡고 깊은 것처럼 보여요. 도랑 주변에 있는 펄은 진흙 같고 젖어 있으며 더 어두워 보이는 곳의 진흙은 그쪽으로 걸어가면 갇혀버릴 것처럼 보여요.	
V	300. 드라큘라가 검은 망토를 입고 막 날려고 서 있는 것이에요.	검: (수검자의 반응 반복) 수: 팔을 뻗고 있는데, 어디까지 뻗어 있는지 알 수없고, 윗부분도 알 수 없어요. 얼굴은 볼 수 없지만 검은색으로 된 것을 입고 있어요. 막 날기 위해서 팔을 쫙 펼치고는 피학대증 때문에 또 다른 희생양을 찾고 있어요.	

제4부
부록

부록 A: 실제반응의 채점

▲ Section 1: 1-35

1. Ddo34 Fo Bt
2. Do4 M^ao H GHR
3. WSo F− Hd 4.5 PHR
4. Dd+ 24 m^pu Hh 3.0
5. Do3 FM^ao A
6. D+ 1 M^ao 2 H,Id P 3.0 COP,GHR
7. Wo m^po Bt 2.0
8. Ddo21 Fu Cg
9. Wo FM^po A P 1.0
10. Wo F−An 1.0
11. Do4 Fo Sc
12. Wo FM^au A 2.5
13. D+ 1 M^po 2 (Hd) P 3.0 GHR
14. Ddo21 FM^a− 2 A
15. Do4 M^p− Hd PHR
16. W+ FM^ao 2 A,Ls P 4.5
17. DdSo23 Fu Na
18. Wv/+ m^p.FD− Cl,Ls 5.5
19. D+ 15M^a− H, Id 4.0 PHR
20. Wv m^a.CFo Ex
21. Do2 FC− An,Bl
22. Dv3 C Bl
23. W+FCo 2 H,Cg 4.5 GHR
24. Dv2 C 2 Fd
25. Ddo29 Fu Art PER
26. W+M^a.Co 2 H,Art P 5.5 COP,GHR
27. Dol FC- Hd,Sx PHR
28. Ddo99 CFu Bt
29. Wo FCu Hh,Ay 4.5
30. Wv Cn Art
31. Ddo26 Fu 2 Sc
32. Wv CF- An MOR
33. Do6 FCu Cg ALOG
34. Wv C Art,AB
35. Dol Fo 2 A P DR

▲ Section 2: 36–75

36. WSo FC′o(Hd) 3.5 GHR
37. Dv2 YFu 2 Cl
38. Ddv23 C′Fu Ls
39. D+ 1 FM^{p}o 2 A P 3.0
40. DSv5 FC′u Na DV
41. Dv7 C′Fu Xy
42. Ddo27 FC′- Fd DR
43. Wv Y Art
44. Wv C′Fu Cl PER
45. Do1 FY- A
46. Wo FC′o A P 1.0
47. Wv m^{p}.YFu Fi
48. Ddo99 FC′- Xy
49. D+3 FYo Ay,Ls 2.5 PER
50. Do1 FC′.FYo Hh PER
51. Wo YF- An 2.5 MOR,PER
52. DdSv99 C′Fu Na,Art
53. Do9 F+2 Hd P GHR
54. Do4 FY- 2 Cg
55. Dv2 m^{a}.CFu Fi
56. WSo FC′.CF- Ad,An 4.5 MOR,INC
57. DSo8 FC′o Hh DR
58. Do4 FCo Fd,Bt
59. Dv8 C′Fu 2 Ls
60. Do4 FYu Sc
61. Wo FM^{a}.FC′o A P 1.0
62. Ddo99 FV− Hd,Sx PHR
63. D+ 1 m^{p}.FTo 2 (A) P 3.0
64. Do2 Fu 2 Art AB
65. Wv T Cg
66. Do3 FTo Bt
67. W+ TFu Fd 4.0 DR
68. Ddo31 FTu Ad
69. Ddo25 FTu Ad
70. Dv1 TFo Ad,Hh P
71. W+ M^{p}+ 2 H,Art,Ls P 2.5 COP,GHR
72. Dv4 T Na
73. D+ 5 m^{p}.FTo 2 Art 3.0
74. Do6 TFo 2 Hh
75. WSv/+ Fu Na 6.0

▲ Section 3: 76-100

76. Wo Fu A 1.0 INC
77. D+4 FVo H,Cg 4.0 GHR
78. DSo6 FDo An 4.5 DV
79. DdSv/+99 VFo Na 4.5
80. Do2 FV- 2 Cg
81. D+9 Fro H P 4.0 GHR
82. DdS+99 FC.FDu A,Ls 4.5 ALOG
83. Do7 FV- Hd PHR
84. Wv VFo Bt DV,MOR
85. Wo M^p.FDo (H) P 2.0 GHR
86. Do7 FVu A INC
87. Do10 FM^ao 2 Ad AG PHR
88. W+FVu H,Sc 2.5 GHR
89. Wv V Ls
90. Wv/+ rFo Ls 2.5
91. Dv/+ 12 FVo Ls 2.5
92. Do1 FC'o Hd P GHR
93. Do3 Fo 2 Ad
94. Wv VF- Fd
95. W+ Fr.FM^p.CFo A,Na P 4.5
96. Ddo23 FC.FVu Hd,Sx PHR
97. Ddv24 Fu 2 Bt
98. D+ 3 M^a.FC+ 2 (H),Cg P 4.5 COP,GHR
99. W+ CFo Bt 5.5
100. Ddo99 CF.YF- An ALOG,PER

▲ Section 4: 101–140

101. WSo FM^au Ad 3.5 AG,INC2, PHR
102. W+M^p.FM^ao 2 (H),(A),Ay 4.0 COP,GHR
103. Do2 FM^au 2 A
104. W+M^p.CF.mao 2 H,Fi,Cg 4.5 GHR
105. D+1 M^p.m^au 2 H,Sc 3.0 GHR
106. Ddv99 C 2 Bl ALOG
107. Wv M^a Hx AB PHR
108. W+M^ao H,Sc P 4.0 GHR
109. Ddo99 M^p.FC'u H GHR
110. Ddo22 FM^ao A
111. Wo m^au Sc 2.5 DV2
112. Dd+22 FM^a.m^au A,Na 2.5
113. Do4 FM^po A
114. D+2 M^ao 2 H P 3.0 COP, GHR
115. W+FM^p.M^po 2 Art,A,Hd,Ls P 4.5 AB,PHR
116. Do2 M^p.FC- (Hd) PHR
117. Dd+99 M^a.m^ao 2 (Hd),Na,Sc 4.5 GHR
118. Dv6 m^p.FDo Cl
119. W+FM^a.CFu 2 A,Ad P 5.5 MOR
120. D+11 m^p- 2 Cg,Hh 4.0
121. Do3 FC.M^p−Hd,Hx PHR
122. DS+ 5 m^a.CFo Sc,Fi 4.5
123. W+ FM^a.CFo 2 A,Id P 4.5 COP,GHR
124. Dv2 m^p.FCu 2 Bt
125. Do2 m^p.CFo 2 Fd
126. W+ M^a.C.FDo2 H,Art,Cg,Hh P 5.5 COP, GHR
127. Do3 FC.FM^ao A
128. WSo M^p.FC.FC' −(Hd) 5.5 PHR
129. W+ FM^a.CFo 2 A,Ls P 4.5
130. Ddo99 FD.m^a.CFu Fi PER
131. Do1 FCo A P INC
132. Do5 FM^a.FCo (A)
133. D+ 12 M^a.CFo H,Sc,Ls 2.5 GHR
134. Dd+ 33 FM^p.FDo 2 A,Ls 2.5
135. Wv M^p.C Hx AB,PHR
136. Wv/+ rF.CFo Na 5.5
137. W+ M^a.FCo 2 A,Bt P 5.5 FAB,COP,GHR
138. Wv m^a.CFo Ex,Art
139. W+ M^a.m^p.FC−Hd,Art 5.5 ALOG,PHR
140. Do15 M^p.FCo A,Hx,INC,MOR,PHR

▲ Section 5: 141-180

141. WSo FM^a.FC′o A P 3.5 INC
142. W+m^p.FVu Art 4.0
143. D+1 M^a.FTo 2 Ad,Hx P 3.0 FAB. COP, GHR
144. DdS+99 M^a.FC′u H,Cg 4.5 GHR
145. Dv2 TF.m^p-Hd PHR
146. D+1 M^a.C′F+2 H,Ls P 3.0 COP,GHR
147. Wo m^p.FYo Ad 2.0 DV
148. Wv FM^p.FVu A
149. Wv M^a.C′Hx AB,PHR
150. Ddo99 FC′.FM^{a}o A
151. D+3 m^a.YFo Fi 2.5 CP
152. Ddv99 M^p.TF-An PHR
153. W+M^p.C′Fo 2 (H),Cl P 2.5 GHR
154. Do3 Fo 2 Ad DV2,INC
155. Do4 FT.FV-Ad
156. Wo m^a.FC.FDo Sc 4.5
157. Wv/+m^a.CF.FVo Ex,Fi 5.5 MOR,AG
158. DdS+22 M^p.FV.FC-Hd,Sc 5.0,PHR
159. Do4 FM^a.FCo 2 A
160. D+12 M^a.CF-H,Na 4.0 FAB2,PHR
161. DS+ 5 m^a.CF.C′Fo Sc,Fi,Na 4.5
162. Wv/+ CF.TF−Ad,An 4.5 MOR
163. W+ M^a.FCo 2 H,Hx,Cg 4.5 COP,GHR
164. WSo M^p.FC.FV−Hd 4.5 PHR
165. DdSo99 FC′.FCu (Hd),An 4.5 PHR
166. Do3 FCo A
167. Dv7 C.Y.m^a Fi
168. Dv2 CF.YFo Fd
169. Wo FC.FYu Bt 4.5 MOR
170. Dv1 C Art PER
171. Dv5 C.T Id
172. W+ m^p.FD.CFo Na 5.5
173. Do4 FC.FVo Hd PHR
174. WSv C.C′ Art
175. Wv M^a.Y Hx DR,MOR,PHR
176. WSo FC.FC′u Hh,Art 5.5
177. Dv9 C.Y Bl
178. Do4 FCo 2 A
179. DdS+ 22 FC′.FC−Hd,Sc,Cg 4.0 PHR
180. Wv CF.YFu Art

▲ Section 6: 181–230

181. D+ 2 M^p.Fro H,Cg 6.0 GHR

182. Do2 FM^po A ALOG

183. W+FM^a.FCo 2 A,Cg,Id 4.5 COP,GHR

184. D+2 M^a.m^pu 2 Ad,Hx 5.5 AG,FAB,PHR

185. Do3 M^p.FD-Hd,Sx DV2,PHR

186. D+9 M^a.FC'.Fro H,Cg P 4.0 GHR

187. Ddo99 FT-Ad

188. Wv C'.T Id'

189. Ddo31 M^au Hd,Sx PHR

190. Wo FM^a.FDo A P 1.0

191. W+m^a.FVo Sc,Na 2.5

192. Dv/+3 rF.m^au Fi 2.5

193. W+M^ao 2 H 2.5 COP,GHR

194. D+9 M^p.Fro Hd P 3.0 GHR

195. WSo FD.FC.FC' Art 4.5

196. W+FM^p.Fro A Ls P 4.5

197. Wv CFo Bt

198. DdS+99 m^a.FD.CFu Sc,Fi 5.0

199. D+1 FM^a.FCu A 4.0 AG,INC,FAB,PHR

200. Wo FCo Art,Bt 5.5

201. Ddo99 Fo A PER,INC

202. Do4 FC'-A INC

203. WSo FYu (Hd) 3.5 MOR,PHR

204. D+1 M^a.FTo 2 Ad P 3.0 FAB,COP,GHR

205. DSv5 Fu Sc PER

206. Wo FM^po A 4.5 DV2

207. Dv2 C Bl DR

208. Dol FC'–A DV

209. Do3 FC.FYo An ALOG

210. W+ FM^p.FT.FDo A,Bt 4.0

211. Do2 FYo Hd DV2,PHR

212. Wo TF–A 2.0 INC

213. Wo FM^a.FC'u A 1.0 AG,PHR

214. W+ M^ao 2 A,Sc 2.5 FAB,PHR

215. Ddv33 YFu Ls CP

216. W+ m^a.TFo Sc,Ad P 2.5 AG,MOR

217. Do2 Fu (A) CONTAM

218. Wo FYu Hh 2.5 MOR

219. D+ $2M^a$+ 2 Hd P 3.0 PSV,AG,INC,GHR

220. W+ M^ao 2 A 2.5 FAB2,COP,PHR

221. DSo 10 FC'u Sc PER

222. W+ FM^ao 2 A Ls P 4.5 ALOG

223. D+ 1 M^p.FC–2 H,Sx,An 3.0 FAB2,PHR

224. Do4 FCu Bt INC

225. Wv M^a.C Hx AB,DR,PHR

226. DS+ 1 FM^p.FC–2 (A) 5.0 FAB2

227. Do5 Fo An ALOG

228. Wv CFu A DV,PER

229. Do10 M^ao (H) INC,PHR

230. D+ 11 m^p.FD–An.Hh 4.0 MOR

▲ Section 7: 231–275

231. WSo FM^ao A P 3.5 CONTAM
232. WSo FM^a.FC′o (A) 3.5 ALOG
233. Ddo22 FC′u Hd,Sx ALOG,PHR
234. WSo M^p.FC.FD− Hd 4.5 INC,PHR
235. Dv/+ 2 C.rF Fd 5.5 DR2
236. W+ FM^a.m^a.CFo 2 A,Bl 4.5 DV, AG, MOR, PHR
237. Do7 FC′− Hd MOR,PHR
238. DdS+ 99 FM^a.FC.FC′.FDu A,Na 4.5 FAB
239. W+ M^p.Co 2 Art,H,Bl,Sc P 5.5 MOR, AG, AB, PHR
240. WSo Fu Ge 5.0 DR2
241. DSv/+ 4 VFu Na 5.0
242. Dol FV− Hd,Sx DV2,PHR
243. Wo FM^p.FC′u (A) 1.0 CONTAM
244. Wo m^p − H 1.0 DR2,MOR,PHR
245. Ddo99 FM^ao A INC
246. Do3 FM^au A INC,PSV
247. Do1 Fo Ad P PER,MOR
248. Ddo23 M^au Hd AG,PHR
249. Wv m^p . YFu Fi
250. Dd+ 99 M^pu 2 Ad 2.5 INC,PHR
251. WSo YF.C′F− Xy 4.0 PER,MOR
252. W+ M^a.Fr.CF.m^po (A),Na,Id P 4.5 GHR
253. WS+ FC− Ad,Id 5.5
254. D+ 1 M^a.m^po H,Sc,Ls 2.5 GHR
255. Do9 FCo 2 A INC,ALOG
256. WSo FC′o Ad 3.5 MOR
257. Do2 FM^ao A PER
258. W+ M^a + 2 H,Sx 4.5 INC2,PHR
259. Do3 FC.FVo Hd,Sx PHR
260. Dv2 CF.m^po 2 Bl
261. Do9 Fo 2 A DV,PER,MOR
262. W+ m^po (2) Cg,Id 4.0
263. Wo FC′.FV− Hd 2.0 MOR,PHR
264. Do4 FC′u Fd DR,MOR
265. Wo FC′.FM^p.FYo A P 1.0
266. Wo FYo A 2.5 MOR,INC,PER
267. Do1 m^po Ad P
268. Dv4 m^p.C′F.VFo Ls MOR
269. W+ FM^ao 2 A,(A) 2.5 FAB2
270. Do2 Fo Bt
271. Wo FC.FD.m^a.FC′o Sc 4.5
272. DdSo23 FC′− 2 Sx ALOG.PER
273. Wv M^p.C Hx DR2,PER,AB,PHR
274. D+ 11 FC′.FM^pu 2 A,Id 4.0 FAB
275. D+ 4 M^a.FCo 2 A 4.5 AG,FAB,PHR

▲ Section 8: 276–300

276. W+ M^p.FY.m^p+ Hd,Cg 4.0 INC,MOR,PHR
277. WS+ FM^p.m^a.CF.FD−Ad,Bl 4.5 MOR
278. W+ FC.M^a.FC′+ 2 (H),Cg 4.5 COP,GHR
279. D+ 1 M^a.FC.FD.FM^ao 2 H,A,Id P 4.0 AG,COP,GHR
280. DdSo99 FC.FM^p− Ad
281. Wv M^p.C′.Y Hx AB,MOR,PHR
282. Ddv99 YF− Hd DR2,PER,MOR,PHR
283. W+ FM^a.FYo A,Ad 2.5 INC
284. W+ M^p.C′ F.FDu H,Cg,Ls 2.5 AB,GHR
285. W+ FM^a.TFu A,Fd 2.5 INC
286. D+ 1 M^p.Fr.FYo Hd P 3.0 GHR
287. WSv/+ VFo Na 4.0
288. WSo M^p.FV.FC− Hd 4.5 INC,ALOG,PHR
289. Do1 FCu A DV2,ALOG
290. W+ m^a.CFo Art,Na 5.5
291. W+ FM^p.FV.CFo 2 Art,A,Bt 5.5
292. W+ M^a.FD.CF− (H),Id,Cg 5.5 AB, DR, PHR
293. WS+ M^a.m^p.CF− H, Cg, Art 6.0 ALOG, PHR
294. D+ 3 FM^p.Fr.FYu Ad 4.0
295. WSo FC′o Art,(Hd) 3.5 AB, DR2, PHR
296. DS+ 5 m^a.CF.FC′o Art 4.5 DV
297. W+ M^a.FC′.C.FDo 2 (H),Art P 5.5 GHR
298. Do7 FM^p.FD.FTo A
299. Ddv99 VF.TF− Ls
300. Ddo99 M^a.FC′u (H),Cg DV,GHR

부록 B: 채점 결정도

1. 반응영역 결정도

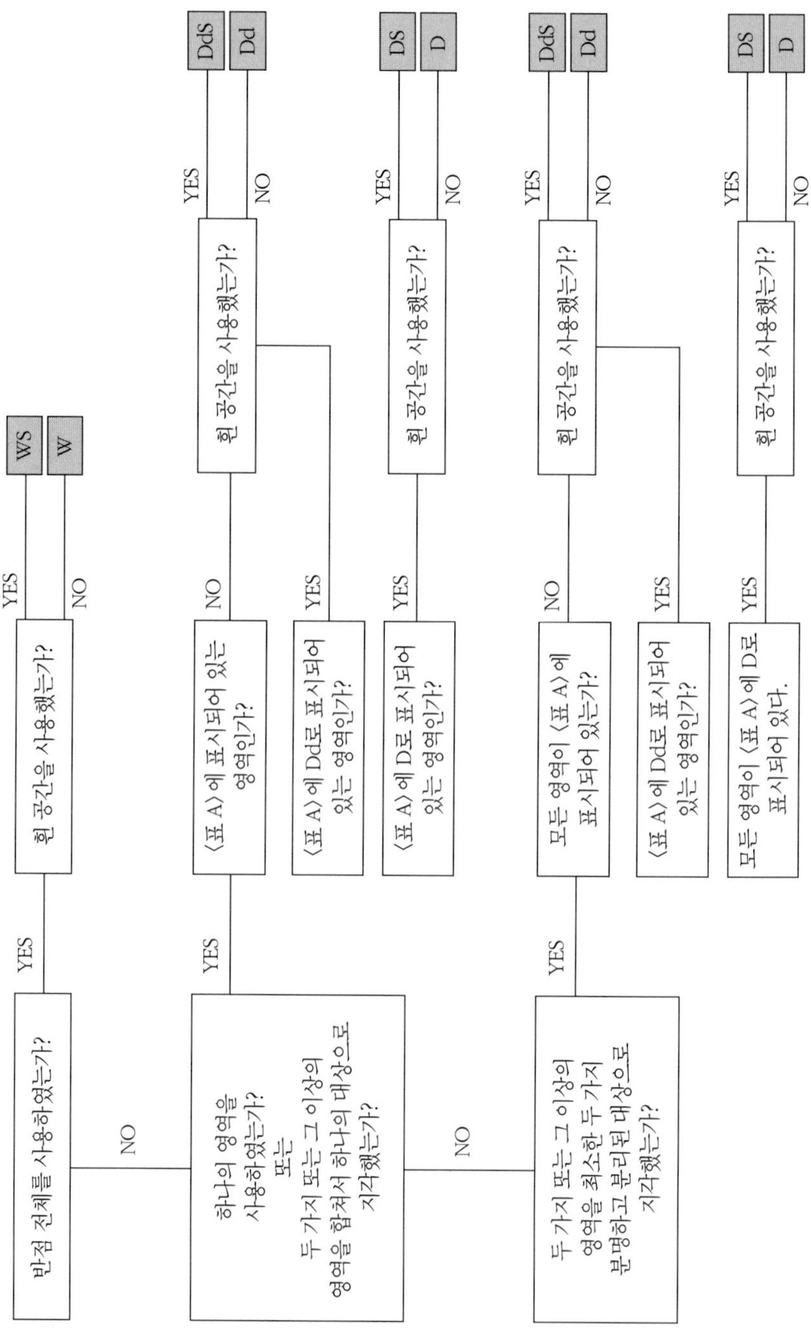

2. 발달질 결정도

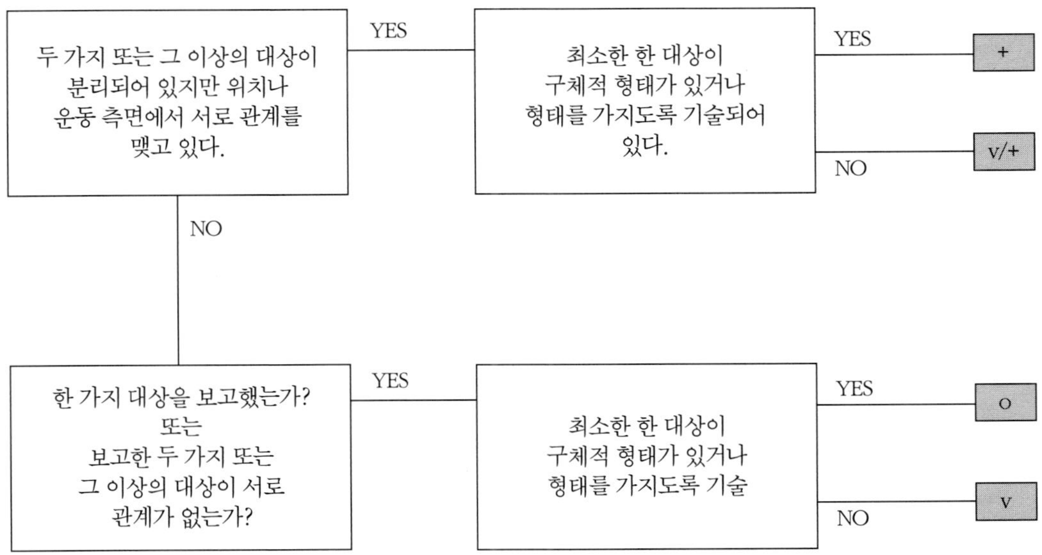
두 가지 또는 그 이상의 대상이 분리되어 있지만 위치나 운동 측면에서 서로 관계를 맺고 있다.
YES
최소한 한 대상이 구체적 형태가 있거나 형태를 가지도록 기술되어 있다.
YES
+
NO
v/+
NO
한 가지 대상을 보고했는가? 또는 보고한 두 가지 또는 그 이상의 대상이 서로 관계가 없는가?
YES
최소한 한 대상이 구체적 형태가 있거나 형태를 가지도록 기술
YES
o
NO
v

3. 결정인 결정도

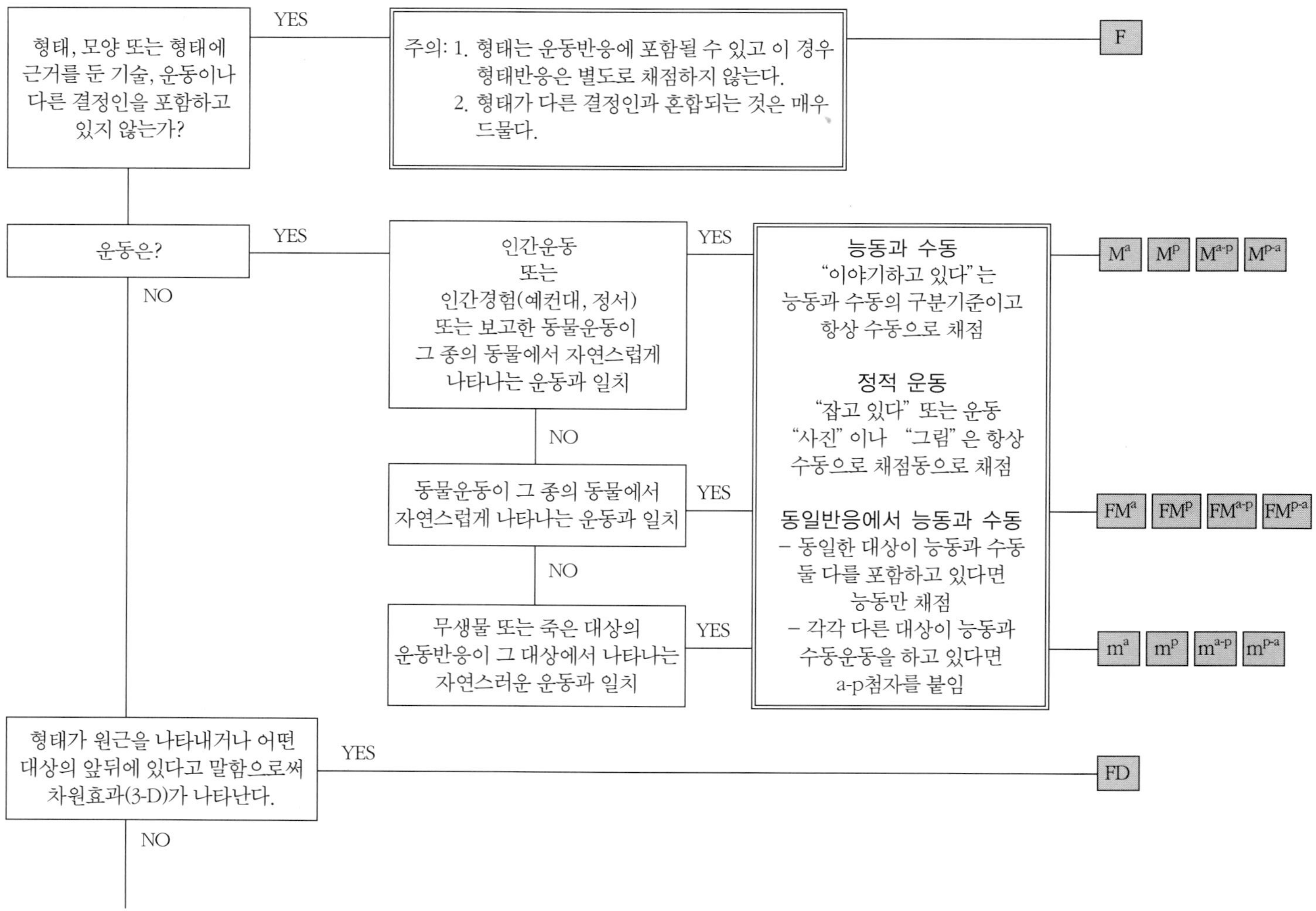

형태, 모양 또는 형태에 근거를 둔 기술, 운동이나 다른 결정인을 포함하고 있지 않는가?
YES
주의: 1. 형태는 운동반응에 포함될 수 있고 이 경우 형태반응은 별도로 채점하지 않는다.
2. 형태가 다른 결정인과 혼합되는 것은 매우 드물다.
F
운동은?
YES
인간운동 또는 인간경험(예컨대, 정서) 또는 보고한 동물운동이 그 종의 동물에서 자연스럽게 나타나는 운동과 일치
YES
능동과 수동
"이야기하고 있다"는 능동과 수동의 구분기준이고 항상 수동으로 채점
정적 운동
"잡고 있다" 또는 운동 "사진" 이나 "그림" 은 항상 수동으로 채점동으로 채점
동일반응에서 능동과 수동
– 동일한 대상이 능동과 수동 둘 다를 포함하고 있다면 능동만 채점
– 각각 다른 대상이 능동과 수동운동을 하고 있다면 a-p첨자를 붙임
Ma Mp Ma-p Mp-a
NO
동물운동이 그 종의 동물에서 자연스럽게 나타나는 운동과 일치
YES
FMa FMp FMa-p FMp-a
NO
무생물 또는 죽은 대상의 운동반응이 그 대상에서 나타나는 자연스러운 운동과 일치
YES
ma mp ma-p mp-a
NO
형태가 원근을 나타내거나 어떤 대상의 앞뒤에 있다고 말함으로써 차원효과(3-D)가 나타난다.
YES
FD
NO

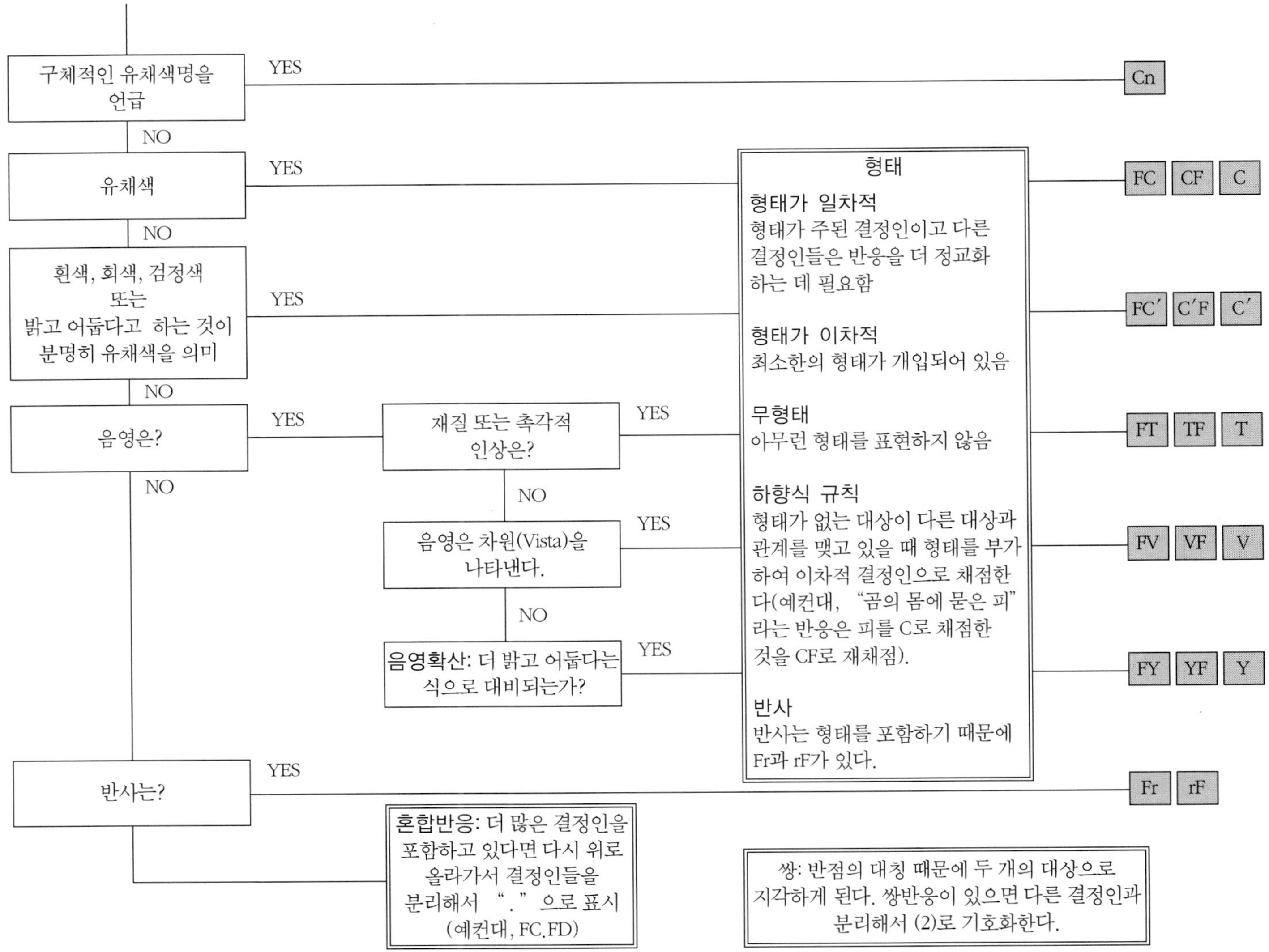
구체적인 유채색명을 언급
YES
Cn
NO
유채색
YES
NO
흰색, 회색, 검정색 또는 밝고 어둡다고 하는 것이 분명히 유채색을 의미
YES
NO
음영은?
YES
재질 또는 촉각적 인상은?
YES
NO
음영은 차원(Vista)을 나타낸다.
YES
NO
음영확산: 더 밝고 어둡다는 식으로 대비되는가?
YES
NO
반사는?
YES
형태
형태가 일차적
형태가 주된 결정인이고 다른 결정인들은 반응을 더 정교화하는 데 필요함
형태가 이차적
최소한의 형태가 개입되어 있음
무형태
아무런 형태를 표현하지 않음
하향식 규칙
형태가 없는 대상이 다른 대상과 관계를 맺고 있을 때 형태를 부가하여 이차적 결정인으로 채점한다(예컨대, "곰의 몸에 묻은 피"라는 반응은 피를 C로 채점한 것을 CF로 재채점).
반사
반사는 형태를 포함하기 때문에 Fr과 rF가 있다.
FC CF C
FC′ C′F C′
FT TF T
FV VF V
FY YF Y
Fr rF
혼합반응: 더 많은 결정인을 포함하고 있다면 다시 위로 올라가서 결정인들을 분리해서 "." 으로 표시 (예컨대, FC.FD)
쌍: 반점의 대칭 때문에 두 개의 대상으로 지각하게 된다. 쌍반응이 있으면 다른 결정인과 분리해서 (2)로 기호화한다.

4. 형태질 결정도

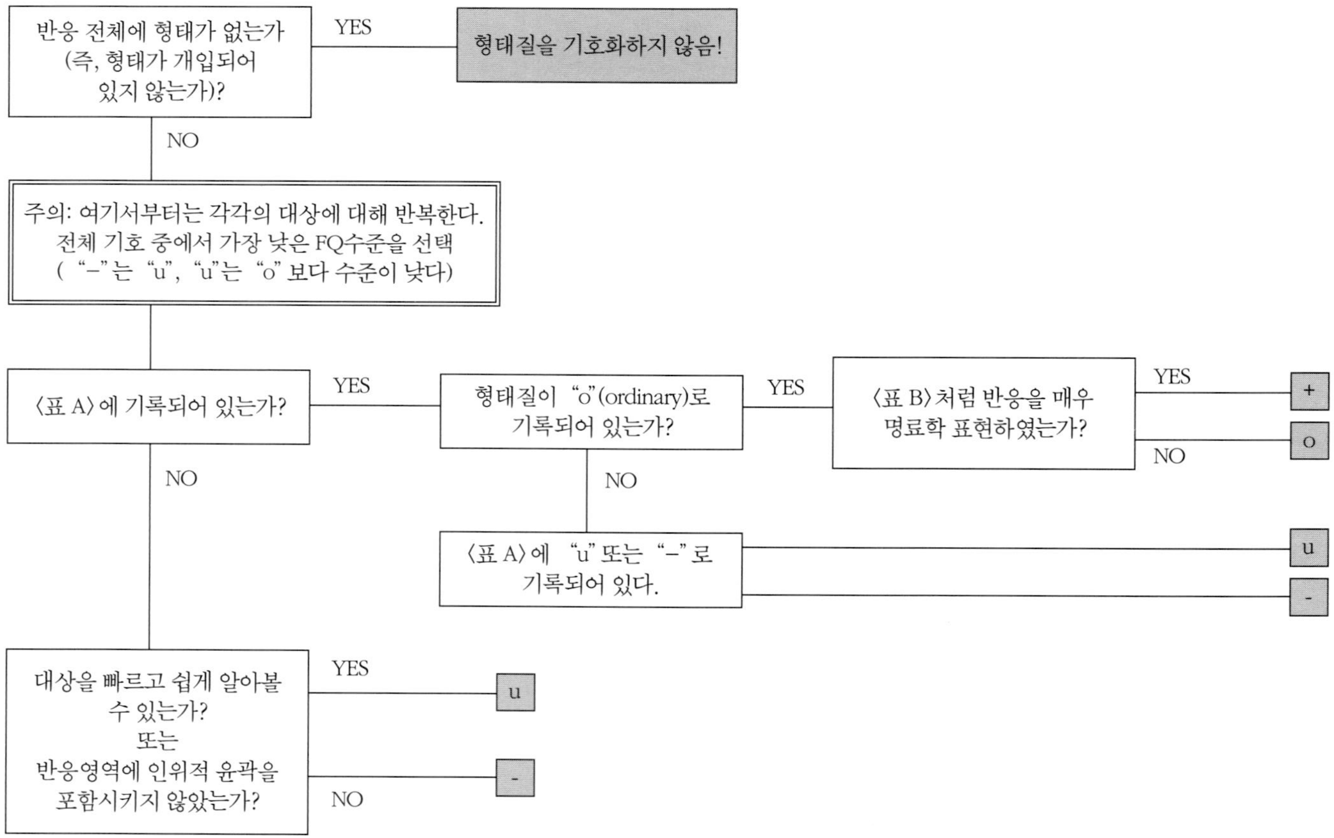

반응 전체에 형태가 없는가 (즉, 형태가 개입되어 있지 않는가)?
YES
형태질을 기호화하지 않음!
NO
주의: 여기서부터는 각각의 대상에 대해 반복한다. 전체 기호 중에서 가장 낮은 FQ수준을 선택 ("–"는 "u", "u"는 "o" 보다 수준이 낮다)
〈표 A〉에 기록되어 있는가?
YES
형태질이 "o"(ordinary)로 기록되어 있는가?
YES
〈표 B〉처럼 반응을 매우 명료하 표현하였는가?
YES
+
NO
o
NO
〈표 A〉에 "u" 또는 "–"로 기록되어 있다.
u
-
NO
대상을 빠르고 쉽게 알아볼 수 있는가? 또는 반응영역에 인위적 윤곽을 포함시키지 않았는가?
YES
u
NO
-

5. 조직활동 결정도

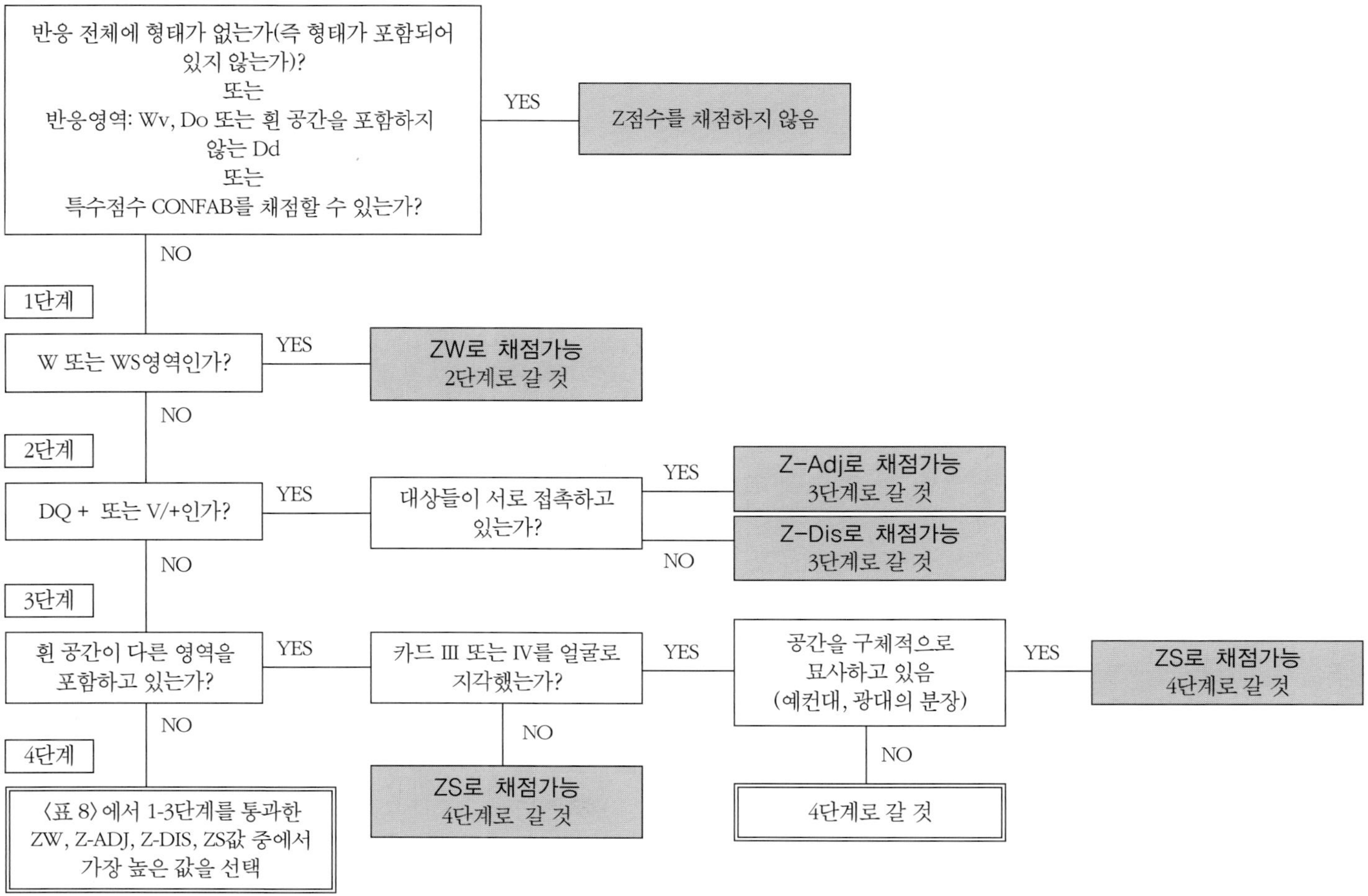
반응 전체에 형태가 없는가(즉 형태가 포함되어 있지 않는가)?
또는
반응영역: Wv, Do 또는 흰 공간을 포함하지 않는 Dd
또는
특수점수 CONFAB를 채점할 수 있는가?
YES
Z점수를 채점하지 않음
NO
1단계
W 또는 WS영역인가?
YES
ZW로 채점가능
2단계로 갈 것
NO
2단계
DQ + 또는 V/+인가?
YES
대상들이 서로 접촉하고 있는가?
YES
Z-Adj로 채점가능
3단계로 갈 것
NO
Z-Dis로 채점가능
3단계로 갈 것
NO
3단계
흰 공간이 다른 영역을 포함하고 있는가?
YES
카드 III 또는 IV를 얼굴로 지각했는가?
YES
공간을 구체적으로 묘사하고 있음 (예컨대, 광대의 분장)
YES
ZS로 채점가능
4단계로 갈 것
NO
4단계로 갈 것
NO
ZS로 채점가능
4단계로 갈 것
NO
4단계
〈표 8〉에서 1-3단계를 통과한 ZW, Z-ADJ, Z-DIS, ZS값 중에서 가장 높은 값을 선택

6. 특수점수 결정도(가능한 모든 특수점수를 채점)

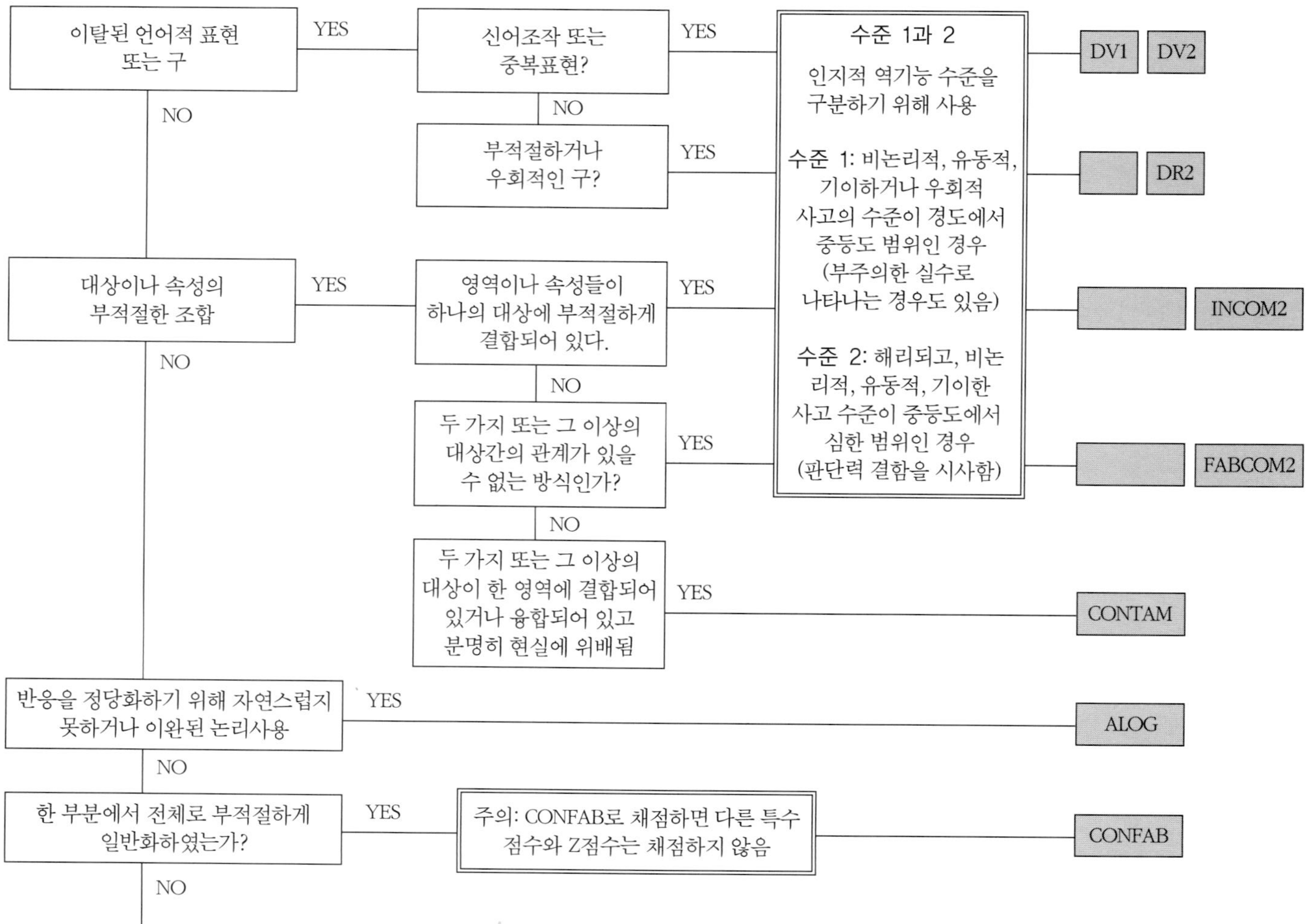

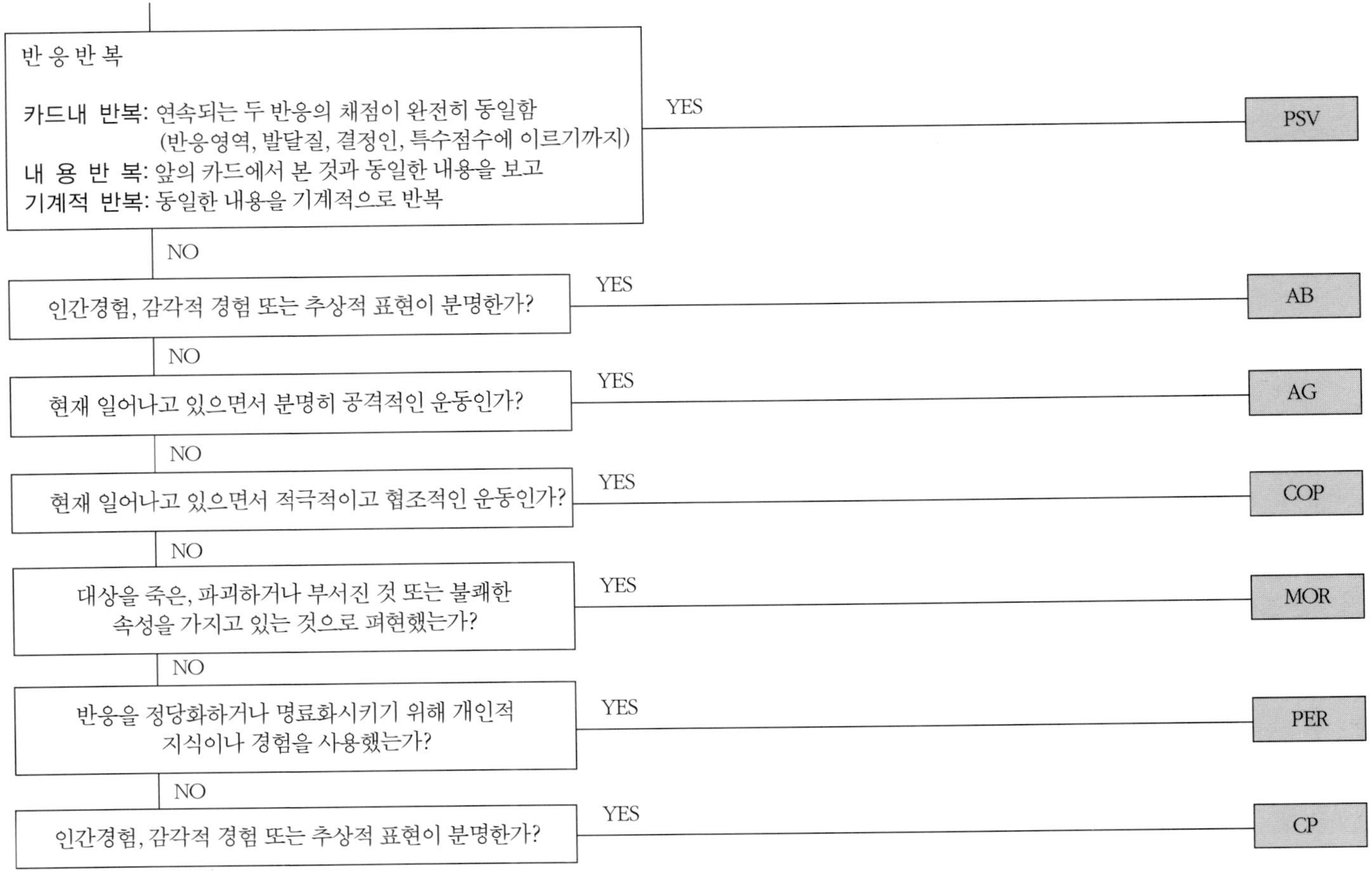
반응반복
카드내 반복: 연속되는 두 반응의 채점이 완전히 동일함
(반응영역, 발달질, 결정인, 특수점수에 이르기까지)
내 용 반 복: 앞의 카드에서 본 것과 동일한 내용을 보고
기계적 반복: 동일한 내용을 기계적으로 반복
YES
PSV
NO
인간경험, 감각적 경험 또는 추상적 표현이 분명한가?
YES
AB
NO
현재 일어나고 있으면서 분명히 공격적인 운동인가?
YES
AG
NO
현재 일어나고 있으면서 적극적이고 협조적인 운동인가?
YES
COP
NO
대상을 죽은, 파괴하거나 부서진 것 또는 불쾌한
속성을 가지고 있는 것으로 표현했는가?
YES
MOR
NO
반응을 정당화하거나 명료화시키기 위해 개인적
지식이나 경험을 사용했는가?
YES
PER
NO
인간경험, 감각적 경험 또는 추상적 표현이 분명한가?
YES
CP

저자 소개

John E. Exner, Jr. Ph.D.

존 엑스너는 Long Island University 심리학과 명예교수로 30년 동안 Bowling Green State University와 Long Island University의 박사과정 프로그램을 주도하였고, 로르샤하 검사에 대한 기존의 여러 채점체계를 통합하여 새로운 로르샤하 종합체계를 수립하였다. Cornell 대학교에서 박사학위를 취득한 후, 1968년에는 Rorschach Research Foundation을 설립하여 로르샤하 종합체계를 발전시켰다. 로르샤하 종합체계는 오늘날 임상가들이 연구와 임상실제에 가장 많이 사용하는 방법이 되었다. 주요 저서로는 『로르샤하 종합체계』 1, 2, 3권이 있고, 이외에도 로르샤하를 다룬 수많은 책들을 저술하였다.

역자 소개

▣ **김영환** 경북대학교 심리학과 교수

▣ **김지혜** 성균관대학교 의과대학 신경정신과 연구부 교수

▣ **홍상황** 진주교육대학교 교육학과 교수

로르샤하 종합체계 워크북

A Rorschach Workbook for the Comprehensive System -5th Edition-

2006년 5월 15일 1판 1쇄 발행
2025년 4월 25일 1판 19쇄 발행

지은이 • John E. Exner, Jr.

옮긴이 • 김영환 · 김지혜 · 홍상황
펴낸이 • 김진환
펴낸곳 • 학지사

04031 서울특별시 마포구 양화로 15길 20 마인드월드빌딩
대표전화 • 02-330-5114 팩스 • 02-324-2345
등록번호 • 제313-2006-000265호

홈페이지 • http://www.hakjisa.co.kr
인스타그램 • https://www.instagram.com/hakjisabook

ISBN 978-89-5891-304-7 93180

정가 25,000원

역자와의 협약으로 인지는 생략합니다.
파본은 구입처에서 교환해 드립니다.